Steinbachs Naturführer

Gesteine

Walter Maresch/Olaf Medenbach
unter Mitarbeit von Hans Dieter Trochim

Gesteine

Herausgegeben von Gunter Steinbach
Illustriert von Karl Medenbach

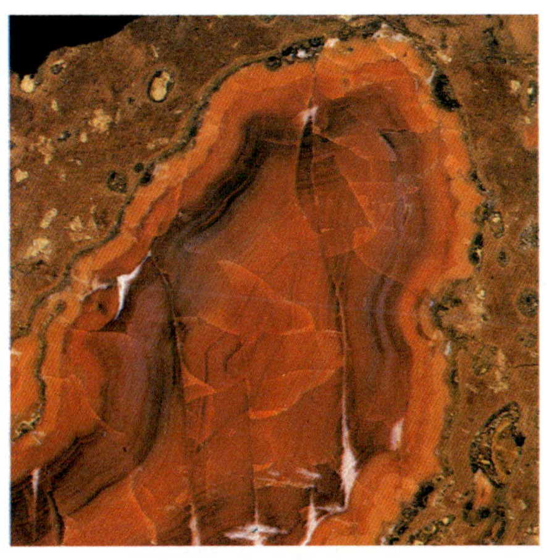

Mosaik Verlag

Bild- und Quellennachweis

C. Otto, Bochum: Bild 6; **H.-U. Schmincke,** Bochum: Bild 8; **W. Schreyer,** Bochum: Bild 10; **H.-D. Trochim,** Bochum: Bild 5 und 7; **G. Wörner,** Bochum: S. 141 o.l.
Alle anderen Bilder: **O. Medenbach,** Bochum

Die Objekte stammen aus den Sammlungen der Mineralogischen Institute der Universitäten Bochum und Münster. Wir danken besonders Herrn **Dr. W. Borchardt-Ott** und **Herrn G. Herz** für tatkräftige Unterstützung.

Redaktionsassistenz: Ulrike Langheinrich

Literatur

BEURLEN, K. und LICHTER, G.
Versteinerungen
Mosaik Verlag, München, 1986

DIETRICH, R. V. und SKINNER, B. I.
Die Gesteine und ihre Mineralien
Ott Verlag, Thun und München, 1984

FÜCHTBAUER, H. und MÜLLER, G.
Sedimente und Sedimentgesteine, Teil II.
Schweizerbart'sche Verlagsbuchhandlung, Stuttgart, 1970

JUBELT, R. und SCHREITER, P.
Gesteine
Ferdinand Enke, Stuttgart, 1980

LÜSCHEN, H.
Die Namen der Steine
Ott Verlag, Thun und München, 1968

MATTHES, S.
Mineralogie
Eine Einführung in die spezielle Mineralogie, Petrologie und Lagerstättenkunde
Springer, Berlin, 1983

MEDENBACH, O. und SUSSIECK-FORNEFELD, C.
Mineralien
Mosaik Verlag, München, 1982

MOTTANA, A., CRESPI, R. und LIBORIO, G.
Der große BLV Mineralienführer
BLV, München, 1979

MURAWSKI, H.
Geologisches Wörterbuch
Ferdinand Enke, Stuttgart, 1972

PAPE, H.
Leitfaden der Gesteinsbestimmung
Ferdinand Enke, Stuttgart, 1972

RAMDOHR, P. und STRUNZ, H.
Klockmanns Lehrbuch der Mineralogie
Ferdinand Enke, Stuttgart, 1978

SCHMINCKE, H.-U.
Vulkanismus
Wissenschaftliche Buchgesellschaft, Darmstadt, 1986

SCHUMANN, W.
Steine + Mineralien
BLV, München, 1977

TRÖGER, W. E.
Petrographie der Eruptivgesteine
E. Schweirerbart'sche Verlagsbuchhandlung, Stuttgart, 1969

TUCKER, M. E.
Einführung in die Sedimentpetrologie
Ferdinand Enke, Stuttgart, 1985

WIMMENAUER, W.
Petrographie der magmatischen und metamorphen Gesteine
Ferdinand Enke, Stuttgart, 1985

WINKLER, H. G. F.
Petrogenesis of Metamorphic Rocks
Springer, New York, 1979

Gesamtherstellung Mohndruck Graphische Betriebe GmbH, Gütersloh
Printed in Germany · ISBN 3-570-03413-5

Inhalt

Zum Buch

Steine modellieren das Antlitz unserer Erde. Sie sind allgegenwärtig und bilden die Grundlage jeglichen Lebens. Doch vielen Betrachtern erscheinen sie als starre, leblose und daher uninteressante Materie. Dem Fachmann oder geschulten Laien offenbaren sie dagegen eine bewegte Geschichte voller Dynamik und Ereignisse, allerdings meist außerordentlich weit zurückliegend und mit unvorstellbar langsam verlaufenden Prozessen. Ausnahmen bilden die oft dramatischen und manchmal für ganze Kulturen katastrophalen Vulkanausbrüche, bei denen die Bildung neuen Gesteins unmittelbar sichtbar wird. Diese höchst beeindruckenden Ereignisse, die sich tief in das Bewußtsein der Zeugen einprägen, sind dennoch vergleichsweise unbedeutend, wenn man sich vergegenwärtigt, welche Kräfte gewirkt haben müssen, um Faltengebirge wie die Alpen aufzutürmen und Gesteine viele Zehntausende von Metern ins Erdinnere zu pressen und dann wieder an die Oberfläche zu heben.

Viele Gesteine sind für uns Sinnbild des Beständigen und Unvergänglichen. Wir benutzen sie als Baumaterial, Straßenschotter, Pflastersteine, Fassadenschmuck und zur Herstellung von Denkmälern und Grabsteinen.

Allerdings unterliegen auch sie zeitlichem Wandel. Ein aktuelles Beispiel für die Unbeständigkeit ist die Tatsache, daß die Bausteine vieler historischer Kulturdenkmäler gegenwärtig durch die Verbrennungsrückstände unserer Heizungsanlagen und Kraftfahrzeuge innerhalb weniger Jahrzehnte zerstört werden. Um so mehr sind Gesteine aus der Sicht geologisch langer Zeiträume unbeständig. Ihr Werden und Vergehen nennen wir den Kreislauf der Gesteine.

Dieses Buch möchte dem geowissenschaftlich Interessierten Einblick in die geologischen Prozesse gewähren, ihm vor allem die Vielfalt der Gesteinswelt nahebringen, die uns täglich umgibt. Man findet Gesteine auf und an den Straßen unserer Städte, in Straßenanschnitten und Steinbrüchen, im Fels der Berge und als Lesesteine in Feld und Wald.

Der Schwerpunkt des vorliegenden Buches wurde unserer Bandreihe entsprechend auf europäische Vorkommen gelegt. Bei Gesteinen läßt sich die Zuordnung aber nicht so konsequent durchführen wie auf anderen Gebieten, gibt es doch einen umfangreichen weltweiten Handel besonders bei Fassaden-, Ornament- und Denkmalsteinen. Beim Besuch einer Steinschneiderei oder eines Friedhofs, beides Orte, an denen der Interessierte eine große Auswahl herrlicher Gesteine finden kann, ist es durchaus möglich, einen Diorit aus dem Odenwald neben einem Larvikit aus Schweden und einem Granit aus Südafrika zu sehen.

Das Buch gliedert sich in drei Teile. Im ersten Teil werden der Aufbau der Erde und die Entstehung der Gesteine skizziert. Eine Auswahl der besonders wichtigen gesteinsbildenden Minerale wird vor allem im Hinblick auf ihr Vorkommen in Gesteinen beschrieben. Für weitere Informationen sei auf unseren Naturführer »Mineralien« verwiesen.

Bild links: *Dünnschliffbild eines Harzburgits bei gekreuzten Polarisatoren. In einem größeren Pyroxen-Kristall sind rundliche Olivine eingeschlossen (s. S. 68).* *3× 4 mm*

Schließlich werden die Gefüge- und Klassifikationsmerkmale der Gesteine dargestellt.

Der zweite Teil des Buches zeigt die Gesteine in systematischer Reihenfolge nach ihrer Zugehörigkeit zu den großen Gesteinsfamilien der Magmatite, Sedimentite und Metamorphite in Farbbildern und mit ausführlichen Texten.

Ein Bestimmungsschlüssel bildet den dritten Teil des Buches. Er erleichtert es dem Leser, unbekannte Gesteine nach äußeren Eigenschaften und ihrem Mineralbestand anzusprechen, einem bestimmten System zuzuordnen und schließlich ihren Namen zu finden.

Eine kurze, nur auf die wichtigsten gesteinsbildenden Minerale begrenzte Bestimmungstabelle unterstützt diesen Schlüssel.

Es sei hier nachdrücklich darauf hingewiesen, daß selbst dem sachkundigen Fachmann bei der makroskopischen Bestimmung von Gesteinen Grenzen gesetzt sind. Fällt es bei grobkörnigen Gesteinen in der Regel leicht, die Zugehörigkeit zu einer der großen Gesteinsfamilien festzustellen oder sogar das Gestein genau zu bestimmen, so ist dies bei fein- oder feinstkörnigen Gesteinen sehr schwer und in vielen Fällen unmöglich. Bei sehr feinkörnigen Gesteinen können Magmatite, Sedimentite und Metamorphite genau gleich aussehen. Ihre Unterscheidung ist dann nur mit Hilfe von aufwendigen physikalisch-chemischen Methoden im Labor möglich. Erst der häufige Umgang mit Gesteinen, die ständige Übung an ihnen, bringt die nötige Erfahrung und Sicherheit, auch kritische Objekte makroskopisch richtig anzusprechen. In Zweifelsfällen empfiehlt es sich, den Fachmann zu Rate zu ziehen.

Was sind Gesteine?

Als Gesteine bezeichnet man natürliche Mineralaggregate *(Mineralparagenesen),* deren Zusammensetzung und Gefüge innerhalb eines bestimmten Volumens gleichförmig sind und die geologisch selbständig auftreten. Die Art der Paragenese wird dabei nicht von irgendwelchen Zufälligkeiten bestimmt, sondern ist ein Produkt des inneren stofflichen Aufbaus und der äußeren wechselnden Einflüsse, wie Druck, Temperatur und tektonische Durchbewegung. Daher ist aus den Komponenten, die das Gestein aufbauen – den Mineralien – und aus deren räumlicher Anordnung sein Werdegang *(Genese)* abzulesen.

Man unterscheidet Festgesteine und Lockergesteine. Der Begriff Gestein ist also nicht zwingend mit der festen Form verknüpft. Auch Sand, Ton oder Schlamm können zu den Gesteinen gerechnet werden. Dieses Buch beschäftigt sich allerdings fast ausschließlich mit den Festgesteinen. Die Lockergesteine bilden überaus komplizierte Systeme, an deren Aufbau neben festen mineralischen Bestandteilen auch flüssige und gasförmige Phasen entscheidend beteiligt sind. Sie fallen in den Bereich der Bodenkunde und Bodenmechanik.

Gesteine zeichnen sich durch sehr verschiedenartige Zusammensetzung und Größenausdehnung aus. Ganz besonders prägnant sind Komplexe, die über größere Erstreckung hin an der Erdoberfläche eine gleichförmige mineralogische Zusammensetzung erkennen lassen. Diese Gesteine bilden geologische Körper, die als Einheiten wesentliche Teile der Erdkruste aufbauen. Die Gesteinskunde setzt als Teildisziplin der Mineralogie also nicht nur mineralogische Grundkenntnisse voraus, sondern erfordert auch die Grundlagen und Arbeitsmethoden der Geologie. Die Bildung der Gesteine ist eng mit den *endogenen* (inneren) dynamischen Kräften der Erde verknüpft. Von diesen an die Erdoberfläche gebrachte Gesteinskörper werden den *exogenen* (äußeren) Kräften ausgesetzt, was zu ihrer Zerstörung und zur Neubildung von Oberflächengesteinen, den Sedimentiten, führt.

Man unterscheidet in der Gesteinskunde zwei Teildisziplinen: **1. Die Petrographie.** Sie ist die rein beschreibende Wissenschaft über das Vorkommen, die Zusammensetzung und das Gefüge der Gesteine und der in ihnen auftretenden Mineralien. In ihr Gebiet gehört die Benennung und Klassifikation der Gesteine. **2. Die Petrologie.** Sie verbindet *(korreliert)* die Erkenntnisse der Petrographie mit physikalisch-chemischen Daten, die aus Naturbeobachtungen oder Experimenten gewonnen wurden und sucht so Aussagen über die Genese der Gesteine zu erhalten. Sie arbeitet eng mit den Nachbardisziplinen Geologie, Geophysik, Physik und Chemie zusammen.

Der Aufbau der Erde

Die Erde hat die Form einer an ihren Polen leicht abgeplatteten Kugel von ca. 6371 km Radius. Die höchsten Berge erheben sich knapp 9000 m über den Meeresspiegel. Die größten Meerestiefen betragen etwa 11 000 m. Unser Lebensraum, die Erdoberfläche, ist uns wohl bekannt; »weiße Flecken«, sowohl in geographischer als auch in geologischer Hinsicht gibt es kaum noch. Dagegen entziehen sich die tieferen Regionen dem direkten Zugriff des Menschen. Allenfalls für die obersten Schichten verfügen wir über durch Schacht- und Grubenanlagen auf direktem Weg erworbene Kenntnisse. Die Goldgruben Südafrikas gehen bis etwa 5000 m unter die Erdoberfläche und Probebohrungen stießen in Tiefen um 10 km vor. Der Welt tiefste Bohrung soll in den nächsten Jahren im Bayerischen Wald niedergebracht werden und 15 km Tiefe erreichen. Von ihr erhofft man sich wesentliche Erkenntnisse über die Gesteinsbildung in der Erdkruste. Zu den tieferen Regionen der Erde haben wir keinen direkten Zugang. Wir sind auf indirekte Methoden angewiesen, zum Beispiel die Untersuchung von Gesteinen, die durch geodynamische Prozesse vom Ort ihrer Entstehung an die Erdoberfläche gebracht wurden.

Besondere Bedeutung haben hierbei geophysikalische Methoden, vor allem die Erdbebenforschung *(Seismik)*. Erdbeben entstehen relativ oberflächennah durch sprunghaften Versatz einzelner Gesteinspakete gegeneinander. Dabei werden große Energien frei, die sich in Form von Materiewellen ausbreiten. Eine Art dieser Wellen sind die sogenannten Scherwellen, auch S-Wellen genannt, die ein Sinus-förmiges Ausehen haben, ähnlich den Wellen, die entstehen, wenn eine ruhige Wasseroberfläche durch einen Steinwurf gestört wird. Sie breiten sich konzentrisch vom Ort der Entstehung an der Erdoberfläche aus.

Die zweite Art der Wellen sind sogenannte Verdichtungs- oder Longitudinalwellen (P-Wellen). Sie können direkt mit den Schallwellen verglichen werden, die z. B. durch die Vibration eines Lautsprechers ausgesandt werden, und dringen in die Materie ein. Sie bewegen sich also durch das Innere der Erde fort. Sie können an Unstetigkeitsflächen reflektiert werden. Ihre Ausbreitungsgeschwindigkeit hängt auch vom Zustand und der Dichte der Materie ab. Vergleicht man nun die Laufzeiten der P- und S-Wellen an Orten verschiedener Entfernung vom Erdbebenherd, so kann man daraus weitreichende Erkenntnisse über den inneren Aufbau der Erde gewinnen.

Zwei wesentliche Entdeckungen wurden schon vor langer Zeit gemacht:

1. Der in den Bergwerken beobachtete Temperaturanstieg in der Tiefe und die Tätigkeit der Vulkane mit ihren glutflüssigen Magmen zeigten, daß im Erdinneren die Temperatur höher sein muß als an der Erdoberfläche. Dies regte im 17. Jahrhundert den Jesuitenpater Athanasius KIRCHER an, sich das Erdinnere als ein Zentralfeuer vorzustellen, das durch ein Röhrensystem mit den Vulkanschloten verbunden ist und so immer wieder frisches Magma liefert. Heute wissen wir, daß die Temperatur im erdoberflächennahen Bereich in etwa linear zunimmt, und zwar relativ langsam in alten, ruhigen Festlandsockeln und bedeutend schneller in geologisch aktiven, jungen Zonen. Die mittlere Temperaturzunahme beträgt etwa 3° C pro 100 m. Mit zunehmender Tiefe wird die Temperaturzunahme geringer, und über die absolute Größe im Zentrum der Erde gibt

es weit auseinandergehende Spekulationen und Hypothesen. Am wahrscheinlichsten scheint nach heutiger Kenntnis eine Temperatur von nur etwa 6000° C zu sein.

2. Bereits 1778 bestimmten MASKELYNE & HUTTON durch die Ablenkung eines Lots in der Nähe hoher Berge, daß die mittlere Dichte der Erde um 5 g/cm³ sein muß. Da die erdoberflächennah gefundenen Gesteine alle nur Dichten um oder deutlich unterhalb von 3 g/cm³ haben, mußte es im Inneren der Erde andere, schwere Stoffe geben. Heute kennt man die mittlere Dichte der Erde sehr genau (5,515 g/cm³) und nimmt für das Zentrum der Erde ca. 10 g/cm³ an. Aus der mittleren Dichte und dem Erdradius läßt sich einfach der Druck im Inneren berechnen. Er beträgt ca. 3,5 Millionen bar.

Aus diesen Daten und besonders auch aus Analogieschlüssen zu den Meteoriten, die man als Bruchstücke von Planeten oder Planetoiden unseres Sonnensystems deutet und die demnach etwa die gleiche Entstehungsgeschichte wie unsere Erde haben, ergibt sich unsere heutige Vorstellung (siehe Bild 1).

Die Erde ist konzentrisch-schalig aufgebaut. Sie hat einen inneren Kern, der durch eine seismische Unstetigkeitsfläche in einer Tiefe von ca. 5150 km vom äußeren Kern, der bis ca. 2900 km reicht, getrennt wird. Darüber folgen der untere Mantel (bis ca. 670 km), der obere Mantel und schließlich die Erdkruste. Auf der Kruste ist die Biosphäre, die Lebensschicht, angesiedelt, und befindet sich die Hydrosphäre, die Wasserschicht; darüber folgt die Atmosphäre. Die Grenzen zwischen Kern und Mantel einerseits und Mantel und Kruste andererseits sind sehr stark ausgeprägt, was sich in den Erdbebenwellenlaufzeiten als großer Sprung ausprägt und auf eine deutliche Änderung in der Materie hinweist. Die Kern-Mantel-Grenze wird auch als WIECHERT-GUTENBERG-Diskontinuität und die Mantel-Krusten-Grenze als MOHOROVIČIĆ-Diskontinuität (kurz Moho) bezeichnet. Der innere Erdkern ist wegen des Überlagerungsdrucks trotz der hohen Temperatur weitgehend fest, der äußere Kern ist zumindest teilweise flüssig.

Der Erdmantel besteht aus ultrabasischen Silikatgesteinen, die Kruste ist sehr komplex aufgebaut. Man kann sie sich sehr anschaulich als einen zugefrorenen See vorstellen, auf dem verschiedene Eisberge schwimmen. Die dünne Eisschicht repräsentiert dabei die ozeanische Kruste, die Eisberge sind die Kontinente. Durch isostatische (ausgleichende) Bewegungen pendeln sich die verschieden großen »Eisberge« bzw. Kontinente so ein, daß die Massen oberhalb und unterhalb des »Wasserspiegels« stets im gleichen Gewichtsverhältnis stehen. Demzufolge ist die Krustendicke bei den Kontinenten unterschiedlich. Sie beträgt im Mittel ca. 30 km und kann unter den hohen Faltengebirgen, wie zum Beispiel den Alpen und dem Himalaya, mehr als das Doppelte ausmachen. Die ozeanische Kruste – unsere dünne »Eisschicht« – ist dagegen nur ca. 7 km dick. Sie besteht aus basaltischen Gesteinen.

Die Kontinente selbst haben eine saurere, etwa granitische Zusammensetzung. Die geologischen Betrachtungen und, ganz hautnah, die Erdbebentätigkeit und der Vulkanismus lehren uns, daß die Erde kein starrer, toter Himmelskörper ist, sondern daß sie eine innere Dynamik entwickelt. Zur Betrachtung ihres Zeitmaßes allerdings reicht ein Menschenalter nicht aus. Erst am Maß geologischer Zeiträume von vielen Millionen Jahren lassen sich diese Vorgänge wahrnehmen.

Den Ausgangspunkt für unsere heutigen Erkenntnisse bildet die **Kontinentalverschiebungstheorie** des deutschen Geophysikers und Meteorologen Alfred WEGENER, der am Anfang unseres Jahrhunderts postulierte, daß den Kontinenten kein fester Platz auf der Erdoberfläche zukommt, sondern daß sie sich relativ zueinander bewegen. Aus dieser Erkenntnis entwickelte sich das heute allgemein anerkannte Modell der **Plattentektonik**, mit dessen Hilfe sich alle großgeologischen Phänomene, wie Gebirgsbildung, Erdbeben und Vulkanismus erklären lassen. Um die Bewegungen dieser Platten zu verstehen, muß man den bis hierher skizzierten, traditionell akzeptierten Schalenaufbau noch etwas differenzieren. Die Platten bestehen nicht nur aus der Erdkruste, sondern beinhalten auch einen Teil des direkt darun-

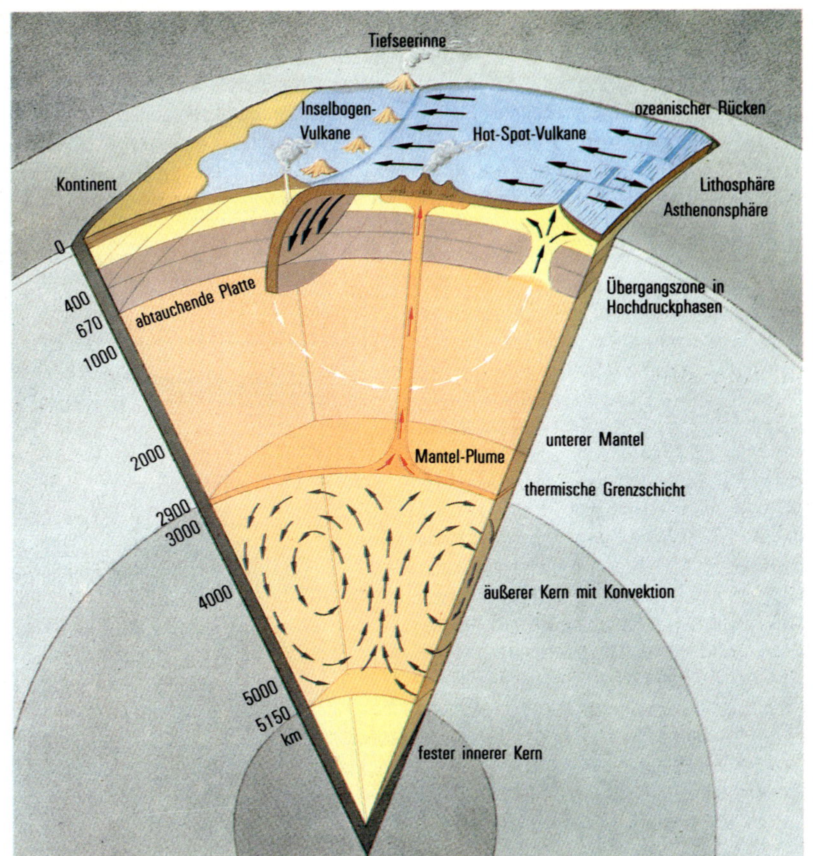

Bild 1: *Der Aufbau der Erde. Nachdruck aus: K. Strobach: Erdbebenforschung und Physik des Erdinnern; Geowissenschaften in unserer Zeit 3 (1985) 15–22.*

ter liegenden Mantels (in dem sie ja eigentlich wie Eisberge schwimmen) bis in eine Tiefe von ca. 100 km. Diese äußerste Schale ist trotz ihrer »Eisbergbewegungen« relativ starr und wird *Lithosphäre* genannt. Sie gleitet nun auf einem Bereich des Mantels, der bis 250 km Tiefe *Asthenosphäre* genannt wird. Diese Schale ist zu einigen Prozenten aufgeschmolzen, wodurch sie plastisch und beweglich ist. Man geht heute davon aus, daß im Erdmantel walzenförmige Konvektionsströme ausgebildet sind, die gegenläufig rotieren. Auf dem Rücken dieser »Walzen« werden die Lithosphärenplatten ähnlich wie auf einem Förderband transportiert, wobei die Geschwindigkeiten in der Größenordnung von Zentimetern pro Jahr liegen. Driften dabei zwei Platten auseinander, so werden sie durch aufsteigendes heißes Mantelmaterial in Form basaltischer Laven immer wieder neu verschweißt. Es bildet sich also ständig neues Krustenmaterial; daher wachsen die beiden Platten an diesem Plattenrand. Im Fall der ozeanischen Kruste entstehen dabei die *mittelozeanischen Rücken,* die in einem weitmaschigen Netz die ganze Erde umspannen. Befindet sich eine solche Plattengrenze in kontinentaler Kruste, bilden sich tiefe Grabensysteme aus, wie zum Beispiel das ostafrikanische Rift Valley, aus denen sich dann neue Ozeane bilden, wie man es am Roten Meer beobachten kann. Auch der Atlantik war einst ein solches Riftsystem, das sich vor ca. 100 Millionen Jahren öffnete. Die moderne Satellitentechnik ermöglichte kürzlich die Feststellung, daß Amerika und Europa tatsächlich zur Zeit mit 1–3 cm pro Jahr auseinanderschwimmen!

An anderen Stellen müssen die driftenden Platten zwangsläufig aufeinanderstoßen, wobei eine Platte unter die andere abtaucht – es entstehen die sogenannten *Subduktionszonen*. In der abtauchenden ozeanischen Platte werden die oberflächennah gebildeten Minerale einem stetig steigenden Überlagerungsdruck ausgesetzt und wandeln sich ab einer gewissen Tiefe in dicht gepackte, spezifisch schwerere Hochdruckminerale um, welche die Platte weiter nach unten ziehen und so im gleichen Sinne wie die Konvektion wirken. An solchen Stellen entstehen dann Tiefseegräben und Inselbögen, bestehend aus aufgereihten Vulkanen, oder auch aufgestauchte Faltengebirge, wie die Anden. Die überwiegende Zahl aller Erdbebenherde befindet sich an diesen aktiven Plattenrändern.

Die moderne Geophysik geht heute davon aus, daß es neben den Konvektionsströmen im Erdmantel auch noch ein ausgeprägtes Konvektionssystem im äußeren Kern gibt, das sozusagen den Dynamo der Erde darstellt und für deren Magnetfeld verantwortlich ist. Dabei entsteht eine stark erwärmte thermische Zwischenschicht zwischen Kern und Mantel, aus der gewaltige, schlotartige *Mantel-Plumes* bis an die Erdoberfläche aufsteigen. Sie bilden dort die sogenannten *hot spots* (heiße Flecken), erkennbar als besonders aktive Vulkangebiete (zum Beispiel Hawaii und vor 10 000 Jahren auch die Eifel!), die aber **nicht** an Plattenränder gebunden sind. Die Plumes durchstechen die oben beschriebenen walzenförmigen Konvektionsströme des Mantels. Das Modell der Plattentektonik erlaubt auch eine sehr anschauliche Erklärung der Gebirgsbildung *(Orogenese)*. Diese baut auf der Tatsache auf, daß die Konvektionsströme im oberen Mantel nicht unveränderlich sind, sondern daß sich die einzelnen walzenförmigen Zellen örtlich bewegen oder auch aufspalten können. Der Mechanismus der Gebirgsbildung wird in Bild 2 stark vereinfacht dargestellt.

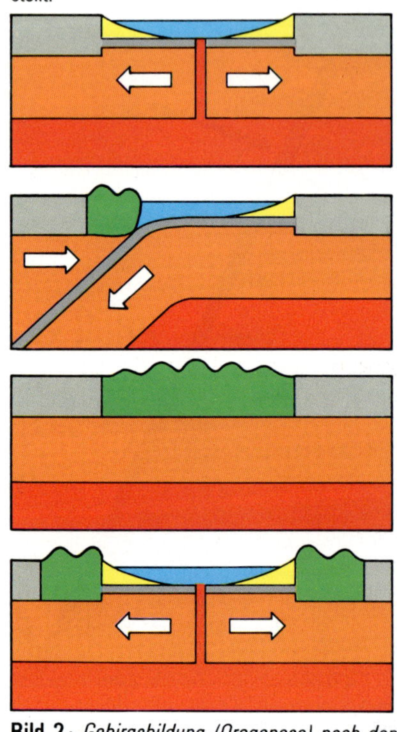

Bild 2: *Gebirgsbildung (Orogenese) nach den modernen Erkenntnissen der Plattentektonik (schematisch).*

Im Anfangsstadium bildet sich eine Riftzone aus, die kontinentale Kruste wird aufgespalten, und es entsteht ein neuer Ozean durch Auseinanderdriften der beiden Krustenteile. Die kontinentalen Erhebungen werden abgetragen und als Sedimente vor allem randlich im ozeanischen Becken abgelagert. Nach einer gewissen Zeit ändern sich die Konvektionsströme im Mantel, die Bewegung der beiden Platten wird gegenläufig. Es bildet sich eine Subduktionszone aus, in welcher der neue Ozean wieder verschluckt wird. Es kommt zur

Stauchung des einen Kontinentalrandes und seiner vorgelagerten Sedimente. Nach völliger Schließung des Beckens wird der Höhepunkt der Deformation und der Gebirgsbildung erreicht. Nach weiteren Zeiträumen und erneuter Änderung der Konvektionsströme im Untergrund kann sich ein neues Rift ausbilden, die Platten driften unter Bildung eines Ozeans erneut voneinander weg. Der Zyklus der Gebirgsbildung kann von neuem beginnen. Auf diese Art wachsen die Kontinente aus einem alten Kern, an den gürtelförmig immer neue Orogene geschweißt werden.

Geologisch-genetische Einteilung der Gesteinsarten

Am Aufbau der unserer Beobachtung zugänglichen Teile der Erdkruste sind drei große, nach ihren geologischen Bildungsvorgängen unterscheidbare Gesteinstypen beteiligt:

1. **Magmatische Gesteine,** auch **Magmatite, Eruptiva** oder **Eruptivgesteine** genannt. Sie entstehen durch Kristallisation silikatischer Schmelzen *(Magmen).*

Die immense Vielfalt von vielen hundert verschiedenen magmatischen Gesteinen ist jedoch nicht auf die gleiche Anzahl von ursprünglichen Magmentypen zurückzuführen. Es gibt nur wenige sogenannte *Stammagmen.* Zur groben Untergliederung der einzelnen Magmentypen benutzt man ihren SiO_2-Gehalt (Kieselsäureanteil) und nennt solche mit ca. 50% SiO_2 *basisch,* solche mit ca. 70% SiO_2 *sauer* und die dazwischen liegenden Zusammensetzungen *intermediär.* Magmen mit deutlich weniger als 50% SiO_2 heißen *ultrabasisch.* Das volumenmäßig weitaus wichtigste Stammagma hat basische Zusammensetzung und wird durch Teilaufschmelzung im oberen Mantel gebildet, der selbst eine ultrabasische Zusammensetzung hat. Aus ihm entstehen durch Kristallisation dunkle Gesteine, wie Basalt und Gabbro. Ein zweiter wichtiger Magmentyp entsteht durch Aufschmelzen der sauren kontinentalen Kruste und führt zu hellen Gesteinen, wie Granit und Rhyolith. Volumenmäßig untergeordnet sind intermediäre Magmen, deren Entstehung an Subduktionszonen gebunden ist.

Alle anderen Gesteinsarten werden durch Abänderung der Stammagmen erreicht. Eine Möglichkeit ist die klassische *Kristallisationsdifferentiation.* Sie entwickelt vom basischen Stammagma ausgehend alle Magmentypen bis hin zum sauren Magma. Ihr Prinzip ist in Bild 3 dargestellt. Sie besteht im wesentlichen aus der sogenannten *kontinuierlichen Kristallisationsreihe* der Plagioklase sowie der beiden anderen hellen Gemengteile Kalifeldspat und Quarz und der sogenannten *diskontinuierlichen Kristallisationsreihe* der dunklen Gemengteile von Olivin beginnend bis zum Biotit. Bei der kontinuierlichen Reihe ändert sich die chemische Zusammensetzung der Plagioklas-

Bild 3: *Kristallisationsdifferentiation eines basaltischen Stammagmas.*

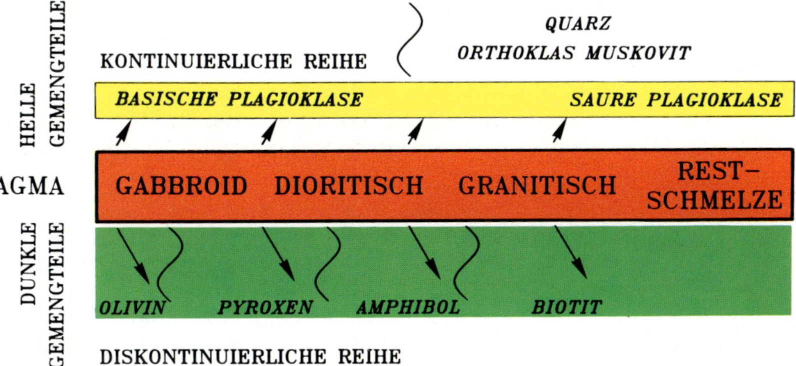

Mischkristalle stetig durch Reaktion mit der Schmelze, während bei der diskontinuierlichen Abfolge sich jeweils das jüngere Mineral aus einer Reaktion des älteren Minerals mit der Schmelze bildet. An diesem Punkt ändert sich der Chemismus der Schmelze und der Mineralbestand sprunghaft.

Der Mechanismus der Kristallisationsdifferentiation beruht auf der Tatsache, daß die aus einer Schmelze gebildeten Minerale in der Regel weniger SiO_2 in ihr Gitter einbauen, als es der Schmelzzusammensetzung entspricht. Werden diese Kristalle nun der Schmelze entzogen, reichert sie sich dadurch an SiO_2 an. Das Entfernen der Kristalle kann durch gravitative Kräfte erfolgen: Olivin (wie auch Pyroxen und Amphibol) hat eine deutlich höhere Dichte als das Magma. Er kann, wie Schneekristalle in Luft, langsam nach unten sinken *(absaigern)* und sich am Boden der Magmenkammer ansammeln. Es entstehen Olivingesteine (Peridotite, Dunite). Umgekehrt schwimmt der leichtere Anorthit nach oben und bildet Anorthosite. Die Restschmelze ändert so ihre Zusammensetzung von basisch über intermediär zu sauer mit sinkender Temperatur und fortschreitender Auskristallisation. Durch zwischenzeitliches Anzapfen der Magmenkammer können so Schmelzen beliebiger Zusammensetzung erhalten werden.

Ein weiterer Mechanismus, welcher Kristalle der Reaktion mit der Schmelze entzieht, besteht darin, daß auf bereits ausgeschiedenen Körnern neue Substanz einer anderen chemischen Zusammensetzung aufwachsen kann, der Kern wird dadurch gepanzert. Im Fall der Plagioklase entstehen so zonar gebaute Kristalle mit Anorthit-reichen Kernen und Albit-reichen äußeren Zonen.

Eine andere denkbare Änderung des Magmenchemismus ist die Reaktion mit dem festen Nebengestein oder die Durchmischung mit einem zweiten Magma. Diese Vorgänge werden *Kontamination* oder *Assimilation* genannt.

Nach Ort und Geschwindigkeit der Erstarrung unterscheidet man:

(a) **Tiefengesteine,** auch **Plutonite** oder **abyssische Gesteine** genannt. Sie entstehen, wenn das empordringende Magma in größerer Tiefe (1 bis über 10 km) unter der Erdoberfläche in einer mehr oder weniger regelmäßig ausgebildeten Magmakammer langsam erstarrt. Dies führt zur Bildung mittel- bis grobkörniger Gesteinskomplexe von oft erheblicher Größe, wie zum Beispiel die bis zu einigen Zehntausend Metern durchmessenden Granitintrusionen bzw. Plutone Südenglands (Bild 4).

Bild 4: *Granit-Pluton, Land's End, West Cornwall, England. Ein massiges Tiefengestein, das durch Klüfte in nahezu würfelförmige Blöcke geteilt wird, die dann wollsackartig verwittern.*

Bild 5 (oben): *Helles Ganggestein in einem dunklen Magmatit. Durch unterschiedlich schnelle Abkühlung ist der Randbereich feinkörniger ausgebildet als die Gangmitte. Bretagne, Frankreich.*

Bild 6 (rechts): *Stromboli, der einzige regelmäßig tätige Vulkan Europas während einer Eruptionsphase.*

(b) **Ganggesteine,** auch **subvulkanische** oder **hypabyssische Gesteine** genannt, sind in geringerer Erdtiefe und daher rascher erstarrt. Sie bilden im allgemeinen Füllungen offener Spalten und werden dann als Gänge bezeichnet (Bild 5). Zuweilen kommen sie auch als linsenförmige Körper, kleinere Kuppen oder auch als oberflächennahe Randausbildung größerer Plutone vor.

(c) **Ergußgesteine,** auch **Vulkanite** oder **Effusiva** bzw. **Extrusiva** genannt. Sie bilden sich beim Austritt des Magmas (dann auch als Lava bezeichnet) an der Erdoberfläche (Bilder 6 und 7). Die schnelle Abkühlung führt zu einer feinkristallinen Ausbildung oder durch Abschreckung gar zu einem Gesteinsglas (siehe S. 90). Die Dimension solcher Ergußgesteine reicht von kleinen erkalteten Lavaströmen bis hin zu riesigen Gesteinskomplexen, die viele hundert Quadratkilometer der Landoberfläche überdecken können, wie zum Beispiel die Deckenergüsse Indiens oder Grönlands.

Bild 7: *Stricklava. Die erkaltete Oberfläche eines niedrig-viskosen Lavastroms wurde zu typischen seil- oder strickartigen Gebilden zusammengeschoben. Vesuv, Italien.*

2. Die **sedimentären Gesteine,** auch **Sedimentite** oder in älterer Literatur Absatzgesteine oder Schichtgesteine genannt, entstehen durch Ablagerung transportierten Materials auf dem Festland (kontinental), in Flußniederungen (fluviatil) oder in Meeresbecken (marin) (Bild 8). Das transportierte Material entstammt Gesteinen, die an der Erdoberfläche durch *Verwitterung* zerstört wurden. Durch physikalische und chemische Einflüsse werden so ganze Faltengebirge abgetragen. Die Nachtfröste sprengen das Gestein, das zu Tal stürzt, weiter zerbricht und zerkleinert wird. Tau und Regenwasser zersetzen die in der Erdtiefe gebildeten und an der Erdoberfläche instabil gewordenen Minerale, wobei die Festigkeit des Gesteins zerstört wird und es zur Bildung von Grus oder Ton-reichen Restlagen kommt. Die Umwandlung von Feldspat zu dem Tonmineral Kaolinit ist ein häufiges und sehr anschauliches Beispiel (Bild 9). Manche Verwitterungsprodukte werden in gelöster Form mit dem Wasser abtransportiert. Der Transport der entstandenen Gesteinsfragmente und Einzelminerale kann gleichfalls im Wasser stattfinden, aber auch durch Wind, Eis oder nur Schwerkraft verursacht werden. Die gelösten oder mechanisch transportierten Verwitterungsprodukte lagern sich schließlich an geeigneter Stelle ab und bilden die Lockersedimente. Durch Überlagerung mit weiteren Sedimenten, dem dadurch entstehenden Überlagerungsdruck und durch die Temperaturzunahme wird das Porenwasser aus den Lockersedimenten herausgepreßt, sie werden kompaktiert (verdichtet) und verkitten durch Umkristallisation oder Porenausfüllung zu festen Sedimentgesteinen *(Diagenese)*. Nach der Art des Ablagerungsvorgangs unterscheidet man:

Bild 8: *Sedimentierte Abfolge von Pyroklastika. Eine Wechsellagerung von grobkörnigen hellen und feinkörnigen dunklen Ablagerungen. Eifel, BRD.*

Bild 9: *Charakteristische Verwitterung eines granitischen Gesteins. Von der Oberfläche her werden die Feldspatkristalle in Kaolinit umgewandelt und erhalten so ein typisches mattes, porzellanartig weißes Aussehen. In tieferen*

Schichten ist der Granit zwar braun verfärbt (»angerostet«), die Feldspäte sind jedoch noch relativ frisch, wie man an den spiegelnden Spaltflächen erkennen kann. Bei weitergehender Verwitterung zerfällt das Gestein in einen lockeren Grus aus dem resistenten Quarz und Kaolinit.

(a) **Klastische Sedimentite** (auch mechanische oder Trümmer-Sedimentite genannt). Diese entstehen aus Partikeln, die im festen Zustand transportiert und abgelagert wurden. Zu ihnen zählen Konglomerate, Sandsteine, Arkosen und Schieferton.

(b) **Chemische Sedimentite.** Gelöste Stoffe können nur so lange in Lösung bleiben, bis die Lösung übersättigt ist. Dann fallen sie in Form von Kristallen oder Gelen aus und können absedimentieren, es bilden sich die chemischen Sedimentite. Ein besonders anschauliches Beispiel dieser Art sind die sogenannten Evaporite, die beim Eindampfen von Meereslagunen entstehen. Hier scheiden sich zunächst die schwer löslichen Substanzen wie Anhydrit und Gips aus, darauf das Steinsalz und schließlich das leicht lösliche Kalisalz. Auf diese Weise entstanden im Zechstein die riesigen norddeutschen Salzlagerstätten und entstehen noch heute Sedimentite zum Beispiel im Toten Meer. Ein weiterer chemischer Sedimentit ist Kalkstein, der sehr verbreitet weltweit vorkommt und zum Beispiel im süddeutschen Raum Schichtmächtigkeiten von vielen Kilometern erreicht.

(c) **Organogene Sedimentite.** Die organogenen Sedimentite bilden eine kleine Gruppe von Gesteinen, die durch die Ablagerung von organischen Stoffen wie Pflanzen und Lebewesen entstehen. Es gehören dazu Torf, Kohle, aber auch das fossile Harz Bernstein.

Streng genommen zählen auch die Böden zu den Sedimentgesteinen. Sie sind in der Regel kaum oder nur wenig transportierte Verwitterungsprodukte der unterlagernden Gesteine und bestehen vor allem aus feinsten Schüppchen von Tonmineralien und Quarz. Die zirkulierenden Grundwässer sind in der Lage, besonders den Tonmineralien lebenswichtige Verbindungen und Elemente zu entziehen und als Nährstoffe den Pflanzen zuzuführen.

3. **Die metamorphen Gesteine,** auch **Metamorphite** oder zum Teil **kristalline Schiefer** genannt (Bild 10). Gesteine entstehen immer in besonderen Bildungsbereichen; Plutonite zum Beispiel bei hohen Temperaturen in großer Erdtiefe, Vulkanite dagegen erdoberflächennah und Sedimentgesteine bei normalen Drucken und Temperaturen. Es bilden sich dabei besondere, für die jeweiligen Bildungsbedingungen typische Mineralparagenesen aus. Werden Gesteine nun vom Ort ihrer Entstehung durch geologische Prozesse in eine andere physikalische Umgebung gebracht, so werden einige oder sogar alle der ursprünglichen Minerale instabil, das heißt, sie könnten bei den herrschenden Bedingungen nicht neu gebildet werden. Steht genug Zeit zur Verfügung und ist eine entsprechende fluide Phase wie zum Beispiel Wasser oder CO_2 anwesend, stellt sich das Gestein auf die geänderten Bedingungen ein, indem die instabilen Minerale zugunsten nun stabiler umgewandelt werden. Diesen Vorgang nennt man *Metamorphose.* Wird ein Gestein von niedrigen Drucken und Temperaturen zu höheren gebracht, entsteht ein *prograder Metamorphit.*

Als *retrograde Metamorphose* bezeichnet man dagegen die Umstellung von hohen Bildungstemperaturen und -drucken zu niedrigeren. Prograd wäre zum Beispiel die Metamorphose eines an der Erdoberfläche entstandenen Basalts, der im Zuge der Gebirgsbildung in große Erdtiefen transportiert wird und sich ab ca. 12 km Erdtiefe bei 300° C in einen Grünschiefer umwandelt und bei noch tieferer Versenkung bis über 35 km Erdtiefe schließlich zu einem Eklogit wird. Retrograd wäre zum Beispiel die Umwandlung eines Peridotits (ein Olivingestein aus dem oberen Erdmantel), dessen Olivinkristalle während des Aufstiegs instabil werden und sich unter Wasserzufuhr in Serpentin umwandeln, so daß schließlich ein Serpentinit entsteht.

Im wesentlichen werden drei Metamorphosearten unterschieden.

(a) Regionale dynamothermische Metamorphose, meist kurz **Regionalmetamorphose** genannt. Die Regionalmetamorphose ist die typische Metamorphose während einer Gebirgsbildung. Sie erfaßt weiträumig riesige Areale, wobei die Gesteine durch Faltung und Deckenüberschiebung über große Strecken horizontal oder vertikal transportiert werden und zum Teil in Bereiche hohen Drucks und hoher Temperatur gelangen. Neben dem Überlagerungsdruck ist oft noch ein gerichteter Druck, auch Streß genannt, vorhanden, der für das Auswalzen und Einregeln einzelner Gemengteile verantwortlich ist, wodurch die Gesteine dann ein schiefrig-gneisiges Aussehen erhalten und kristalline Schiefer genannt werden. In den Extrembereichen der Regionalmetamorphose kann es aufgrund der hohen Temperaturen zu Teilaufschmelzungen des Gesteins kommen, wodurch die Migmatite entstehen. Weitere Aufschmelzung und Konzentration der Schmelze in größeren Körpern können zur Bildung neuer magmatischer Gesteine führen.

Bild 10: *In einer Abfolge hochmetamorpher, verfalteter Gneise »schwimmen« knödelartige Körper von Eklogit. Norwegen.*

(b) Hochdruckmetamorphose. Wenn Gesteine durch gebirgsbildende Prozesse, besonders in Verbindung mit Subduktionszonen, sehr schnell und kühl in große Tiefen gelangen, bilden sich ganz besondere und typische Mineralparagenesen aus. Sie werden als Hochdruckgesteine bezeichnet. Ihnen kommt eine überragende wissenschaftliche Bedeutung für das Verständnis geologischer Prozesse zu (vergleiche S. 248).

(c) Kontaktmetamorphose. In glutflüssigen Magmenkörpern herrschen Temperaturen von ca. 600–1300° C. Bei der Platznahme dieser Magmenkörper in anderen Gesteinen kühlen sie selbst ab, wobei sich das Nebengestein entsprechend erwärmt. Es kommt zu Metamorphoseerscheinungen, bei denen der Einfluß der Temperatur bei weitem überwiegt. Die Kontakthöfe um Plutone, mit ihren oft erheblichen Ausmaßen, können bis zu einigen Kilometern Mächtigkeit erreichen, da der Wärmeeinfluß des Magmenkörpers über sehr lange Zeiten wirkt, während die Kontakterscheinungen, die durch Ergußgesteine hervorgerufen werden, oft nur im Zentimeterbereich liegen.

In der Regel gehen die Rekristallisationen und Mineralneubildungen während der Metamorphose ohne weitreichende Änderung des Gesteinschemismus vonstatten, wenn man von der Menge und Art der zirkulierenden, leichtflüchtigen Gemengteile wie Wasser und CO_2 absieht. Diese Arten der Metamorphose nennt man *isochem.* Bei *allochemen* Prozessen wird dagegen der Stoffbestand durch Zufuhr oder Abtransport bestimmter chemischer Elemente gravierend verändert, es entstehen **metasomatische Gesteine.**

Als **Kataklase** bezeichnet man das Zerbrechen von Mineralien und Gesteinen durch tektonische Kräfte. Sie geht mit der Metamorphose Hand in Hand und tritt besonders bei gerichtetem Druck an tektonischen Bewegungszonen auf. Überwiegen die durch die Kataklase hervorgerufenen Veränderungen im Gefüge die Rekristallisation und Umbildung der normalen Metamorphose, spricht man von kataklastischen Gesteinen. Die Ursprungsminerale sind dabei zum Teil noch als Relikte (Reste) zu erkennen oder aber auch bis zur makroskopischen Unkenntlichkeit zerrieben *(mylonitisiert).* Eine besondere Art der Kataklase bildet die Stoßwellenmetamorphose, die tiefgreifende mechanische Zerrüttung als Folge des Einschlags von Großmeteoriten hervorruft.

Die vorangegangene Betrachtung hat gezeigt, daß Steine keineswegs starre und unveränderliche Körper sind, sondern daß sie durch geodynamische Prozesse verfrachtet werden und Veränderungen durch physikalisch-chemische Einwir-

Bild 11: *Kreislauf der Gesteine (stark vereinfacht).*

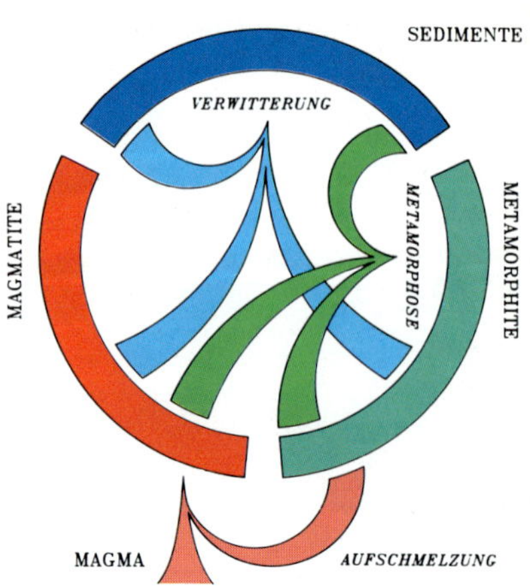

kungen erfahren. Aus glutflüssigen Schmelzen entstehen durch Abkühlung Magmatite. Diese werden durch den Einfluß der Verwitterung zersetzt und transportiert; es entstehen Sedimentgesteine, die durch gebirgsbildende Prozesse metamorphosiert werden, bis hin zur Aufschmelzung, das heißt der Bildung neuen Magmas, womit sich der Kreislauf schließt (Bild 11). Dieser muß aber nicht immer vollständig sein. So ist es durchaus möglich, daß frische Magmatite direkt metamorphosiert werden, ohne erst ein sedimentäres Stadium durchlaufen zu haben. Auch die Dauer eines solchen Zyklus ist für die Gesteine außerordentlich unterschiedlich. Die ältesten bisher bekannten Gesteine der Erde, mit über 3,7 Milliarden Jahren, sind metamorphe Sedimente, die sich seit dieser Zeit nicht mehr grundlegend verändert haben, während in anderen geologischen Einheiten der Kreislauf der Gesteine verhältnismäßig schnell abläuft.

Makroskopische Bestimmung der gesteinsbildenden Minerale

Die wesentliche Voraussetzung zur Erkennung und Klassifikation eines Gesteins ist das Bestimmen der einzelnen Komponenten (Minerale) und ihres Gefüges. Ein wichtiges Hilfsmittel für die Mineraldiagnose ist der Band »Mineralien« unserer Naturführerreihe. Er enthält einen Bestimmungsschlüssel anhand einfacher äußerer Kennzeichen der Mineralien. Mit seiner Hilfe können gerade gesteinsbildende Minerale in der Regel recht gut erkannt werden, was allerdings einige Erfahrung und viel Übung voraussetzt. Darüber hinaus gibt es eine Vielzahl physikalisch-chemischer Bestimmungsmethoden, die zu eindeutigen Ergebnissen führen. Sie sind aber so komplex, daß sie meist nur von Fachleuten angewandt werden können. Im folgenden werden die einfachen Bestimmungsmethoden, besonders im Hinblick auf die Bestimmung von Mineralien im Gesteinsverband, kurz dargelegt und die wichtigsten Minerale besprochen.

Kristallform

Die normale Form unbelebter, fester Materie ist der kristalline Zustand. Das heißt, die einzelnen chemischen Bausteine befinden sich auf festen Plätzen und sind regelmäßig geordnet. Sie bilden einen Kristall. Nichtkristalline, amorphe, das heißt gestaltlose Festkörper kommen in der Natur nur sehr selten, zum Beispiel als Gesteinsglas oder gelartige Ausscheidungen, vor. In ihnen sind die chemischen Bausteine unregelmäßig angeordnet, bilden also kein symmetrisches Kristallgitter.

Wachsen Kristalle ohne äußere Behinderungen, so bilden sie aufgrund ihrer hohen inneren Ordnung ebenflächig begrenzte Körper, die ihre innere Symmetrie widerspiegeln. Solche Kristalle nennt man *idiomorph,* das heißt eigengestaltig (Bild 12). Aufgrund der Kristallform läßt sich ihre Zugehörigkeit zu sieben möglichen Kristallsystemen bestimmen. Behindern sich Kristalle jedoch beim Wachstum gegenseitig, dann bilden sie gemeinsame Grenzflächen aus, die in keinerlei Bezug zu ihrer inneren Ordnung stehen müssen. Man nennt sie *xenomorph* oder fremdgestaltig (Bild 13).

Schöne Kristalle, die frei in Drusenhohlräumen ihre Gestalt entfalten konnten, sind in der Natur selten und werden von Mineraliensammlern hoch

Bild 12: *Idiomorphie. Herrlich ausgebildete Zepterquarze mit grünen Chlorit-Einschlüssen aus einer alpinen Zerrkluft. Südtirol, Italien. 5× 5 cm.*

Bild 13: *Xenomorphie. Graue xenomorphe Quarze in einem Granit neben weißem Feldspat und schwarzem Biotit. 2× 2 cm.*

geschätzt. Aber auch in den Gesteinen gibt es eine Vielzahl von Mineralien, die einen Hang zur Idiomorphie besitzen, wodurch ihre Bestimmung außerordentlich erleichtert wird. Dazu gehören vor allem die kubischen Kristalle, wie zum Beispiel der Granat, der in vielen metamorphen Gesteinen oft als Rhombendodekaeder mit rundlichem Querschnitt auftritt, der Leucit mit seinen typischen Deltoid-Ikositetraedern (Vierundzwanzigflächner), der goldglänzende Pyrit mit seinen Würfeln oder Pentagondodekaedern und die schwarzen Magnetit-Oktaeder.

Spaltbarkeit

Kristalline Körper können beim Einwirken äußerer mechanischer Kräfte (zum Beispiel Druck oder Hammerschläge) entlang bestimmter Richtungen geradflächig spalten. Diese Spaltbarkeit hängt unmittelbar mit ihrem hochgeordneten inneren Aufbau zusammen, die Spaltung folgt immer einfachen Kristallflächen. Die Spaltbarkeit kann sehr unterschiedlich sein. So gibt es zum Beispiel Minerale, die in verschiedenen Richtungen deutlich unterschiedliche Spaltbarkeit besitzen – bis hin zu der Eigenschaft, daß eine Spaltbarkeit völlig fehlt (Bild 14).

Ein Maß für die Qualität der Spaltbarkeit ist u. a. der Glanz auf den Spaltflächen, der für das Spiegeln glitzernder Ebenen auf Gesteinsbruchflächen verantwortlich ist. Man unterscheidet Spaltbarkeit grob wie folgt:

vollkommen (z. B. Glimmer, Chlorit, Talk);
gut (z. B. Feldspat, Calcit, Amphibol);
deutlich (z. B. Pyroxen);
undeutlich (z. B. Olivin);
fehlend (z. B. Quarz mit seinem muscheligen Bruch).

Beim Brechen eines Gesteins folgt die Bruchfläche in der Regel den Spaltflächen der das Gestein aufbauenden Minerale. Bei einem Glimmerschiefer zum Beispiel sind die einzelnen Glimmerschüppchen auf ebenen Flächen angereichert. Das Gestein bricht parallel zu diesen Flächen sehr gut, senkrecht dazu viel schlechter, eine Eigenschaft, die jeder Steinhauer aus Erfahrung kennt und ausnutzt.

Härte

Die Härte ist eine sehr schwer zu definierende Eigenschaft, die man am besten mit »Maß des Widerstands, den ein Kristall einer mechanischen Deformation entgegensetzt« beschreiben kann.

Bild 14: *Spaltbarkeit. Spaltstück des vollkommen spaltbaren Minerals Calcit (braungelb) neben nicht spaltbarem Quarz mit Kristallflächen und muscheligem Bruch. 18 × 24 cm.*

Die Bedeutung dieser Materialeigenschaft ist jedem aus praktischer Erfahrung geläufig. Smirgel (Korund) und Granatpulver werden als Schleifmittel benutzt (heute allerdings meist durch synthetisches Siliziumcarbid abgelöst). Das härteste Mineral, den Diamant, benutzt man als Ziehsteine oder zur Bearbeitung besonders widerstandsfähiger Materialien, wie zum Beispiel Gestein.
Eine brauchbare, halbquantitative Methode geht auf den deutschen Chemiker MOHS zu Beginn des 19. Jahrhunderts zurück. Er führte eine zehnstufige, willkürlich festgesetzte Härteskala aus einzelnen, zum Teil leicht beschaffbaren Mineralen ein. Die Härte eines unbekannten Kristalls wird durch gegenseitiges Ritzen mit diesen Probenkörpern bzw. des Probenkörpers durch den Kristall ermittelt. Mit einiger Erfahrung und einfachen Hilfsmitteln gelingt es schnell, die Härte in etwa zu bestimmen.

Härte	Mineralname	Hilfswerkzeug
1	Talk	Fingernagel ritzt leicht
2	Gips	Fingernagel ritzt
3	Calcit	Messerspitze ritzt leicht
4	Fluorit	Messerspitze ritzt
5	Apatit	Messerspitze ritzt schwer
6	Kalifeldspat	Fensterglas ritzt schwer
7	Quarz	Fensterglas wird geritzt Stahl schlägt Funken
8	Topas	
9	Korund	
10	Diamant	

Farbe

Die Farbe ist ein etwas problematisches Hilfsmittel bei der Bestimmung von Mineralien. Zahlreiche Kristalle sind sehr typisch und charakteristisch gefärbt. Sie besitzen eine Eigenfarbe, das heißt sie sind *idiochromatisch*. Besonders typisch und, wenn fein verteilt vorkommend, für ganze Gesteinskomplexe farbgebend sind die Eisenoxide Magnetit (schwarz), Hämatit (rot) und Goethit (gelb). Diese wurden für große geologische Formationen namengebend: Rotliegendes, Buntsandstein, brauner Jura. Der grüne Chlorit und Epidot prägen den Namen ganzer Gesteinsfamilien (Grünschiefer). Bei anderen Mineralien, die entweder ungefärbt oder durch Fremdbeimengungen gefärbt sind *(allochromatisch)*, ist die Farbe oft ein nur mit größter Vorsicht zu benutzendes oder gar kein diagnostisches Hilfsmittel. Dazu gehört der Kalifeldspat, dessen Farbe von farblos bis weiß über fleischfarben bis kräftig rot oder gar grün variieren kann (Bild 15). Die Strichfarbe (auf einer weißen Unterlage, zum Beispiel eine Porzellanscherbe, fein verriebene Kristallbruchstücke) erleichtert die Aussage, ob ein eigengefärbtes oder fremdgefärbtes Mineral vorliegt.

Glanz

Eine vorzügliche und auch in kleinsten Körnern gut feststellbare Materialeigenschaft ist der Glanz eines Minerals, das heißt seine Fähigkeit, das auftreffende Licht zurückzuwerfen. Man unterscheidet hier metallglänzend, halbmetallisch glänzend und nichtmetallisch glänzend, Begriffe, deren Bedeutung jedem aus dem täglichen Leben bekannt sind. In der Regel sind Bestimmungstabellen von Mineralen nach dieser Materialeigenschaft gegliedert.

Bild 15: *Farbe. Farbvarianten des allochromatisch gefärbten Kalifeldspats. 9 × 12 cm.*

Die wichtigsten gesteinsbildenden Minerale

Minerale sind stofflich einheitliche, natürliche Bestandteile der starren Erdkruste. Sie werden wissenschaftlich nach ihrer chemischen Zusammensetzung und der Art ihres Kristallgitters klassifiziert. Für die ganz wenigen wichtigsten gesteinsbildenden Minerale bietet sich allerdings ein anderes Einteilungsprinzip an, das auf äußeren, unmittelbar erkennbaren Eigenschaften beruht und das später bei der Gesteinsbestimmung hilfreich ist. Wir unterscheiden nach hellen und dunklen Gemengteilen sowie charakteristischen Mineralen metamorpher Gesteine. Bei all diesen Mineralen handelt es sich um Silizium-Sauerstoff-Verbindungen, sogenannte Silikate, was unmittelbar verständlich wird, wenn man sich vergegenwärtigt, daß allein Sauerstoff und Silizium zusammen mit Aluminium, Eisen, Calcium, Natrium, Kalium und Magnesium über 95% der Erdkruste ausmachen.

Helle Minerale: Quarz und Aluminiumsilikate mit Natrium, Kalium und Calcium: Feldspäte, Feldspatvertreter (Foide), Muskovit (heller Glimmer).

Dunkle Minerale: Magnesium-Eisen-Silikate (Mafite): Olivin, Pyroxene, Amphibole, Biotit (dunkler Glimmer), Chlorit.

Metamorphe Minerale: Granat, Alumosilikate (Andalusit, Sillimanit, Disthen).

Helle Minerale

Feldspäte

Die Feldspäte sind mit 60–65 Vol% die weitaus häufigsten Minerale unserer Erdkruste. Sie bilden eine Gruppe von drei Endgliedern. Die Verhältnisse zwischen diesen Gliedern werden durch Bild 16 veranschaulicht. An den Ecken eines Dreiecks sind sie mit ihren kristallchemischen Formeln und ihren Metalloxidformeln aufgetra-

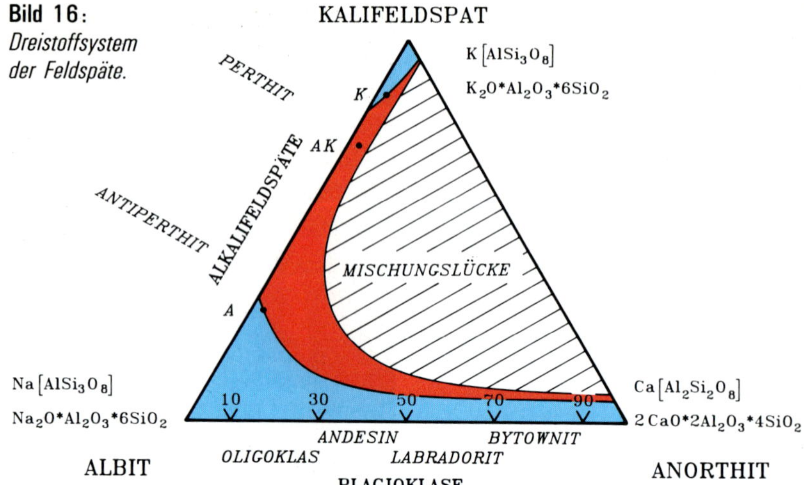

Bild 16: *Dreistoffsystem der Feldspäte.*

gen. Alle Mischzusammensetzungen zwischen diesen drei Endgliedern befinden sich an einem bestimmten Punkt innerhalb des Dreiecks. Ein Mischkristall zwischen dem Natrium-Feldspat Albit und dem Calcium-Feldspat Anorthit stellt sich zum Beispiel auf der Basis des Dreiecks dar. Solche Kristalle heißen *Plagioklase* und werden je nach ihrer Zusammensetzung mit eigenen Namen belegt (0–10% Anorthit $\triangleq$ An_{0-10} = Albit; An_{10-30} = Oligoklas; An_{30-50} = Andesin; An_{50-70} = Labradorit; An_{70-90} = Bytownit; An_{90-100} = Anorthit). Die Feldspat-Mischkristalle zwischen Albit und Kalifeldspat heißen *Alkalifeldspäte.* Kristalle, deren Zusammensetzung im Inneren des Dreiecks liegen, werden auch *ternäre Feldspäte* genannt. Die Mischbarkeit der drei Endglieder innerhalb des Dreiecks ist nun nicht vollkommen. Vielmehr befindet sich zwischen Anorthit und Kalifeldspat eine sogenannte Mischungslücke, die schraffiert eingezeichnet ist. Bei einer Ausgangszusammensetzung, die in diesem Feld liegt, kann kein homogener Feldspat-Mischkristall entstehen, sondern es bilden sich zwei verschiedene Mischkristalle, von denen einer Kalifeldspat-reich und einer Plagioklas-reich ist. Daher ist es ohne weiteres möglich, und bei vielen Gesteinen sogar die Regel, daß zwei verschiedene Feldspäte nebeneinander vorkommen.

Die Größe der Mischungslücke ist nun nicht bei allen physikalischen und chemischen Bedingungen gleich, sondern sie vergrößert sich erheblich beim Abkühlen der Gesteine. Damit verändert sich auch der Mischkristallbereich drastisch.

Bei hohen Temperaturen, wie sie zum Beispiel magmatischen Bildungen entsprechen, ist der Mischkristallbereich groß und umfaßt die rot und blau eingezeichneten Bereiche. Eine ternäre Zusammensetzung, die dem eingezeichneten Punkt AK entspricht, führt also zur Kristallisation eines einzigen Alkalifeldspat-Mischkristalls. Sinkt nun die Temperatur langsam ab, so vergrößert sich die Mischungslücke immer weiter. Bei einer niedrigeren Temperatur ist sie so groß geworden, daß nur noch für die blau eingezeichneten Bereiche Mischbarkeit vorliegt. Ist die Abkühlung so langsam vonstatten gegangen, daß sich die Kalium- und Natriumatome im Kristallgitter der Feldspäte neu ordnen konnten, so entstehen nebeneinander im ursprünglichen Einkristall zwei verschiedene Kristallarten, ein Kalifeldspat-reicher Kristall und ein Albit-reicher Kristall, deren Zusammensetzung etwa den Punkten K und A entspricht – der ursprüngliche homogene Mischkristall hat sich *entmischt.* Diese Entmischungsstrukturen sind sehr typisch in ihrem Erscheinungsbild – meist spindel- oder aderförmig – und heißen *Perthit* bzw.

Bild 17: *Perthit. Ein ehemaliger Alkalifeldspat (AK) hat sich in einen weißen Albit-Mischkristall (A) und einen grünen Kalifeldspat-Mischkristall (K) entmischt. 3× 3 cm (vgl. Bild 16).*

Bild 18: *Idiomorpher Kalifeldspat mit Zwillingsbildung nach dem Karlsbader-Gesetz. 3× 3 cm.*

Bild 19: *Karlsbader Zwilling im Anbruch eines Gesteins. Durch die gute Spaltbarkeit leuchtet immer jeweils eines der Zwillingsindividuen auf. 4× 4 cm.*

Bild 20: *Feinlamellare Verzwillingung nach dem Albit-Gesetz in einem schillernden Labrador-Plagioklas. 2× 2 cm.*

Antiperthit, je nach dem, ob die Menge des Kalifeldspats oder des Albit-Feldspats im entmischten Kristall vorherrscht (Bild 17).

Die Mischkristallreihe der Plagioklase zeigt in Abhängigkeit von der Temperatur keine so drastische Mischungslücke. Lediglich zum Beispiel der typisch blaue Schimmer des Labradorits weist auf submikroskopisch feine Entmischungen und damit auf die Existenz einer kleinen Mischungslücke hin. All diese Entmischungsvorgänge beruhen auf der Diffusion von Kalium, Natrium und Calcium im Kristallgitter und benötigen daher ausreichend Zeit. Sie bilden sich nur in Tiefengesteinen aus, die über geologisch lange Zeiträume abkühlen. Der ursprüngliche Zustand zum Beispiel des Punktes AK kann auch »eingefroren« werden, wenn die Kristalle schnell abkühlen, wie beispielsweise in einem vulkanischen Gestein.

Kalifeldspat

Kalifeldspalt kristallisiert in zwei verschiedenen Kristallsystemen, je nach dem, ob sich die Aluminium- und Siliziumatome im Kristallgitter regellos verteilen oder ob sie in bestimmter Weise geordnet sind. Der ungeordnete, höher symmetrisch monokline Kristall entsteht bei hohen Temperaturen und heißt *Sanidin*. Durch zunehmende Ordnung entsteht niedrigere trikline Symmetrie; es bildet sich der *Mikroklin*. Der vielfach benutzte Name *Orthoklas* (rechtwinklig spaltend) bezieht sich auf ein Zwischenstadium zwischen diesen beiden Ordnungszuständen. Kalifeldspäte sind in der Regel tafelig ausgebildet (leistenförmige Querschnitte) und oft typisch verzwillingt: Nach dem Karlsbader Gesetz verwachsen nur zwei Individuen miteinander, die beim Betrachten unterschiedlich aufspiegeln (Bilder 18 und 19).
Die Farbe ist weiß, oft fleischrot bis tiefrot und seltener smaragdgrün (Amazonit). Typische Kennzeichen sind die fast rechtwinklige Spaltbarkeit und die Härte 6.

Plagioklas

Im Gegensatz zu den Kalifeldspäten bilden die Plagioklase (schief spaltend) nahezu immer komplexe, feinlamellare Zwillingsstöcke nach dem Albit-Gesetz, die allerdings makroskopisch nur mit einer starken Lupe oder oft gar nicht erkennbar sind (Bild 20). Die Kristalle sind gleichfalls tafelig. Ihre Farbe variiert von farblos, klar durchsichtig, weiß, grau bis schillernd rot *(Sonnenstein)*. Labradorite zeigen häufig einen herrlichen Farbschiller. Bei zunehmender Zersetzung werden sie durch Neubildung von Epidot meist vom Kern her leicht grünlich *(Saussuritisierung)*. Makroskopisch gibt es keine Möglichkeit, zwischen den einzelnen Gliedern der Plagioklas-Reihe zu unterscheiden, deren Grenzen willkürlich bei 10%, 30%, 50%, 70% und 90% Anorthit-Gehalt gesetzt wurden. Betrachtet man die chemische Zusammensetzung der beiden Endglieder, fällt auf, daß beim Albit in der Metalloxid-Schreibweise 6 SiO_2 vorhanden sind, während der Anorthit nur 4 besitzt. Im Sinne der Petrographie ist daher der Albit ein sogenannter *saurer Feldspat*, während der Anorthit *basisch* ist. Dies hat nichts mit dem Gebrauch dieser Bezeichnungen im chemischen Sinne gemein, sondern ist nur ein Ausdruck für den SiO_2-Gehalt. Demzufolge kommen Albit-reichere Plagioklase in sauren, das heißt SiO_2-reichen Gesteinen und Anorthit-reiche Plagioklase in basischen Gesteinen vor.

Feldspatvertreter (Foide)

In sehr basischen Gesteinen reicht der Silizium-Gehalt oft nicht aus, um zusammen mit Kalium, Aluminium und Natrium Feldspäte zu bilden. Es entstehen dann die sogenannten Feldspatvertreter, deren wichtigste
Leucit, $K[AlSi_2O_6]$ (= Kalifeldspat – 1 SiO_2) und Nephelin, $Na[AlSiO_4]$ (= Albit – 2 SiO_2) sind. Die Foide spielen eine wichtige Rolle bei der Klassifikation nach STRECKEISEN (vergleiche S. 37) und können nie neben freiem Quarz auftreten, da sich sonst Feldspäte bilden würden. Leucit kristallisiert kubisch und ist als Frühkristallisat in der Regel idiomorph in Form von Deltoid-Ikositetraedern ausgebildet (siehe S. 123 u.); er fehlt in echten Plutoniten. Nephelin kristallisiert hexagonal, zum Teil idiomorph in gedrungenen Prismen oder isometrischen Kristallen, oft aber auch als schwer erkennbare Zwickelfüllungen. Er kommt sowohl in Vulkaniten als auch in Plutoniten (zum Beispiel Nephelinsyeniten) und deren Pegmatiten (siehe S. 77 o.) vor, selten sogar in hochgradigen Gneisen. Im frischen Bruch sind beide glasig und durchaus mit Quarz zu verwechseln, von dem sie sich aber durch die wesentlich geringere Härte (5–6) deutlich unterscheiden.
Weitere Foide sind Kalsilit, Sodalith, Nosean, Haüyn, Cancrinit, Analcim.

Quarz, SiO_2

Nach den Feldspäten ist Quarz das häufigste Mineral der kontinentalen Erdkruste. Er kristallisiert oberhalb 573° C hexagonal in Form typischer sechsseitiger Bipyramiden mit fehlendem oder schwach ausgebildetem Prisma, unterhalb von 573° C als trigonaler, in der Regel gestreckter Kristall. In den Gesteinen ist er meist gut kenntlich aufgrund seiner hohen Härte (7), seinem Fett- bis Speckglanz und der Transparenz bis hin zur Durchsichtigkeit. Gegen eine dunkle Grundmasse sieht er sehr hell, gegen eine helle Grundmasse dagegen oft dunkel bis fast schwarz aus (helle Quarzporphyre).

Er entsteht primär magmatisch in sauren bis intermediären Magmatiten und bleibt als chemisch sehr widerstandsfähiges *(resistentes)* Mineral bei deren Verwitterung nahezu unangegriffen erhalten. Durch mechanische Zerkleinerung, Transport und Zersetzung der anderen Gesteinskomponenten entstehen große Räume *(Volumina)* von klastischen Quarzsedimenten (Fluß-, Meeres-, Wüstensande; nach Verfestigung Sandsteine, Quarzite, Arkosen usw.). Durch die Verwitterung anderer Silikate, besonders der Feldspäte, in alkalischem Milieu, gelangt SiO_2 in Lösung und fällt bei Erniedrigung des pH-Wertes als kryptokristalliner Quarz (Chalcedon) oder als gelförmiges, meist wasserhaltiges SiO_2 aus (Opal). Auf diese Weise entstehen chemische Kieselsedimente, wie Hornstein oder Flint. Besonders typisch sind Feuerstein-Knollen um verwesende organische Reste (zum Beispiel Seeigel) oder Verkieselung von Baumstämmen usw.

In seltenen Fällen (zum Beispiel in Quarzporphyren) kann die Kristallform des Hochquarzes als geologisches Thermometer dienen: Das Auftreten hexagonal bipyramidaler Kristalle, die im Querschnitt oft pseudotetragonal sind, zeigt Temperaturen oberhalb 573° C an.

Muskovit (Hellglimmer), $KAl_2[(OH)_2/AlSi_3O_{10}]$

Hellglimmer gehören zu den Schichtsilikaten und weisen als solche die typische Eigenschaft der vollkommenen Spaltbarkeit und des sechsseitigen Umrisses auf. Die hochglänzenden Plättchen sind sehr weich (2–2½) und elastisch biegsam. Feinschuppige bis mikrokristalline Varietäten werden als Sericit bezeichnet und sind für den charakteristischen Seidenglanz der Phyllite verantwortlich. Muskovit ist Hauptbestandteil der Glimmerschiefer und kommt in zahlreichen sauren Magmatiten vor, zum Beispiel in Zweiglimmergraniten. Bei höheren Temperaturen zerfällt er im Beisein von Quarz und unter Wasserabgabe zu Kalifeldspat und Aluminiumsilikat. Umgekehrt bildet er sich als eines der ersten Minerale bei der Verwitterung der Feldspäte.

Weitere wichtige helle gesteinsbildende Minerale sind zum Beispiel Calcit, Gips, Apatit, Zoisit, Cordierit, Talk, Zeolithe (siehe auch Naturführer »Mineralien«). Von überragender Bedeutung im sedimentären Bereich und besonders bei der Bodenbildung sind die *Tonminerale* (zum Beispiel Montmorillonit und Kaolinit) und der Hellglimmer Illit. All diese Phasen sind makroskopisch kaum sichtbar, geschweige denn bestimmbar. Ihre Anwesenheit dokumentiert sich aber häufig durch einen erdigen Geruch beim Anhauchen des Gesteins.

Dunkle Minerale

Die mit schwarzen bis dunkelgrünen und dunkelbraunen Farben in den Gesteinen vorkommenden Minerale sind in der Regel Magnesium-Eisen-Silikate und werden daher **Ma**fite genannt (nach Mg = Magnesium, Fe = Eisen). Ihre chemischen Zusammensetzungen sind zum Teil sehr kompliziert und veränderlich, so daß sie hier nicht oder nur stark vereinfacht angegeben werden.

Olivin, $(Mg,Fe)_2[SiO_4]$

Olivine sind Mischkristalle zwischen dem Magnesium-Endglied *Forsterit* und dem Eisen-Endglied *Fayalit,* wobei in normalen Gesteinen der Forsterit-Anteil weit überwiegt. Fayalit gibt es nur in exotischen Gesteinen und Hochofenschlacken. Die Kristalle kristallisieren orthorhombisch mit oft typischen, idiomorphen Kristallquerschnitten, sind glas- bis fettglänzend, schlecht spaltend mit muscheligem Bruch und von gelblicher bis flaschen-

grüner oder oliver Farbe. Ihre Dichte übersteigt mit etwa 3,6 die der Feldspäte (2,6–2,7) bei weitem. Als magmatische Frühausscheidungen basischer Gesteine (Olivin kann nie zusammen mit Quarz vorkommen, da er mit diesem zu Enstatit, $Mg_2[Si_2O_6]$ reagieren würde) kann er absaigern und am Boden der Magmakammer sogenannte Kumulate bilden. Olivingesteine heißen Peridotite oder Dunite und haben meist ein körniges Gefüge. Sogenannte Olivin-Knollen finden sich häufig als Einschlüsse in Alkalibasalten (siehe S. 115). Unter erhöhten Temperaturen bildet sich aus Olivin unter Wasserzufuhr Serpentin in Form des faserigen Chrysotils oder des blättrigen Antigorits. Auf diese Weise entstehen riesige Serpentinit-Gesteinskomplexe. Reichert sich dabei der Nickelgehalt, der in vielen Olivinen vorhanden ist, an, können sich nutzbare Nickel-Lagerstätten bilden.
Die wichtigsten dunklen Gemengteile der Gesteine gehören in die komplexen und variationsreichen Gruppen der Pyroxene und Amphibole, oft auch, nicht ganz korrekt, mit den Namen Augite und Hornblenden bezeichnet, obgleich diese Namen nur für spezielle Mischglieder zutreffen. Die physikalisch-chemischen Eigenschaften in beiden Mineralgruppen sind sehr ähnlich, oft ist die makroskopische Unterscheidung nur schwer möglich (Bilder 21 und 22).

Pyroxene

Orthopyroxen (Ca-frei), rhombisch:
Enstatit, $Mg_2[Si_2O_6]$
Bronzit, Hypersthen, $(Mg,Fe)_2[Si_2O_6]$
Klinopyroxen, monoklin:
Diopsid, $CaMg[Si_2O_6]$
Hedenbergit, $CaFe[Si_2O_6]$
Jadeit, $NaAl[Si_2O_6]$
Ägirin, $NaFe[Si_2O_6]$

Aus dieser Zusammenstellung der wichtigsten Pyroxen-Endglieder geht hervor, daß sie chemisch noch relativ einfach aufgebaut sind. Es gibt allerdings weitgehende Mischbarkeiten und die Möglichkeit, eine Vielzahl anderer chemischer Elemente in das Kristallgitter einzubauen, wie zum Beispiel bei dem komplex zusammengesetzten *Augit* und *Omphacit*. Pyroxene sind meist kurzprismatisch ausgebildet, weisen im Kopfbild oft einen achtseitigen Querschnitt und zwei Spaltbarkeiten auf, die sich unter einem Winkel von etwa 90° schneiden. In zahlreichen Gesteinen treten Orthopyroxene und Klinopyroxene nebeneinander auf. Das Vorkommen von Orthopyroxen kann oft als Indikator für einen relativ hohen Bildungsdruck des magmatischen Gesteins gelten. Die gesteinsbildenden, gemeinen Augite sind tiefschwarz, die Orthopyroxene schillern durch feine Entmischungslamellen in der Regel metallisch bronzefarben (daher der Name Bronzit). Diopsid und Hedenbergit (hellgrün bis dunkelgrün) sind besonders in Kalksilikat-Gesteinen verbreitet. Jadeit und Omphacit sind Hochdruck-Indikatoren der Metamophite. Sie ersetzen in diesem Bildungsmilieu die Feldspäte (siehe S. 245).

Amphibole

Die Amphibole sind im Prinzip recht ähnlich aufgebaut wie die Pyroxene, aber sie sind chemisch ungleich komplexer. Der wichtigste Unterschied besteht in der Anwesenheit von OH-Gruppen im Kristallgitter. Es gibt auch hier rhombische und monokline Amphibole (Orthoamphibole und Klinoamphibole). Ihre hervorstechendste Eigenschaft ist die sehr gute Spaltbarkeit gleichfalls nach zwei Richtungen, wobei die Spaltrichtungen mit etwa 120° aufeinanderstehen. Die Kopfschnitte der Kristalle sind in der Regel sechsseitig begrenzt. Die wichtigsten Glieder sind Hornblende (eisenschwarz mit prismatischem Habitus), Bestandteil vieler Ergußgesteine, wie Basalte und Trachyte, aber auch lamprophyrischer Ganggesteine; Aktinolith (Strahlstein), häufig in metamorphen Schiefern in Form dünnadeliger bis feinfaseriger, oft büschelförmiger bis radialstrahliger Aggregate von hellgrüner bis lauchgrüner Färbung (siehe S. 221 u.) vorkommend; Tremolit, farblos bis gelbweiß in Kalksilikat-Gesteinen (siehe S. 259 o.r.) vorkommend; Anthophyllit, in nelkenbraunen bis gelblich grauen Kristallen (siehe S. 263 o.) und die blauen Amphibole, die für Hochdruck-Niedertemperatur-Gesteine typisch sind (siehe S. 243).

Bild 21: *Basaltischer Augit. 2× 2 cm.*

Hilfreiche Unterscheidungsmerkmale zwischen Pyroxenen und Amphibolen sind der Grad der Spaltbarkeit (Spaltflächen von Pyroxenen erscheinen oft stumpfer schwarz, während die von Amphibolen stark glitzern) und besonders der Spaltwinkel von ca. 90° bzw. ca. 120°, sowie der deutlich nadeligere Habitus vieler Amphibole.

Biotit (Dunkelglimmer)

Biotit ist aufgrund seiner Farbe, der vollkommen, glimmerartigen Spaltbarkeit und seinem blättrigen bis kurzprismatischen Habitus immer sehr leicht zu erkennen. Eisen-reiche Biotite sind tiefschwarz, die Magnesium-reichen, magmatischen Phlogopite haben einen goldbraunen Schimmer. Biotit ist im Gegensatz zum Hellglimmer Muskovit auch zu höheren Temperaturen hin stabil und daher wichtiges Mineral in Magmatiten aber auch in Glimmerschiefern und Gneisen. Bei der Verwitterung zersetzt er sich sehr schnell, wobei häufig Chlorit unter Beibehaltung der Kristallform des Biotits entsteht *(Pseudomorphosen)*. Kleine Biotit-Plättchen in klastischen Sedimenten (zum Beispiel Sanden) glitzern so stark, daß sie im Volksmund den Namen »Katzengold« erhielten.

Chlorit

Chlorit ist, wie der Dunkelglimmer Biotit und der Hellglimmer Muskovit, ein Schichtsilikat, das in

Bild 22: *Schwarze Amphibolkristalle mit typisch sechsseitigem, etwa rautenförmigem Querschnitt und langprismatischer Ausbildung. 2× 2 cm.*

seinem Vorkommen aber auf sedimentäre Bereiche und niedriggradige Metamorphite beschränkt ist, dort jedoch sehr häufig vorkommt und zusammen mit dem gleichfalls grünen Epidot die Farbe der Grünschiefer hervorruft. Chlorit tritt als feine Plättchen von grüner bis grünschwarzer Farbe auf, ist biegsam und etwas weicher als Glimmer. Neben sedimentären und schwachmetamorphen Neubildungen kommt er besonders als retrogrades, d. h. beim Aufstieg der Gesteinskörper an die Erdoberfläche gebildetes Umwandlungsprodukt von Biotit, Amphibol, Pyroxen aber auch Granat vor.

Minerale metamorpher Paragenesen:

Granat

Grossular,	$Ca_3Al_2[SiO_4]_3$	Pyrop,	$Mg_3Al_2[SiO_4]_3$
Andradit,	$Ca_3Fe_2[SiO_4]_3$	Almandin,	$Fe_3Al_2[SiO_4]_3$
Uwarowit,	$Ca_3Cr_2[SiO_4]_5$	Spessartin	$Mn_3Al_2[SiO_4]_3$

Granate sind in der Regel komplexe Mischkristalle, die durch die Endglieder der beiden Gruppen (*Tongranate:* Pyrop, Almandin und Spessartin; *Kalkgranate:* Grossular, Andradit und Uwarowit) charakterisiert werden können. Die Mischbarkeit innerhalb der beiden Gruppen ist sehr groß, zwischen den Gruppen allerdings nur be-

schränkt. Granate kristallisieren kubisch mit einer starken Tendenz zur Idiomorphie, das heißt, sie bilden in den Gesteinen meist rundliche Querschnitte oder sogar klar erkennbare Rhombendodekaeder.
Ihre Dichte und Härte sind hoch (Granatseifen wurden als Schleifmaterial abgebaut). Ihr Vorkommen ist außerordentlich charakteristisch für metamorphe Gesteine, in denen sie ab dem Glimmerschiefer-Stadium auftreten. Es handelt sich dabei besonders um die Almandin-reichen, leuchtend roten Kristalle. Das Vorkommen der *Kalkgranate* ist typisch für Kalksilikat-Gesteine. Eine besondere Rolle spielen Pyrop-reiche Granate, die bei z. T. außerordentlich hohen Drucken gebildet werden und daher als geologische Barometer dienen. Sie sind gesteinsbildend in Gesteinen des oberen Erdmantels (siehe S. 69 o.), aber auch in Krustensedimenten, die bis in extreme Tiefen verschleppt wurden (siehe S. 249).

Alumosilikate, $Al_2[O/SiO_4]$: **Andalusit, Disthen (Kyanit), Sillimanit**

Diese Mineralgruppe, in der drei Minerale mit völlig unterschiedlichen Eigenschaften, aber exakt gleicher chemischer Zusammensetzung zusammengefaßt werden, ist für metamorphe Gesteine von besonderer Wichtigkeit. Die Bildungsbereiche dieser drei *Polymorphe* sind gut bekannt. Jedem dieser Glieder kommt ein bestimmtes Druck-Temperatur-Gebiet zu. Diese sogenannten Stabilitätsfelder sind in den Bildern 36 bis 38 eingezeichnet und dienen weiterhin als Orientierungshilfe in den Symbolen im Bestimmungsteil der metamorphen Gesteine. Die drei Alumosilikate sind also sowohl Geothermometer als auch -barometer, und grob vereinfacht gilt: Andalusit ist eine Niederdruckphase, Disthen tritt in Hochdruckgesteinen auf, während Sillimanit bei hohen Termperaturen stabil ist. Besonders aussagekräftig ist der Fall, in dem zwei dieser Alumosilikate zusammen im gleichen Gestein vorkommen. Man befindet sich dann im Druck-Temperatur-Diagramm genau auf oder sehr nahe bei der Grenzkurve zwischen den Stabilitätsgebieten der beiden Minerale. Kommen gar alle drei Phasen nebeneinander vor, wurde das Gestein in der Nähe des Kreuzungspunktes *(Tripel-Punkt)* bei ca. 3,8 kbar und 500° C gebildet.

Andalusit

Rhombische, typisch langgestreckte prismatische Kristalle von weißer bis fleischroter Färbung, die im Querschnitt zuweilen ein schwarz pigmentiertes Kreuz zeigen *(Chiastolith)*. Typisches Mineral der Kontaktmetamorphose (siehe S. 251 u.) aber auch von Glimmerschiefern und niedriggradigen Gneisen. In klaren Kristallen leicht mit Feldspat zu verwechseln.

Disthen (Kyanit)

Triklin, oft idiomorph, leistenförmig gestreckt und durch seine zyanblaue Färbung meist leicht zu erkennen.

Sillimanit

Typisch für hochgradige Metamorphite und kontaktmetamorphe Gesteine. Die Kristalle sind langprismatisch bis nadelig oder gar filzig ausgebildet, von weißer Farbe und durch ihre geringe Größe im Gestein nur selten gut zu erkennen. Besonders filzige Aggregate tragen auch den Namen *Fibrolith*.
Weitere typische Minerale metamorpher Paragenesen sind Staurolith, Talk, Wollastonit und Epidot.

Weitere Untersuchungsmethoden

In vielen Fällen ist eine makroskopische Mineralbestimmung bei Gesteinen nur sehr schwer möglich oder gar unmöglich. Dies gilt besonders für feinkörnige Varietäten, bei denen das Auge oder die Lupe nicht ausreicht, die Mineralkomponenten zu identifizieren. Man ist dann auf aufwendige Laboruntersuchungen angewiesen, zu denen die röntgenographische Phasenanalyse an Gesteinspulvern gehört, die sowohl eine Mineralbestimmung als auch die Angabe der ungefähren Mengenverhältnisse ermöglicht.
Wichtig ist weiterhin die chemische Analytik, die zwar nichts über den Mineralbestand, aber doch

über die chemische Zusammensetzung des Gesamtgesteins aussagt.

Einen ganz besonderen Stellenwert nehmen aber seit der Jahrhundertwende die polarisationsmikroskopischen Methoden ein, die noch immer zu den wichtigsten Hilfsmitteln der Petrographen gehören. Zur Untersuchung wird ein Gestein durch Sägen und Schleifen so bearbeitet, daß eine dünne Scheibe von nur ca. drei Hundertstel Millimeter entsteht. In dieser Schichtdicke sind die meisten Minerale durchsichtig, so daß sie optisch nicht nur bestimmt werden können, sondern daß auch ihr Gefüge und ihre Verwachsungsart

Bilder 23–26: *Grobkörniger Granit mit weißen Kalifeldspäten, kleinerkörnigem Plagioklas, Quarz und Biotit.*
23: *Unverändertes Handstück, 9 × 12 cm;* **24**: *Geschnittene Platte chemisch angefärbt, so daß die Kalifeldspäte gelb und die Plagioklase rot erscheinen, 9 × 12 cm;* **25**: *Gesteinsdünnschliff in normalem Licht, 2 × 2 cm;* **26**: *Gesteinsdünnschliff bei gekreuzten Polarisatoren. Kalifeldspat (großer Kristall in der Bildmitte) erscheint dunkelgrau, Plagioklas und Quarz weiß bis gelblich, Glimmer bunt, 2 × 2 cm.*

Bild 23

Bild 24

Bild 25

Bild 26

sowie die Mengenverhältnisse der Minerale untereinander erkennbar sind. Dabei ist in besonderem Maße die Polarisationsoptik hilfreich, durch die nicht nur die Mineralbestimmung vereinfacht wird, sondern auch das Mikroskop zum physikalischen Meßinstrument wird, mit dessen Hilfe in einigen Fällen sogar die Bestimmung der chemischen Zusammensetzung der Minerale möglich ist.

Die Bilder 23–26 zeigen ein Beispiel eines Granits, bestehend aus Kalifeldspat, Plagioklas, Quarz und Glimmer einmal im Handstück, dann in Form einer gesägten Platte, die mit besonderen Reagenzien angefärbt wurde, so daß der Kalifeldspat gelb und der Plagioklas rosa erscheint und schließlich, in mikroskopischer Beobachtung in normalem Licht und polarisationsoptisch.

Das Gefüge der Gesteine

Zwischen dem makroskopisch erfaßbaren Gefüge eines Gesteins, seiner geologischen Stellung und dem Bildungsort bestehen häufig enge Beziehungen, so daß mit einer gründlichen Gefügebeschreibung die Bestimmung eines Gesteins möglich wird. Hierzu gehört die Erfassung der **Struktur** *(structura* = Bauart, vom lateinischen *struere* = bauen abgeleitet) eines Gesteins (Kornform, Korngröße usw.) und die **Textur** *(textus* = Gewebe), das heißt die räumliche Anordnung der Komponenten. Zu beachten ist, daß in anderen Sprachen diese beiden Begriffe z. T. gerade im umgekehrten Sinne verwendet werden. Die **Struktur** umfaßt zunächst die **äußere Gestalt** der eingewachsenen Mineralkörner. Sie kann *idiomorph* (= eigengestaltig), oder sie kann bei gegenseitiger Wachstumsbehinderung *xenomorph* (= fremdgestaltig) sein. Die Idiomorphie eines Mineralkorns zeigt sich durch gradlinige Kornbegrenzungsformen, was je nach Bildungsart des Gesteins verschiedene Ursachen haben kann. Beim Beispiel magmatischen Ursprungs liegt ein frühes und freies, unbehindertes Kristallwachstum in umgebender Flüssigkeit, der Schmelze, vor. Die letzten Ausscheidungen aus einer Schmelze müssen mit den Zwickeln zwischen den vorher gewachsenen Kristallen vorliebnehmen und werden deshalb xenomorphe Kornformen haben. In einem körnigen Tiefengestein, wie zum Beispiel einem Granit, läßt sich aus verschiedenen Graden der Idiomorphie bis Xenomorphie der beteiligten Mineralarten die zeitliche Ausscheidungsreihenfolge mit abnehmenden Temperaturen und damit die Bildungsgeschichte des Gesteins ablesen. Strukturen gleichkörniger Gesteine mit teils idiomorphen, teils xenomorphen Kornformen werden zum Beispiel als hypidiomorph-körnig bezeichnet. Aus den **absoluten Größen der Gefügekörner** sind bei Magmatiten die Abkühlungsbedingungen und damit die geologische Stellung der Magmenkörper, bei Metamorphiten grob die Aufheizungstemperaturen (und damit die Versenkungstiefe) und bei klastischen Sedimentiten Transportwege und Ablagerungsbedingungen abzuschätzen. Die Tabelle S. 33 gibt gebräuchliche Korngrößenbezeichnungen für Magmatite, Metamorphite und die kristallinartig entwickelten chemischen Sedimente, wie Salzgesteine und Kalksteine wieder. Es ist natürlich die **Korngrößenverteilung** (relative Korngröße) zu beachten. Bei einer ungleichkörnigen Struktur muß für jede Kornart bzw. Mineralart eine Größenangabe nach obigem Einteilungsschema erfolgen. Ein wichtiges Beispiel für ungleiche Korngrößen ist die **porphyrische Struktur** bei magmatischen Gesteinen, weit verbreitet in Ganggesteinen und Vulkaniten (vergleiche zum Beispiel S. 113 u.), aber auch in den Randzonen oberflächennaher Tiefengesteine. Größer entwickelte, idiomorphe, also unbehindert und langsam in der Schmelze gewachsene Frühkristalle (sogenannte *Einsprenglinge*) sind eingebettet in einer feinkörnigen oder dichten Grundmasse von weiteren Kristallen, die bei der späteren rascheren Abschrekkung entstanden sind. Die porphyrische Struktur zeigt also eine sprunghafte Änderung der Abkühlungsbedingungen an. Eine bei vielen Metamorphiten wie Glimmerschiefern auftretende Ungleichkörnigkeit wird als **porphyroblastische Struktur** bezeichnet (griechisch: *blastein* = Knospen), wobei hier keinesfalls wie bei den Magmatiten eine zeitliche Abfolge angenommen

werden darf. Vielmehr ist hier unter den gegebenen chemischen und physikalischen Bedingungen der Metamorphose das Wachstum für die eine oder andere Mineralart gegenüber den übrigen besonders begünstigt.
Fallen bei klastischen Sedimenten ungleich große Komponenten ins Auge, wie unregelmäßig verteilte, größere Gerölle oder Gesteinsbruchstücke in einer feineren, gleichkörnig erscheinenden Matrix (Grundmasse), so deutet dies auf besondere, bisweilen chaotische Ablagerungsvorgänge hin. Beispielsweise können im Ablagerungsmilieu von Flüssen der Kontinente bei plötzlichem Hochwasser bereits abgelagerte gröbere Kiesbrocken durch die schnellere Strömung mitgerissen und bei der Neusedimentation in ruhigerem Wasser in feinsandiger Umhüllung eingebettet werden. Man spricht dann im allgemeinen von einem schlecht sortierten, klastischen Sedimentit.
Die **Texturbeschreibung** eines Gesteins soll die Anordnung der Gesteinsgemengteile (Minerale) im Raum erfassen. Auch hiermit verbinden sich zwangsläufig bestimmte genetische Vorstellungen. Drei Aspekte sind dabei zu berücksichtigen, nämlich die Orientierung der Mineralbestandteile, die Verteilung der Mineralbestandteile und der Grad der Raumerfüllung des Gesteins. Zur Abschätzung einer **Orientierung im Raum** eignen sich besonders tafel- bis blättchenförmig (zum Beispiel Glimmer) oder stengel- bis nadelförmig (zum Beispiel Hornblenden) ausgebildete Mineralkomponenten. So werden wir beispielsweise bei einem Granit, der in der Regel in einem großen Tiefengesteinskörper ohne gerichtete Krafteinwirkung zur Kristallisation gelangte, eine im Gestein regellose Anordnung der Biotittäfelchen antreffen. Man nennt diese richtungsunabhängige Orientierung *isotrop* und spricht von *Isotropie*. Anders ist das bei den meisten klastischen Sedimentiten und Metamorphiten. Dedritische Hellglimmer legen sich bei der Ablagerung flach auf den Boden des Sedimentationsraumes und spiegeln durch subparallele Einregelung die ursprüngliche Sedimentationsebene, die Schichtebene wider (Bild 27). Auch bei der Durchbewegung metamorpher Gesteine unter gerichteter Krafteinwir-

Bild 27: *Isotrop – anisotrop. Plutonisches Gestein neben Sedimentgestein. 18× 24 cm.*

Bild 28: *Homogene Verteilung der Minerale.*

Bild 29: *Inhomogene Verteilung der Minerale.*

Bezeichnung	Korndurchmesser in mm	Kornzahl pro cm²
riesenkörnig	> 33	< 1
großkörnig	33–10	< 1
grobkörnig	10–3,3	$1 - 10^1$
mittelkörnig	3,3–1,0	$10^1 - 10^2$
kleinkörnig	1,0–0,3	$10^2 - 10^3$
feinkörnig	0,3–0,1	$10^3 - 10^4$
sehr feinkörnig	0,1–0,01	$10^4 - 10^6$
dicht	$< 0{,}01$	$> 10^6$

Gebräuchliche Korngrößenbezeichnung im Gesteinsverband

Bild 30: *Poröses Gestein mit abnehmender Porengröße zum Rand hin, 20 × 20 cm.*

kung werden Glimmer in die sogenannte Schieferungsebene eingeregelt. Nadelförmige Hornblenden liegen zum Teil sogar in nur einer speziellen Richtung in dieser Ebene. Aus diesen *anisotropen* (richtungsabhängigen) Orientierungen der Minerale kann man auf die Orientierung der Kräfte schließen, die bei der Gesteinsbildung eingewirkt haben.

Die **Verteilung der Mineralbestandteile** kann *homogen* oder auch *inhomogen* sein (Bilder 28 und 29). Lagige Inhomogenitäten treten besonders durch Materialwechsel und Korngrößenwechsel bei den Sedimentiten auf, die wir als Schichtung bezeichnen. In ähnlicher Form ist die Bänderung vieler Metamorphite Ausdruck einer Inhomogenität, die einerseits direkt auf Inhomogenitäten des Ausgangsgesteins zurückzuführen sein können, aber auch durch metamorphe Prozesse wie die Anatexis selbst hervorgerufen werden.

Bild 31: *Massiges, richtungslos-körniges Tiefengestein, 4 × 6 cm.*

Die **Raumerfüllung** eines Gesteins wird mit den Begriffen *porös* und *kompakt* beschrieben (siehe Bild 30). Poröse Texturen sind weit verbreitet unter den Vulkaniten und den bei heftigen Eruptionen ausgeworfenen vulkanischen Materialien, den *Pyroklastika*. Das in der flüssigen Lava gelöste Gas dehnt sich durch die spontane Druckentlastung bei der Eruption aus und schäumt zuweilen die Lava regelrecht auf. Es entsteht bei der Erstarrung ein mit Blasenhohlräumen durchsetztes Gestein. Porosität zeigen auch viele Sedimentite, insbesondere relativ junge, noch wenig verdichtete, oft fossilführende Gesteine wie Süßwasserkalke oder Schillkalke. Auch von vielen klastischen Sedimentiten wie Sandsteinen weiß man beispielsweise aus ihrer Funktion als Erdölspeichergestein, daß sie eine Porosität von ca. 20% des Gesamtgesteinsvolumens besitzen können. Allerdings ist diese Porosität makroskopisch kaum wahrnehmbar. Metamorphite sind in der Regel kompakte Gesteine.

Als allgemeiner Befund gilt, daß isotrope Orien-

Bild 32: *Geschichtetes Sedimentgestein, 4 × 6 cm.*

Bild 33: *Geschiefertes metamorphes Gestein, 5 × 8 cm.*

tierung und homogene Verteilung der Mineralkomponenten, sowie eine kompakte Raumerfüllung typisch sind für die meisten Magmatite, außer für einige Vulkanite. Man spricht von einer richtungslos-körnigen bis richtungslos-dichten Textur. Diese Beschaffenheit wird als *massig* bezeichnet. Magmatite nennt man deshalb auch **Massengesteine** (Bild 31). Die lagige, anisotrope Orientierung und inhomogene Verteilung der Komponenten bei vielen Sedimentiten führt zu einer *geschichteten* Textur, deshalb spricht man von **Schichtgesteinen** (Bild 32). Viele Metamorphite entwickeln zum Teil extreme Paralleleinregelung der beteiligten Minerale und ausgeprägte Inhomogenitäten. Man spricht von *Schieferung* und hat den Metamorphiten traditionell auch den Beinamen **kristalline Schiefer** gegeben (Bild 33). Ausnahmen sind jedoch in allen drei Gesteinsgruppen in Einzelfällen weit verbreitet.

Klassifikation der Gesteine

Magmatite: Abgesehen von einer ersten Grobeinteilung aufgrund ihrer geologischen Stellung und ihres Gefüges, muß versucht werden, dem variablen Chemismus dieser Gesteinsgruppe Rechnung zu tragen. Bei der Entstehungsgeschichte magmatischer Gesteine wurde darauf hingewiesen, daß aus relativ wenigen Stammagmen durch verschiedene Änderungsprozesse sich eine fast unüberschaubare Zahl von Magmentypen und Magmengesteinen entwickeln kann. In der klassischen Literatur findet man weit über tausend, zum Teil überflüssige Namen, die sich oft nur auf lokale Varietäten eines Gesteins beziehen. Die Natur bietet keine scharfen Grenzen, nach denen ein Gliederungsprinzip aufgestellt werden könnte, so daß der Versuch einer brauchbaren Klassifikation immer mit dem Problem der Wahl von oft willkürlichen Grenzen verbunden ist. Ausgangspunkt fast aller Gliederungsversuche ist der quantitative Mineralbestand in Volumenprozent, der sogenannte **modale Mineralbestand.** Diesen zu messen, ist bei dichten oder glasführenden Vulkaniten unmöglich. Hier errechnet man aus der chemischen Gesteinsanalyse sogenannte Normminerale und erhält den **normativen Mineralbestand** (vergleiche S. 106).

Eine sehr einfache, aber doch recht nützliche Gliederung richtet sich nach dem Volumenanteil der dunklen Minerale, den man als **Farbzahl** mit dem Symbol **»M«** bezeichnet. Zu den wichtigsten dunklen Mineralen *(Mafiten)* zählen Olivin, Pyroxen, Amphibol, Dunkelglimmer (hauptsächlich Biotit) und die Erze. Bild 34 zeigt die engen Beziehungen zwischen der Farbzahl, dem Mineralbestand, dem SiO_2-Gehalt und der Einteilung in ultrabasische, basische, intermediäre und saure Gesteinstypen als Folge einer auf Seite 13 erläuterten Kristallisationsdifferentiation. Die etwas dicker ausgezogene Kurve unserer Grafik trennt die hellen und die dunklen Mineralgemengteile und erlaubt es, für jeden Gesteinstyp zwischen Peridotit und Granit die Farbzahl »M« abzulesen. Obwohl die in Bild 34 gezeigte Abfolge beispielhaften Charakter besitzt – man spricht von der Kalk-Alkali-Reihe der Magmatite –, gibt es auch andere, bei denen neben den Feldspäten auch die Feldspatvertreter eine wichtige Rolle spielen. Man spricht von Alkali-Reihen mit Natrium-Vormacht (Nephelin spielt eine zentrale Rolle) oder mit Kalium-Vormacht (Leucit spielt eine wichtige Rolle).

Zur groben Abschätzung der Farbzahl im Handstück bedarf es einiger Übung. Feinkörnige Gesteine erscheinen bei gleicher Farbzahl stets dunkler als grobkörnige.

Auf Empfehlung einer internationalen Kommission wird heute weltweit das sogenannte Streckeisen-Diagramm, das Q-A-P-F-Doppeldreieck (Bild 35) zur Klassifikation der Plutonite (blaue Schrift) und äquivalenten Vulkanite (rote Schrift) angewandt. Basis der Systematik ist der Mineralbestand an hellen Gemengteilen: Q = Quarz, A = Alkalifeldspäte (einschließlich Albit mit einem Anorthitgehalt bis 5%), P = Plagioklas, F = Foide (= Feldspatvertreter). Ausgenommen von diesem Doppeldreieck werden nur die Ultramafitite bzw. Ultrabasite mit einer Farbzahl M = 90–100, die also praktisch nur aus dunklen Gemengteilen bestehen und kaum helle Minerale

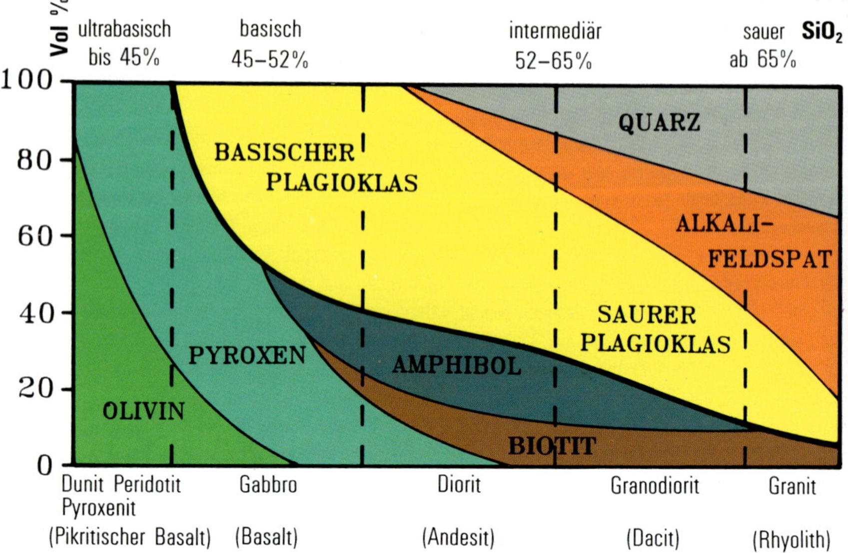

Bild 34: *Schematische Darstellung des Mineralbestandes einer magmatischen Differentiationsreihe (vgl. Bild 3). Die fett ausgezogene Linie grenzt die hellen von den dunklen Gemengteilen ab, ist Maß für die Farbzahl M.*

aufweisen. Man gliedert sie in einem gesonderten Dreieck nach den Mengenverhältnissen von Olivin, Orthopyroxen und Klinopyroxen (vergleiche S. 67). Hier werden auch Minerale wie Zirkon, Apatit, Titanit, Epidot, Granat, Melilith, Monticellit und alle primären Karbonate zu den dunklen Gemengteilen gezählt. Hellglimmer wird für Klassifikationszwecke einfach vernachlässigt.

Alle Magmatite mit einer Farbzahl M < 90 werden nach ihrer Lage im Q-A-P-F-Doppeldreieck eingeteilt und benannt. Im oberen Dreieck sind die Quarz-führenden, im unteren die Foid-führenden Magmatite eingeordnet. Dies ist deshalb möglich, weil Quarz und Foide nie im gleichen Gestein vorkommen. Zur Gewinnung des Projektionspunktes im Doppeldreieck rechnet man den Volumenanteil der hellen Minerale im Gesamtgestein auf die Summe 100 um, also $Q+A+P = 100$ bzw. $F+A+P = 100$, ermittelt als erstes den Feldspatindex nach $P/(A+P)$ und projiziert von der Feldspatlinie AP in Richtung Q nach $Q/(A+P+Q)$ beziehungsweise Richtung F nach $F/(A+P+F)$. Das Q-A-P-F-Doppeldreieck ist in 15 Gruppenfelder nach klassischen Häufigkeitserfahrungen unterteilt und mit altbekannten Gesteinsnamen belegt. In vielen Magmenkörpern greifen einzelne Gesteinsvarietäten über diese strengen Abgrenzungen hinaus ins Nachbarfeld.

Die dunklen Gemengteile bleiben systematisch unberücksichtigt, dienen nur zur groben Orientierung im Regelfall oder zu einer untergliedernden Nomenklatur bestimmter Gesteinsgruppen (zum Beispiel der Gabbro-Gruppe auf S. 60). Bei ungewöhnlich abweichender Farbzahl M vom Normalfall spricht man von **leukokraten** *(leucos* = weiß) oder **melanokraten** *(melas* = schwarz) Varietäten einer Gesteinsart oder benutzt diese Begriffe als Präfix, zum Beispiel Leukogabbro.

Sedimentite: Die Klassifikation der Sedimentite kann auf recht unterschiedliche Art und Weise vorgenommen werden, je nach dem, ob die Art der Entstehung oder der Mineralbestand und das Gefüge des Gesteins in den Vordergrund gestellt werden. Im deutschsprachigen Raum ist es eher üblich, den genetischen Gesichtspunkt höher zu bewerten.

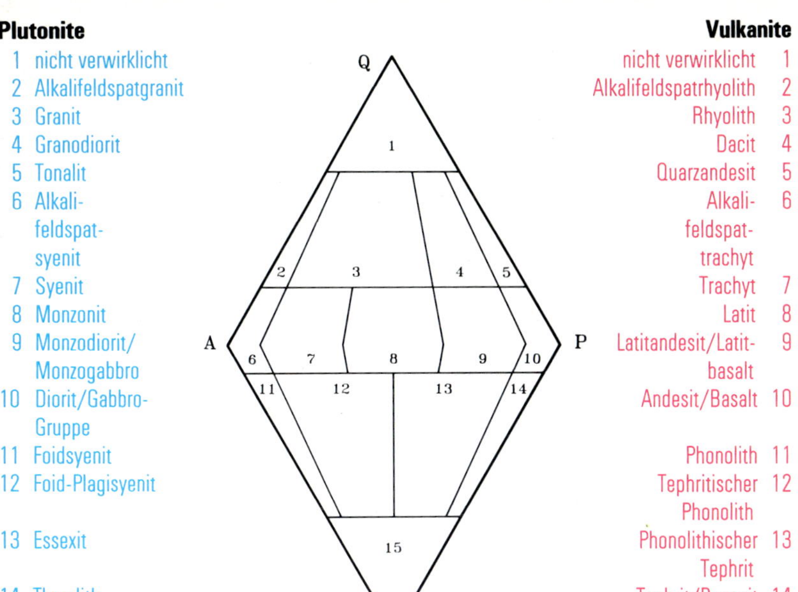

Bild 35: *Klassifikation der magmatischen Gesteine im Doppeldreieck nach STRECKEISEN.*

1. **Detritische oder klastische Sedimentite** bestehen aus Gesteins- und Mineralbruchstücken, die durch die Verwitterung bereits vorhandener Gesteine entstanden sind, durch Eis, Luft oder Wasser transportiert wurden und schließlich mechanisch abgelagert worden sind. Von primärer Bedeutung für die Klassifikation ist die Korngröße der Einzelbestandteile. Die Tabelle auf S. 146 zeigt die übliche Einteilung und Benennung der klastischen Bestandteile der Lockersedimente. Die entsprechenden verfestigten Sedimentgesteine Tonstein, Siltstein und Sandstein lassen sich hieraus zwanglos ableiten. Konglomerate und Breccien sind verfestigte Psephite, die sich im Rundungsgrad der Gerölle unterscheiden (vgl. S. 146). Auch sonst können weitere Unterteilungen, je nach Kornform oder nach mineralogischer Zusammensetzung, vorgenommen werden.

2. Bei den **chemischen Sedimentgesteinen** (auch Ausscheidungsgesteine genannt) werden die Verwitterungsprodukte in gelöster Form transportiert und bei der Sedimentation wieder ausgefällt. Man gliedert diese Gesteine hauptsächlich nach ihrem Chemismus bzw. Stoffbestand (Dolomitgestein, Kieselschiefer usw.). Die Ausfällungen können durch das Einwirken von Lebewesen erfolgen oder auf rein chemischem Wege, wie bei den Eindampfungsgesteinen, den Evaporiten.
In diesem Punkt gibt es durchaus unterschiedliche Meinungen zur Abgrenzung der folgenden Gruppe der organogenen Sedimente.
Bei der Verwitterung bleiben sehr oft gewisse Anteile des zerstörten Gesteins an Ort und Stelle und bilden sogenannte **Residualsedimentite** oder **Rückstandsgesteine.** Da diese nicht transportiert worden sind, werden sie eigentlich durch die grundlegende Definition von Sedimentgesteinen nicht erfaßt. Es ist dennoch üblich, sie zusammen mit den Sedimentiten zu behandeln. Hierzu gehören zum Beispiel Laterit und Bauxit. Diese Gesteine werden im vorliegenden Buch zusammen mit den chemischen Sedimentiten beschrieben.

3. Als **organogene Sedimentite** werden hier nur solche bezeichnet, die auf unvollständige Zersetzung organischer Substanzen zurückgehen. Diese

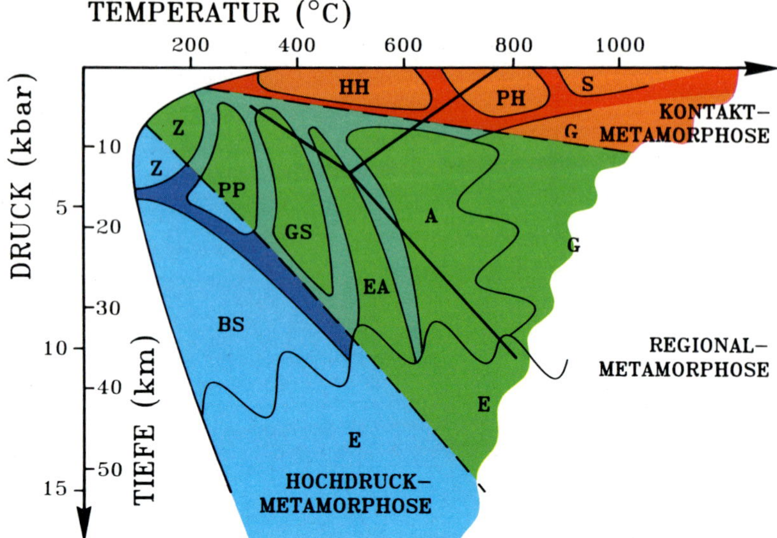

Bild 36: *Die Fazies-Einteilung der Metamorphosebedingungen im Sinne von ESKOLA. Die angedeuteten breiten Übergangsbereiche werden durch Schwankungen anderer Parameter außer Erdtiefe und Temperatur verursacht. Dies gilt besonders für die Grenzen der »trockenen« Eklogit- (E) und Granulit-Fazies (G), bei denen Variationen im Wasserdruck im Gestein zu Überlappungen in Tiefe und Temperatur mit benachbarten Faziesbereichen führen. Z = Zeolith-Fazies; PP = Prehnit-Pumpellyit-Fazies; BS = Blauschiefer-Fazies; GS = Grünschiefer-Fazies; HH = Hornblende-Hornfels-Fazies; EA = Epidot-Amphibolit-Fazies; A = Amphibolit-Fazies; PH = Pyroxen-Hornfels-Fazies; S = Sanidinit-Fazies.*

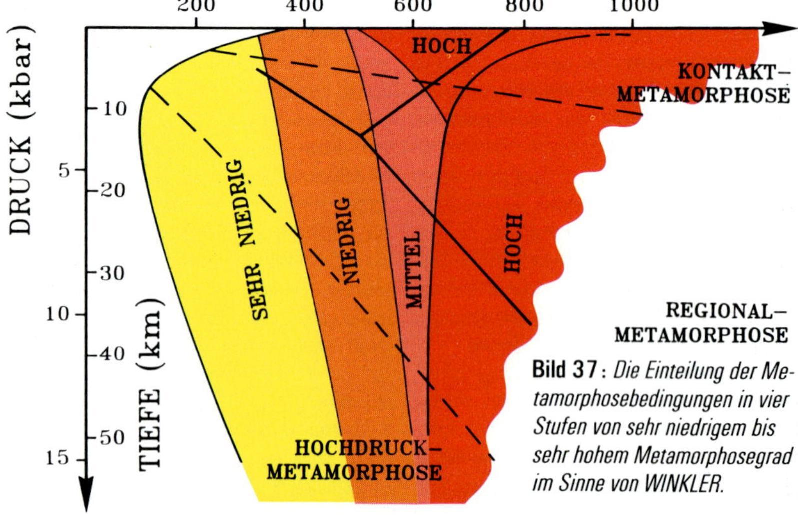

Bild 37: *Die Einteilung der Metamorphosebedingungen in vier Stufen von sehr niedrigem bis sehr hohem Metamorphosegrad im Sinne von WINKLER.*

können gesteinsartig fest sein, wie zum Beispiel Torf oder Kohle, aber auch zähflüssig bis leichtflüssig oder gasförmig (Erdöl und Erdgas). Weitere Unterteilungen nach der Art der klastischen Beimengungen und nach dem Grad der Umwandlung in hochwertige Steinkohle sind möglich.

4. Die **pyroklastischen Gesteine** sind Produkte vulkanischer Eruptionen. Sie stehen dementsprechend, wie auf S. 136 näher erläutert wird, zwischen den magmatischen und den Sedimentgesteinen.

Metamorphite: Man ist noch weit von einer befriedigenden Einteilung der metamorphen Gesteine entfernt. Viele gebräuchliche Benennungen gehen teils auf Gefügeeigenschaften, teils auf den Mineralbestand zurück. Diese werden im Bestimmungsteil dieses Buches im einzelnen erläutert.

Die sinnvollste Einteilung der Metamorphite erfolgt nach der **Genese,** das heißt den Druck- (Tiefe), Temperatur- und Deformationsbedingungen, bei denen ein ehemaliges magmatisches, sedimentäres oder bereits metamorphes Gestein überprägt worden ist (vgl. S. 18). Jedes Gestein stellt ein physikalisch-chemisches Gleichgewicht dar, so daß bei den gleichen Temperatur-Tiefen-Bedingungen stets die gleiche Mineralvergesellschaftung entstehen muß. Demnach könnte man bestimmte Gesteinsarten bestimmten Temperatur-Tiefen-Bereichen zuordnen und so zu einer Klassifikation gelangen. Leider ist die Mineralvergesellschaftung auch abhängig von der Zusammensetzung des Ausgangsgesteins. Aus einem reinen Quarzsandstein etwa kann sich trotz verschiedener Temperaturen und Tiefen stets nur Quarz bilden. Es ist also unmöglich, ein für **alle** Gesteine anwendbares Einteilungsschema zu finden.

Zur Zeit sind zwei Gliederungen im Gebrauch, die sich auf weit verbreitete Gesteine mit relativ eng begrenzter Zusammensetzung stützen. Hierzu gehört das sogenannte **Faziesprinzip** von ESKOLA, welches einen basaltischen Chemismus zugrundelegt (Bild 36). ESKOLA hat im Temperatur-Tiefen-Diagramm bestimmte Bereiche auskartiert, in denen ein metamorph überprägter Basalt bestimmte charakteristische Minerale aufweisen muß. Man sagt dann, daß das Gestein der Grünschiefer- oder der Amphibolitfazies usw. angehört und impliziert, daß es in den für diese Fazies gültigen Temperatur-Tiefen-Bedingungen gebildet wurde. Gesteine, die mit dem Basalt eng benachbart vorkommen, werden ebenso dieser Fazies zugeordnet, auch wenn sie, wie unser Quarzitbeispiel, nicht diese charakteristischen Minerale aufweisen können. Die Namengebung der Faziesbereiche hat sich über viele Jahrzehnte hinweg entwickelt und wird im Bestimmungsteil des Buches anhand der betreffenden Gesteinsbeispiele erläutert.

Eine zweite Möglichkeit ist von WINKLER vorgeschlagen worden (Bild 37). WINKLER legt hauptsächlich die pelitischen, tonigen Gesteine zugrunde, die ja in der Regel den volumenmäßig überwiegenden Anteil aller Sedimente darstellen. In WINKLERS Schema werden die Temperatur-Tiefen-Bedingungen betont, bei denen bestimmte Minerale wegreagieren oder neu gebildet werden. Dennoch erkennt man auch hier bestimmte Bereiche, innerhalb derer die Bildungsbedingungen bestimmter Gesteine liegen müssen. Statt von Fazies spricht man hier von sehr niedrigem bis hohem Metamorphosegrad. Im Bestimmungsteil dieses Buches werden Metamorphite stets diesen beiden Gliederungsmöglichkeiten zugeordnet und ihre Bildungsbedingungen in einem Druck-Temperatur-Diagramm dargestellt (Bild 38).

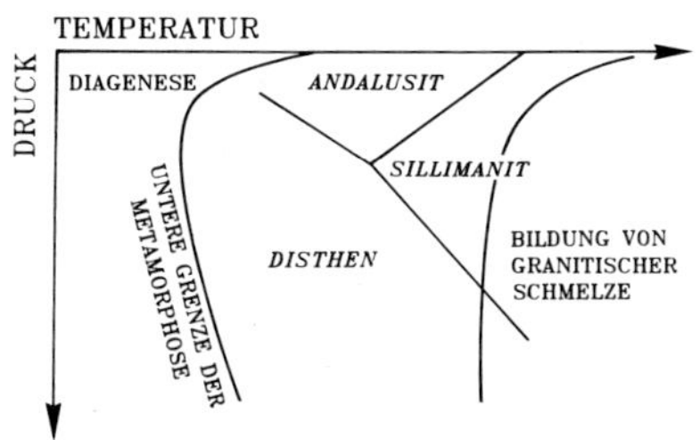

Bild 38: *Schematische Darstellung der wichtigsten Grenzkurven der Metamorphite, die im Buch als Orientierungshilfe in den Druck-Temperatur-Diagrammen benutzt werden.*

Alkalifeldspatgranit

Mineralbestand: Quarz (20–60% des Quarz-Feldspat-Volumens), Alkalifeldspat (Orthoklas, Mikroklin, Albit, 90–100% aller Feldspäte); Oligoklas (0–10% aller Feldspäte); ferner können auftreten: Biotit, Muskovit, selten Hornblende, Granat, Andalusit, Sillimanit, Cordierit; akzessorisch: Zirkon, Apatit, Titanit, Monazit, Xenotim, Topas, Turmalin, Pyrit, Orthit, Magnetit, Ilmenit. Treten Alkaliamphibole und Alkalipyroxene auf, ist das Gestein als alkalischer Alkalifeldspatgranit zu bezeichnen. Übersteigt der Anteil an dunklen Mineralen 20% des Gesteins, so spricht man von Mela-Alkalifeldspatgranit. Besonders Mafit-arme Alkalifeldspatgranite werden auch Alaskit genannt. Tarantulit (mehr als 50% Quarz) bildet den Übergang zu den Quarz-reichen Granitoiden (Streckeisenfeld 1), deren SiO_2-reicher Chemismus jedoch kaum unverändert magmatisch sein kann. Luxullianit ist ein von radialstrahligen Turmalinsonnen durchsetzter Alkalifeldspatgranit.

Merkmale: Meist rötlich, hell bis dunkel; Alaskit fast weiß; massige, klein- bis grobkörnige Gesteine; hypidiomorph-körnige Struktur, d. h. die idiomorph gebildeten Feldspäte prägen das Gefüge, Quarz füllt die Zwickel zwischen diesen Kristallen; oft mit Hohlräumen (Miarolen), die mit Kristallrasen ausgekleidet sind. Häufig durchzogen von Quarz-, Aplit- und Pegmatitadern.

Entstehung: Tiefengestein der Granitgruppe, das am Ende der Hauptkristallisationsphase, also spät in der Differentiationsreihe ausgeschieden wird. Das Magma ist in diesem Stadium sehr gasreich und bedingt die Grobkristallinität und das Auftreten von Miarolen. Alkalifeldspatgranite sind aufgrund dieser Entstehungsgeschichte meist an die Rand- und Dachzonen großer granitischer Intrusivkomplexe gebunden. Der Übergang zur pegmatitischen (Seite 82) und pneumatolytischen Phase (vgl. S. 254) ist unverkennbar.

Vorkommen: Typische europäische Vorkommen sind in Skandinavien (sog. Gotenrot-Granit), Trient/Italien, Cornwall/England und im Erzgebirge zu finden.

Praktische Bedeutung: Wertvolles Sockel-, Denkmal- und Fassadengestein. Polierte Platten von Gotenrot-Granit sind als Königsrot-, Ivanowitschrot- und Orchideenrot-Farbvarietäten im Handel.

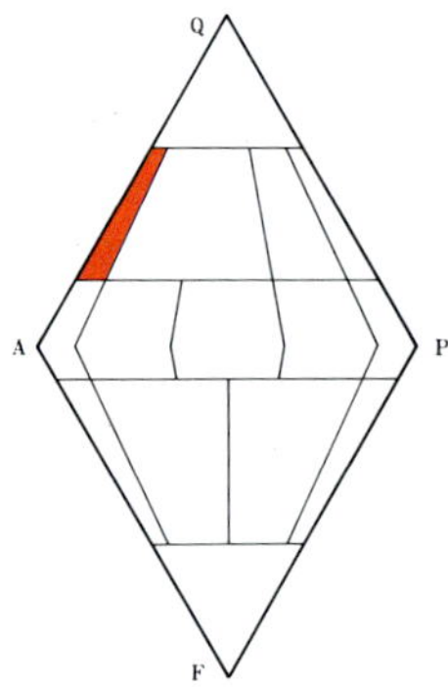

o.: Alkalifeldspatgranit
Rosa- bis fleischfarbene Feldspäte mit gut erkennbarer Spaltbarkeit; Quarz ist weiß bis grau; dunkle, runde Biotitaggregate (z. B. Bildmitte links) sind umgewandelte ehemalige Granate.
Helsinki/Finnland: 12 × 8 cm

u.: Alkalifeldspatgranit
Polierte Platte als »Meißner Granit« im Handel. Rötliche Grundmasse ist Alkalifeldspat. Auf der polierten Oberfläche erscheint Quarz sehr dunkelgrau bis blutrot in rundlichen Körnern. Seltene kleine, schwarze Täfelchen von Biotit.
Meißen/DDR; 10 × 7 cm

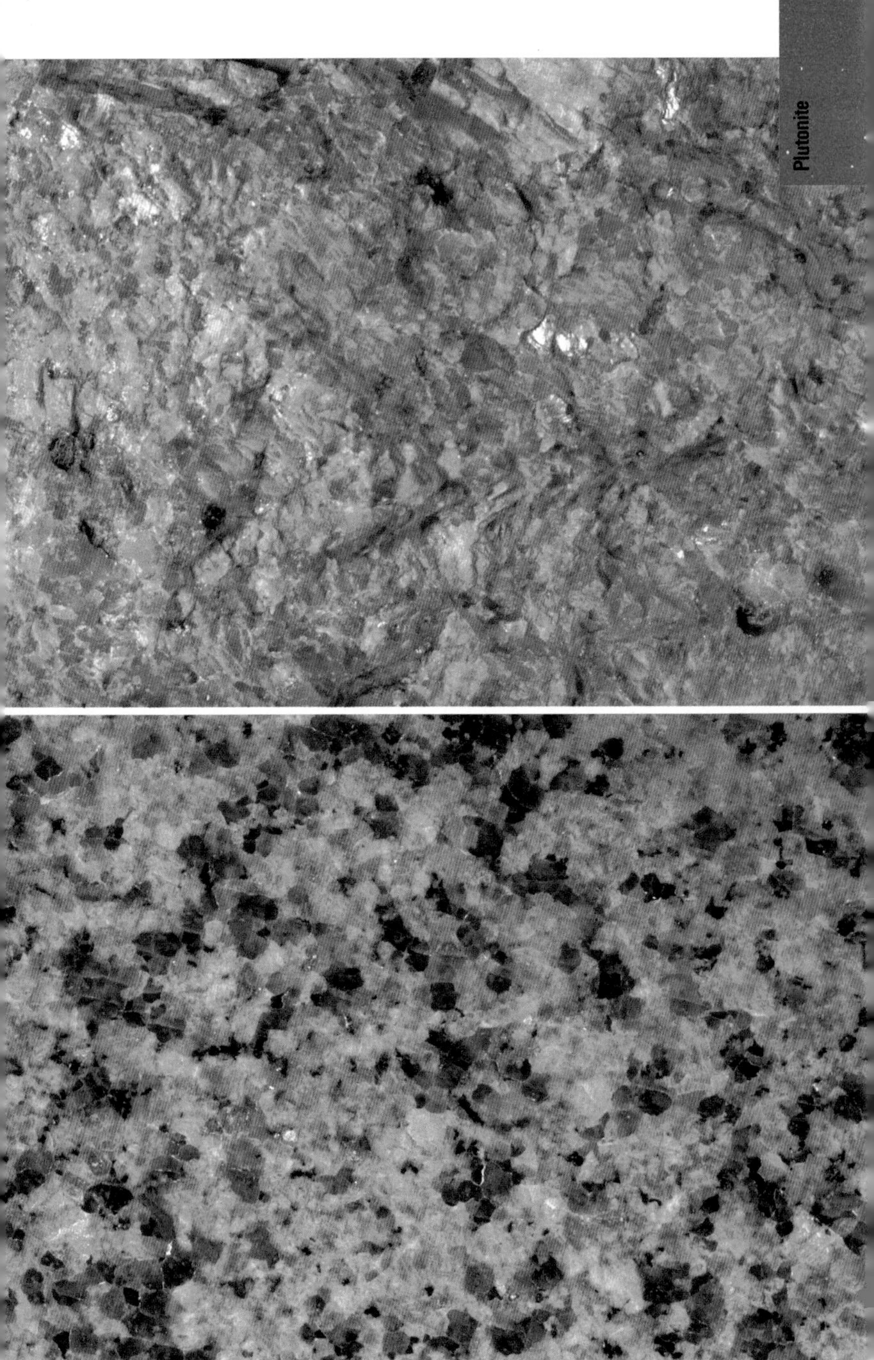

Granit

20 40 60 80
DUNKLE GEMENGTEILE IN VOL. %

Mineralbestand: Quarz (20–60% des Gesteins); Alkalifeldspat (Orthoklas, Mikroklin, Natrium-reicher Albit; 35–90% aller Feldspäte), Oligoklas (10–65% aller Feldspäte), Biotit; ferner können auftreten: Muskovit, Hornblende, selten Augit, auch Granat, Andalusit, Sillimanit, Cordierit. Muskovit ist ein Maß für den Aluminium-Reichtum des Gesteins. Dieses Element ist sonst hauptsächlich im Feldspat gebunden. Ähnliches gilt für die Aluminium-reichen Minerale Granat, Cordierit, Andalusit und Sillimanit, welche mehrere Volumenprozent erreichen können. Cordierit ist selten frisch, sondern meist in ein feinkörniges, grünliches Schichtsilikat-Aggregat namens Pinit umgewandelt. Akzessorien: Zirkon, Apatit, Titanit, Monazit, Xenotim, Topas, Turmalin, Pyrit, Orthit, Magnetit, Ilmenit. Treten Alkaliamphibole und Alkalipyroxene auf, ist das Gestein als Alkaligranit zu bezeichnen. Ist der Mafit-Gehalt unter 5%, spricht man von Leukogranit, übersteigt er 20%, wird die Bezeichnung Melagranit benutzt. Je nach den zu betonenden mineralogischen Besonderheiten können weitere Zusatzbezeichnungen verwendet werden, wie z.B. Biotit-, Zweiglimmer-, Hornblende-Biotit-Granit oder Tumalin- bzw. Cordierit-führender Granit. Ein häufig benutzter Name ist Adamellit für ein nicht eindeutig definiertes Gestein von granitischer bis granodioritischer Zusammensetzung. Gelegentlich wird das Granitfeld bei einem Alkalifeldspat-Gehalt von 65% aller Feldspäte weiter unterteilt. Das Plagioklas-reiche Feld wird dann als Quarzmonzonit bzw. Monzogranit bezeichnet, das Alkalifeldspat-reiche Feld ist Granit senso strikto.

Merkmale: Granite sind klein- bis überwiegend mittel- und großkörnige, massige Gesteine. Sie sind makroskopisch weiß, hellgrau, rosa, gelblich und zuweilen grünlich. Das verbreitetste Gefüge ist die hypidiomorph-körnige

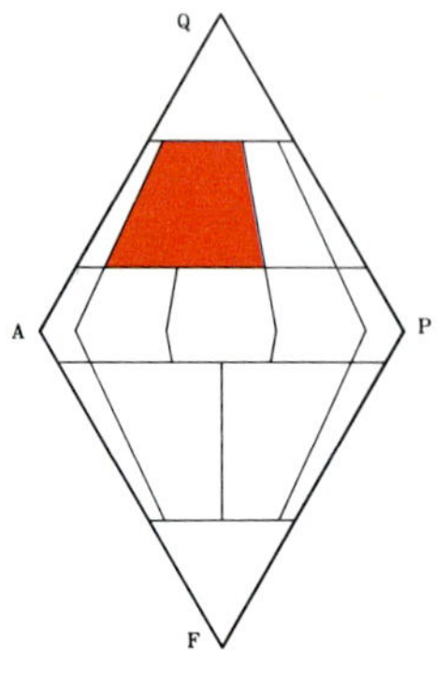

o. l.: Mittel- bis grobkörniger Granit mit deutlich unterscheidbarem Alkalifeldspat (fleischfarben), Plagioklas (porzellanweiß), Quarz (graubraun mit gut entwickelten Brüchen) und tiefschwarzem Biotit. Polierte Platte (Handelsname »Rosa Nuraghe«).
Limbara-Gebirge, Sardinien/Italien; 7× 10 cm

o. r.: Riesenkörniger Granit mit schön ausgebildeten fleischroten Alkalifeldspäten in einer Grundmasse aus leicht grünlichen Plagioklasen, Biotit und relativ wenig Quarz.
Ploumanach, Bretagne/Frankreich; 7× 10 cm

u. l.: Riesenkörniger Granit mit unscharf begrenzten gelblichen Alkalifeldspäten, weißem Plagioklas und Biotit. Polierte Platte.
Weingraben, Linz/Österreich; 7× 10 cm

u. r.: Sehr dunkles granitisches Gestein. Polierte Platte als »Gris-Blanc des Vosges« im Handel.
Alsace/Frankreich; 7× 10 cm

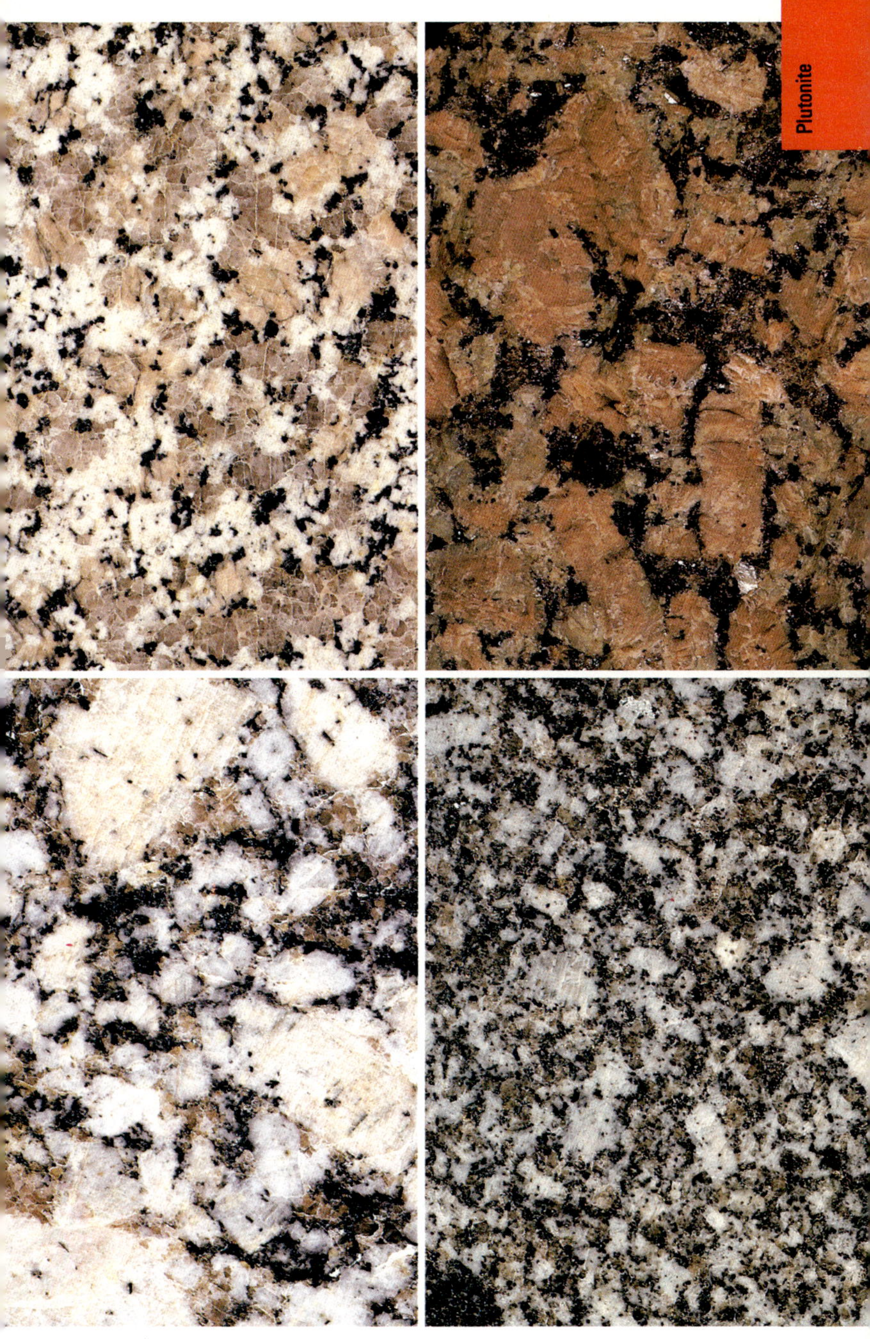

Struktur, d. h. daß die Struktur durch die mehr oder weniger idiomorphe Form der Feldspatkristalle geprägt ist. Die meist weißen Oligoklase und die häufig gefärbten Kalifeldspäte Orthoklas und Mikroklin bilden oft dicktafelige Kristalle, die auch makroskopisch erkennbar sind. Albit (der zu Nomenklaturzwecken zu Kalifeldspat hinzugerechnet wird) und Quarz füllen die Zwickel zwischen diesen. Viele Kalifeldspäte zeigen eine sogenannte Entmischung, d. h. daß beim Abkühlen des Gesteins Albit-Komponente im festen Kalifeldspat nicht mehr löslich ist und als lamellen-, spindel- oder aderförmige Einlagerungen im Kristall ausgeschieden wird. Diese sogenannte perthitische Entmischung ist z. T. sogar makroskopisch erkennbar (vgl. S. 23–26).

Das Gefüge kann sowohl gleichkörnig als auch ungleichkörnig sein. Bei den Plagioklas-reichen Graniten, die zu Granodiorit (S. 48) übergehen, fallen oft einzelne Kalifeldspat-Kristalle auf, die meist nach dem Karlsbader-Gesetz verzwillingt sind (vgl. S. 25). Sie erreichen Größen von 1–15 cm in einer höchstens mittel- bis großkörnigen Matrix. Eine besonders eindrucksvolle Variante der Ungleichkörnigkeit ist der sogenannte Rapakivi-Granit. Hier werden große, ovoidale, rosa Kalifeldspat-Kristalle von schmalen grauen Säumen aus Oligoklas umgeben. Die Entstehung dieser Großkristalle ist unklar. Sehr ähnlich sind die sogenannten Kugelgranite (die in ihrer Zusammensetzung allerdings eher zu den Granodioriten bis Dioriten zählen). Solche Gefüge werden auch Orbikulartexturen genannt. Sie entstehen durch konzentrische Kristallisation mit wechselnder Mineralzusammensetzung oder Korngröße um einen Fremdeinschluß oder anderen Keim in der Schmelze.

Gelegentlich weisen Granite eine Gefügeregelung auf, die als eine Folge von Fließbewegungen des zähen Breis aus vielen Kristallen und Schmelze kurz vor dem Festwerden des Gesteins anzusehen ist. Tafelige Feldspatkristalle und schlierige Inhomogenitäten sind dann oft zung von wasserreichen Krustengesteinen bei eingeregelt und deuten die Fließrichtung des Kristallbreis an.

Entstehung: Da die granitischen Gesteine zu den verbreitetsten plutonischen Gesteinen der oberen Erdkruste zählen, sind sie von großer Bedeutung. Granite im engeren Sinne (d. h. Gesteine des Feldes 3 im Streckeisensystem) bilden einen Volumenanteil von etwa 44% aller plutonischen Gesteine der Kontinente. Die Herkunft und Entstehung granitischer Magmen war bis vor wenigen Jahrzehnten ein heiß umstrittenes Thema. Viele Detailfragen und Lokalvorkommen sind immer noch nicht restlos geklärt. Dennoch scheint heute Übereinkunft darüber zu bestehen, daß im allgemeinen granitische Magmen durch die teilweise Aufschmelzung von wasserreichen Krustengesteinen bei

o. l.: Heller Zweiglimmergranit. Neben den schwarzen Biotiten sind hier reichlich glänzende Schüppchen von Hellglimmer erkennbar. Der Unterschied Alkalifeldspat/Plagioklas ist makroskopisch schwer erkennbar.
Tittling, Bayerischer Wald/BRD; 10 × 15 cm

o. r.: »Muckenscheckergranit«. Feinkörnige, aplitische Absonderung mit dunklen Butzen aus Biotit/Muskovit-Aggregaten, die wahrscheinlich aus ehemaligen Cordieriten entstanden sind.
Hauzenberg/Bayerischer Wald/BRD; 10 × 15 cm

u. l.: Mittel- bis grobkörniger bläulicher Cordieritgranit. In der Bildmitte ist ein rechteckiger schwarz-brauner pinitisierter Cordieritkristall im Querschnitt zu sehen. Kopfschnitte dagegen sind sechsseitig begrenzt.
Huelgoat, Bretagne/Frankreich; 3 × 5 cm

u. r.: Kontakt zwischen Granit (oben) und dunklem Nebengestein (unten). Man erkennt das Sprossen von rötlichem Alkalifeldspat zwischen den Lagen des Nebengesteins. Man beachte die feinkörnigen Gesteinsschollen, die von dem »Kristallbrei« aufgenommen wurden.
Glen Coe, Argyllshire/Schottland; 10 × 15 cm

der hochgradigen Regionalmetamorphose (auch Ultrametamorphose genannt) entstehen. Dieser Prozeß heißt Anatexis und kann bei den Migmatiten (s. S. 238) verfolgt werden. Die moderne Geochemie erlaubt es sogar, aus den wiedererstarrten granitischen Geteinen die Art des an- bzw. aufgeschmolzenen Gesteins herauszulesen. Man unterscheidet z. B. I-Typ und S-Typ Granite, die aus magmatischem (I = *igneous*) bzw. sedimentärem (S = *sedimentary*) Ausgangsgestein erschmolzen wurden. Generell sind S-Typ Granite eher Muskovit-reich, oft mit Cordierit, I-Typ Granite eher Hornblende-führend. Das Vorhandensein von Hellglimmer kann auch als Indiz für die Kristallisationstiefe eines Granits gewertet werden. Granitschmelzen und der Hellglimmer Muskovit sind nur bei Tiefen von über 12 km miteinander stabil. Ein Muskovit-führender Granit kann also nur in mindestens dieser Tiefe erstarrt sein.

Die Platznahme der Granite erfolgt auf recht unterschiedliche Art und Weise. Besonders beeindruckend sind die Batholithe, riesige Intrusionen mit steilen seitlichen Begrenzungen und meist nicht aufgeschlossener Wurzel. Die größten Beispiele, mit bis zu 100 000 km² großer Aufschlußfläche, findet man entlang der Pazifikküste Nord- und Südamerikas. In Mitteleuropa erreichen die Granit-Batholithe der böhmischen Masse ca. 3000 km². Kleinere Körper werden als Plutone oder auch Stöcke bezeichnet, wenn sich die Ausdehnungen im Bereich von Zehnern von Kilometern bzw. im Kilometerbereich bewegen. Für die besondere Form einer Intrusion gibt es eine Reihe von verschiedenen Bezeichnungen. Erwähnenswert sind die *ring dikes,* ringförmige granitische Komplexe, die in bruchtektonischen Krustenbereichen anzutreffen sind.

Vorkommen: Granite findet man fast überall: z. B. in den alten Schilden Skandinaviens, in den Pyrenäen, im Schwarzwald und in den Vogesen, im Harz, Bayerischen Wald, Erzgebirge, in den Alpen usw.

Praktische Bedeutung: Weit verbreitete Verwendung als Sockel-, Denkmal-, Pflasterstein und Schotter. Die meisten Granite besitzen ein Kluftsystem, das sich z. T. zwar nur als geometrisch angeordnete Haarrisse bemerkbar macht, welche aber das Spalten zu Werk- und Pflastersteinen begünstigen.

Name: Das Wort ist in der deutschen Sprache nicht sehr alt (nicht vor 1750). Aus dem lateinischen *granitum* bildete sich das italienische *granito* (16. Jahrhundert) und das französische *granite* (1690). Der Name soll das körnige Gefüge beschreiben. Aus historischer Sicht spielt Granit sowohl in literarischer wie auch in geowissenschaftlicher Sicht eine bedeutende Rolle. Granit, das »älteste Urgestein«, war Mittelpunkt für manche dichterische Überlegung von GOETHE, aber auch für den historischen, langjährigen Streit zwischen den Neptunisten, angeführt von Abraham Gottlob WERNER, die den Granit als Ausscheidungsprodukt eines Urozeans betrachteten, und den Plutonisten, den Schülern von HUTTON, die ihn richtigerweise als Erstarrungsprodukt einer Schmelze erkannten. Mit dem Tode von WERNER 1817 zerfiel das Theoriengebäude der Neptunisten.

o. l.: Rapakiwi-Granit. Die Kerne der rundlichen bis ovoidalen Gebilde bestehen aus fleischfarbenem Alkalifeldspat umrandet von einem dünnen, hellen Saum von Plagioklas.
Summa, Hamina/Finnland; 30 × 20 cm
o. r.: Kugel»granit«. Die Anordnung der schwarzen Biotitkristalle dokumentiert das radialstrahlige und konzentrische Wachstum der Kristallaggregate in der Schmelze, das zu den kugeligen Gebilden führte.
Virvik, Porvoo/Finnland; 16 × 22 cm
u. l.: Amazonitgranit. Amazonit ist die grüne Varietät des Kalifeldspats. Polierte Platte eines besonders attraktiven Monument- oder Fassadengesteins.
Alma-Ata, Kazachstan/UdSSR; 7 × 10 cm
u. r.: Adamellit. Charakteristische, dunkle Biotitpakete mit sechsseitigen und rechteckigen Querschnitten in einer hellen Grundmasse aus grauem Quarz und porzellanweißen Feldspäten.
Val Aurinia, Südtirol/Italien; 7 × 10 cm

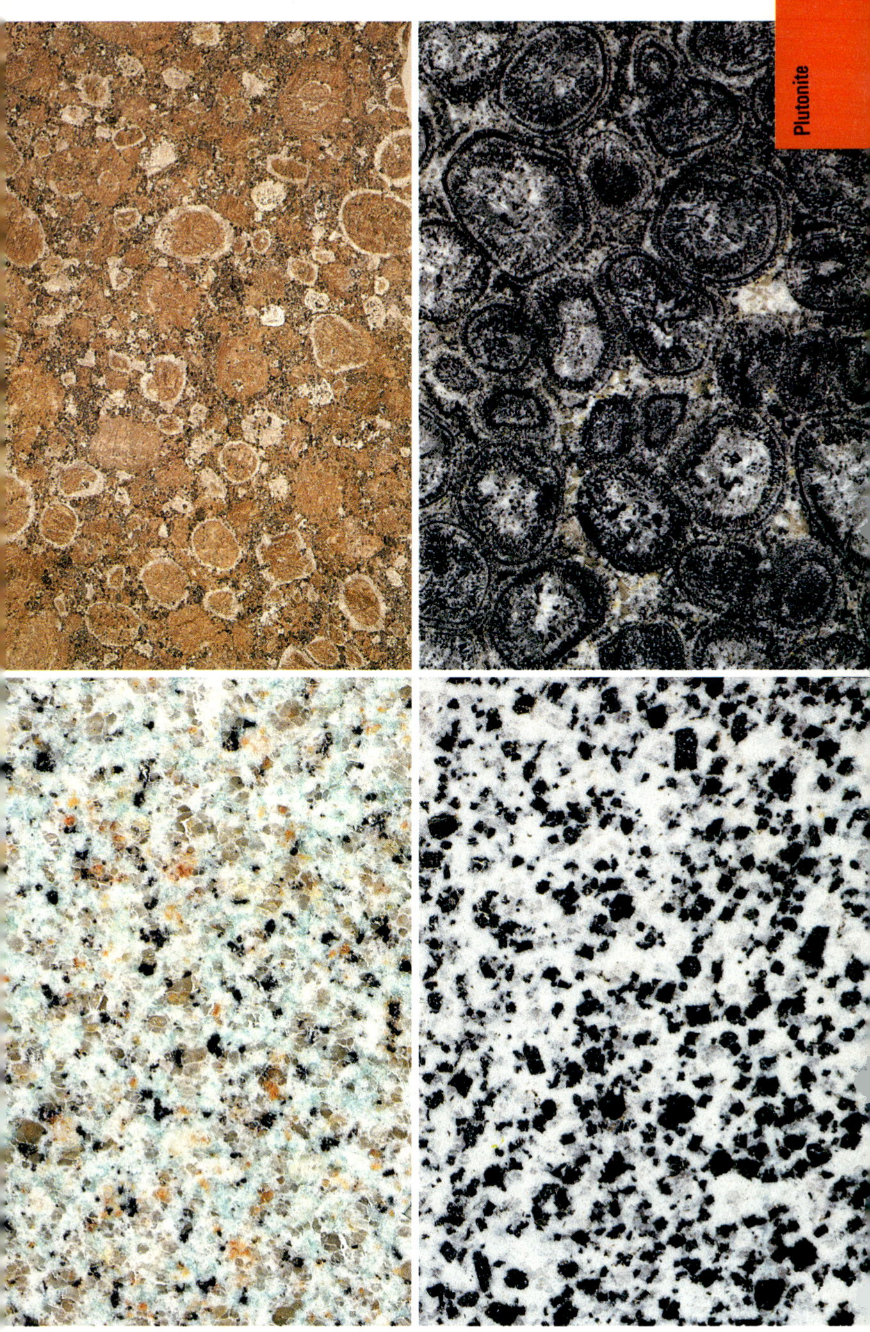

Granodiorit

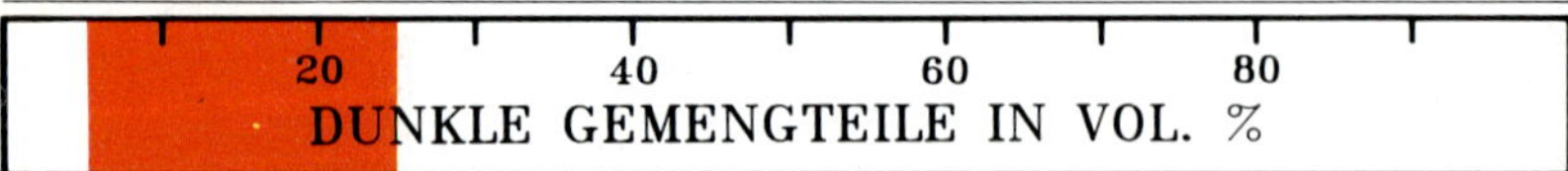

Mineralbestand: Quarz (20–60% des Quarz-Feldspat-Volumens); Alkalifeldspat (meist Orthoklas, 10–35% aller Feldspäte); Plagioklas (Oligoklas oder Andesin, 65–90% aller Feldspäte). Häufige dunkle Gemengteile sind Hornblende, Biotit, seltener Augit. Muskovit ist möglich. Akzessorien: Magnetit, Apatit, Titanit, Orthit, Zirkon. Gesteine mit weniger als 5% dunklen Gemengteilen sind Leukogranodiorit, bei über 25% werden sie Melagranodiorit genannt. Adamellit ist ein gebräuchlicher, aber schlecht definierter Name für Granodiorit bis Granit. Auch sonst sind fließende Übergänge zu Granit vorhanden.

Merkmale: Im Handstück leicht mit Granit zu verwechseln. Meist hellgraue, vorwiegend richtungslos-körnige, fein- bis großkörnige Gesteine. Wie bei Granit kann das Gefüge hypidiomorph-körnig bis porphyrisch sein, das heißt, das Aussehen ist entweder durch die vielen dicktafeligen, idiomorphen Plagioklase oder durch einsprenglingsartige Kalifeldspat-Großkristalle geprägt. Letztere zeigen oft sehr schöne Karlsbader Zwillinge. Gefügeregelung, verursacht durch Bewegungen des Kristallbreis bei der Platznahme der Intrusion, ist verbreitet. Diese ist sichtbar durch die Einregelung tafeliger Großkristalle oder schlierenartiger Inhomogenitäten im Gestein.

Entstehung: Etwa 34 Vol.% aller Plutonite der Kontinente sind Granodiorit. Aufgrund ihrer großen Ähnlichkeit werden Granodiorit und Granit oft als granitische Tiefengesteine zusammengefaßt, so daß diese Gesteine fast 80% aller Plutonite der Kontinente aufbauen. Auch bei den Granodioriten wird als Ursprung der Magmen eine Aufschmelzung wasserreicher Krustengesteine, d. h. eine sogenannte Anatexis, angenommen. Bei allen granitischen Plutoniten ist die Tendenz zu beobachten, daß Intrusionen in tieferen Krustenbereichen, wo sie langsamer abkühlen, zu eher grobkörnigen Gesteinen kristallisieren. Granodiorit kann kleinere, begrenzte Plutone bilden, ist aber vielfach am Aufbau von größeren Batholithen beteiligt, wo er differenzierte Zonen bildet, die in Granit übergehen.

Vorkommen: Weltweit verbreitet. Europäische Vorkommen u. a. in Skandinavien, im Bayerischen Wald, Odenwald, Harz, Schwarzwald, Erzgebirge, Lausitzer Gebirge, in den Karpathen.

Praktische Bedeutung: Wie bei Granit ist das häufig auftretende Kluftsystem von Bedeutung für die Gewinnung von Werk- und Pflastersteinen. Große Blöcke werden roh oder poliert zu Ornamentsteinen und Grabdenkmälern verarbeitet.

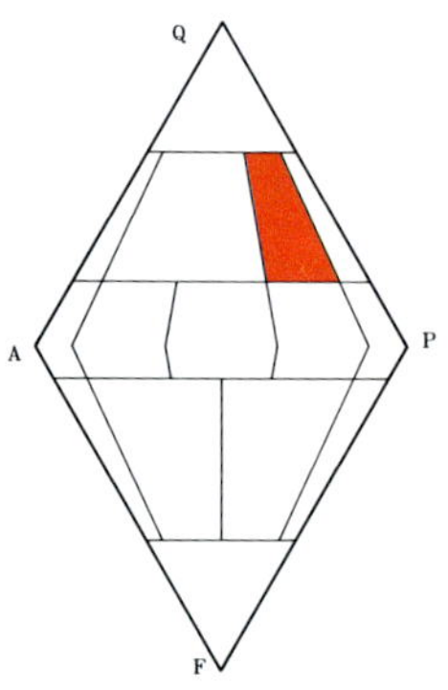

o. l.: Mittelkörniger grauer Granodiorit. Die gelblichen Flecken deuten die beginnende Zersetzung der Feldspäte an. Polierte Platte. Thanstein, Oberviechtach, Oberpfalz/BRD; 7 × 10 cm

o. r.: Grobkörniger Granodiorit mit bläulichem Quarz. Teilweise eingespiegelter Karlsbader Zwilling (oben). Nokia/Finnland; 4 × 6 cm

u.: Heller Granodiorit mit typisch ausgebildeten Alkalifeldspatleisten. Albtal, Schwarzwald/BRD; 20 × 14 cm

Tonalit

Klassifikation: Feld 5 im Streckeisen Q-A-P-F Doppeldreieck.

Mineralbestand: Quarz (20–60% des Quarz-Feldspat-Volumens); Plagioklas (Oligoklas oder Andesin, 90–100% aller Feldspäte); Alkalifeldspat (Orthoklas, 0–10% aller Feldspäte). Die Plagioklase sind oft zoniert und können Kerne von Labradorit bis Bytownit aufweisen. Hornblende ist das wichtigste dunkle Mineral neben Biotit und seltener Augit. Akzessorien: Orthit, Apatit, Zirkon, Titanit, Magnetit. Liegt der Anteil der dunklen Gemengteile unter 10%, wird das Präfix Leuko-, bei über 40% Mela- benutzt.

Merkmale: Variabel, sehr vom Verhältnis der hellen zu den dunklen Gemengteilen abhängig, meist mittelgrau bis hell-dunkel gesprenkeltes Gestein. Häufig mittel- bis grobkörnig; hypidiomorph-körnig. Quarz füllt die Zwickel zwischen den Kristallen der überwiegend idiomorphen Plagioklase und dunklen Minerale; gleichkörnig, aber idiomorphe Einsprenglinge von Hornblende sind häufig. Teilweise Paralleltexturen bei Biotit-Reichtum. Oft mit kleinkörnigen, dunklen Einschlüssen aus Gabbro und Diorit.

Entstehung: Tonalite können durch Anatexis entstehen (vergleiche Granit bzw. Granodiorit) oder als »Verdauungsprodukte« basischer Gesteine durch Granitschmelzen. Als riesige Plutone und Batholithe bilden sie die Wurzelzonen von andesitischen Inselbögen entlang Subduktionszonen.

Vorkommen: Hauptsächlich entlang der Pazifikküste Amerikas, in kleinerem Ausmaß in Südnorwegen, in den italienischen Alpen, im Bayerischen Wald.

Name: Nach der klassischen Lokalität Tonale Adamello (italienische Alpen).

l.: Polierte Platte eines dunklen Tonalits. Lorenzreuth, Fichtelgebirge/BRD; 7× 10 cm
r.: Mittelkörniger Tonalit. Chiavenna/Schweiz; 7× 10 cm

Trondhjemit

Klassifikation: Feld 5 im Streckeisen-Diagramm. Quarz-reiche Varietät des Tonalits.

Mineralbestand: Quarz (20–60% des Gesteins); Plagioklas (meist Oligoklas, 90–100% aller Feldspäte), Alkalifeldspat (Orthoklas, 0–10% aller Feldspäte). Ferner können auftreten: Biotit, wenig Hornblende, wenig Augit. Akzessorien sind Titanit, Apatit, Magnetit, Zirkon, Orthit. Der Anteil der dunklen Gemengteile beträgt meist weniger als 10%.

Merkmale: Klein- bis mittelkörnige, sehr helle Gesteine; meist gleichkörnige Struktur.

Vorkommen: Trondhjemite sind oft eng mit den sogenannten Plagiograniten (fast reine Plagioklas-Quarz-Gesteine) assoziiert. Diese Gruppe ist als Differentiat sowohl in basischer ozeanischer Kruste als auch in den ophiolithischen Komplexen der Kontinente zu finden.

l.: Trondhjemit, polierte Platte. Trondheim/Norwegen; 7× 10 cm

Alkalifeldspatsyenit

Klassifikation: Feld 6. Übersteigt der Anteil der dunklen Minerale 25%, wird das Präfix Mela-, bei über 45% der Name Lusitanit verwendet.

Mineralbestand: Perthitischer Alkalifeldspat (90–100% aller Feldspäte), Plagioklas (meist Oligoklas und Andesin, 0–10% aller Feldspäte); Quarz (0–5% des Gesteins). Bei Quarzgehalten zwischen 5% und 20%: Quarz-Alkalifeldspatsyenit; ohne Quarz, mit 0–10% Foide (Nephelin bzw. Sodalith): Foid-führender Alkalifeldspatsyenit. Ferner: Biotit, Hornblende, Diopsid, selten Olivin. Akzessorien: Titanit, Magnetit, Titanomagnetit, Ilmenit, Korund (nur ohne Quarz), Orthit, Granat, Zirkon, Apatit, Fluorit.

Merkmale: Gefüge variabel; oft grobkörniges, rötliches (Hämatit-Pigment im Feldspat) Gestein.

r.: Alkalifeldspatsyenit. Handelsname »Kardinalrot«. Republik Südafrika; 7× 10 cm

Syenit

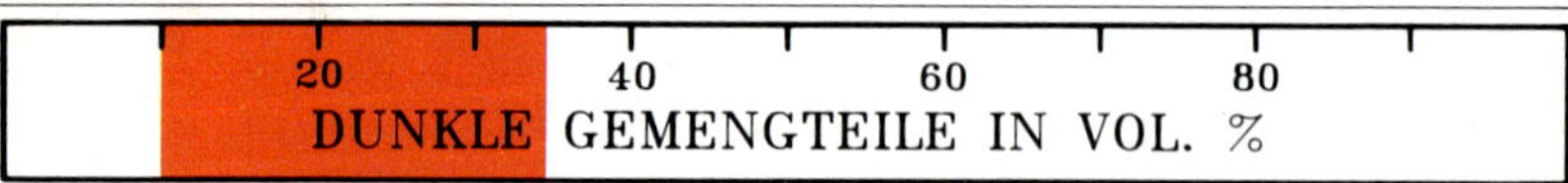

Mineralbestand: Alkalifeldspat (perthitischer Orthoklas, seltener Mikroklin, 65–90% aller Feldspäte); Plagioklas (meist Oligoklas, Andesin oder seltener Labradorit, 10–35% aller Feldspäte); Quarz (0–5% des Quarz-Feldspat-Volumens). Bei Quarzgehalt zwischen 5% und 20%: Quarzsyenit. Ohne Quarz, mit 0–10% Foiden (meist Nephelin bzw. Sodalith): Foidführender Syenit. Weiterhin können Biotit, Hornblende, Diopsid oder Augit, seltener Olivin auftreten. Akzessorien: Titanit, Magnetit, Titanomagnetit, Ilmenit, Korund (nur ohne Quarz), Orthit, Granat, Zirkon, Apatit, Fluorit. Übersteigt der Anteil der dunklen Minerale 35%, wird das Präfix Mela- verwendet, bleibt dieser unter 10%, gilt das Präfix Leuko-. Bei Quarzsyeniten verschieben sich diese Grenzen auf 30% bzw. 5%.

Merkmale: Meist helle Gesteine mit Farbtönen von Grau und Rosa. Die rötlichen Farben sind auf Hämatit-Pigmentierung der Feldspäte zurückzuführen. Mittel- bis grobkörnige Gesteine, in denen die Kalifeldspäte ein Netzwerk aus tafeligen Kristallen bilden, die häufig nach dem Karlsbader-Gesetz verzwillingt sind. Die anderen Minerale füllen die Zwischenräume aus. Gelegentlich entsteht durch Einregelung der Feldspattafeln auch eine Fließ- oder Fluidalstruktur wie bei anderen Feldspat-reichen Plutoniten (vgl. Granit, S. 44). Einsprenglingsartige Kalifeldspat-Großkristalle können z. T. einen Übergang zur porphyrischen Textur hervorrufen. Bei dunklen Syeniten können auch die dunklen Minerale wie Hornblende etc. als erkennbare idiomorphe Kristalle auftreten.

Entstehung: Nicht eindeutig. Syenite entsprechen weder primären Magmen aus der Erdtiefe, noch können sie in größeren Mengen bei der partiellen Aufschmelzung von Krustengesteinen (Anatexis) gewonnen werden. Sie sind auch keine einfachen Differentiationsprodukte solcher Magmen. Ihre Entstehung ist wohl auf spezielle, lokale Gegebenheiten bei all diesen Prozessen zurückzuführen.

Vorkommen: Gemäß ihrer Entstehung nur als kleinere Plutone, Stöcke und Gänge zusammen mit anderen granitischen, seltener basischen Plutoniten. Kommt vor im Schwarzwald, Odenwald, Fichtelgebirge, in Sachsen, Skandinavien, in den italienischen Alpen.

Name: Benannt nach dem Fundort Syene in Ägypten. Nach heutiger Nomenklatur ist das dort auftretende Gestein wegen seines hohen Quarzgehaltes eher als Granit zu bezeichnen.

Praktische Bedeutung: Sockel- und Denkmalstein, Straßenbaustein.

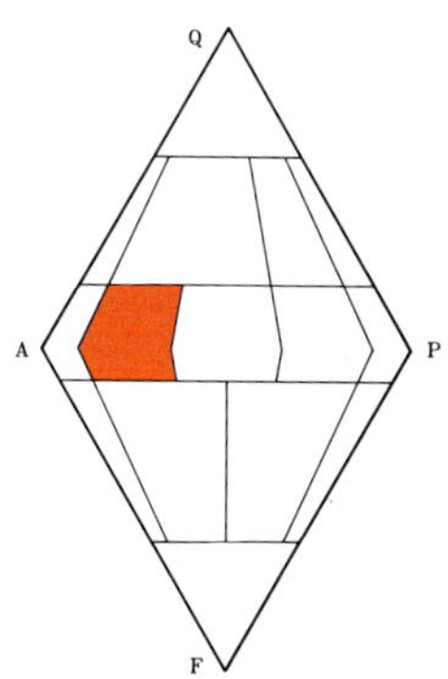

o. l.: Quarzarmer Syenit
Sutherland/Schottland; 7× 10 cm

o. r.: Mittelkörniger Syenit mit deutlich unterschiedlich gefärbten Kalifeldspäten (rot) und Plagioklasen (weiß).
Tanda/Jugoslawien; 4× 6 cm

u. l.: Grobkörniger blasser Syenit mit feinkörnigem Einschluß. Polierte Platte.
Predazzo, Südtirol/Italien; 7× 10 cm

u. r.: Dunkler, sehr grobkörniger Syenit. Polierte Platte. Perthitische Entmischung z. T. gut sichtbar.
Oulu/Finnland; 7× 10 cm

Monzonit

Mineralbestand: Alkalifeldspat (perthitischer Orthoklas, seltener Mikroklin, 35–65% aller Feldspäte); Plagioklas (Andesin oder Labradorit, 35–65% aller Feldspäte); Quarz (0–5% des Quarz-Feldspat-Volumens). Bei Quarzgehalt zwischen 5% und 20%: Quarzmonzonit. Ohne Quarz, mit 0–10% Foiden (meist Nephelin bzw. Sodalith): Foid-führender Monzonit. Dazu können Biotit, Hornblende, Diopsid oder Augit, seltener Olivin auftreten. Akzessorien: Titanit, Magnetit, Titanomagnetit, Ilmenit, Korund (nur ohne Quarz), Orthit, Granat, Zirkon, Apatit, Fluorit. Übersteigt der Anteil der dunklen Minerale 45%, wird das Präfix Mela- verwendet, bleibt dieser unter 15%, gilt das Präfix Leuko-. Bei Quarzmonzonit verschieben sich diese Grenzen auf 35% bzw. 10%. Mit zunehmendem Plagioklas-Gehalt gehen die Monzonite in das Streckeisenfeld 9 der Monzodiorite und Monzogabbros über. Diese vermitteln zwischen Monzonit einerseits und Diorit (vgl. S. 56) bzw. Gabbro (vgl. S. 60) andererseits. Sie sind makroskopisch kaum gegeneinander abzugrenzen und werden hier nicht gesondert behandelt.

Merkmale: Graue, manchmal grünliche oder rötliche, mittel- bis grobkörnige Gesteine. Den Graniten äußerlich ähnlich, aber mit niedrigerem Quarz-Gehalt. Die Plagioklase neigen zu gut ausgebildeten Tafeln, die in einer Matrix aus eher xenomorphen Kalifeldspäten liegen (»monzonitisches Gefüge«). Quarz ist auf die Gefügezwickel beschränkt. Massig, aber Fließstruktur durch Einregelung von Feldspattafeln häufig.

Entstehung: Ähnlich Syenit. Meist kleine, oft Lagergang-ähnliche Intrusivkörper, die auf kleinräumige Aufschmelz- und Differentiationsprozesse hinweisen. Auch metasomatische Bildung aus Gneisen ist z. T. zu beobachten.

Vorkommen: Fassatal/Italien, Jemtland/Schweden, Oslo-Gebirge/Norwegen, Witoscha-Gebirge/Bulgarien.

Name: Benannt nach dem klassischen Vorkommen am Monte Monzoni, Fassatal/Italien.

Praktische Bedeutung: Straßenbaumaterial.

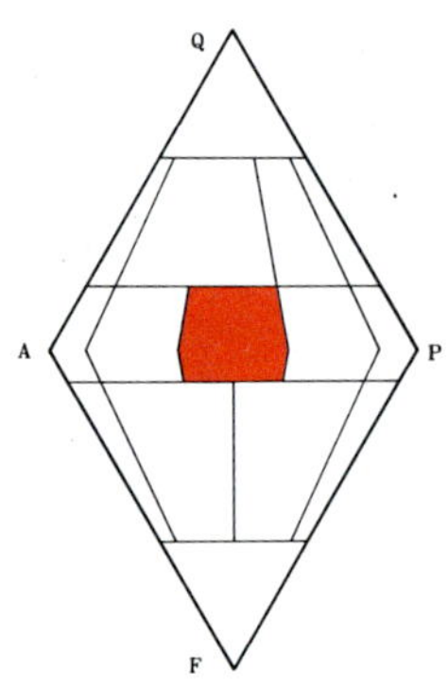

o. l.: Durbachit. Dunkles, grobkörniges Gestein mit variabler Zusammensetzung entsprechend Syenit bis Monzonit. Deutlich eingeregelte Kalifeldspatleisten in einer Biotit- und Hornblende-reichen Grundmasse. Typlokalität Durbach, Schwarzwald (BRD).
Nove Mesto/ČSSR; 7× 10 cm

o. r.: Kentallenit. Sehr dunkler Monzonit mit Augit, Olivin und Biotit in heller Grundmasse von Feldspat.
Kentallen, Argyllshire/Schottland; 5× 8 cm

u.: Mittel- bis grobkörniger Monzonit mit deutlich unterscheidbarem Alkalifeldspat (fleischfarben) und Plagioklas (porzellanweiß). Polierte Platte als »Siente Balma« im Handel.
Biella, Piemonte/Italien; 10× 7 cm

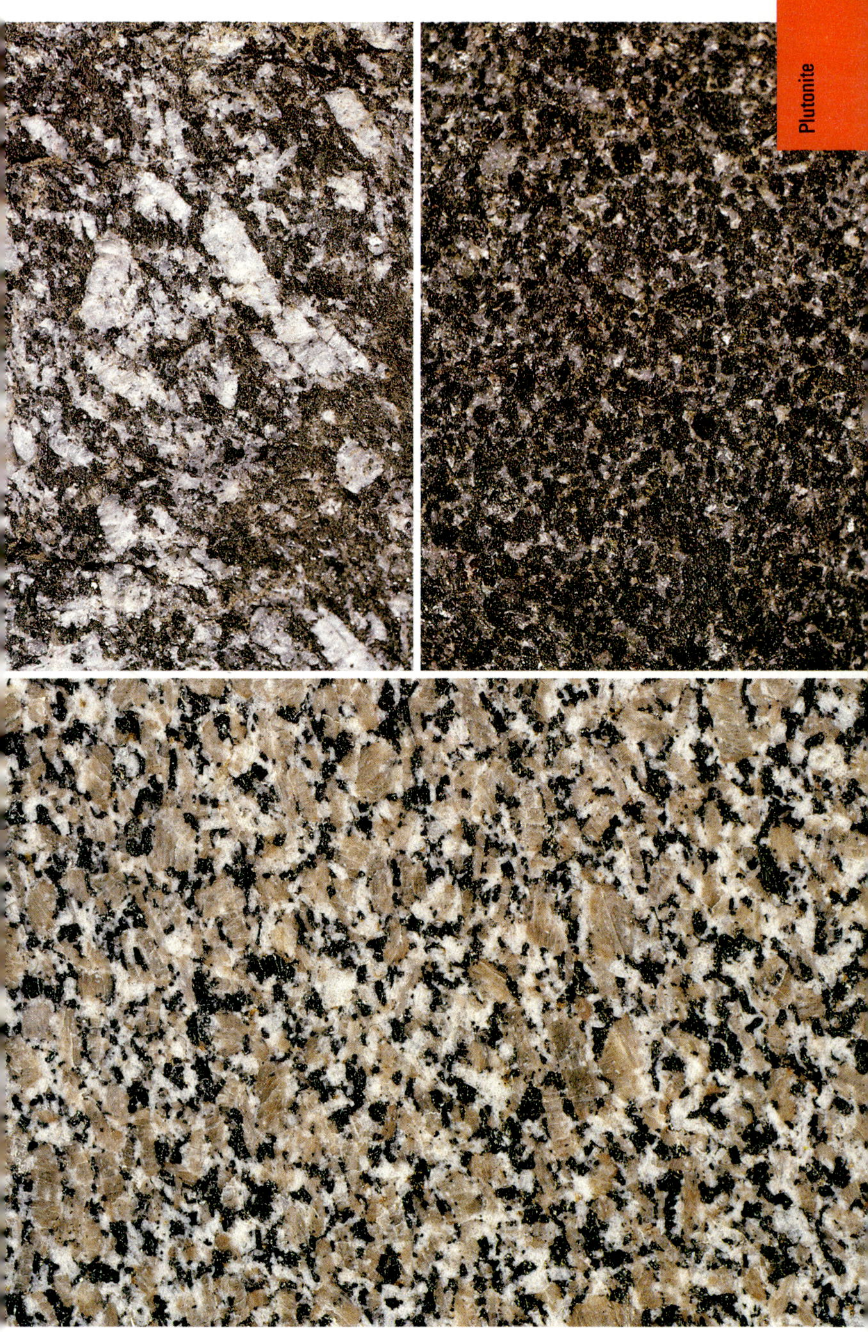

Diorit

20 40 60 80
DUNKLE GEMENGTEILE IN VOL. %

Mineralbestand: Plagioklas (Oligoklas oder Andesin, oft nur im Mittel, denn häufig zoniert, mit Kernen aus Labradorit bis Bytownit; 90–100% aller Feldspäte); Alkalifeldspat (Orthoklas, 0–10% aller Feldspäte); Quarz (0–5% des Quarz-Feldspat-Volumens). Bei Quarzgehalten zwischen 5% und 20%: Quarzdiorit. Ohne Quarz, mit 0–10% Foiden: Foidführender Diorit (mit Angabe des Foidtyps). Die dunklen Gemengteile sind Hornblende und/oder Biotit sowie seltener Augit. Akzessorien: Titanit, Orthit, Apatit, Zirkon, Magnetit. Man benutzt das Präfix Leuko- bei weniger als 25% dunklen Gemengteilen und Mela- bei mehr als 50%. Für Quarzdiorit verschieben sich diese Grenzen auf 20% bzw. 45%.

Merkmale: Der äußere Aspekt dieser Plutonite wird durch das Verhältnis der hellen zu den dunklen Gemengteilen geprägt. Plutonite sind meist klein- bis mittelkörnig. In der Regel handelt es sich um insgesamt dunkelgraue bis schwarzgraue Gesteine, die je nach Körnung gleichmäßig gesprenkelt bzw. gescheckt sein können. Das Gefüge ist massig, hypidiomorph-körnig, d. h. von den eher idiomorphen Plagioklasen bestimmt, und vorwiegend gleichkörnig. Paralleltexturen können durch Deformation bei der Intrusion der meist kleineren Körper entstehen. Helle Varietäten wie Leukodiorit oder Leukoquarzdiorit weisen viel Ähnlichkeit mit Tonalit und sogar Kalifeldspat-armen Granodioriten auf. Per definitionem dürfen Diorite jedoch nicht mehr als 20% Quarz führen.

Entstehung: Quarzdiorite sind geologisch und chemisch eng mit den Tonaliten verwandt. Gemeinsam bauen sie die großen und mittleren Plutone und Batholithe auf, welche wohl als das intrusive Gegenstück der mächtigen andesitischen Lavaergüsse zu deuten sind, die an den Subduktionszonen von kollidierenden Großplatten erzeugt werden. Die Diorite im engeren Sinne bilden meist nur kleinere geologische Körper. Diese können sowohl mit hellen granitischen und granodioritischen als auch mit basischen gabbroischen Intrusivkörpern assoziiert sein.

Vorkommen: Quarzdiorite kommen mit den Tonaliten an der Pazifikküste von Amerika vor. Diese vielphasigen Intrusionen erreichen Aufschlußflächen von 1000 × 200 km. Sonst weit verbreitet im Harz, Thüringer Wald, Odenwald, Schwarzwald, Bayerischen Wald, in Portugal, Schweden, Italien.

Praktische Bedeutung: Dunkler Diorit findet als Denkmalstein Verwendung, sonst auch als Schotter, Split, Pflaster- und Randstein.

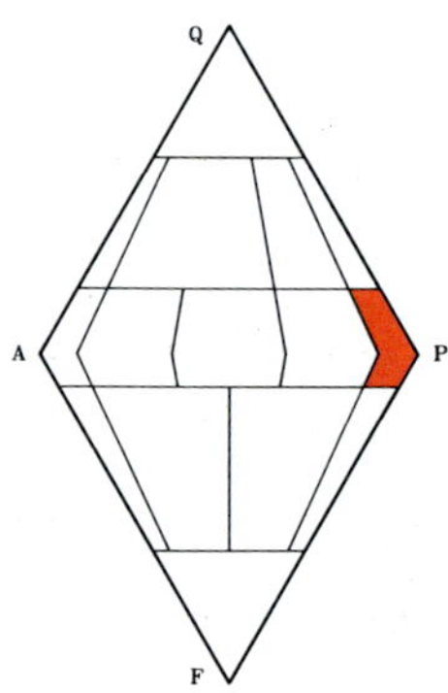

o. l.: Grob- bis großkörniger Diorit. Deutlich erkennbar die dunklen Amphibolleisten und durch Lichtspiegelung silbrig erscheinender Biotit. Sables d'Or les Rins, Bretagne/Frankreich; 7 × 10 cm

o. r.: Leukoquarzdiorit. Man beachte den typischen Amphibolquerschnitt (Bildmitte rechts). Paso Gallinera, Adamello Massiv/Italien; 3 × 5 cm

u.: Lagig ausgebildeter typischer Diorit. Reichenbach, Odenwald/BRD; 15 × 10 cm

Anorthosit

20 40 60 80
DUNKLE GEMENGTEILE IN VOL. %

Mineralbestand: Plagioklas (selten Oligoklas, meist Andesin, Labradorit, selten Bytownit; 90–100% aller Feldspäte); Kalifeldspat (0–10% aller Feldspäte); Quarz (0–5% des Quarz-Feldspat-Volumens). Bei Quarzgehalt zwischen 5% und 20% (selten): Quarzanorthosit mit Übergang zu Tonalit (vgl. S. 50). Foid-führende Anorthosite sind nicht bekannt. Daneben treten auf: Orthopyroxen, Klinopyroxen, Olivin, Amphibol, Chromit, Magnetit, Ilmenit, Granat. Akzessorien: Biotit, Korund, Spinell, Rutil, Eisen- und Kupfersulfide. Anorthosite mit Labradorit und Bytownit sind besonders reich an dunklen Mineralen (>10 Vol.%) und gehen in Leukogabbro, Leukonorit und Leukotroktolith über.

Merkmale: Variabel in Farbe, von Weiß über Hellgrau bis rötlich, Violett oder Grün. Oft interessantes Farbspiel aufgrund der schillernden Feldspäte. Meist mittel- bis grobkörniges Gestein aus tafeligen, richtungslos verwachsenen Plagioklas-Kristallen. Gelegentlich sind auch lagige Texturen erkennbar, die auf einen primären Wechsel von Korngröße und/oder Gehalt an dunklen Mineralen zurückgehen.

Entstehung: Anorthosite entstehen entweder als Bestandteile geschichteter basischer Instrusionen, wo sie Differentiationsprodukte in einer großen Magmenkammer darstellen, oder als riesige Intrusionskörper im präkambrischen Grundgebirge. Solche Massive erreichen Ausdehnungen bis über 20 000 km^2. Allerdings handelt es sich hier um Gesteine, deren Gehalt an dunklen Gemengteilen oft 10% übersteigt, so daß sie im engeren Sinne auch als Gabbro, Norit oder Troktolith zu bezeichnen sind. Ihre weitgehende Beschränkung auf das Präkambrium ist nicht eindeutig geklärt.

Vorkommen: Geschichtete Intrusionen mit Anorthosit kennt man u. a. aus dem berühmten Bushveld-Komplex/Südafrika, aus dem Skaergaard-Komplex/Grönland und Stillwater-Komplex/USA. Die massivbildenden Anorthosite kennt man weit verbreitet aus Ostkanada, aus Südost-Indien, aber auch in Europa aus Norwegen, Schweden, von der Kola-Halbinsel usw.

Praktische Bedeutung: Die dunklen Labradorit-Anorthosite sind wegen ihrer schillernden Feldspäte in polierter Form beliebte Ziersteine. Gelegentliche Verwendung auch zur Herstellung von basischen feuerfesten Stoffen.

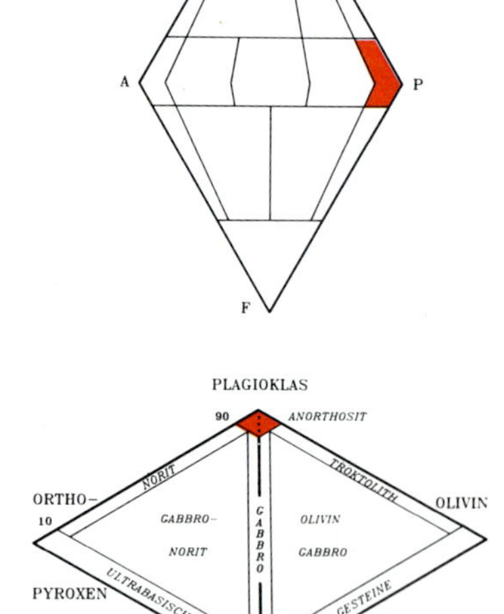

o.: Anorthosit
Scourie Bay/Schottland; 6 × 4 cm

u.: Ungleichkörniger extrem heller Anorthosit mit herrlich schillernden Feldspäten. Jalakandapuram/Indien; 6 × 4 cm

Gabbro

20 40 60 80
DUNKLE GEMENGTEILE IN VOL. %

Mineralbestand: Plagioklas (Labradorit, Bytownit, 90–100% aller Feldspäte); Alkalifeldspat (Orthoklas, 0–10% aller Feldspäte); Quarz (0–5% des Quarz-Feldspat-Volumens). Bei Quarzgehalt zwischen 5% und 20%: Quarzgabbro. Ohne Quarz, mit 0–10% Foiden: Foid-führender Gabbro. Wichtigstes dunkles Mineral ist Klinopyroxen (Diopsid bzw. Augit). Die Gesteine der Gabbrofamilie werden anhand ihres unterschiedlichen Gehaltes an Klinopyroxen, Orthopyroxen und Olivin voneinander abgegrenzt (s. Skizze). Die im Gabbro auftretenden Klinopyroxene zeigen oft orientierte Absonderungen im Kristall und werden deswegen Diallag genannt. Hieraus leitet sich der manchmal benutzte Name Diallaggabbro ab. Weitere Bestandteile sind Orthopyroxen, Olivin (nie mit Quarz), Hornblende, Biotit, Magnetit, Ilmenit. Akzessorien: Pyrrhotin, Pentlandit, Kupferkies, Pyrit, Chromit, Apatit. Das Präfix Leuko- wird bei einem Gehalt dunkler Gemengteile von unter 35%, das Präfix Mela- bei über 65% verwendet. Diese Grenze verschiebt sich auf 25% bzw. 55% bei Quarzgabbro. Ferner sind folgende Grenzen zu beachten: Sind die vorhandenen Pyroxene mehr als 5% Orthopyroxen, geht das Gestein in Gabbro-Norit über (s. Skizze); überwiegt Hornblende gegenüber Klinopyroxen, spricht man von Hornblendegabbro. Bei mehr als 5% Olivin ist die Bezeichnung Olivingabbro angebracht. Eukrit ist ein häufig benutzter Name für einen Gabbro, der als Plagioklas Bytownit führt.

Merkmale: Im frischen Zustand meist ein hellgraues, kleinkörnig gesprenkeltes bis grobkörnig geflecktes, z. T. auch großkörniges, Pegmatit-ähnliches Gestein, in dem der Kontrast der hellen und dunklen Minerale deutlich zu erkennen ist. Obwohl meist massig, tritt gelegentlich eine Bänderung auf, wenn die Plagioklase oder Aggregate von dunklen Mineralen eine Paralleltextur aufweisen bzw. die Korngröße rhythmisch wechselt. Im häufigsten Gefügetyp der Gabbros bilden weder Plagioklas noch Klinopyroxen (Diallag) idiomorphe Kristalle. Sie sind gleichkörnig, mit einfachen, aber unregelmäßigen Korngrenzen verwachsen.

Darüber hinaus kann Plagioklas ein Netzwerk von tafeligen Kristallen bilden, zwischen denen dann der Pyroxen die Zwickel füllt. Eine dritte Möglichkeit ist die Kumulusstruktur, die dann entsteht, wenn überwiegend eine bestimmte Kristallart (Plagioklas oder Klinopyroxen) sich

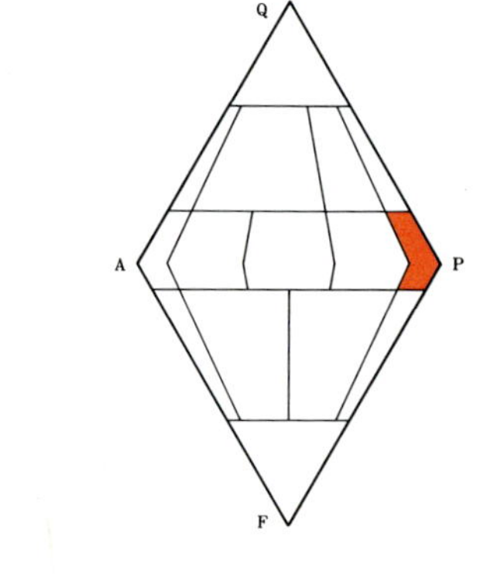

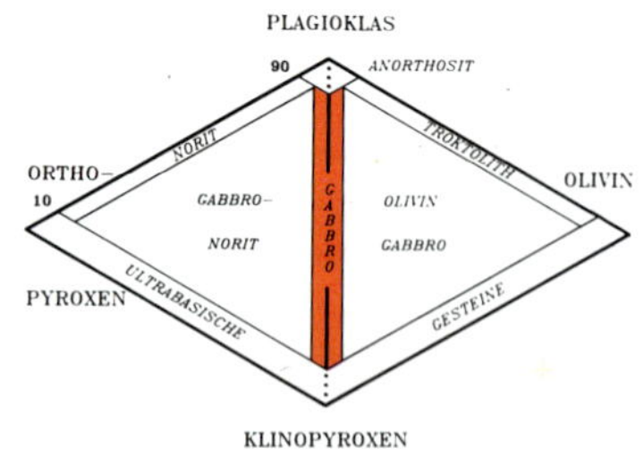

o.: Typischer Gabbro
Portsoy, Banff County/Schottland; 10× 7 cm
u.: Riesenkörniger, pegmatoider Gabbro.
Kerames, Kreta/Griechenland; 20× 30 cm

durch Absinken am Boden einer Magmenkammer sammelt. Später werden die noch mit Schmelze gefüllten Zwischenräume dann durch andere Mineralarten ausgefüllt. Viele Gabbros neigen zu hellgrünen oder graugrünen bis smaragdgrünen Farben. Diese »Vergrünung« ist eine Folge von Umwandlungserscheinungen der Primärminerale, entweder beim Abkühlen des Gesteins (auch Diaphthorese genannt) oder als erstes Anzeichen einer überprägenden aufsteigenden Metamorphose.

Entstehung: Primäre Magmen, die im Erdmantel entstehen, haben überwiegend gabbroische Zusammensetzung. Sie bilden aber vergleichsweise selten Gabbro-Plutonite, sondern gelangen durch ihre geringe Viskosität eher zur Erdoberfläche, wo sie viele volumenreiche Basaltvorkommen bilden (vgl. S. 106). Dies steht in direktem Gegensatz zu den granitischen Gesteinen, bei denen die Plutonite häufig, aber die aus zähfließenden, hochviskosen Schmelzen entstandenen Rhyolithe und Dacite (vgl. S. 92 bzw. 94) seltener sind. Häufigste Beispiele sind die klassischen, lagigen, geschichteten Intrusionskomplexe, die aus z.T. einige 100 km erreichenden großen schüssel- oder trichterförmigen Magmenkammern entstanden sind, sowie die sogenannten Ophiolithe als plutonischer Anteil der ozeanischen Kruste und als dessen auf die Kontinente aufgeschuppte Relikte.

Vorkommen: Weltweit verbreitet. Als größere Intrusionen seien beispielhaft der Bushveld-Komplex/Südafrika und der Skaergaard-Komplex/Grönland genannt sowie in Europa der Harzburger Gabbro, Harz, und der Frankensteiner Gabbro, Odenwald. Ophiolithische Vorkommen sind z.B. im nördlichen Apennin aufgeschlossen und, in überwiegend metamorpher Form, im ganzen Alpenbogen.

Praktische Bedeutung: Eisenbahnschotter und Straßenbaustoff.

l.: Pegmatoider Hornblende-Gabbro.
Sierra de Ancasti/Argentinien; 4 × 6 cm
r.: Feinkörniger Hypersthen-Gabbro
Argyllshire/Schottland; 4 × 6 cm

Troktolith

20 40 60 80
DUNKLE GEMENGTEILE IN VOL. %

Mineralbestand: Plagioklas (Labradorit, Bytownit, 90–100% aller Feldspäte); Alkalifeldspat (0–10% aller Feldspäte); kein Quarz, da Olivin stets vorhanden. Mit 0–10% Foiden: Foid-führender Troktolith. Wichtigstes dunkles Mineral ist Olivin. Die Gesteine der Gabbro-Familie entsprechen Feld 10 im Streckeisen-Doppeldreieck. Sie werden des weiteren anhand ihres unterschiedlichen Gehalts an Klinopyroxen, Orthopyroxen und Olivin voneinander abgegrenzt (siehe Skizze). Weiterer Mineralbestand ähnlich Gabbro. Bei Gehalten der dunklen Gemengteile <35%: Leukotroktolith; Melatroktolith bei über 65%.

Merkmale: Besonders auffallend das Forellenhaut-ähnliche gepunktete Aussehen, hervorgerufen durch die gleichmäßige Durchsetzung der Plagioklas-Grundmasse mit rundlichen Olivin-Körnern. Daher der alte Steinmetzausdruck »Forellenstein«. Diese Bezeichnung ist jedoch zu meiden, da mit Forellenstein auch ein Riebeckit-Gneis bezeichnet wird.

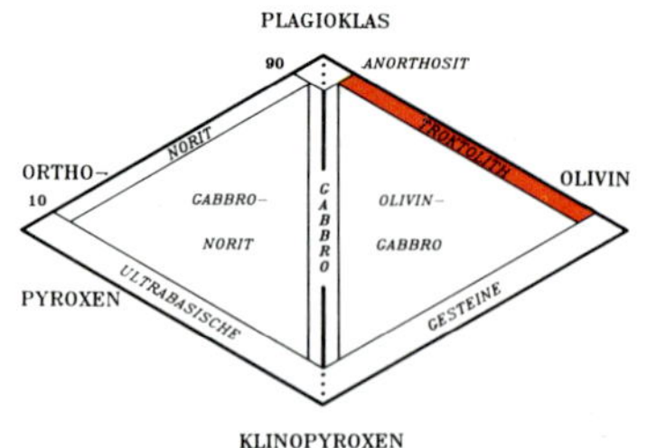

Typischer Troktolith (Forellenstein)
Portsoy/Schottland; 15 × 10 cm

Norit

20 40 60 80
DUNKLE GEMENGTEILE IN VOL. %

Mineralbestand: Plagioklas (Labradorit, Bytownit, 90–100% aller Feldspäte); Alkalifeldspäte (0–10% aller Feldspäte); Quarz (0–5% des Quarz-Feldspat-Volumens). Bei Quarzgehalt zwischen 5% und 20%: Quarznorit. Ohne Quarz, mit 0–10% Foide: Foid-führender Norit. Wichtigstes dunkles Mineral ist der Orthopyroxen (Enstatit, Bronzit, Hypersthen). Die Gesteine der Gabbro-Familie entsprechen Feld 10 im Streckeisen-Doppeldreieck. Sie werden des weiteren anhand ihres unterschiedlichen Gehalts an Klinopyroxen, Orthopyroxen und Olivin voneinander abgegrenzt (siehe Skizze). Weitere Bestandteile sind Klinopyroxen, Olivin, Hornblende, Biotit, Magnetit, Ilmenit. Akzessorien: Pyrrhotin, Pentlandit, Kupferkies, Pyrit, Chromit, Apatit. Der in Noriten enthaltene Orthopyroxen zeigt oft einen Bronze-ähnlichen Glanz, der auf feinste, geregelte, submikroskopische Ilmenit-Plättchen im Kristallgitter zurückzuführen ist. Das Präfix Leuko- wird bei einem Gehalt von dunklen Gemengteilen von unter 35%, das Präfix Mela- bei über 65% verwendet. Diese Grenzen verschieben sich auf 25% bzw. 55% bei Quarznorit. Ferner sind folgende Grenzen zu beachten: Sind die vorhandenen Pyroxene mehr als 5% Klinopyroxen, geht das Gestein in Gabbro-Norit über (siehe Skizze). Bei mehr als 5% Olivin ist die Bezeichnung Olivinnorit angebracht. Zur Betonung weiterer wichtiger lokaler Bestandteile sind Namensbildungen wie Magnetitnorit, Ilmenitnorit, Glimmernorit usw. gebräuchlich.

Merkmale: Grob- bis mittelkörnige, hell- bis dunkelgraue Gesteine. Der Kontrast der hellen und dunklen Minerale ist deutlich. Obwohl oft massig, kann durch Einregelung der Plagioklase eine Fluidaltextur entstehen. Das Gefüge kann wie bei Gabbro (siehe dort) verschieden sein. Helle Varietäten führen meist Enstatit, dunkle dagegen eher Bronzit und Hypersthen.

Entstehung: Eng mit der von Gabbro verbunden (vgl. S. 62). In der Regel eine Frühausscheidung aus gabbroischen Magmen.

Vorkommen: In Europa hauptsächlich in Skandinavien zu finden. Die berühmtesten Vorkommen überhaupt sind wohl die von Sudbury/Kanada, vom Bushveld/Südafrika, vom Stillwater-Komplex/USA.

Name: Vermutlich nach dem lateinischen *noricum:* Land zwischen Donau, Drau, Inn und Wienerwald.

Praktische Bedeutung: Straßenbaustein. Eng verbunden mit der Entstehung wichtiger Nickel-, Buntmetall- und Edelmetall-Lagerstätten.

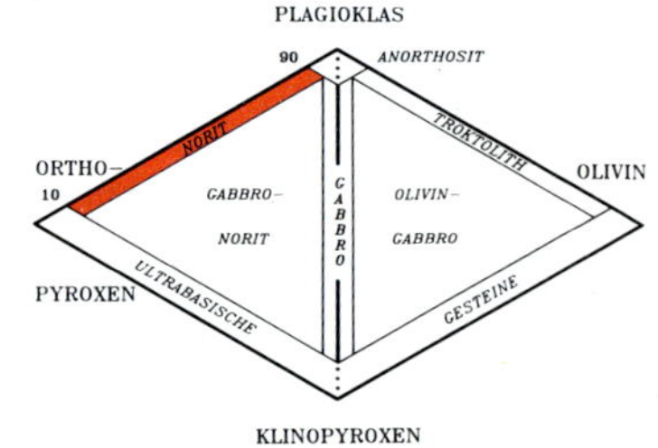

o. l.: Feinkörniger Norit. Man beachte den eingespiegelten Feldspatkristall oben rechts. Bronzefarbene Orthopyroxene sind erkennbar. Huntley, Aberdeenshire/Schottland; 7 × 10 cm

o. r.: Tuborgit. Dunkle, Ilmenit-reiche Norit-Varietät mit hervorragend eingeregelten Feldspatleisten. Tuborg/Schweden; 10 × 15 cm

u. l.: Grobkörnige Partie des Gesteins o.l.; mit bis zu 10 mm großen bronzefarbenen Orthopyroxenkristallen.
Huntley, Aberdeenshire/Schottland; 4 × 6 cm

u. r.: Pegmatitischer Norit. Man beachte den sekundären bräunlichen Reaktionssaum zwischen den hier grün erscheinenden Orthopyroxenen und weißem Plagioklas.
Radautal, Harz/BRD; 4 × 6 cm

Peridotit

	20	40	60	80	
DUNKLE GEMENGTEILE IN VOL. %					

Klassifikation: Peridotite sind ultrabasische Gesteine mit einem Gehalt von dunklen Gemengteilen, der 90% übersteigt. Sie setzen sich überwiegend aus Olivin, Orthopyroxen und Klinopyroxen zusammen. Nach den Volumenanteilen dieser drei Mineraltypen werden die Peridotite dann weiter unterteilt. Dunit ist ein fast reines Olivingestein, bei dem der Gesamtpyroxengehalt 10% nicht übersteigt. Bei Harzburgit (auch Schillerfels genannt), Lherzolith und Wehrlit liegt der Pyroxengehalt zwischen 40% und 90%. Letztere werden dann nach ihrem Klinopyroxen/Orthopyroxen-Verhältnis weiter unterschieden: Harzburgit mit weniger als 5% Klinopyroxen und mehr als 95% Orthopyroxen: Wehrlit mit mehr als 95% Klinopyroxen und weniger als 5% Orthopyroxen; zwischen diesen beiden liegt Lherzolith.

Mineralbestand: Hauptmineral aller Peridotite ist der meist hell olivgrüne Olivin, begleitet von den Orthopyroxen-Varietäten Enstatit, Bronzit und Hypersthen. Durch Einlagerung von feinen, tafeligen Entmischungskörpern aus Ilmenit erhalten viele Orthopyroxene einen auffallenden Schiller, der bei Bronzit bronzeartig wirkt, bei Hypersthen eher kupferrot ist. Klinopyroxen ist in der Regel ein Diopsid, der durch einen erhöhten Chrom-Gehalt auffallend smaragdgrün erscheinen kann. Weitere mögliche wichtige Gemengteile sind Hornblende, Phlogopit, Spinelle (Chromit, Magnetit), Granat (meist Pyrop-reich und Chrom-haltig) sowie gediegen Platin und auch Edelmetalle. Der Übergang zu Serpentinit (vgl. S. 216) ist stufenlos. Für die Namengebung ist eine festgelegte Grenze zwischen Peridotiten und Serpentiniten nicht vorgesehen.

Merkmale: Bedingt durch die grünliche Eigenfarbe des Olivins handelt es sich generell um grünliche Gesteine, wenn frisch. Durch vielerlei Deformations- und Umwandlungsprozesse kann das Aussehen allerdings stark variieren. Man unterscheidet einerseits massige, gleichkörnige, selten fein-, eher mittel- bis grobkörnige Gesteine und andererseits solche, die offensichtlich ein Deformationsgefüge aufweisen. Hier werden oft Einzelkörner eingeregelt und ausgelängt, so daß eine schiefrige Textur entsteht. Ungleichkörnigkeit ist besonders bei Granat-Peridotiten zu beobachten, wo die Granate größere Einsprenglinge bilden. Auch bei Harzburgiten treten oft zentimetergroße Orthopyroxen-Kristalle hervor. Trotz ihres Olivin-Reichtums sind viele Peridotite aber dunkelgrün bis schwarz. Diese Farbänderung wird durch den Prozeß der Serpentinisierung hervorgerufen (vgl. S. 216), der zuerst Olivin, dann Orthopyroxen und zuletzt Klinopyroxen angreift. Dabei bilden sich bei Temperaturen von unterhalb ca. 500–600° C, je nach Druck, Minerale der Serpentin-Gruppe. Die Umwandlung erfor-

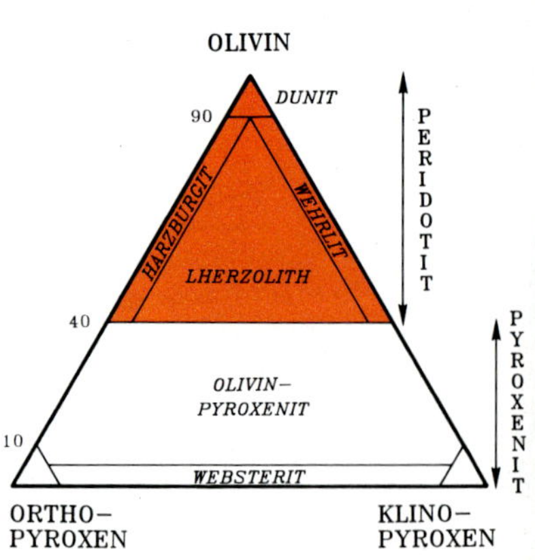

o.: Körniger Dunit in Basalt Eifel/BRD; 24 × 16 cm

u.: Granat-Peridotit Böhmen, ČSSR; 4 × 6 cm

dert die Zufuhr von Wasser und ist als metamorpher Prozeß anzusehen. Das Endprodukt, Serpentinit, ist ein metamorphes Gestein. Da die Serpentin-Minerale kaum Eisen einbauen, die Olivine und Orthopyroxene jedoch eisenhaltig sind, bildet sich daneben auch Magnetit, der sich fein zerstäubt durch das ganze Gestein hindurchzieht und den insgesamt dann dunklen Eindruck hervorruft. Die Umwandlung beginnt mit der Durchaderung des Peridotits mit neugebildetem Serpentin, meist in der Form von sogenannten Asbest-Querfasern. Von diesen Adern ausgehend wachsen dann Stränge, Büschel oder feinfilzige Fasern von Serpentin in den Rest des Gesteins hinein. Dadurch entsteht oft eine deutlich-sichtbare »Maschenstruktur«.

Entstehung: Der obere Erdmantel ist hauptsächlich aus Peridotit aufgebaut und bildet ein riesiges Reservoir solcher Gesteine. Es gibt mehrere Möglichkeiten, Peridotite an die Erdoberfläche zu bekommen. Zum Beispiel werden aus diesen Mantelgesteinen die basaltischen und gabbroischen Schmelzen gebildet. Wenn diese schnell genug an die Erdoberfläche durchschlagen können, bringen sie Fragmente von Peridotiten mit sich nach oben. Ganz besonders gilt dies für die Kimberlite, die sogar explosionsartig aus Tiefen von bis zu 200 km nach oben gelangen. Andererseits ist die basaltische Kruste der Ozeane relativ dünn und liegt direkt auf Mantelgestein auf. Bei Kollisionsprozessen zwischen Krustenplatten werden oft Teile dieser dünnen ozeanischen Kruste zusammen mit ihrem peridotitischen Unterlager auf die Kontinentalränder aufgeschuppt, wo wir sie als die sogenannten Ophiolithe untersuchen können. Peridotite können aber auch als feste Körper entlang tiefer Brüche oder als plastische heiße Massen diapirartig nach oben gelangen. Auch in den geschichteten gabbroischen Intrusivkörpern werden Peridotite gebildet, wenn Olivin als erste Kristallart aus der Schmelze hervorgeht, absinkt und am Boden der Magmenkammer Lagen (Kumulate) von Olivin-reichem Gestein bildet.

Vorkommen: Als Anteile von Ophiolithen sind Peridotite in fast allen Faltengebirgen zu finden. Durch die Orogenese kann allerdings die Zugehörigkeit zu einem Ophiolith-Komplex verwischt werden. Klassische europäische Vorkommen sind in den Alpen zu verzeichnen. Als wahrscheinliche Kumulate sind die Peridotite von der Insel Rhum/Schottland und vom Harzburger Gabbro/BRD bekannt. Peridotite als Vulkanauswürflinge kennt man vom Dreiser Weiher, Westeifel/BRD. Weitere Vorkommen verschiedener Art sind aus der Sierra de Ronda/Spanien, dem Lac de Lherz in den Pyrenäen/Frankreich, den italienischen Westalpen, dem sächsischen Granulitgebirge, in der Böhmischen Masse/Tschechoslowakei, Österreich, in den Vogesen, in Westnorwegen usw. zu verzeichnen.

Namen: Dunit stammt von Dun Mountains/Neuseeland; Harzburgit nach dem gleichnamigen Ort im Harz; Lherzolith nach Lac de Lherz (Pyrenäen); Peridotit nach der französischen Bezeichnung *peridote* für Olivin.

Praktische Bedeutung: Mit der Entwicklung wichtiger Erzlagerstätten eng verbunden (Chromit-Erz, Platin, Platinmetalle). Die als Schmucksteine berühmten böhmischen Granate stammen aus Granat-Peridotit.

o.: Granat-Lherzolith. Leuchtend rote Pyropgranate und sattgrüne, Chrom-haltige Klinopyroxene in angewitterter, ehemals Olivin-reicher Grundmasse. Mantelgesteinseinschluß in Kimberlit.
Südafrika; 6 × 4 cm

u. l.: Serpentinisierter Harzburgit mit eingespiegelten Großkristallen von Orthopyroxen, in denen die ehemaligen Olivineinschlüsse siebartig dunkel erscheinen (s. S. 6).
Marienhaus, Harz/BRD; 10 × 15 cm

u. r.: Bronzit-Peridotit
Karnataka/Indien; 7 × 10 cm

Pyroxenit

20 40 60 80
DUNKLE GEMENGTEILE IN VOL. %

Klassifikation: Pyroxenite sind Gesteine, die aus über 90% dunklen Gemengteilen bestehen, von deren Volumen mehr als die Hälfte Pyroxen darstellt. Aufgrund der Mineralvielfalt in solchen Gesteinen ist eine weiterführende einfache Systematik relativ schwierig. Hier sollen hauptsächlich die ultrabasischen Olivin-Pyroxen-Gesteine im Vordergrund stehen. Wie die Skizze zeigt, wird die Grenze zwischen den Peridotiten und den Pyroxeniten bei 60% Pyroxen und 40% Olivin gezogen. Bis zu einem Olivin-Gehalt von 90–95% spricht man von Olivin-Pyroxenit. Gesteine mit mehr als 90% Orthopyroxen sind Orthopyroxenite und dementsprechend solche mit mehr als 90% Klinopyroxen Klinopyroxenite. Dazwischen liegen die Websterite, die weniger als 5% Olivin aufweisen und sowohl Klinopyroxen- als auch Orthopyroxen-reich sind.

Mineralbestand: Bei den hier betrachteten Peridotit-verwandten Pyroxeniten entsprechen die drei Hauptminerale Olivin, Orthopyroxen und Klinopyroxen weitgehend auch den Bestandteilen der Peridotite (s. S. 66). Die Orthopyroxene sind die Magnesium-reichen Varietäten Enstatit, Bronzit und Hypersthen. Bei Klinopyroxen ist Diopsid zu nennen oder der etwas komplexer zusammengesetzte Augit. Letzterer kann wie bei Gabbro (vgl. S. 60) als Diallag auftreten. Bei reinen Ortho- und Klinopyroxeniten lassen sich dann entsprechend Bezeichnungen wie Enstatitit, Bronzitit, Hypersthenit, Diallagit, Diopsidit usw. bilden. Weitere wichtige Gesteinskomponenten sind wie folgt: Hornblende, Biotit, Phlogopit, Granat, Magnetit, Chromit, Ilmenit, Titanit, Apatit, sulfidische Erze. Gelegentlich ist auch Plagioklas vorhanden. **Griquait** ist ein Granat-Klinopyroxenit mit 50% Pyrop-Granat und nur 40% Diopsid. Dieses Gestein ist jedoch eher als ein Hochtemperatur-Eklogit (vgl. S. 246) einzustufen.

Merkmale: Aufgrund ihrer Mannigfaltigkeit sehr verschieden. Orthopyroxenite sind grobkörnige, dunkelgraue, dunkelkastanienbraune bis schwarze Gesteine mit auffälligem Schiller. Websterite und Klinopyroxenite sind ähnlich grobkörnig, dunkelgrün bis schwarz, meist glänzend. Das Gefüge ist überwiegend massig und richtungslos.

Entstehung: Als gangartige, lagenbildende Einschaltungen, die Peridotit- und Gabbro-Komplexe durchsetzen, sowohl als Kumulatbildung als auch in der Form kleiner Intrusionen.

Vorkommen: Nicht sehr häufig. In Europa sind Vorkommen bekannt aus den Ost- und Westalpen, dem Apennin, den Pyrenäen, Südspanien, Albanien, Jugoslawien, Norwegen.

Praktische Bedeutung: Findet gelegentlich Verwendung als Baustein.

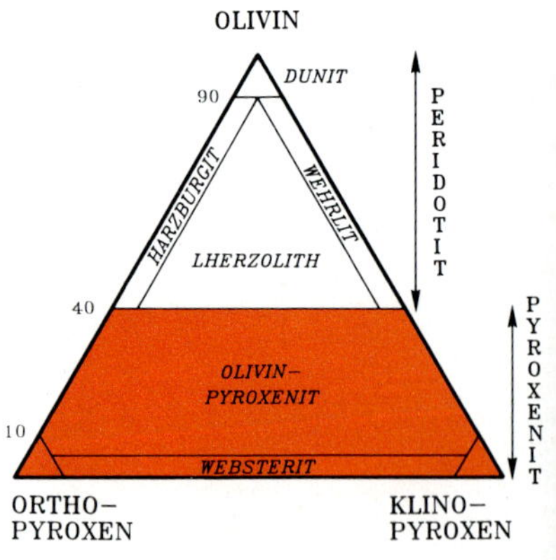

o.: Grobkörniger Pyroxenit mit typischem Que schnitt eines Einkristalls.
Randwicksholmen/Norwegen; 4×3 cm
u. l.: Mittelkörniger Bronzitit
Radautal, Harz/BRD; 4×6 cm
u. r.: Grobkörniger Bronzitit
Kraubath, Kärnten/Österreich; 5×8 cm

Alkalischer Alkalifeldspatgranit

20 40 60 80
DUNKLE GEMENGTEILE IN VOL. %

Mineralbestand: Quarz (20–60% des Quarz-Feldspat-Volumens); Alkalifeldspat (Albit, ternärer Feldspat, ca. 100% aller Feldspäte). Die charakteristischen dunklen Gemengteile sind Alkaliamphibole (Riebeckit, Arfvedsonit, Kaersutit, Barkevikit) und Alkalipyroxene (Ägirin, Ägirinaugit). Mögliche Begleitminerale sind Fayalit, Fluorit, Kryolith, Zirkon, Apatit, Titanit, Monazit, Xenotim, Orthit, Magnetit, Ilmenit. Übersteigt der Anteil an dunklen Mineralen 20%, so gilt das Präfix Mela-.

Merkmale: Meist rötlich, hell bis dunkel. Dem Alkalifeldspatgranit sehr ähnlich. Massiges, klein- bis grobkörniges Gestein. Die idiomorph gebildeten Feldspäte prägen das Gefüge. Quarz füllt die Zwickel zwischen diesen Kristallen.

Entstehung und Vorkommen: Ähnlich Alkalifeldspatgranit. Entscheidend ist, daß die Schmelze zu Aluminium-arm ist, um Natrium und Kalium gänzlich als Feldspat zu binden. Südnorwegen, Schweden, Grönland.

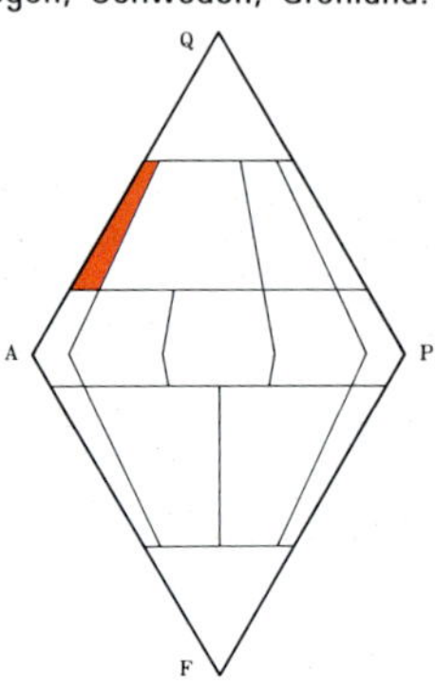

Alkalischer Alkalifeldspatgranit, Varietät Ekerit. Eikeren-See/Norwegen; 6 × 4 cm

Alkalischer Alkalifeldspatsyenit

20 40 60 80
DUNKLE GEMENGTEILE IN VOL. %

Mineralbestand: Alkalifeldspat (perthitischer Natrium-Kalium-Feldspat, Mikroklin selten, ca. 100% aller Feldspäte); Quarz (0–20% des Quarz-Feldspat-Volumens). Ohne Quarz, bis 10% Foide (vorwiegend Nephelin): Foid-führend. Charakteristische dunkle Minerale sind Ägirin und Alkaliamphibole wie Arfvedsonit. Mögliche Begleitminerale sind Biotit, Sodalith, Analcim, Cancrinit, Zeolithe. Akzessorien: Titanit, Apatit, Erze, Zirkon usw. und weitere sehr seltene Möglichkeiten, wie z. B. Eudialyt.

Merkmale: Generell mittel- bis grobkörnige, helle bis graue Gesteine. Die tafeligen Alkalifeldspäte diktieren das Aussehen des Gesteins, während die verschiedenen anderen Gemengteile die Zwickel ausfüllen.

Vorkommen: Skandinavien, Kola-Halbinsel bei Umptek/UdSSR.

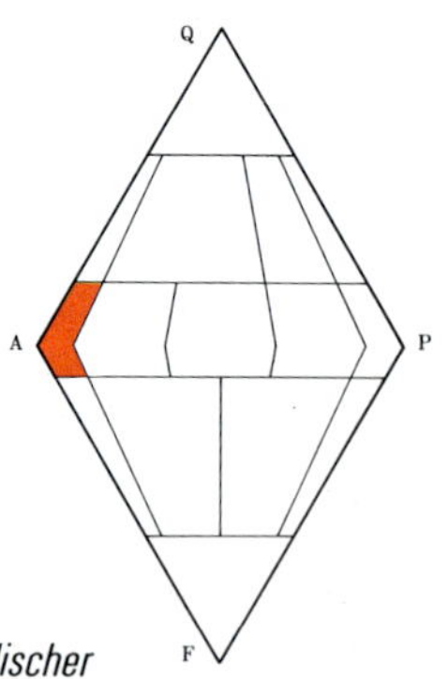

l.: Alkalischer Alkalifeldspatsyenit, Varietät Nordmarkit. Arvolveien, Oslo/Norwegen; 7 × 10 cm
r.: Foid-führender, alkalischer Alkalifeldspatsyenit, Varietät Umptekit mit rotem Eudialyt. Norra Kärr/Schweden; 7 × 10 cm

Larvikit

Mineralbestand: Ca. 90% ternärer Feldspat (sog. »Rhombenfeldspat«). Dieser Alkalifeldspat enthält 12% Anorthitanteile, so daß das Gestein im Streckeisen Q-A-P-F Doppeldreieck einem Syenit entspricht. Des weiteren enthält das Gestein Titanaugit, den Alkaliamphibol Barkevikit, einen eisenreichen, tiefschwarzen Biotit, Olivin, Apatit, Zirkon und Erz. Besonders auffallend ist das blau schillernde Farbenspiel des Feldspats (auch Schillerspat genannt), das auf fein verteilte Entmischungskörper in den Feldspäten zurückgeht.
Merkmale: Grobkörnige, in blauen, grünen, weißen Farbtönen schimmerndes Gestein, das als helle und als dunkle Varietät auftritt. Die erkennbaren spitzrhombischen Querschnitte der Feldspäte sind typisch. Die Erguß- und Gangform dieses Gesteins wird als Rhombenporphyr (vgl. S. 112) bezeichnet.
Vorkommen: Berühmte Lokalität zwischen Oslo und dem Langesund Fjord/Norwegen.

Praktische Bedeutung: Larvikit ist ein beliebter Zierstein, der im Handel den Namen »heller bzw. dunkler Labrador« trägt: Fußböden und Grabsteine, als Monumentgestein.

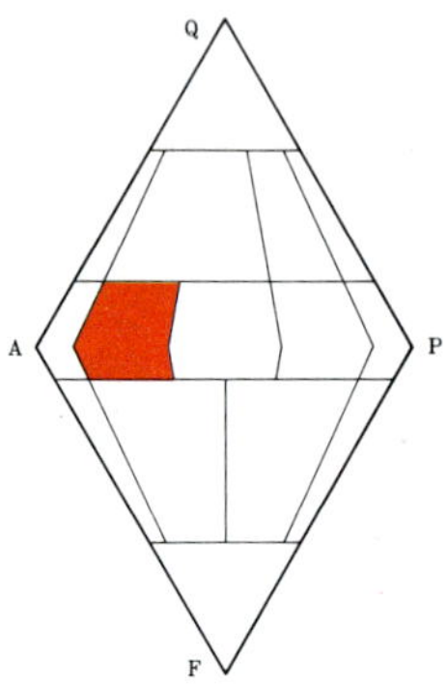

Larvikit. Grobkörniges Gestein aus labradorisierendem, Alkali-reichem Feldspat.
l.: frischer Bruch; r.: polierte Platte
Tjülling, Larvik/Norwegen; 7× 10 cm

Nephelinsyenit

20 40 60 80
DUNKLE GEMENGTEILE IN VOL. %

Mineralbestand: Alkalifeldspat (Orthoklas, Mikroklin, Albit, 90–100% aller Feldspäte); Plagioklas (0–10% aller Feldspäte); Natriumfoide (überwiegend Nephelin, 10–60% des Foid-Feldspat-Volumens). Als Pyroxene treten Ägirin, Ägirinaugit und Augit auf; die Amphibole sind Kaersutit, Barkevikit, Arfvedsonit u. ä. Weit verbreitet sind auch Biotit, Sodalith, Nosean, Cancrinit, Haüyn, Zeolithe, Muskovit, Olivin und Natrolith. Die Akzessorien sind besonders vielfältig und beschränken sich nicht auf das Übliche. Außer Calcit, Titanit, Apatit, Erze, Zirkon tritt z. B. Fluorit auf sowie recht exotische Minerale wie Eudialyt ($Na_6Ca_3(Fe,Mn)_{<2}(Zr,Nb)_{<2}$ $[Ol_{0,5}|Si_3O_9|Si_9O_{25}(OH)_2]$) und Eukolit (seine Formel lautet ähnlich wie Eudialyt), Lamprophyllit ($Na_3Sr_2Ti_3[(O, OH,F)_2|Si_2O_7]_2$), Rinkit ($Na_2Ca(Ca,Ce)_4(Ti,Nb)[(F,O)_2|Si_2O_7]$), Aenigmatit ($Na_2Fe_5Ti[O_2|Si_6O_{18}]$), Manganpektolith ($(Mn,Ca)_2NaH[Si_3O_9]$), Ramsayit ($Na_2Ti_2[O_3|Si_2O_6]$), usw. Die Vielfalt der möglichen Mineralkombinationen hat wie bei allen Alkaligesteinen zu einer fast unüberschaubaren Anzahl von Gesteinsbe-

Lamprophyrischer Shonkinit. Makroskopisch erkennbar sind leistenförmige, schwarz glänzende Amphibolkristalle und fleischroter Kalifeldspat. Weiterhin befindet sich in den Zwikkeln ein mit dem bloßen Auge nicht auflösbares, feinkörniges, grünes Mineralgemenge, bei dem es sich wahrscheinlich um überwiegend Olivin handelt. Nephelin ist makroskopisch nicht erkennbar.
Inchnadamff, Loch Assynt, Argyllshire/Schottland; 6× 4 cm

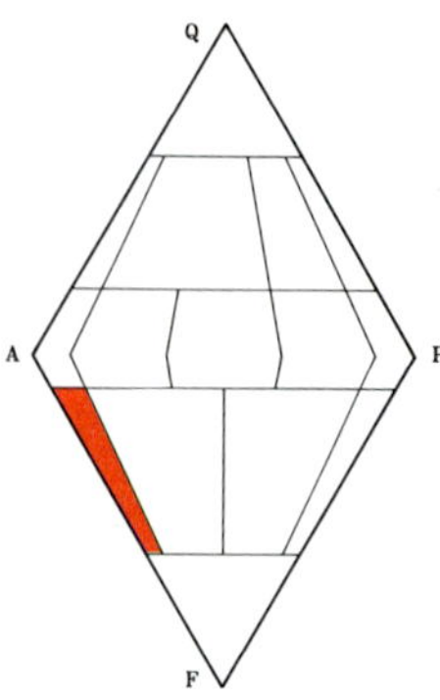

zeichnungen geführt, von denen viele nur aus sehr wenigen oder sogar z. T. nur aus einem einzigen Vorkommen bekannt sind. Etwa 40% aller Namen für magmatische Gesteine beziehen sich auf Alkaligesteine. Einige Bezeichnungen seien hier beispielhaft erwähnt. Übersteigt der Anteil dunkler Minerale 30 Vol.%, wird statt Nephelinsyenit die Bezeichnung Malignit benutzt. Bei über 60% ist Shonkinit zu verwenden. Foyait ist gebräuchlich für Orthoklas-betonten Nephelinsyenit. Juvit ist sehr ähnlich. Sodalithfoyait bezeichnet einen Orthoklasnephelinsyenit, in dem Sodalith und Nephelin in gleichen Mengen vorkommen. Khibinit ist ein Eudialyt-führender Orthoklasnephelinsyenit. Lujavrit ist ähnlich, aber mit mehr als 30% dunklen Gemengteilen. Litchfieldit ist ein heller Nephelinsyenit mit zwei Feldspäten, Orthoklas und Albit. Ein fast reiner Albitnephelinsyenit ist Mariupolit. Itsindrit ist ein Mikroklinnephelinsyenit. Ditroit ist ein Nephelinsyenit mit hohen Anteilen an Cancrinit und Sodalith. Särnait ist ein Cancrinitnephelinsyenit. Die Kombination Mikroklin + Albit führt zu dem Gestein Lakarpit. Die Gangäquivalente der Nephelinsyenite werden Tinguáit genannt (vergleiche auch S. 118); die homologen Ergußgesteine sind die Phonolithe.

Den Nephelinsyeniten stehen noch weitere, seltenere Gesteinsvarianten zur Seite, bei denen andere Foide überwiegen. So gibt es z. B. Sodalithsyenit, Haüynsyenit, Noseansyenit, Cancrinitsyenit, Analcimsyenit.

Unter den Alkaligesteinen werden z. T. die Kaligesteine, d. h. solche, in denen die Kaliumfoide wie Leucit vorherrschen, besonders hervorgehoben. Da Leucit aber nur in Ergußgesteinen stabil ist, sind plutonische Kaligesteine meist nur auf chemischem Wege abzugrenzen. Die oben erwähnten Varietäten Itsindrit, Mali-

o.: Shonkinit, die dunkle Varietät des Nephelinsyenits. r.: Angewitterte Fläche, 7× 10 cm; l.: frischer Bruch, 7× 10 cm. Deutlich zu erkennen in beiden Fällen sind die großen Einsprenglingskristalle von Nephelin, deren isometrischer hexagonaler Habitus zu typischen quadratischen bis rechteckigen Querschnitten und sechsseitig begrenzten Kopfschnitten auf der Bruchfläche führt. Die zunächst im frischen Zustand graubraunen Kristalle werden vom Rand her durch ein feinkörniges Zersetzungsprodukt verdrängt und erhalten stark angewittert schließlich ein milchig-weißes Aussehen. Ca. 35 Vol.% Pyroxen, 15 Vol.% Biotit und jeweils 1 Vol.% Erz und Sanidin befinden sich in der Grundmasse des Gesteins.
Katzenbuckel, Odenwald/BRD;

u. l.: Foyait, ein Orthoklas-betonter Nephelinsyenit. Das Aussehen des sehr hellen Gesteins wird durch die großen tafeligen Kalifeldspatkristalle geprägt. Die Zwickel werden von hell- bis mittelbraunen, glasig glänzenden, frischen Nephelinaggregaten ausgefüllt. Ferner ist Pyroxen (schwarz) erkennbar.
Monte Foia, Monchique/Portugal; 7× 10 cm

u. r.: Borolanit, ein Melanit-Nephelinsyenit. Früher wurde das Gestein Pseudoleucitsyenit genannt. In der Tat erinnern die Querschnitte der hellen Flecken an solche von Leucitkristallen. Sie bestehen jedoch aus porzellanweißem Kalifeldspat und hellbraunem, z. T. frischem Nephelin. 25% des Gesteinsvolumens besteht aus schwarzem Melanitgranat, der die dunkle Grundmasse des Gesteins prägt.
Loch Borolan, Sutherland/Schottland; 7× 10 cm

gnit und Shonkinit erfüllen die Kriterien für Kaligesteine.

Merkmale: Genauso vielfältig wie ihr Mineralgehalt sind die Nephelinsyenite auch in ihrem Aussehen. Es handelt sich in der Regel um hellgraue bis graue Gesteine, manchmal auch rosa oder grünlich gefärbt. Sie sind mittel- bis grobkörnig. Das Gefüge ist meist hypidiomorph-körnig, d. h., daß die relativ großen, tafeligen Alkalifeldspäte das Aussehen des Gesteins bestimmen. Die Begleitminerale füllen die Zwickel zwischen diesen Tafeln. Hieraus kann sich durchaus ein porphyrisches Gefüge mit einsprenglingsartigen Alkalifeldspäten entwickeln. Andererseits kann auch durch isometrisches Wachstum aller Bestandteile ein massiges, körniges Gefüge entstehen.

Laminierung und rhythmische Lagentextur durch Zusammensetzungswechsel wird nicht selten beobachtet. Durch Einregelung der Feldspattafeln entsteht gelegentlich ein Fließgefüge. Die Alkalifeldspäte sind überwiegend perthitisch, da sie bei der ursprünglichen Kristallisation meist als Mischkristalle intermediär zwischen Albit ($Na[AlSi_3O_8]$) und Kalifeldspat ($K[AlSi_3O_8]$) entstanden sind. Nephelin kann in beeindruckend schönen idiomorphen, hexagonalen Prismen vorkommen, bildet aber häufig nur eine Zwickelfüllung zwischen den anderen Kristallen. Nephelin ist grau, fettglänzend (Varietät Elaeolith, siehe unten) oder durch Hämatit rosa gefärbt. Eine sekundäre Umwandlung zu Zeolithen ist weit verbreitet. Cancrinit ist gelblich, Sodalith hingegen blaß- bis tiefblau. Dünne, dunkelgrüne, büschelig gruppierte Nädelchen sind meist Ägirin.

Entstehung: Nephelinsyenit entwickelt sich als kompliziertes Differentiat aus SiO_2-armen Gesteinsschmelzen. Er kommt hauptsächlich in kontinentalen Grabenzonen vor, meist außerhalb der Faltengebirge. Charakteristisch ist in vielen Fällen die Anlage von Ringintrusionen mit konzentrischem Auftreten von Teilintrusionen, bestehend aus Nephelinsyenit und anderen Alkaligesteinen.

Vorkommen: Es gibt eine ganze Reihe von gut untersuchten Alkaligesteinskomplexen in der Welt. Erwähnenswert sind z. B. die Vorkommen der alttertiären magmatischen Provinz Ostgrönlands, die präkambrischen Intrusiva von Südwest-Grönland, der Komplex von Khibina, Kola-Halbinsel/UdSSR sowie die Vorkommen in der Provinz Algarve/Portugal, in Telemark/Norwegen, Sutherland/Nordschottland und in den Transsylvanischen Alpen/Rumänien.

Name: Gelegentlich werden die Nephelinsyenite zu einer Großfamilie der sogenannten Elaeolithsyenite zusammengefaßt. Der Name Elaeolith = Fettstein wurde von WERNER im Jahr 1808 für eine fettglänzende Varietät aus Norwegen benutzt (griechisch *elaeon* = Öl). Nephelin dagegen leitet sich vom griechischen *nephelae* = Wolke ab.

Praktische Bedeutung: Eng verbunden mit Minerallagerstätten der seltenen Erden (Rubidium, Cäsium, Thorium, Uran usw.). Das Gestein selbst findet Verwendung als Sockel- und Denkmalstein und als Straßenbaustoff.

o. l.: Juvit, ein heller Nephelinsyenit, in dem der Kalifeldspat als Orthoklas vorliegt. Bemerkenswert ist ein feinkörniger Lamprophyrgang, der im angrenzenden Juvit einen hellen Auslaugungssaum erzeugt hat.
Insel Alnö/Schweden; 10 × 15 cm

o. r.: Nephelinsyenit. Die leistenförmigen Querschnitte der tafeligen Kalifeldspatkristalle bilden ein wirres Kartenhaus-Gefüge, dessen Zwickel mit grüngrauem Nephelin und schwarzem Pyroxen ausgefüllt sind. Polierte Platte (Handelsname »Green Tweed«).
Pilansberge/Rep. Südafrika; 7 × 10 cm

u.: Sodalith-Nephelinsyenit. Ein sehr schönes Gestein, das überwiegend aus Kalifeldspat (hell), Nephelin (bräunlich) und vor allem tiefblauem Sodalith besteht. Polierte Platte (Handelsbezeichnung: helle Varietät des »Azul Bahia«).
Itaju de Colonia, Bahia/Brasilien; 10 × 7 cm

Essexit

Mineralbestand: Entspricht Feld 13 im Streckeisen Q-A-P-F Doppeldreieck. Plagioklas (Andesin, Labradorit, 50–90% aller Feldspäte); Alkalifeldspat (perthitischer Orthoklas bzw. Mikroklin, 10–50% aller Feldspäte); Foide (meist Nephelin, 10–60% des Foid-Feldspat-Volumens). Als dunkles Gemengteil überwiegt Pyroxen (diopsidischer Augit, Titanaugit, Ägirinaugit). Vielfältige weitere Möglichkeiten: Alkaliamphibol (z. B. Barkevikit), Olivin, Biotit. Akzessorien: Titanit, Apatit, Titan-haltige Eisenminerale. Übersteigen die dunklen Gemengteile 60% des Gesteins, dann Mela-Essexit; bei weniger als 20%: Leuko-Essexit.
Merkmale: Mittel- bis dunkelgraues, fein- bis z. T. grobkörniges Gestein.
Vorkommen: U. a. Auvergne/Frankreich, Somma-Vesuv/Italien, Schweden, Grönland, Böhmisches Mittelgebirge, Kaiserstuhl.

Essexit
Rongstock, Böhmen/ČSSR; 3× 4 cm

Theralith

Mineralbestand: Entspricht Feld 14 des Streckeisen Q-A-P-F Doppeldreiecks. Plagioklas (Andesin, Labradorit, 90–100% aller Feldspäte); Alkalifeldspat (0–10% aller Feldspäte); Foide (meist Nephelin, 10–60% des Foid-Feldspat-Volumens). Wichtigstes dunkles Gemengteil ist Pyroxen (Augit). Weiterhin werden Olivin, Biotit und Alkaliamphibol beobachtet. Akzessorien: Apatit, Titanit, Erz. Die Präfixe Leuko- und Mela- werden bei einem Gehalt an dunklen Gemengteilen von kleiner als 30% bzw. größer als 70% angewandt.
Merkmale: Mit Essexit, Gabbro, Diorit vergleichbar. Mittel- bis dunkelgrau. Fein- bis z. T. grobkörnig.
Name: Nach der Kykladeninsel Thera.
Vorkommen: Insel Thera/Griechenland. Sonst verschiedene kleinere Vorkommen im Zusammenhang mit basischen Alkaligesteinen.

Grobkörniger Theralith
Picota/Portugal; 7× 10 cm

Foidolith

Mineralbestand: Entsprechend Streckeisenfeld 15: bei den Foidolithen übersteigt der Gehalt der Foide 60% des Foid-Feldspat-Volumens. Gelegentlich wird das Foidolithfeld auch erst bei mehr als 90% abgegrenzt. Zwischen 60% und 90% liegen dann die foyaitischen Foidolithe (wenn Plagioklas < Alkalifeldspat) oder die theralithischen Foidolithe (wenn Plagioklas > Alkalifeldspat). Viele Foidolithe sind fast Feldspat-frei. Das Gestein besteht dann nur aus Foiden und dunklen Gemengteilen, wobei hier Augit und Ägirinaugit vorherrschen (sonst etwas Biotit, Olivin). Eine Verallgemeinerung des Mineralbestands ist schwierig. Einige typische Beispiele sind wie folgt, wobei »M« den Volumenanteil der dunklen Gemengteile darstellt. Urtit besteht zu über 70% und manchmal fast 100% aus Nephelin (mit Plagioklas, Pyroxen, M = 0–30%). Das entsprechende Leucitgestein heißt Italit (M = 0–10%). Ijolith besteht aus Nephelin und 30–70% (= M) Pyroxen. Fergusit ist das entsprechende Leucit-Beispiel (M = 30–50%). Tawit ist ein Ijolith mit Sodalith statt Nephelin. Bei dem Nephelin-haltigen Melteigit ist M = 70–90%, wie auch bei dem Leucit-Gegenstück Missourit.
Merkmale: Sehr vielfältig. Große Unterschiede in der Ausbildung der beteiligten Minerale, in der Korngröße und im Gefüge. Hell bis dunkel, je nach Pyroxenanteil. Urtit z. B. ist hell, mittelkörnig, mit dunklen Augit-Einsprenglingen. Nephelin tritt oft idiomorph auf.
Vorkommen: In typischen Alkalimagmatit-Provinzen wie auf der Kola-Halbinsel/UdSSR, in Telemarken/Norwegen, Finnland usw.

l.: Melteigit, ein dunkler Nephelin-haltiger Foidolith. Insel Salskär/Schweden; 4× 6 cm
r.: Sodalith-Foidolith. Polierte Platte (Handelsname »African Blue«).
Kaokoveld/Namibia; 7× 10 cm

Pegmatit

Entstehung: Gesteinsschmelzen, besonders solche granitischer Zusammensetzung, können bis zu 10% Wasser lösen. Bei der Hauptkristallisationsphase der Plutone scheiden sich aber überwiegend wasserfreie Silikate wie Feldspat und Quarz aus, so daß die verbleibende Restschmelze bei der Auskristallisation immer reicher an H_2O werden muß. Auch andere leichtflüchtige Elemente, wie z. B. Fluor, Chlor und Bor, werden angereichert, die besonders im pneumatolytischen Stadium der magmatischen Abfolge (vgl. S. 254) eine wichtige Rolle spielen. Während das pegmatitische Stadium sich bei Temperaturen oberhalb 500° C abspielt, setzt das pneumatolytische Stadium erst zwischen 500° C und 400° C ein. Hauptunterschied ist, daß bei den Pegmatiten noch größere Mengen von Silikat auskristallisieren, während bei der Pneumatolyse nur noch eine wäßrige Lösung vorhanden ist. Die Pegmatite zeichnen sich besonders durch ihr charakteristisches Gefüge aus. Der Wasserreichtum dieser Restschmelzen führt zu günstigen Wachstumsbedingungen und zu sogenannter Keimauslese, ein Prozeß, bei dem das Wachstum nur von ganz bestimmten Mineralkeimen gefördert wird. So entstehen wenige, aber sehr große Einkristalle. Die Pegmatite sind deshalb grob- bis riesenkörnige Gesteine, bei denen die Gefügeeigenschaften sehr variabel sind. Es kommt außerdem zur Anreicherung von seltenen Elementen, wie z. B. Lithium, Beryllium, Bor, Niob, usw., in den Restschmelzen, so daß sich die Pegmatite zu wertvollen Lagerstätten hierfür entwickeln können. In nebenstehender Skizze sind für die Zusammensetzungen der Pegmatite zwei deutlich getrennte Bereiche auskartiert. Sie entsprechen einerseits den granitischen Plutoniten (Granit, Granodiorit) und andererseits den Nephelinsyeniten, obwohl natürlich keine genauen Grenzen festgesetzt werden können. Diese Häufigkeitsverteilung geht auf die Gesetzmäßigkeiten der Ausscheidungsabfolge in Gesteinsschmelzen zurück. Bei sogenannten SiO_2-gesättigten Gesteinen, also solchen, die im Q-A-P Dreieck nach Streckeisen liegen, wandert die überbleibende Restschmelze in ihrer Zusammensetzung immer auf einen Bereich zu, der bei Granit bis Alkalifeldspatgranit liegt. Dem gegenüber steuern die Restschmelzen der sogenannten SiO_2-untersättigten Gesteinsschmelzen, also solche im A-P-F Teildreieck, meist einem Nephelinsyenit zu. Es können auch bei der Migmatitbildung (vgl. S. 238) grob- bis riesenkörnige Neosome auftreten, die oft als Pegmatoide Metatekte bezeichnet werden. Hier fehlen allerdings die charakteristischen Lithium-, Beryllium- und Bor-Minerale der normalen Pegmatite.

Mineralbestand: Die Hauptbestandteile sind, abgesehen von ihrer Korngröße, nicht außergewöhnlich. Die granitischen Pegmatite führen

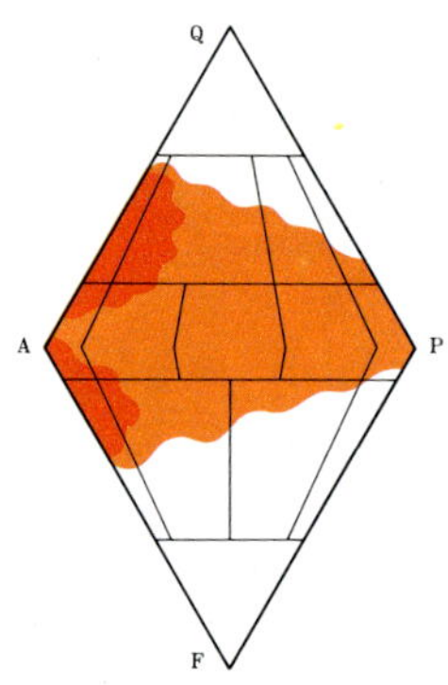

o. l.: Sonnenartige Turmalinaggregate in einer pegmatitischen Partie eines Granits.
Etemba/Namibia; 16× 24 cm

o. r.: Turmalingarben in Pegmatit. Rechts unten normaler Granit.
Aberdeen/Schottland; 12× 18 cm

u.: Pegmatit mit Muskovit, Feldspat, Quarz und Turmalin.
Eräjärvi/Finnland; 15× 10 cm

Quarz, Kalifeldspat (meist Mikroklin, fast immer mit perthitischer Entmischung von Albit), Albit, seltener Oligoklas in selbständigen Kristallen, Muskovit, Biotit. Daneben findet man seltenere Minerale, wie z. B. die Lithiumglimmer Lepidolith ($K(Li,Al)_{2-3}[(OH,F)_2|AlSi_3O_{10}]$) oder Zinnwaldit ($K(Li,Fe^{2+}Al)_3[(OH)_2|AlSi_3O_{10}]$), Topas ($Al_2[F_2|SiO_4]$), das Bor-haltige Silikat Turmalin, Beryll ($Al_2Be_3[Si_6O_{18}]$). In gewissen Pegmatiten werden eine ganze Reihe von weiteren Mineralen angetroffen, die gelegentlich in abbauwürdigen Mengen auftreten. Korund (in den Quarz-freien sogenannten Plumasitpegmatiten), Zinnstein, Pyrochlor ($(Na,Ca)_2(Nb,Ti,Ta)_2O_6(OH,F,O)$), Columbit ($(Fe,Mn)(Nb,Ta)_2O_6$), Uraninit ($UO_2$), Triphylin ($LiFe[PO_4]$) und verschiedene weitere Lithium-, Eisen- und Manganphosphate, Apatit, Amblygonit ($(Li,Na)Al[(F,OH)|PO_4]$), Monazit ($Ce[PO_4]$), Spessartin-reicher Granat, Zirkon, Gadolinit ($Y_2FeBe_2[O|SiO_4]_2$), Orthit, Kryolith (Na_3AlF_6), Fluorit.

Die nephelinsyenitischen Pegmatite führen Albit, perthitischen Mikroklin, Sodalith, Hackmanit (Schwefel-haltiger Sodalith), Natrolith, Ussingit ($Na_2[(OH)|AlSi_3O_8]$), Cancrinit, Ägirin, Eudialyt ($Na_6Ca_3(Fe,Mn)_{<2}(Zr,Nb)_{<2}[Cl_{0,5}|Si_3O_9|Si_9O_{25}(OH)_2]$), verschiedene weitere Zirkonsilikate, Titanit, Ramsayit ($Na_2Ti_2[O_3|Si_2O_6]$), Murmanit ($Na_2MnTi_3[O|Si_2O_7]_2 \cdot 8H_2O$), Lamprophyllit ($Na_3Sr_2Ti_3[(O,OH,F)_2|Si_2O_7]_2$), Minerale mit seltenen Erden wie Monazit, Steenstrupin ($Na_2Ce(Mn,Ta,Fe,Mg)H_2[(Si,P)O_4]_3$), Beryllium-führende Minerale wie Beryll, Chkalovit ($Na_2[BeSi_2O_6]$), und Niob-führende Minerale wie Pyrochlor ($(Na,Ca)_2(Nb,Ti,Ta)_2O_6(OH,F,O)$).

Merkmale: Helle, grob- bis riesenkörnige Gesteine. Das Aussehen wird durch die Summe der Erscheinungsbilder der einzelnen, makroskopisch klar erkennbaren Minerale geprägt. Quarz kann in Einzelkristallen von mehr als 1 m Länge und mehreren 100 kg Gewicht vorkommen. Auch die derben Quarzmassen bilden metergroße Aggregate. Sehr charakteristisch sind die orientierten Quarz-Feldspat-Verwachsungen, die als Schriftgranit (auch graphischer Pegmatit oder Runit) bezeichnet werden. Er besteht aus Mikroklin mit vielen regelmäßig eingelagerten Quarzpartikeln. Auf den Spaltflächen des Feldspats und auf den Schnittflächen erscheinen die Quarzpartikel wie runische Schriftzeichen. Mikroklin ist oft durch Hämatit rot gefärbt. Bleieinbau kann zu der grünen Varietät Amazonit führen. Hier ist dann die perthitische Entmischung von weißem Albit deutlich zu erkennen (vgl. S. 25). Auch Mikroklinkristalle können metergroß werden. In Colorado (USA) wurde ein Kristall von 25 000 m^3 gefunden. Die Glimmer bilden metergroße, paketartige Aggregate.

Die Formen der Pegmatitkörper sind sehr vielfältig, z. B. als Gänge, Lagergänge, Linsen, Schläuche, Stöcke und Kuppeln sowie als unregelmäßige Gebilde. Die Größe reicht von einigen Zentimetern Dicke und wenigen Metern Länge bis hin zu 700 m bzw. 14 km. Viele Pegmatite sind zoniert. Die granitischen Pegmatite z. B. können bei flach liegenden Körpern sehr oft in eine untere, Plagioklas-reiche »Halbschale«, eine Kernzone aus Quarz und Mikroklin und eine obere »Halbschale« mit Mikroklin, Plagioklas, Quarz gegliedert werden. Der sogenannte Schriftgranit tritt besonders in der oberen Halbschale auf. Andere Minerale, wie z. B. Glimmer, konzentrieren sich zwischen dem Kern und den Halbschalen. Wiederholtes Aufreißen dieser Körper und Eindringen neuer Schmelzen kann zu sehr kompliziertem Aufbau führen. Dem gegenüber sind viele kleine Pegmatite kaum gegliedert oder zoniert. Hohlräume, größere **Drusen** und kleinere **Miarolen** sind weit verbreitet und mit idiomorphen Kristallen verschiedener Art ausgekleidet.

o.: Lithium-Pegmatit mit violettfarbenem Lepidolithglimmer.
Varnträsk/Schweden; 15 × 10 cm

u.: Schriftgranit.
Iveland/Norwegen; 10 × 7 cm

Vorkommen: Weit verbreitet. Wichtige Vorkommen in Europa sind Lausitz, Erzgebirge, Vogtland, Mittelsächsisches Bergland (Granulitgebirge), Thüringer Wald, Harz, Fichtelgebirge, Oberpfalz, Hagendorf im Bayerischen Wald, Spessart, Odenwald, Schwarzwald, Vogesen, Bretagne, französisches Zentralmassiv, Spanien, Portugal, Pyrenäen, Cornwall/England, Süd- und Ostalpen, Karpathen/Rumänien, Skandinavien, Kola-Halbinsel, usw.

Name: Aus dem griechischen *pegma,* das Festgewordene, das Zusammenbefestigte, das Gerüst, das Gestell. Erst ab 1849 im heutigen Sinne im Gebrauch.

Praktische Bedeutung: Pegmatite sind wichtige Rohstoffe von großer wirtschaftlicher Bedeutung. Kalifeldspat wird für die Porzellanindustrie gewonnen. Glimmer dient als Kondensatorenmaterial in der Elektroindustrie. Reine, durchsichtige Quarze finden Verwendung für optische Zwecke. Neuerdings werden Glimmer und Quarz allerdings auch durch synthetische Produkte ersetzt. Aus Spodumen (Riesenkristalle bis 16 m) und Lepidolith sowie Zinnwaldit wird das technisch wichtige Leichtmetall Lithium gewonnen. Pegmatite liefern auch (siehe Mineralformeln oben) Beryllium, Uran, Thorium, Seltene Erden, Niob, Tantal, Zirkonium, Titan. Aus Pegmatitdrusen gewinnt man verschleifbares Material von Edelsteinqualität aus Beryll, Turmalin, Topas, Rosenquarz usw. (berühmte Fundorte in Minas Gerais/Brasilien, Madagaskar, Namibia).

l.: Pegmatoid mit Mikroklin und großen Granaten.
Järvenpäa/Finnland; 14 × 20 cm

r.: Nephelinsyenit-Pegmatit.
Langesundfjord/Norwegen; 14 × 20 cm

Aplit

Begriffserläuterung: Aplite sind ein Teil der sogenannten Ganggefolgschaft eines Plutons. Dabei handelt es sich um Gesteine, die dem Hauptpluton im Chemismus und Mineralbestand sehr ähnlich sein können, ihn durchsetzen und begleiten, aber sich im Gefüge deutlich von ihm unterscheiden. Ganggesteine können auch im Chemismus und Mineralbestand stark abweichen, aber dennoch durch zeitliche und räumliche Beziehungen einem Pluton zugeordnet werden. Man sagt dann, daß sie zu dem gleichen Stammagma gehören. Auch Pegmatite (vgl. S. 82) können zur Ganggefolgschaft eines Plutons gehören.

In der Regel zeigen Ganggesteine Gefüge, die ihrer Mittlerstellung zwischen Plutoniten und den Vulkaniten gerecht werden. Bei der Namengebung verbindet man zweckmäßigerweise dann die Bezeichnung des plutonischen Gesteins mit einem Ausdruck für das nicht plutonische Gefüge. So entstehen dann Namen wie Granitporphyr, wo z. B. Kalifeldspat-Einsprenglinge in einer kleinkörnigen bis dichten Grundmasse liegen und ein porphyrisches Gefüge bewirken. Offensichtlich sind hier alle Übergänge zwischen plutonitischem Gestein und dem Ganggestein Granitporphyr möglich. Solche Ganggesteine werden in diesem Buch nicht gesondert behandelt. Es gibt jedoch eine Klasse von äußerst feinkörnigen Ganggesteinen, deren Zuordnung makroskopisch schwierig ist. Dieses sind die hellen Aplite (siehe unten) und die dunklen Lamprophyre (vgl. S. 128).

Entstehung: Wie oben erwähnt, sind Aplite dem gleichen Stammagma zuzuordnen, welches den Pluton gebildet hat. Ihr feinkörniges Gefüge ist wohl auf die schnelle Abkühlung der klein dimensionierten Gänge zurückzuführen

Aplitgängchen in grobkörnigem Granit.
Karnataka/Indien; 7 × 10 cm

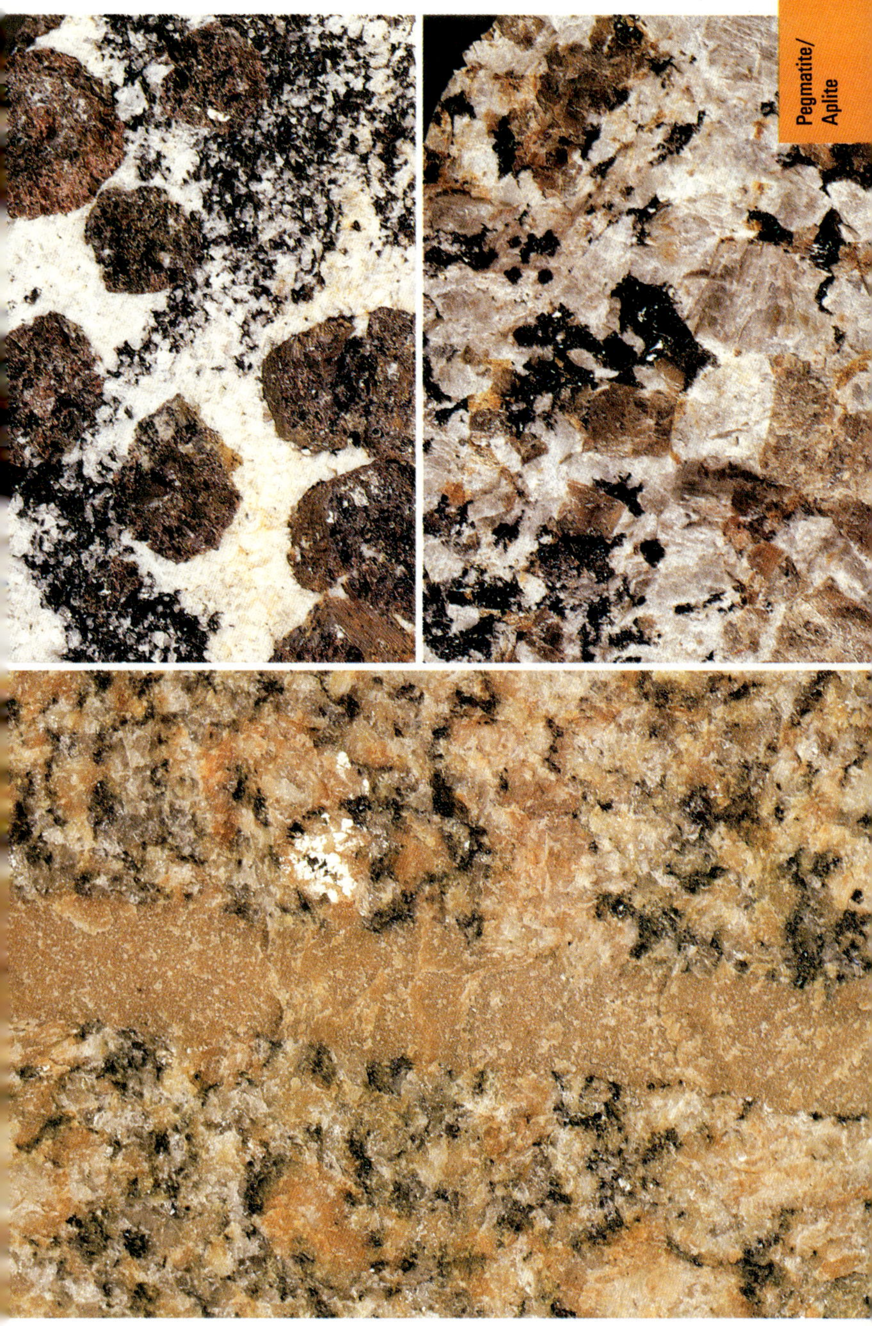

und, im Gegensatz zu den Pegmatiten, auf Mangel an wasserreicher Gasphase.

Mineralbestand: Aplite sind besonders arm an dunklen Gemengteilen, sei es Pyroxen (u. a. Augit), Hornblende oder Biotit. Bei granitischen, granodioritischen und syenitischen Apliten liegt der Gehalt dieser unter 5 Vol. %, bei Diorit-Apliten, Gabbro-Apliten und Theralith-Apliten unter 10%. Verallgemeinert kann gesagt werden, daß Aplite Quarz-reicher (bzw. Foid-ärmer) und ärmer an Magnesium und Eisen sind als die Plutone, mit denen sie auftreten. Es überwiegen dementsprechend die hellen Gemengteile des Streckeisen-Doppeldreiecks: Quarz, Alkalifeldspat, Plagioklas und Foide. Apatit, Zirkon und Titan-führender Magnetit sowie Ilmenit sind häufige Akzessorien. Von lokaler Bedeutung sind auch Muskovit, Turmalin, Dumortierit ($Al_7[O_3|BO_3|(SiO_4)_3]$), Rutil, pinitisierter Cordierit, Andalusit, Granat sowie bei Alkaliapliten Ägirin oder Alkaliamphibol. Der Plagioklas variiert von Oligoklas bis Labradorit; das Foid ist meist Nephelin, z.T. auch Sodalith; Alkalifeldspat ist Orthoklas oder Orthoklasperthit. Ist die mineralische Zusammensetzung des Aplits bekannt, können je nach Lage im Streckeisendiagramm Bezeichnungen wie Granit-Aplit, Monzonit-Aplit, Nephelinsyenit-Aplit usw. angewandt werden. Alsbachit ist ein Spezialname für einen Granodiorit-Aplit aus dem Odenwald, der ein plattig-schiefriges Deformationsgefüge aufweist.

Merkmale: Weißes, hell- bis dunkelgraues, gleichmäßiges, klein- bis feinkörniges, sogar dichtes Gestein, dessen Detailgefüge makroskopisch nicht erkennbar ist. Zum Teil ist das Gefüge eher als felsitisch zu bezeichnen, ein Fachausdruck, der sich auf Feldspat- und Quarz-reiche Gesteine bezieht und ein feinkörniges bis dichtes Gefüge ohne spezielle Gestaltmerkmale der Körner beschreibt. Örtliche Färbung durch Hämatit ist möglich. Auch hier sind natürlich Übergänge zu den porphyrischen Ganggesteinen vorhanden. Gelegentlich werden auch Begriffe wie »Mikrogranit« benutzt. Aplite treten oft massenhaft in Schwärmen von zentimeter- bis mehrere Meter breiten Gängen auf. Bevorzugt werden Dehnungsspalten oder andere tektonisch bedingte Schwächezonen im Pluton. Allerdings können Aplite auch in das Nebengestein vordringen oder ohne sichtlichen Zusammenhang mit einem solchen zu beobachten sein. Sie bilden auch die Randzonen vieler Pegmatite.

Vorkommen: Weltweit. Granitaplite kommen in allen Granitgebieten Europas vor. Syenitaplit u.ä. zum Beispiel im Böhmischen Mittelgebirge/ČSSR, im Oslo-Gebiet/Norwegen usw.

Name: Aus dem griechischen *haplos* = einfach abgeleitet. VON LEONHARD (1823) schreibt: »Ist das Korn derselben höchst fein, so haben sie nicht selten, für den ersten Blick, etwas Sandstein-ähnliches.«

Praktische Bedeutung: Bei größeren Vorkommen gelegentlich als Straßenbaustoff.

o. l.: Aplit mit der Zusammensetzung eines alkalischen Alkalifeldspatsyenits (Lestiwarit). Die dunklen Nädelchen sind Alkaliamphibol bzw. -pyroxen.
Kvelle Kirke, Oslo/Norwegen; 4 × 6 cm

o. r.: Kragerit, ein Rutil- und Ilmenit-reicher Plagioklasaplit (Rutil – rotbraun, Ilmenit – eisenschwarz).
Kragerö/Norwegen; 10 × 15 cm

u.: Epidotisierter Aplit in dioritischem Gestein.
Schweden; 8 × 5 cm

Obsidian

Mineralbestand/Chemismus: Frische Obsidiane sind glasig erstarrte Gesteinsschmelzen, die praktisch frei von Kristallausscheidungen auftreten. Gelegentlich sind färbende Eisenoxide zu beobachten. Der Chemismus entspricht im wesentlichen dem Alkalifeldspatrhyolith (Streckeisenfeld 2) und Rhyolith (Streckeisenfeld 3). Seltener sind Obsidiane mit einer Zusammensetzung ähnlich Alkalifeldspattrachyt (Feld 6) bzw. Trachyt (Feld 7).

Merkmale: Frische Obsidiane sind schwarze, kantendurchscheinende Gesteine mit muscheligem Bruch. Allerdings bleiben sie über geologische Zeiträume hinweg in dieser Form nicht erhalten und werden in ihrem Aussehen durch Wasseraufnahme und Entglasung (d. h. Kristallisation) stark verändert. Allgemein kann gesagt werden, daß Gesteinsgläser (in welcher Form auch immer) älter als 225 Mio. Jahre (also paläozoisch und präkambrisch) so gut wie unbekannt sind. Frische Obsidiane enthalten weniger als 3–4 Gew.% Wasser, sonst würden sie bei ihrer Bildung zu Bimsstein aufgeschäumt werden. Gealterte Obsidiane, die mehr als 4% Wasser enthalten, werden Pechstein genannt. Sie sind fettglänzend und vorwiegend dunkelbraun bis dunkelgrün, aber rote und rotbraune Farbtöne sind nicht selten. Auffallend ist die Perlitstruktur, bei der gekrümmte Schrumpfungsrisse den Zerfall des Gesteins in millimeter- bis zentimetergroße Kügelchen und Scherben verursachen (z. B. Perlit oder Kugelpechstein). Ausgehend von diesen Schrumpfungsrissen und winzigen Blasenhohlräumen setzt dann die Entglasung ein. Sie beginnt mit der Bildung mikroskopischer Kristalle von Quarz, Cristobalit und Feldspat. Die makroskopisch sichtbaren weißen Punkte sind sogenannte Sphärolithe, d. h. radialfaserig angeordnete Kristallitverwachsungen.

Entstehung: Die Bildung von Gläsern aus Schmelzen setzt eine gewisse Zähflüssigkeit voraus, die besonders bei den SiO_2-reichen Rhyolithen gegeben ist. Basaltische Schmelzen sind wesentlich weniger viskos und bilden dementsprechend selten glasige Gesteine. Gelegentlich können Obsidiane auch in Ganggesteinen am sog. Salband (Kontakt zum Wirtsgestein) entstehen, wo die Schmelze rasch abgekühlt wurde.

Vorkommen: Häufig in den rezenten Lavaergüssen des Ätnas und auf den vulkanischen Inseln des Mittelmeeres (Lipari, Pantelleria), im Golf von Neapel (Phlegräische Felder, Insel Ischia, Procida); Tokajer Berg/Ungarn, Triebischtal bei Meißen/DDR, Teneriffa u. a.

Name: Nach einem Römer *Obsius* genannt, der dieses Gestein zuerst aus Äthiopien mitgebracht haben soll. Durch irrtümliche Schreibweise entstand daraus die Bezeichnung Obsidian.

Praktische Bedeutung: Siehe Rhyolith (S. 92).

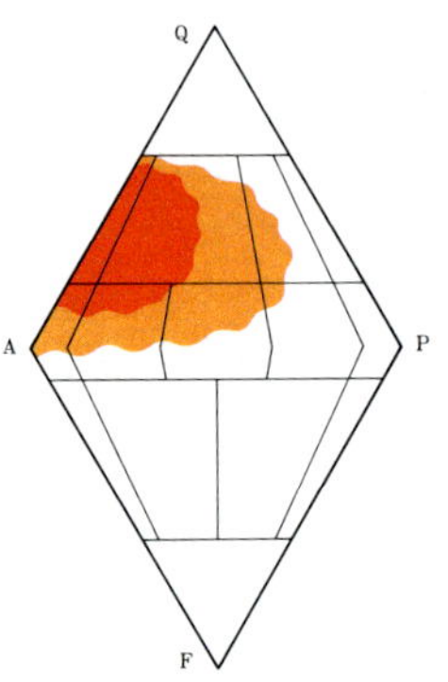

o. l.: Beginnende Entglasung in Form von kugeligen Sphärolithen in schwarzem Obsidian. Lipari/Italien; 10× 15 cm

o. r.: Frischer Obsidian mit typisch muscheligem Bruch und roten Innenreflexen (Bildmitte rechts).

Lipari/Italien; 10× 15 cm

u. l.: Augenobsidian. Endstadium der Entglasung.

Guidal de Juares/Mexiko; 7× 10 cm

u. r.: Kugelpechstein.

Spechthausen, Sachsen/DDR; 10× 15 cm

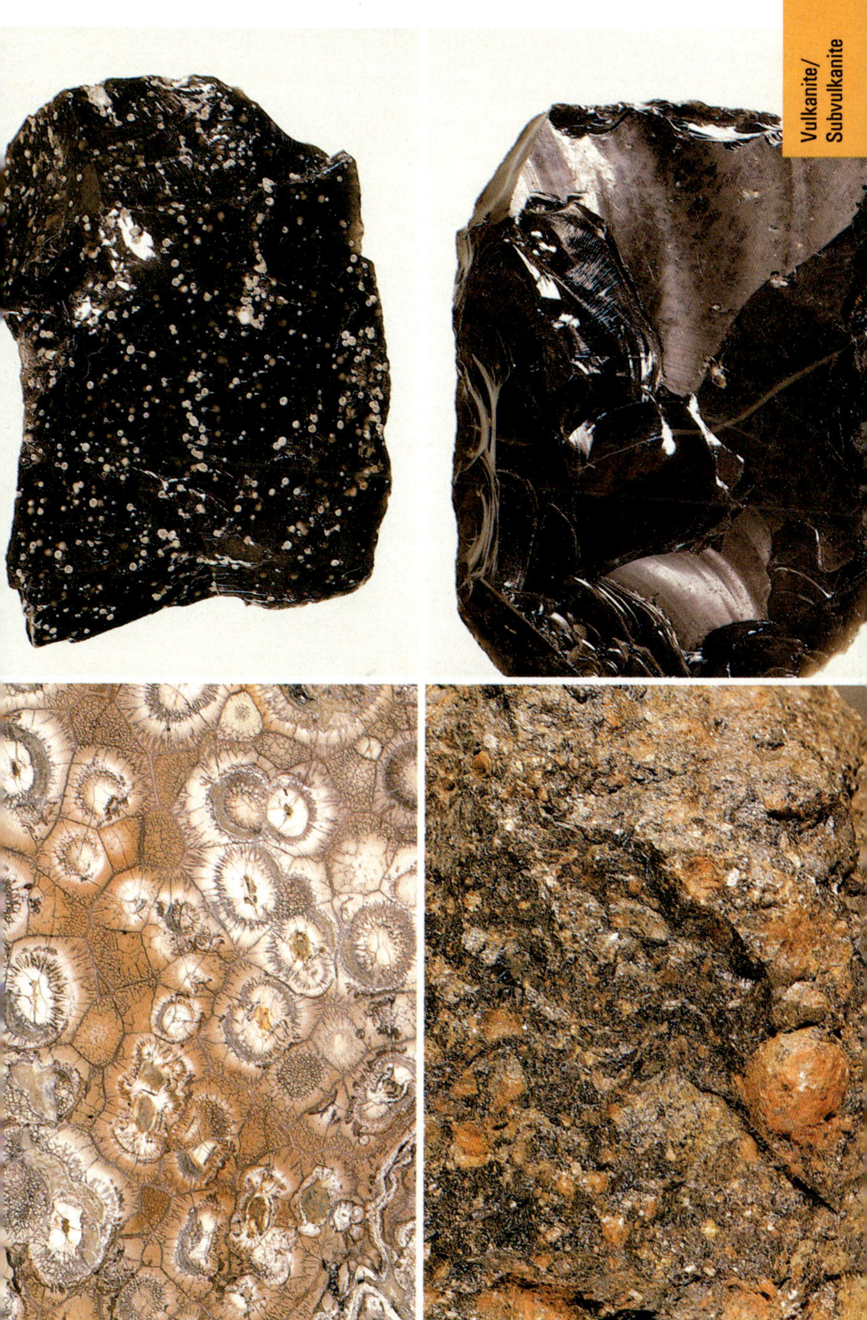

Rhyolith (Liparit)

Mineralbestand/Chemismus: Nach der Streckeisenklassifikation werden Rhyolithe als Ergußäquivalent der Granite definiert, d. h. Quarz (z. T. Tridymit, Cristobalit möglich, 20–60% des Quarz-Feldspat-Volumens), Alkalifeldspat (Sanidin, 35–90% aller Feldspäte), Plagioklas (Oligoklas, Andesin, 10–65% aller Feldspäte). Da Rhyolithe aber beträchtliche Glasanteile führen können, ist die genaue Klassifizierung nach mineralogischen Gesichtspunkten nicht immer möglich. Häufige dunkle Minerale sind Biotit, Hornblende, Augit, manchmal auch Orthopyroxen (Hypersthen). Ferner werden Almandin-reiche Granate, Cordierit und Eisen-reicher Olivin beobachtet. Akzessorien: Magnetit, Hämatit (oft weit verbreitet als Pigment), Zirkon, Apatit, Titanit. Im deutschen Sprachgebrauch werden »junge« vulkanische Gesteine traditionell von »alten« (permisch oder älter) »Paläovulkaniten« systematisch unterschieden. Die paläovulkanischen Rhyolithe werden als Quarzporphyre bezeichnet. Liparit ist in der deutschsprachigen Literatur bevorzugtes Synonym für Rhyolith. Rhyodacite sind Plagioklas-reiche Rhyolithe.

Merkmale: Meist ein sehr helles, dicht- bis feinkörniges Gestein. Mit zunehmendem Glasanteil wird das Gestein dunkler und geht in Obsidian über. Durch pigmentierende Minerale wie Hämatit, Goethit und Chlorit können durchaus rötliche, violette, grünliche und bräunliche Farben auftreten (besonders Quarzporphyr). Das Gefüge ist äußerst variabel. Bei hohen Glasanteilen treten perlitische und sphärolithische Erscheinungen wie bei Obsidian auf (vgl. S. 90). Bimssteine sind seidig glänzende, blasig-schaumige Varietäten. Fließtexturen, die turbulente Strömungen andeuten, sind häufig.

Besonders auffallend ist das porphyrische Gefüge, wobei die Einsprenglinge 45 Vol.% erreichen können. Quarz tritt oft in der Form des »Dihexaeders« des Hochquarzes auf. Sanidin, Plagioklas, Biotit und Hornblende sind weitere Einsprenglingsarten.

Vorkommen: In großen Mengen in Ungarn, Rumänien, Äthiopien usw. Auch auf den Inseln des Mittelmeeres (z. B. Lipari, Sardinien), in der Toskana.

Name: Aus dem griechischen *rheos* = Fluß und *lithos* = Stein. Der Name Porphyr leitet sich aus dem griechischen *porphyreos* = purpurfarbig ab.

Praktische Bedeutung: Rhyolith/Obsidian: Aus erhitztem Perlit kann ein ausgezeichneter schall- und wärmedämmender Leichtbaustoff gewonnen werden. Bimssteine werden bei der chemischen Reinigung verwendet und auch zur Filtrierung und als weiches Schleifmittel benutzt. Obsidian wurde in der Aztekenkultur von Mexiko (Jungsteinzeit) zu Messern und Pfeilspitzen verarbeitet. Kunstwerkstoff.

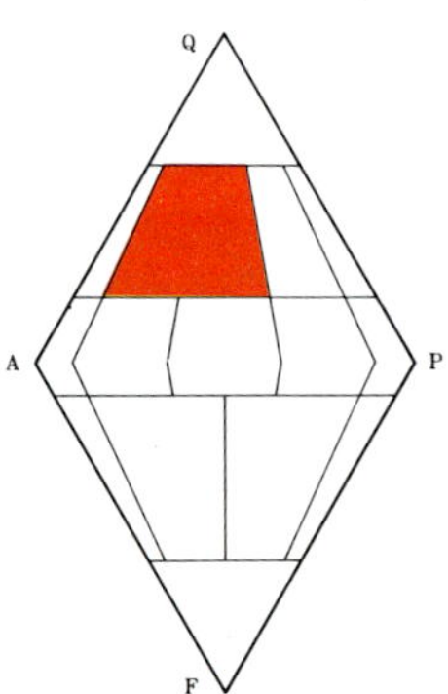

o. l.: Rhyolith. Stark porös mit kaolinitisierten weißen Feldspäten in einer roten Grundmasse mit Fluidalstruktur.
Nova Bana/ČSSR; 7 × 10 cm

o. r.: Frischer Rhyolith.
Hlinik/Ungarn; 4 × 6 cm

u. l.: Rhyolith mit Quarz (hier dunkel erscheinend) und porzellanweißen, kaolinitisierten Feldspäten.
Holmestrand/Norwegen; 4 × 6 cm

u. r.: Rot oxidierter Rhyolith mit Feldspat- und Quarz-Einsprenglingen (»Quarzporphyr«).
Côte d'Azur/Frankreich; 4 × 6 cm

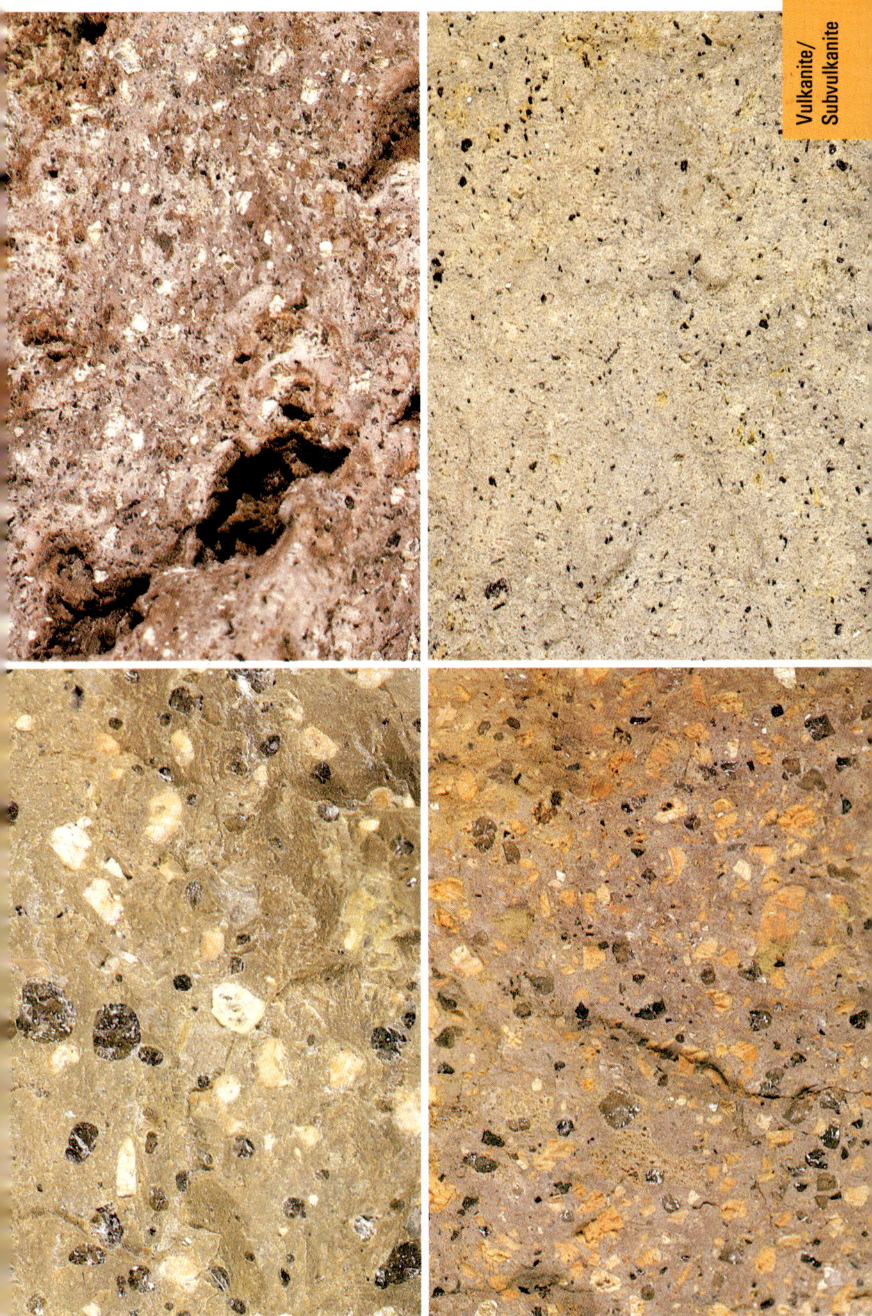

Dacit

Mineralbestand/Chemismus: Nach der Streckeisenklassifikation werden Dacite als Ergußäquivalent des Granodiorits definiert, mit Quarz (20–60% des Quarz-Feldspat-Volumens), Plagioklas (Andesin, Labradorit, 65–90% aller Feldspäte), Alkalifeldspat (Sanidin, 10–35% aller Feldspäte). Bedingt durch die Feinkörnigkeit der Gesteine und die häufig auftretenden Glasanteile kann das Feld der Dacite nach makroskopischen mineralogischen Kriterien nicht immer exakt abgegrenzt werden. Häufige dunkle Minerale sind Biotit, Hornblende, Augit, manchmal auch Orthopyroxen (Hypersthen). Ferner werden Almandin-reicher Granat, Cordierit und Eisen-reicher Olivin beobachtet. Akzessorien: Magnetit, Hämatit (oft weit verbreitet als Pigment), Zirkon, Apatit, Titanit. Im deutschen Sprachgebrauch werden »junge« vulkanische Gesteine traditionell von »alten«, d.h. permisch oder älter, »Paläovulkaniten« systematisch getrennt. Die paläovulkanischen Dacite werden als »Porphyrit« bezeichnet, besonders wenn sie Plagioklas-Einsprenglinge führen. Der Unterschied liegt darin, daß in den älteren Gesteinen die Glasanteile durch Umkristallisation nicht mehr vorhanden und die Biotite und Plagioklase stark angegriffen sind. Zu beachten ist, daß die sekundären Umwandlungen der Paläovulkanite es oft sehr schwer machen, das Originalgestein exakt zu bestimmen. Demzufolge ist in der Vergangenheit der Begriff Porphyrit des öfteren für Gesteine verwendet worden, bei denen es sich ursprünglich auch um Andesit, Latitandesit oder Latit handelte.

Merkmale: Im Gegensatz zu den Rhyolithen ein eher mittelgraues Gestein. Allerdings kann auch hier sekundäre Verfärbung mit Hämatit, Goethit und Chlorit das Gestein rötlich, violett, grünlich oder bräunlich gestalten. Das Gefüge ist variabel, aber generell sind Dacite Einsprenglings-reicher als Rhyolithe und weisen geringere Glasanteile auf. Bei Daciten sind fast immer Einsprenglinge von Plagioklas vorhanden, aber auch Biotit und Hornblende sind nicht selten. Die Grundmasse ist dicht bis feinkörnig, gelegentlich mit poröser, blasiger Textur. Dacite und auch Rhyolithe bilden in der Regel aufgrund der Zähflüssigkeit ihrer Magmen nur kurze, dicke Lavaströme mit steilen Außenrändern. Rhyolithische und dacitische Laven bilden auch Stau- oder Quellkuppen im Lavaschlot nahe der Oberfläche und werden dann allmählich ins Freie geschoben. Zuweilen ragen auch bizarre Lavanadeln ähnlichen Ursprungs aus solchen Schloten heraus.

Vorkommen: Kommt besonders häufig in Siebenbürgen vor. Weit verbreitet ist Dacit auch in den Anden Südamerikas, auf den Karibischen Inseln, am Puy de Dôme/Frankreich und in Sardinien.

Name: Benannt nach der römischen Provinz *Dacia,* welche das jetzige Siebenbürgen umfaßte. Der Name Porphyr leitet sich aus dem griechischen *porphyreos* = purpurfarbig ab.

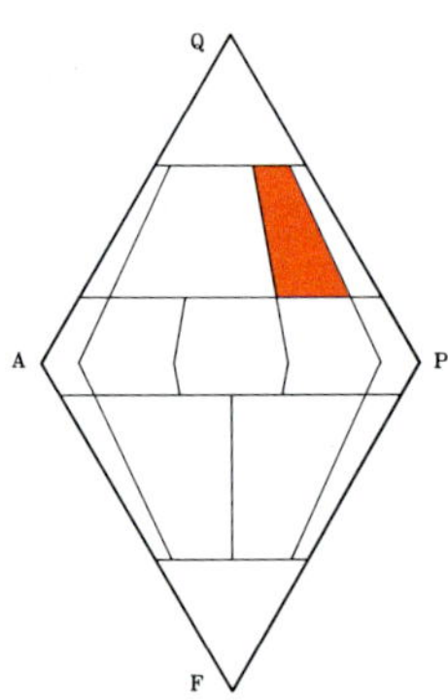

o.: Dacit mit Einsprenglingen von hellem Plagioklas und schwarzer Hornblende.
Raška/Jugoslawien; 12× 8 cm

u.: Dacit oder Andesit mit Einsprenglingen von hellem Plagioklas und schwarzem Klinopyroxen. Deutliche, durch Feldspat geprägte Fluidalstruktur.
Paso delle Selle/Oberitalien; 10× 7 cm

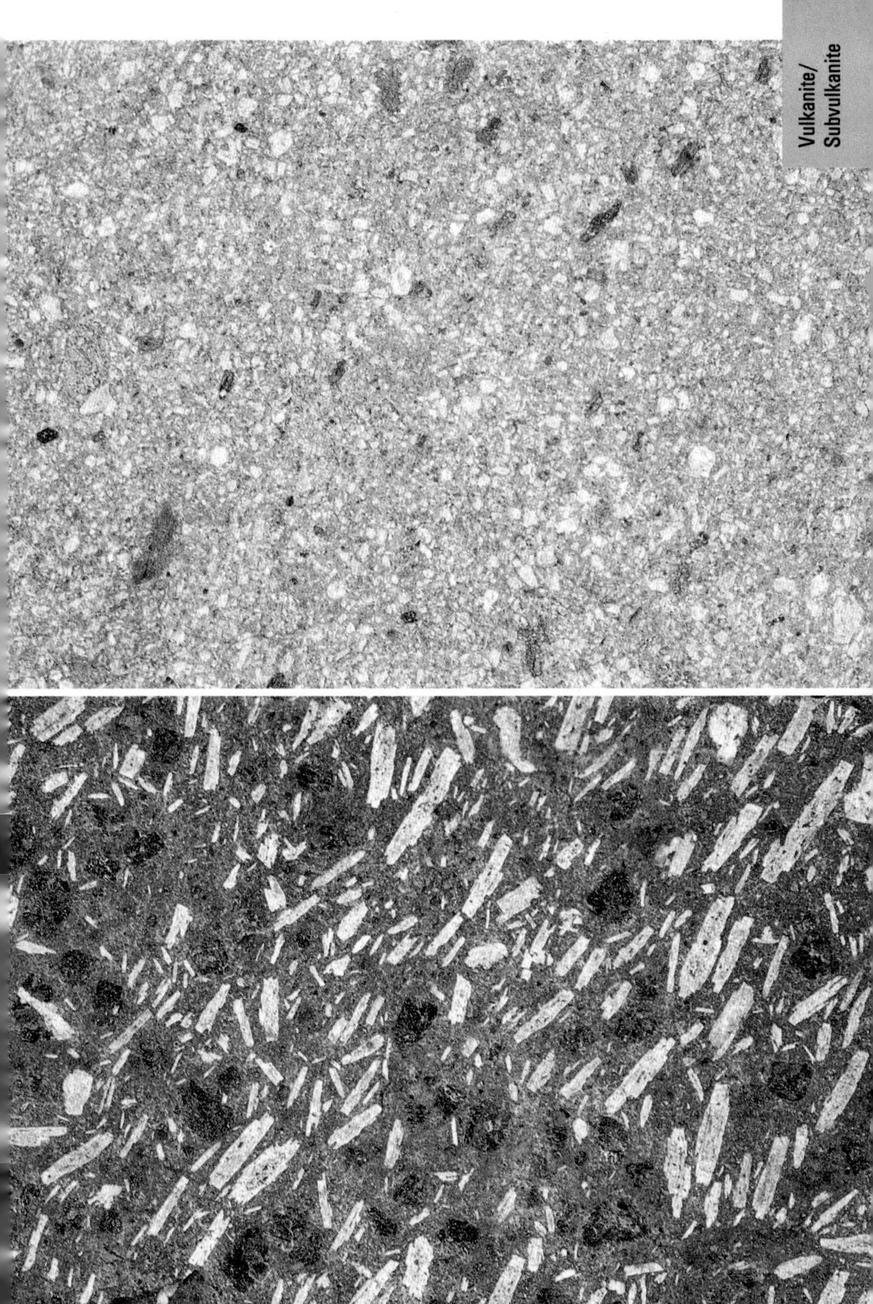

Alkalifeldspattrachyt/Trachyt

Mineralbestand/Chemismus: Nach der Streckeisenklassifikation sind diese Gesteine die Ergußäquivalente der Alkalifeldspatsyenite und Syenite. Leider wird in der Literatur zum Teil der Begriff Alkalitrachyt auch als gleichbedeutend mit Alkali(feldspat)trachyt verwendet (s. S. 112). Alkalifeldspat (Sanidin, Orthoklas, 65–100% aller Felspäte); Plagioklas (Oligoklas, Andesin 0–35% aller Feldspäte); Quarz (z. B. Cristobalit, Tridymit, 0–5% des Quarz-Feldspat-Volumens). Bei Quarzgehalt zwischen 5% und 20%: Quarztrachyt; ohne Quarz und mit bis zu 10% Foiden: Foid-führender Trachyt. Die wichtigsten dunklen Gemengteile sind Augit, Hornblende, Biotit und selten Eisenolivin. Akzessorien: Titanit, Zirkon, Ilmenit, Magnetit. Gelegentlich Glas-führend. Der Übergang zu Alkalitrachyt (vgl. S. 112), mit Alkalipyroxen und/oder Alkaliamphibol, ist fließend. Alkalifeldspattrachyt (Streckeisenfeld 6) unterscheidet sich von Trachyt (Feld 7) im wesentlichen nur durch den geringeren Plagioklas-Gehalt, der makroskopisch kaum wahrnehmbar ist. Im deutschen Sprachgebrauch wurden früher »junge« vulkanische Gesteine von »alten«, d. h. permisch oder älter, »Paläovulkaniten« systematisch getrennt. Die paläovulkanischen Trachyte wurden Orthoporphyr oder Orthophyr genannt (Orthophyr = Abkürzung für Orthoklasporphyr). Der Name bezieht sich offensichtlich auf die typischen Kalifeldspat-Einsprenglinge. Der Unterschied zwischen »jungen« und »alten« Vulkaniten besteht darin, daß in den alten Gesteinen bereits sekundäre Umwandlungen der primären Minerale zu Chlorit, Epidot, Hämatit, Calcit, usw. stattgefunden haben, die das Aussehen des Gesteins verändern. Siehe auch Ciminit (S. 100).

Merkmale: Helle Farben (weiß bis hellgrau) sind typisch. Gelbliche, grünliche oder rötliche Farben treten bei ausgeprägter sekundärer Umwandlung in den Orthophyren auf. Ein charakteristisches Merkmal ist die Rauhigkeit von Bruchflächen und -kanten der Gesteine, die auf ihre feine Porosität zurückzuführen ist. Typisch ist auch die porphyrische Struktur, mit großen, tafeligen Einsprenglingen von Alkalifeldspäten (oft mit schönen Karlsbader Zwillingen), z. T. mit Kernen aus Plagioklas. Auch Hornblende, Augit und Biotit können als Einsprenglinge auftreten. Die Grundmasse ist meist dicht, z. T. glasig. Sie besteht in der Regel aus dicht zusammengepreßten, winzigen Alkalifeldspatleisten, die die größeren Einsprenglinge »umfließen«. Daraus entsteht eine fluidale Einregelung, die ganz allgemein als »trachytische Struktur« bezeichnet wird. Gelegentlich bilden trachytische Schmelzen auch Obsidian (vgl. S. 90) und porösen Bimsstein wie bei Rhyolith (vgl. S. 92).

Vorkommen: Trachytische und alkalitrachytische (vgl. S. 112) Ergußgesteine kommen u. a. vor im Siebengebirge (Drachenfels), Westerwald, im Böhmischen Mittelgebirge/ČSSR; Ungarn, Auvergne in Zentral-Frankreich, Insel Ischia, Phlegräische Felder bei Neapel, Sardinien, Kanarische Inseln, Azoren.

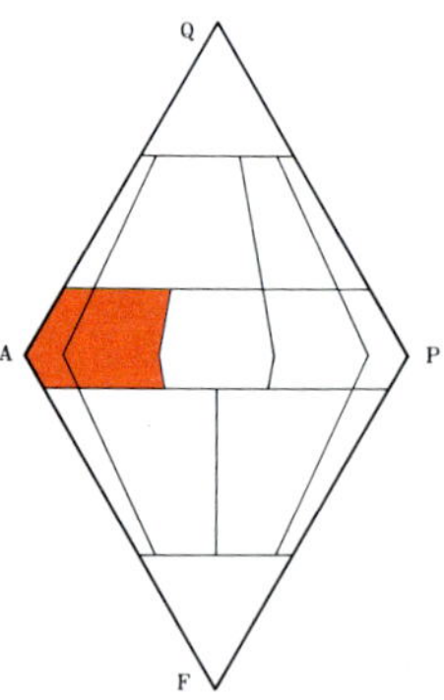

Klassischer Trachyt mit sehr schönen Sanidinkristallen.
Drachenfels, Siebengebirge/BRD; 8 × 12 cm

Latit

Mineralbestand/Chemismus: Nach der Streckeisenklassifikation sind Latite die Ergußäquivalente der Monzonite, mit Alkalifeldspat (Sanidin, ternärer Feldspat, 35–65% aller Feldspäte); Plagioklas (Oligoklas, Andesin, selten Labradorit, 35–65% aller Feldspäte); Quarz (0–5% des Quarz-Feldspat-Volumens). Bei Quarzgehalten zwischen 5% und 20%: Quarzlatit; ohne Quarz, mit bis zu 10% Foiden: Foid-führender Latit. Die üblichen dunklen Gemengteile sind hellgrüner diopsidischer Augit, selten etwas Orthopyroxen, Biotit, Hornblende, Olivin. Akzessorien: Titanomagnetit, Apatit, Titanit, Zirkon usw. Bei älteren Latiten wird die Bildung von sekundärem Chlorit, Epidot, Calcit, Hämatit, usw. beobachtet. Da in diesen Gesteinen Plagioklase als Einsprenglinge überwiegen, wurden solche »Paläovulkanite« früher auch Porphyrit genannt. Gelegentlich Glas-führend. Die oft benutzten älteren Namen Trachyandesit und Trachybasalt sind nach der Streckeisenklassifikation z. T. Latit gleichzusetzen. Gauteit ist ein helles, porphyrisches Ganggestein der Monzonit/Latit-Zusammensetzung mit feinkörniger Grundmasse, in der oft radialstrahlige, feinfilzige Feldspataggregate zu erkennen sind. Die Farbe ist oft gelblich, bedingt durch sekundäre Umwandlungen. Shoshonit ist ein Olivin-reicher Augitlatit.

Merkmale: Es sei hier wiederum betont, daß die Klassifikation von Ergußgesteinen aufgrund ihrer generellen Feinkörnigkeit ohne flankierende Untersuchung von Gesteinsdünnschliffen oder chemischen Analysen ein sehr schwieriges Unterfangen ist. Man stützt sich z. B. bei der normalerweise porphyrischen Struktur dieser Gesteine auf die erkennbaren Einsprenglinge. Diese sind bei Latit überwiegend Plagioklas, während bei den äußerlich sehr ähnlichen Trachyten die Einsprenglinge überwiegend aus Alkalifeldspäten bestehen. Die Unterscheidung von anderen »Porphyriten«, wie z. B. Latitbasalten, Latitandesiten oder Andesiten, die auch Einsprenglinge aus Plagioklas führen, kann makroskopisch unmöglich sein. Bei Latiten treten Alkalifeldspäte als Einsprenglinge nur untergeordnet auf und zeigen dann oft korrodierte Kristallbegrenzungen. Auch Biotit, Hornblende und Augit können Einsprenglinge bilden. Olivin-Einsprenglinge kommen nur in den dunklen Varietäten vor. Die Farbe ist generell hell bis grau, z. T. rosa, grünlich oder bräunlich bei den »Paläovulkaniten«. Die Grundmasse kann ein »trachytisches« (vgl. S. 96) oder auch regellos gleichkörniges Gefüge aufweisen. Der in Latiten erhebliche Alkalifeldspatanteil liegt meist in dieser Grundmasse verborgen. Mitunter glasige Grundmasse.

Vorkommen: Das Gestein ist nicht sehr weit verbreitet. Es kommt z. B. vor am Puy de Dome, Auvergne/Frankreich, im Böhmischen Mittelgebirge, im Siebengebirge, auf den Kanarischen Inseln, den Azoren und in Tolfa, Latium/Italien.

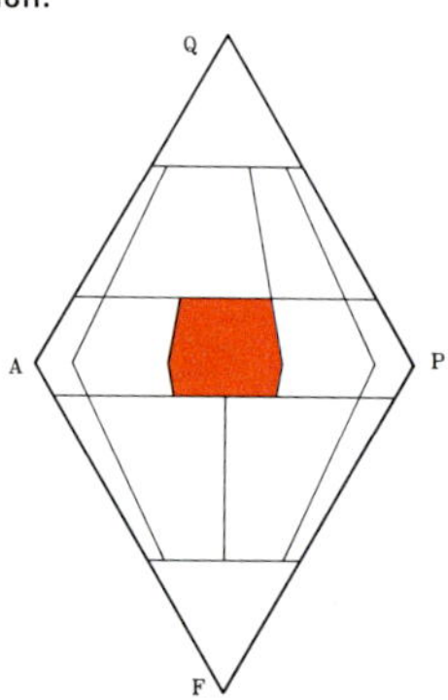

o.: Quarzlatit mit großen Sanidin-Einsprenglingen und schwarzer idiomorpher Hornblende.
l.: Frische graue Bruchfläche. (5 × 8 cm)
r.: Angewitterte Fläche. (5 × 8 cm)
Zevečan/Jugoslawien
u.: Latit Varietät Gauteit. Feinkörnige, gelbliche, feinfilzige Grundmasse mit unregelmäßigen, hellen Plagioklasaggregaten und idiomorphen Amphibolkristallen.
Kahlenberg b. Jakuben, Böhmen/ČSSR; 4 × 3 cm

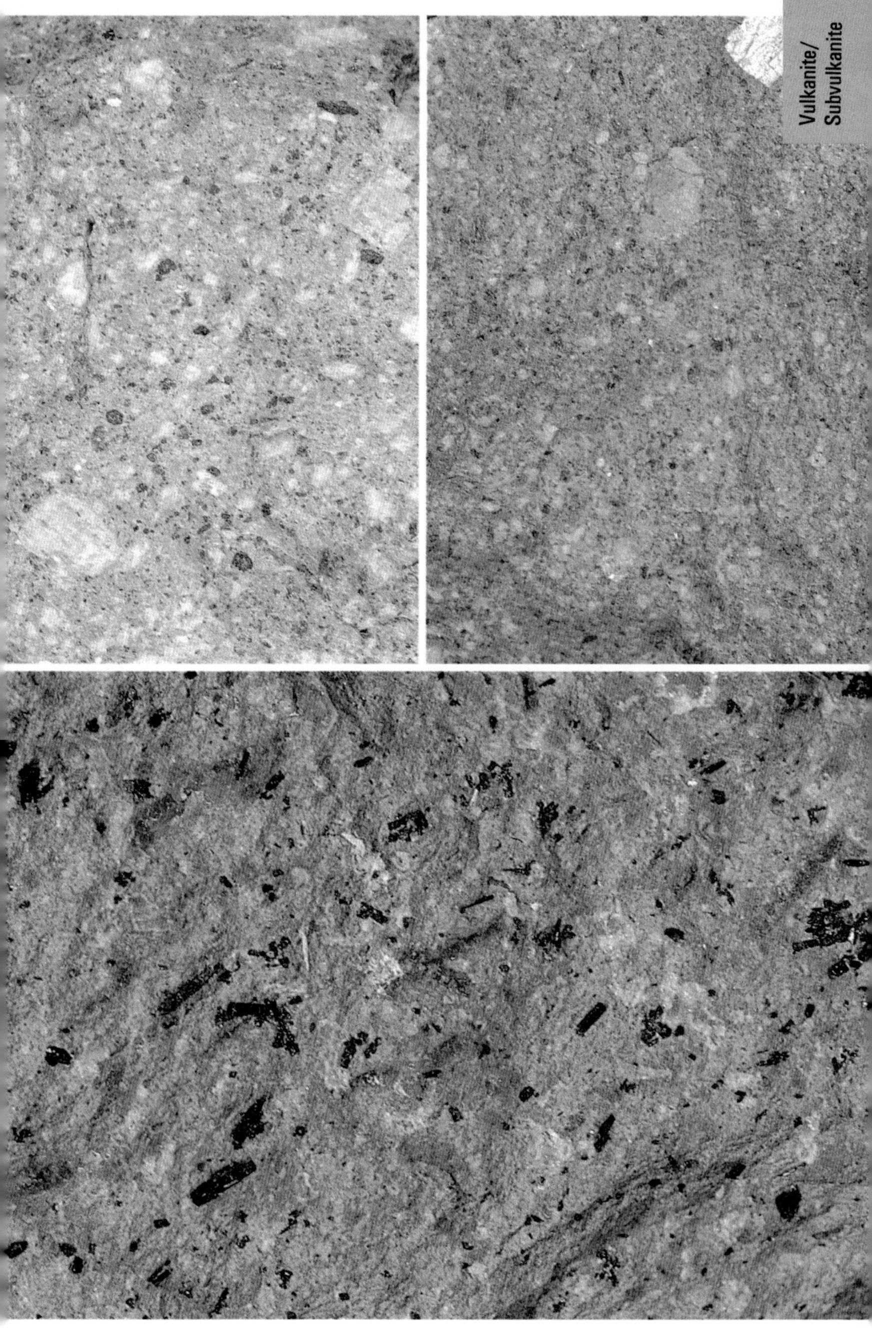

Latitandesit

Mineralbestand/Chemismus: Nach der Streckeisenklassifikation sind Latitandesite als Ergußäquivalente von Monzodiorit definiert, mit Plagioklas (oft zonierte Kristalle mit Kernen von Labradorit und Bytownit, nach außen hin sich bis Oligoklas ändernd, 65–90% aller Feldspäte); Alkalifeldspat (Orthoklas, ternärer Feldspat, 10–35% aller Feldspäte); Quarz (0–5% des Quarz-Feldspat-Volumens); bei Quarzgehalt zwischen 5% und 20%: Quarz-Latitandesit; ohne Quarz, bis 10% Foide: Foid-führender Latitandesit. Dunkle Gemengteile sind Augit und Orthopyroxen, Hornblende, Biotit, selten Olivin. Akzessorien: Titan-haltige Magnetite, z.T. Hämatit. Übersteigt der Gehalt an dunklen Gemengteilen 35–40%, so ist das Gestein als Latitbasalt zu bezeichnen. Der ältere Gesteinsname »Trachyandesit« ist in etwa mit Latit bzw. Latitandesit gleichzusetzen. Mugearit ist ein etwas problematisches Olivin-reiches Gestein mit Oligoklas, das nach dieser Abgrenzung hauptsächlich als Latitandesit zu bezeichnen wäre.

Merkmale: In Aussehen und Vorkommen vergleichbar mit Andesit (vgl. S. 102). Hauptsächlicher Unterschied ist der höhere Gehalt an Alkalifeldspat und Biotit im Latitandesit.

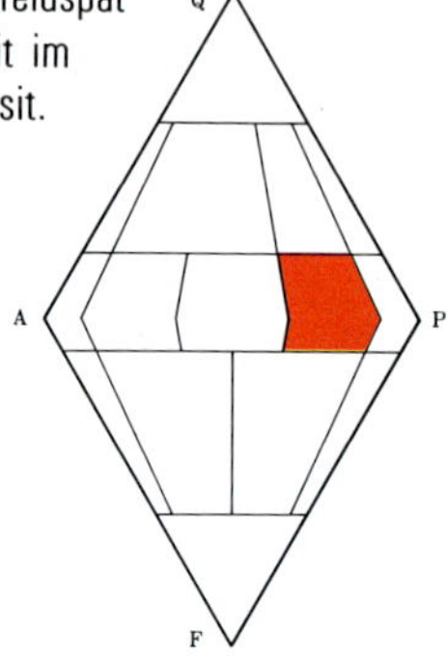

Latitandesit mit Sanidin und angewittertem Amphibol.
Selters, Westerwald/BRD; 10 × 7 cm

Ciminit

Klassifikation: Ciminit ist ein recht seltenes Gestein, das aufgrund seiner räumlichen Vergesellschaftung mit »Trachybasalten« (= Latit oder Latitbasalt nach Streckeisen) auch als »Orthoklas-reicher Trachybasalt« bezeichnet wurde. Tatsächlich fällt das Gestein bei der Streckeisenklassifikation in das Feld 7 des Trachyts. Es ist ein basischer Olivin-Trachyt.

Merkmale: Ciminit ist ein helles porphyrisches, z.T. poröses Ergußgestein, mit Einsprenglingen von Plagioklas (Labradorit, mit Rändern aus Orthoklas), Olivin und Augit in einer feinkörnigen Grundmasse, die hauptsächlich aus Sanidin besteht und ein fluidalgeregeltes trachytisches Gefüge aufweist. Erz und Apatit sind Akzessorien.

Name: Benannt nach dem Fundort Ciminer Berge, Mittelitalien.

Ciminit mit glasigen Feldspatkristallen.
Fianello/Italien; 4 × 6 cm

Latitbasalt

Mineralbestand/Chemismus: Ergußäquivalent der Monzogabbros (Streckeisenfeld 9). Unterscheidet sich in dem Gehalt der klassifizierenden Minerale Quarz-Alkalifeldspat-Plagioklas-Foid nicht von Latitandesit, besitzt aber, laut Definition, einen Gehalt an dunklen Mineralen, der 35–40% übersteigt. Die dunklen Gemengteile sind hauptsächlich Pyroxene (Klino- und Orthopyroxen), meist auch Olivin, gelegentlich auch Hornblende und Biotit. Akzessorien: Magnetit, Hämatit, Ilmenit, Apatit. Der alten Bezeichnung Trachybasalt entspricht Latit oder Latitbasalt. Hawaiit ist ein Olivin-reiches, Andesin-führendes Gestein, das z.T. Latitbasalt entspricht. Auch Absarokit ist ein Olivin-Latitbasalt.

Merkmale: Im Aussehen und Vorkommen vergleichbar mit Basalt (vgl. S. 106).

Latitbasalt mit verschiedenen Blasengenerationen. Antarktis; 7 × 10 cm

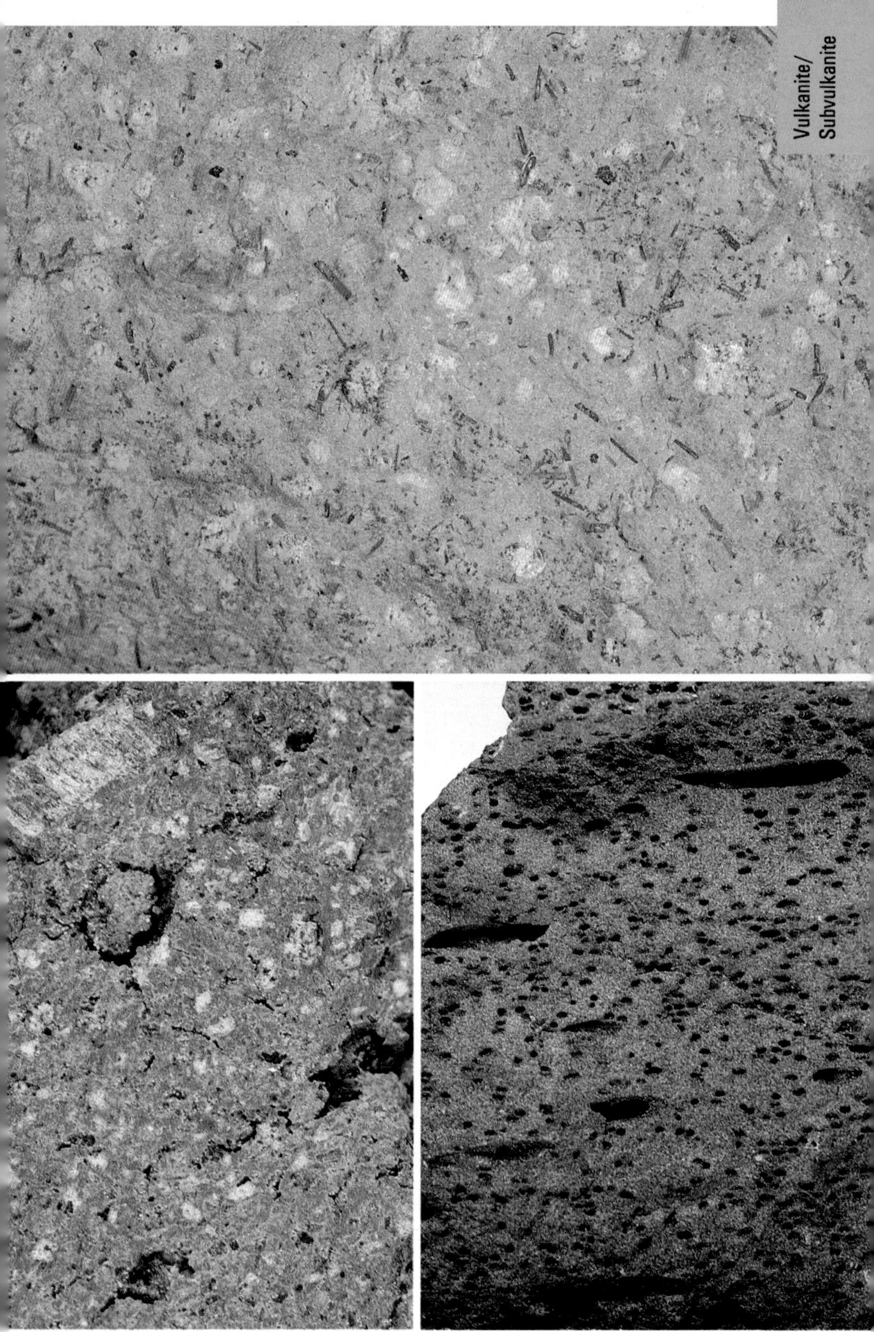

Andesit

Mineralbestand/Chemismus: Nach der Streckeisenklassifikation sind Andesite die Ergußäquivalente der Diorite, mit Plagioklas (häufig zoniert, Kerne von Labradorit/Bytownit, nach außen hin sich bis Oligoklas ändernd, 90–100% aller Feldspäte); Alkalifeldspat (Orthoklas, ternärer Feldspat, 0–10% aller Feldspäte); Quarz (0–20% des Quarz-Feldspat-Volumens); ohne Quarz, 0–10% Foide: Foid-führender Andesit. Als dunkles Mineral tritt Pyroxen auf, entweder als Klinopyroxen (Augit) oder als Orthopyroxen (Bronzit, Hypersthen). Weiterhin sind grünliche bis bräunliche Hornblenden recht häufig sowie Biotit. Olivin ist in den dunklen Andesiten zu finden, die zu Basalt hin tendieren (vgl. S. 106). Quarz-führende Andesite enthalten niemals Olivin, es sei denn ein andesitisches Magma hat einen Olivin-Kristall, als »Mißgeschick der Natur«, als Fremdkörper aufgenommen und ihn dabei nicht gänzlich verdaut. Weiterhin sind auch Granat- und Cordierit-führende Andesite bekannt. Akzessorien sind Titan-führende Magnetite, z. T. zu Hämatit oxidiert. Glasanteile sind in der Grundmasse gelegentlich anzutreffen. Die Abgrenzung der Andesite von Basalt ist nicht unproblematisch. Dazu wird die Farbzahl, d. h. der Volumengehalt an dunklen Gemengteilen, zu Hilfe genommen. Bei Andesiten liegt dieser unter 35%, bei Basalt darüber. Es sei hier vermerkt, daß, um einigermaßen exakt zu sein, für diese Grenze noch weitere chemische Kriterien (z. B. der SiO_2-Gehalt) nötig sind. Für die makroskopische Betrachtung sind diese Kriterien aber nicht von Bedeutung. Würde die Systematik der Nomenklatur des Streckeisen-Diagrammes vollkommen auf Andesit übertragen werden, so müßten solche mit einem Anteil von 5–20% Quarz am Quarz-Feldspat-Volumen als Quarz-Andesite bezeichnet werden. Hier erfolgt eine Ausnahme. Alle Quarz-führenden Andesite des Streckeisen-Feldes 10 werden einfach »Andesite« genannt. Die Bezeichnung Quarz-Andesit wird für das Ergußäquivalent von Tonalit (Streckeisen-Feld 5) reserviert. Wie bei allen Ergußgesteinen ist bei Andesiten im deutschsprachigen Raum früher eine systematische Trennung zwischen »jungen« und »alten« Vulkaniten gemacht worden. Die »Paläoandesite« sind die »Porphyrite«. Obwohl diese Bezeichnung auch z. T. die »Paläovulkanite« der Dacite, Latite, Latitbasalte usw. (vgl. S. 94, 98, 100) umfaßt, überwiegen die Andesite im Volumen hier derart, daß sie als die klassischen Porphyrite anzusehen sind. Weitere früher gebräuchliche Bezeichnungen für Paläoandesite waren Labradorporphyrit (Labradorit als Plagioklas), Navit (Andesit mit Pyroxen- und Olivin-Einsprenglingen), Palatinit (Andesit mit Pyroxen-Einsprenglingen) usw.

Merkmale: Viele Andesite weisen ein porphyrisches Gefüge auf, aber auch fein- bis dicht-

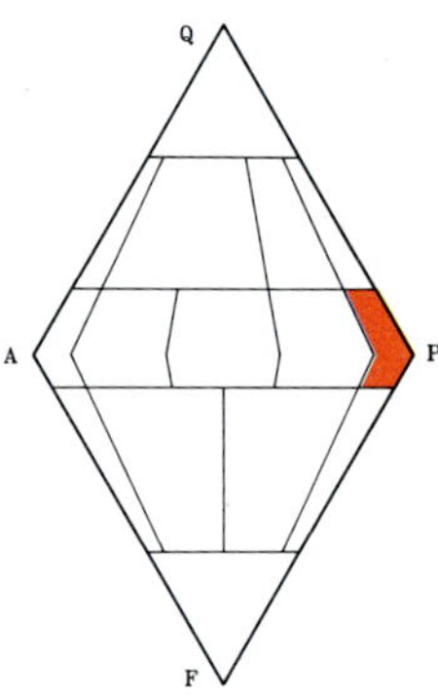

o. l.: Andesit (Opacit-Säume um Amphibol). Boxberg, Eifel/BRD; 4× 6 cm

o. r.: Hornblende-führender Andesit. Anse d'Arlets/Martinique; 4× 6 cm

u. l.: Hornblende-Andesit (Lokalname Timazit). Timok-Tal/Jugoslawien; 7× 10 cm

u. r.: Hornblende-Andesit Nord-Chile; 3× 4 cm

körnige Gesteine ohne Einsprenglinge sind möglich. Die Farbe der dichten Grundmasse oder des dichten Gesteins bei fehlenden Großkristallen ist grau, mittelgrau bis grünlich schwarz bei frischen Andesiten und eher rötlich braun bis violett bei den Paläoandesiten oder Porphyriten. Plagioklas ist als Einsprengling fast immer vertreten, aber auch Pyroxen, Hornblende und Biotit treten so auf. Je nach dem vorherrschenden Einsprenglingstyp spricht man von Pyroxen-Andesit, Hornblende-Andesit, usw. Die Hornblenden der Andesite sind in vielen Fällen nicht mehr frisch. Die einzelnen Kristalle weisen einen deutlichen, makroskopisch erkennbaren schwarzen »Trauerrand« auf (Fachausdruck: Opacitsaum). Dieser geht auf die vom Rand her beginnende Zersetzung zu Magnetit-haltigen Produkten zurück. Bei starkem Einfluß vulkanischer Gase wird das gesamte Gestein in ein Gemenge aus Chlorit, Albit, Epidot, Quarz und Pyrit umgewandelt. Es entsteht so ein grüner Propylit (vgl. S. 254).

Entstehung: Die Andesite sind die häufigsten vulkanischen Produkte des Subduktionszonenmagmatismus in orogenen Gürteln und Inselbögen. Obwohl die ablaufenden Prozesse sehr vielschichtig sind, entsteht das Magma zunächst durch teilweise Aufschmelzung der abtauchenden ozeanischen Krustenplatte. Diese Schmelzen können dann, während sie den darüberliegenden Keil der kontinentalen Kruste durchwandern, weiter modifiziert werden. Gewisse Anteile der Magmen bleiben in der Kruste als Tonalit- und Granodioritbatholithe und -plutone stecken, während der Rest als riesige Mengen von Andesit gefördert wird. Es ist allerdings nicht klar, wieso die Tiefengesteine stets Quarz-reicher sind (Streckeisen-Feld 4 und 5) als die offensichtlich nah verwandten andesitischen Ergußgesteine.

Vorkommen: Weit verbreitet. Am eindrucksvollsten sind die unvorstellbar riesigen Mengen in einem Gürtel rings um den Stillen Ozean, z. B. in den südamerikanischen Anden und Mittelamerika. Europäische Vorkommen finden sich unter anderem in den Euganäen/Italien, in Siebenbürgen/Rumänien, auf Sardinien usw.

Name: Der Name Andesit geht auf die volumenreichen Vorkommen in den südamerikanischen Anden zurück. Porphyrit leitet sich aus dem griechischen *porphyreos* = purpurfarbig ab.

Praktische Bedeutung: Verwendung in der Bauwirtschaft als Schotter und Split, aber auch als Bau- und Architekturstein, wenn es sich um Porphyrit mit stark färbenden Sekundärmineralen handelt. Die Farbe des klassischen griechischen *porfido verde antico* geht auf grünen Eisenepidot (Pistazit) zurück, während der *porfido rosso antico* aus Ägypten das rote Manganepidotmineral Piemontit enthält. Andesitschlote sind oft mit Kupfersulfiden vererzt.

o. l.: Stark poröser Andesit.
Basse Terre/Guadeloupe; 3 × 4 cm

o. r.: Feldspat-Andesit
Nord-Chile; 3 × 4 cm

u.: Decken-Andesit mit Fluidalregelung.
Argyllshire/Schottland; 8 × 5 cm

Basalt

Einleitung: Die Basalte sind als die Ergußform der Gabbros anzusehen. Sie treten aber wesentlich häufiger auf als diese. Es gilt die bereits auf Seite 60–62 angesprochene Regel: »Viel Basalt, wenig Gabbro; wenig Rhyolith, viel Granit.« Zusammen mit Andesit und den Vulkaniten des Streckeisen-Feldes 9 (Latitandesit und Latitbasalt) bilden Basalte volumenmäßig die wichtigsten Ergußgesteine auf der Erde. Des weiteren hat man festgestellt, daß die Basalte in ihrem Chemismus und Mineralbestand ganz wesentlich von dem geologischen Rahmen ihrer Entstehung geprägt werden. So unterscheiden sich die Basalte der ozeanischen Rücken von denen, die entlang der Inselbögen der Subduktionszonen zu finden sind. Es liegt demnach auf der Hand, daß ein gut funktionierendes Einteilungsschema für diese Gesteine unumgänglich ist. Was dieses aber so schwierig macht, ist die Tatsache, daß die makroskopisch recht einheitlich und geschlossen wirkenden, dunklen Gesteine sich unter dem Mikroskop und in ihren chemischen Analysen als außerordentlich vielfältig und kompliziert erwiesen haben. Im Klartext bedeutet das, daß sogar erfahrene Fachpetrologen makroskopisch eine nur begrenzte Einteilung vornehmen können. Aufgrund der großen Bedeutung der Basalte erscheint es jedoch sinnvoll, hier einen kurzen Abriß der Basaltsystematik vorzustellen.

Bei Basalten wie auch bei anderen Ergußgesteinen, die sehr feinkörnig oder glasig sind, stellt sich die Frage, wie die Verhältnisse der Q-A-P-F-Ecken des Streckeisen-Doppeldreiecks ermittelt werden sollen. Hier gibt es mehrere Methoden, aber die um die Jahrhundertwende entwickelte CIPW-Methode ist eine der gebräuchlichsten. Ihre Bezeichnung leitet sich aus den Anfangsbuchstaben der Erfinder ab: CROSS, IDDINGS, PIRSSON, WASHINGTON. Man weiß recht gut, welche Minerale bei den Vulkaniten überhaupt möglich sind, und man kennt aus Erfahrung ihre übliche chemische Formel. Im CIPW-Verfahren wird zunächst eine Liste von zu erwartenden, idealisierten Mineralen aufgestellt, das Gestein wird chemisch analysiert, und dann werden die chemischen Bestandteile nach bestimmten Regeln auf die vorgegebene Mineralliste verteilt. Es wird also ein Mineralbestand **errechnet.** Um die errechneten Werte von den wahren Werten zu unterscheiden, spricht man von einem Normbestand, die idealisierten Minerale sind Normminerale. Der wahre, beobachtete Bestand wird als Modalbestand bezeichnet. Mit moderner Analysentechnik und Einsatz von EDV-Verfahren lassen sich sehr schnell Normbestände von großen Mengen von Gesteinsproben errechnen.

Mineralbestand: Meist mit dem errechneten Normbestand, aber auch mit dem Modalbestand können nun Basalte nach der Streckeisen-Klassifikation eingeteilt werden: Plagioklas (Labradorit, Bytownit oder selten Anorthit, 90–100% aller Feldspäte); Alkalifeldspat (0–10% aller Feldspäte); Quarz (0–5% des

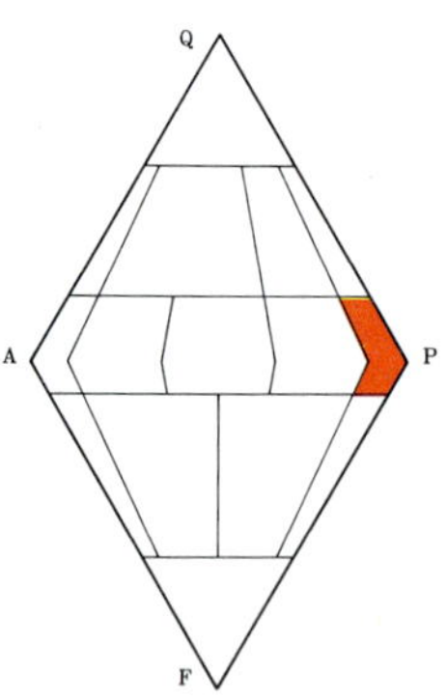

o.: Basalt mit Olivinknolle (Übergang zu Alkaliolivinbasalt, vgl. S. 114).
Dreihausen, Vogelsberg/BRD; 25 × 18 cm

u.: Poröser Melabasalt mit goldglänzendem, sekundär entstandenem Pyrit.
Steinheim/BRD; 8 × 5 cm

Quarz-Feldspat-Volumens); bei Quarzgehalt von 5–20%: Quarzbasalt; ohne Quarz, mit 0–10% Foiden (meist Nephelin): Foid-führender Basalt. Vorherrschendes dunkles Mineral ist meist Pyroxen (überwiegend Augit, aber auch Orthopyroxen). Weiterhin kann Olivin auftreten. Auch tiefbraune Biotite oder schwarze Hornblenden werden beobachtet. Akzessorien: Apatit, Titanomagnetit, Ilmenit. Für den modernen Gebrauch steckt die Streckeisen-Klassifikation allerdings nur den großen Rahmen ab. Die modernen Theorien der Großraumtektonik (Plattentektonik), die vielen in den letzten Jahren durchgeführten Tiefseebohrungen in basaltischer ozeanischer Kruste und die Möglichkeiten der modernen Analytik haben dazu geführt, daß eine ganze Reihe von neuen, meist chemischen Klassifikationsprinzipien eingeführt worden sind. Diese sind z. T. leider nicht immer mit der traditionellen Basaltnomenklatur in Einklang zu bringen. Im folgenden werden einige wichtige Basaltbezeichnungen kurz umrissen:

Tholeiitbasalt: Besteht hauptsächlich aus Plagioklas, Augit und Orthopyroxen, wobei meist nur Augit als sichtbares Einsprenglingsmineral vorliegt. Quarz ist selten sichtbar, aber tritt z. T. in dem errechneten CIPW-Normbestand auf, dann Quarztholeiit. Wenn Olivin auftritt, ist es stets Einsprengling und führt zu dem Namen Olivintholeiit. Letzterer ist allerdings nur rechnerisch von Olivinbasalt (s. u.) zu unterscheiden. Gelegentlich treten sehr Plagioklas-reiche Tholeiite auf, die dann als *high-alumina basalt* beschrieben werden. Sie sind oft daran zu erkennen, daß Plagioklas auch als Einsprengling sichtbar werden kann. Ihre Farbe ist vergleichsweise hell. Wenn der Gehalt an dunklen Mineralen 35 Vol.% unterschreitet, werden sie Leukobasalt oder andesitischer Basalt genannt.

Olivinbasalt: Hier handelt es sich um eine Gruppe von Gesteinen, deren Abgrenzung relativ unklar ist. Olivin-Einsprenglinge sind charakteristisch, aber nach dem Normbestand und dem Mineralbestand in der feinkörnigen Grundmasse kann es sich um Olivintholeiit, Olivinbasalt (kein Orthopyroxen) oder Alkaliolivinbasalt (mit Nephelin) handeln. Sehr Olivin-reiche Beispiele werden als pikritisch bezeichnet. Ozeanit ist ein pikritischer Melabasalt (das Präfix Mela- bedeutet, daß die dunklen Gemengteile 70% übersteigen).

Alkalibasalt: Diese Basalte weisen meist nebst Olivin signifikante Mengen von Nephelin in ihrem Normbestand oder in der Grundmasse auf. Nach Streckeisen wären sie als Foid-führende Basalte oder als Basanite einzustufen. Diese Gruppen werden auf S. 114 bzw. 120 behandelt.

Dolerit/Diabas: Diese Bezeichnungen haben in der Literatur für einiges Mißverständnis gesorgt. Der Gesteinsname »Dolerit« ist besonders in England gebräuchlich für klein- bis mittelkörnige Ganggesteine der Gabbro-Basalt-Familie, in denen nicht geregelte, leistenförmige Feldspatkristalle in einer Grundmasse aus Augit eingebettet sind (sogenannte ophitische Struktur). In Amerika und Skandinavien werden solche Gesteine als »Diabase« bezeichnet. In England und Mitteleuropa wiederum gilt »Diabas« nur für sekundär umgewandelte Dolerite, ganz analog zu den sogenannten »Paläovulkaniten«.

Melaphyr: Eine im deutschsprachigen Raum benutzte Bezeichnung für einen sekundär umgewandelten »alten« Basalt. Bei pikritischem Basalt gibt es auch die Bezeichnung »Paläopikrit«.

o. l.: Basalt mit makroskopisch erkennbaren, glänzend gelb-grünen Olivin-Einsprenglingen und schwarzen Pyroxenen.
Eifel/BRD; 4 × 6 cm

o. r.: Doleritischer Basalt mit regellos verteilten Feldspatleisten.
Karnataka/Indien; 7 × 10 cm

u.: Teil eines submarin entstandenen Basalt-Pillows (vgl. S. 136), das jetzt als sekundär veränderter Paläovulkanit (»Diabas«) vorliegt.
Falkenstein, Westerwald/BRD; 30 × 20 cm

Spilit: Grünliche Gesteine mit allen Gefügemerkmalen normaler Basalte. Der Mineralbestand entspricht jedoch dem der Zeolith-Fazies (vgl. S. 208), der Prehnit-Pumpellyit-Fazies (vgl. S. 210) und der Grünschiefer-Fazies (vgl. S. 216) der Metamorphose. Es handelt sich um Basalte, die eine sogenannte Ozeanbodenmetamorphose erlitten haben durch Einwirkung heißen Meerwassers während der vulkanischen Tätigkeit am Ozeanboden.

Merkmale: In der Regel dicht- bis mittelkörnige, gelegentlich porphyrische Gesteine, dunkelgrau bis schwarz, wenn frisch. Schlackige, blasige, strickartige Erstarrungsformen werden auf S. 130–138 ausführlich beschrieben. Hierdurch entstehen Hohlräume im Gestein, die durch Sekundärbildung von Achat, Zeolithen, Schichtsilikaten, Calcit usw. ausgefüllt werden können (Mandelsteine). Diabas ist meist grünlich aussehend, Melaphyr etwas dunkler. Sekundäre Oxidation kann bräunliche bis rote Farbtöne hervorrufen. Als Einsprenglinge treten bevorzugt Olivin (oft serpentinisiert), Augit und selten Plagioklas auf. Basalte mit Glasanteilen sind meist eher dunkler, bräunlich und matt glänzend. Gröbere Varianten wie Dolerit sind heller und lassen Feldspäte und Pyroxene der Grundmasse mit dem bloßen Auge erkennen.

Im Vergleich zu granitischen Schmelzen besitzen Basaltschmelzen eine viel geringere Viskosität. Lavaströme können mehrere Zehner von Kilometern lang werden oder mehrere 100 km^2 Fläche bedecken. Die Mächtigkeit einzelner Ströme dagegen liegt im Bereich von einigen Zehnern von Metern.

Vorkommen: Weltweit verbreitet. Der überwiegende Teil der ozeanischen Rücken und der Kruste der Tiefseeböden besteht aus Basalt, meist ein Olivintholeiit-Basalt. Bei den ozeanischen Inseln kommt häufig auch Alkalibasalt vor. Auch die Plateau- und Flutbasalte der Kontinente (z. B. Indien, in Europa Schottland, Island, Südschweden) sind tholeiitisch. In Inselbögen und im Subduktionszonenmagmatismus kommen Basalte neben Andesiten vor. Verschiedene weitere Vorkommen sind Sachsen, Oberpfalz, Vogelsberg, Rhön, Rheinland, Sardinien.

Name: Nach der Landschaft Basan in Ostpalästina, daraus Basanites, Basaltes. Der heute so gebräuchliche Tholeiit geht auf die Ortschaft Tholey (Saarland) zurück. Der ursprüngliche Tholeiit ist aber gar kein Basalt, sondern ein Gestein der Monzodioritgruppe.

Praktische Bedeutung: Straßenbaustoff, Eisenbahnschotter; die säuligen Absonderungsformen werden für Hafenbefestigungen benutzt.

o. l.: Kontakt zwischen zwei verschiedenartig ausgebildeten basaltischen Lavaströmen. Die Blasenhohlräume sind mit Karbonat ausgefüllt. Holmestrand/Norwegen; 5 × 8 cm

o. r.: Grobkörniger Diabas, von sekundären Calcitadern durchsetzt. Langelsheim, Harz/BRD; 10 × 7 cm

u.: Melaphyr Mandelstein. l.: Juchem, Odenwald/BRD; 3 × 4 cm; r.: Semily/ČSSR; 4 × 6 cm

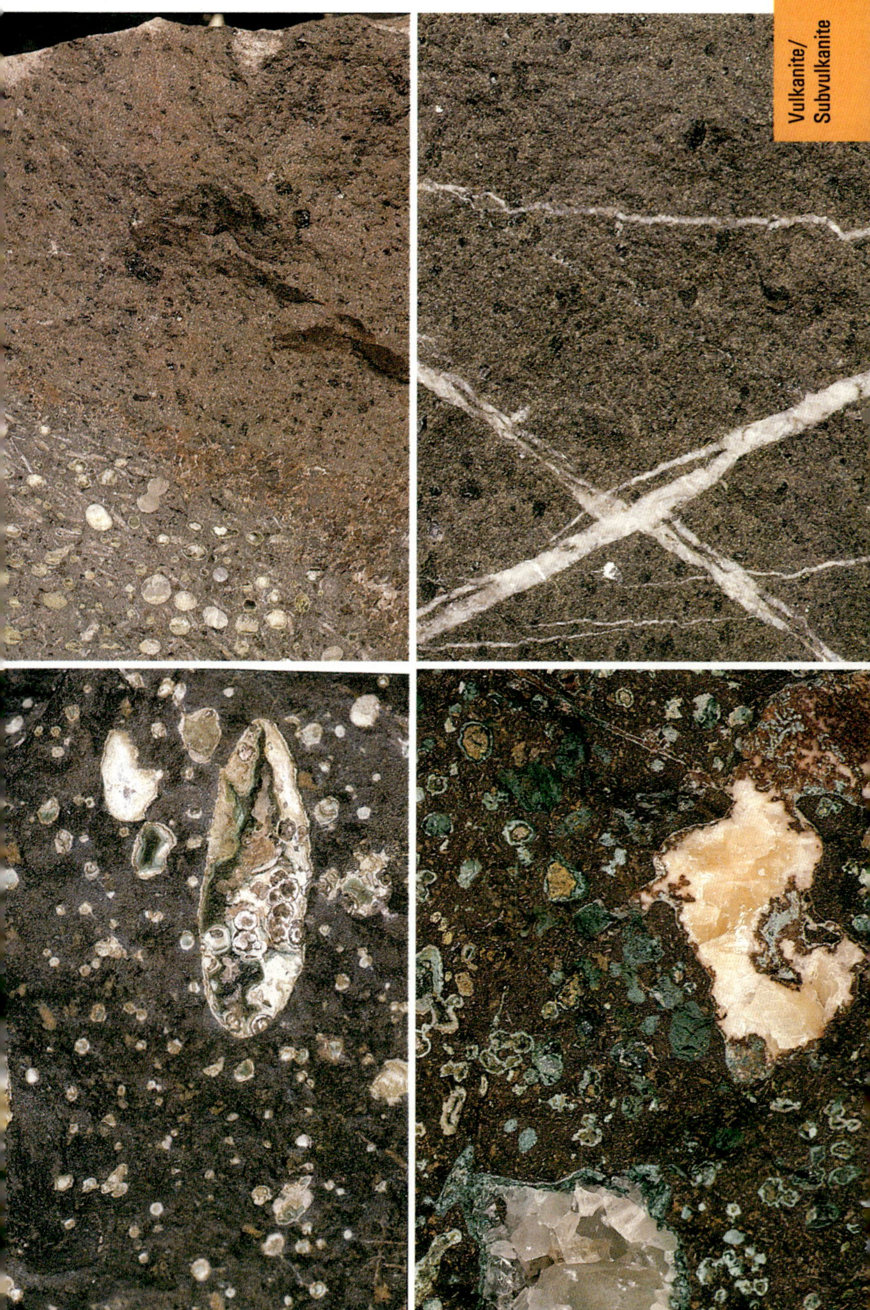

Alkalitrachyt, alkalischer Alkalifeldspattrachyt

Begriffserläuterung: Die Bezeichnung Alkalitrachyt wird in der Literatur z. T. zweideutig und etwas verwirrend angewandt, da sie vielfach nur eine Kurzform für Alkali(feldspat)trachyt ist. Ähnliches gilt für das Tiefengestein Alkali(feldspat)syenit. Solche Gesteine sind oft alkalisch, aber sie **müssen** es nicht sein, und zwar in dem Sinne, daß Alkalipyroxene und Alkaliamphibole auftreten. In diesem Abschnitt sollen die »wahren« Alkalitrachyte und alkalischen Alkalifeldspattrachyte herausgegriffen werden, die Alkalipyroxene und/oder Alkaliamphibole führen.

Mineralbestand/Chemismus: Alkalifeldspäte (Sanidin, Orthoklas, ternärer Feldspat, Albit, 65–100% aller Feldspäte); Plagioklas (Oligoklas, Andesin, 0–35% aller Feldspäte); Quarz (0–20% des Quarz-Feldspat-Volumens); ohne Quarz, bis 10% Foide (Nephelin, Leucit, Haüyn). Charakteristische dunkle Minerale sind Ägirin und Alkaliamphibole wie Riebeckit, Arfvedsonit, Kaersutit, Barkevikit, Katophorit usw. Mögliche Begleitminerale sind Biotit, eisenreicher Olivin, Apatit, Titanit, Magnetit, Zirkon.

Beispiele: Da die Unterscheidung von nicht alkalischen Trachyten und Alkalifeldspattrachyten makroskopisch nicht leicht zu treffen ist, sollen hier zwei klassische Beispiele vorgestellt werden:

Der **Rhombenporphyr** kann als Erguß- und Gangform des Larvikits (vgl. S. 74) bezeichnet werden. Es sind Lavaströme im Oslo-Gebiet Südnorwegens mit dazugehörigen Gängen. Auffallend sind die 5 mm bis zu mehrere Zentimeter großen Einsprenglinge aus Feldspat, die 30–45% des Gesteinsvolumens ausmachen können. Dabei handelt es sich um komplizierte Verwachsungen von ternären Feldspäten mit bedeutenden Kalium-, Natrium- und Calciumanteilen. Es sind Plagioklaskerne (Oligoklas, Andesin) mit Entmischungen von Kalifeldspat und Alkalifeldspat-reichere Ränder mit Entmischungen von Plagioklas. Im Querschnitt besitzen diese Kristalle eine typische Rhomben- oder Dreiecksform, die dem Gestein seinen Namen verleiht. Die Farbe ist dunkelgrau bei frischem Bruch, sonst eher rötlich.

Keratophyr ist ein problematisches Gestein, das meist mit Spilit (vgl. S. 106) vergesellschaftet ist und in den meisten Fällen wohl auch eine ähnliche Ozeanbodenmetamorphose erlitten hat. Das Gefüge ist dicht, Hornstein-artig (griechisch *keras, keratos* = Horn) z. T. porphyrisch. Die Farbe ist hell, grünlich grau oder rötlich grau bis bräunlich, durch Chlorit und Hämatit gefärbt. Ursprünglich als »paläovulkanischer«, alkalischer Trachyt definiert, heute international auf fast alle stark sekundär veränderten hellen Vulkanite ausgedehnt. Das Vorkommen ist weltweit; in Europa z. B. im Lahn-Dill-Gebiet.

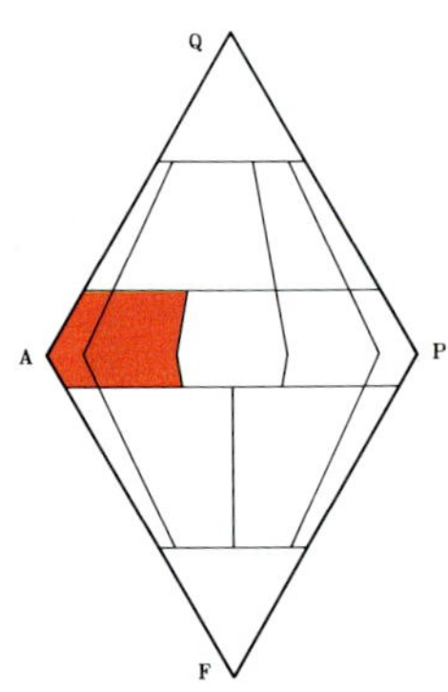

o. l.: Keratophyr. Sauerland/BRD; 4×6 cm

o. r. und u.: Rhombenporphyre in verschiedenen Alterungszuständen. Man beachte den zonaren Aufbau der Feldspäte. Oslo-Gebiet/Südnorwegen.

o. r.: 5×8 cm; u. l.: 20×30 cm;

u. r.: 7×10 cm

Alkaliolivinbasalt

Mineralbestand/Klassifikation: Auf Seite 106 wurde das Problem der Basaltnomenklatur und Einteilung im Detail aufgegriffen. Nach der Streckeisen-Klassifikation ist Alkaliolivinbasalt nach errechnetem Normbestand mit Foid-führendem Basalt gleichzusetzen. Dies bedeutet: Plagioklas (Labradorit, Bytownit, selten Anorthit, 90–100% aller Feldspäte); Alkalifeldspat (0–10% aller Feldspäte); Foid (meist Nephelin, 0–10% des Feldspat-Foid-Volumens). Nephelin ist allerdings im Gestein oft nicht erkennbar. Vielmehr handelt es sich überwiegend um ein Ergebnis des errechneten Normbestands. Petrographisch erkennbar sind auf alle Fälle Olivin und gelegentlich Kriställchen von braunem Biotit oder brauner Hornblende. Akzessorien: Apatit, Titanomagnetit, Ilmenit. Leukobasalte mit einem Gehalt an dunklen Gemengteilen von weniger als 35 Vol.% sind nicht bekannt, aber Melabasalte mit mehr als 70 Vol.% dunkler Gemengteile treten gelegentlich auf. Olivin-reiche Melabasalte werden auch als pikritische Basalte bezeichnet. Ankaramit ist ein pikritischer Alkaliolivinbasalt, in dem Augit-Einsprenglinge häufiger sind als Olivin-Einsprenglinge. Mit steigendem Gehalt an Foiden gehen die Alkaliolivinbasalte in Basanit (vgl. S. 120) über.

Merkmale: Keine besonderen Merkmale, die von den meisten Basalten abweichen. Ein gewisser Hinweis ist das Auftreten von Olivin- bzw. Peridotitknollen (vgl. S. 107, Bild oben), sowie »Sonnenbrand« (vgl. S. 120), ein Verwitterungszerfall von Alkaliolivinbasalt und Basanit, der auf die Verwitterungsanfälligkeit des Analcims im Gestein zurückgeht.

Entstehung: Nach experimentellen Ergebnissen scheint gesichert, daß der überwiegende Teil der Basaltschmelzen durch eine Teilaufschmelzung des ultrabasischen Erdmantels entsteht. Nun gibt es eine ganze Reihe von Faktoren, die die exakte Zusammensetzung dieser Schmelzen bei ihrer Entstehung beeinflussen können. Nach heutigen Erkenntnissen scheint ein sehr wichtiger Faktor für die Entstehung von alkalischen Basaltschmelzen die Tiefe ihrer Bildung zu sein. Je tiefer die Teilaufschmelzung stattfindet, desto alkalischer wird die Schmelze sein. Da diese Schmelzen relativ rasch emporsteigen müssen, um nicht durch Differentiation oder durch Aufschmelzen von Nebengestein verändert zu werden, bringen sie oft Einschlüsse der Mantelgesteine (wie Olivinknollen) mit.

Vorkommen: Alkaliolivinbasalte findet man speziell dort, wo kontinentale Krustenblöcke auseinanderbrechen, so z. B. in kontinentalen Grabenzonen wie dem oberen Rheingraben, in den berühmten ostafrikanischen Riftzonen. Klassische Beispiele sind der Vogelsberg und die Hocheifel. Auch die Vulkane vieler ozeanischer Inseln fördern diesen Basalttyp.

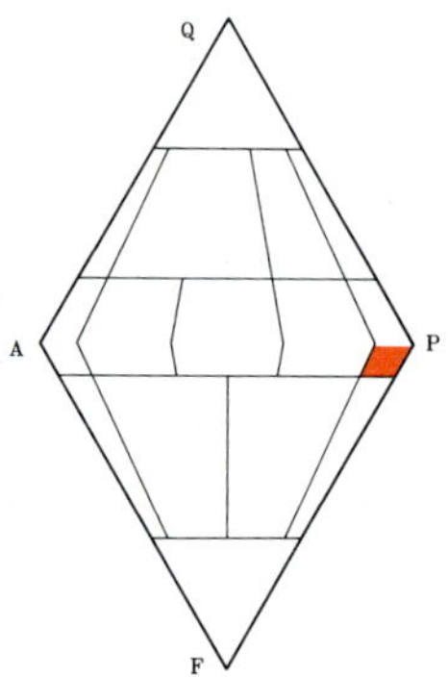

o.: Blasiger, sehr frischer Alkaliolivinbasalt mit Einsprenglingen von z. T. idiomorphen, glänzend gelbgrünen Olivinkristallen.
Antarktis; 4 × 6 cm

u.: Besonders Einsprenglings-reicher Alkaliolivinbasalt mit Olivin, Pyroxen (glänzend schwarz) und weißen Feldspäten.
Antarktis; 4 × 6 cm

Phonolith

Mineralbestand/Chemismus: Nach der Streckeisen-Klassifikation ist Phonolith das Ergußäquivalent von Foidsyenit: Alkalifeldspat (Natrium-reicher Sanidin, ternärer Feldspat, Albit, 90–100% aller Feldspäte); Plagioklas (Oligoklas, Andesin, 0–10% aller Feldspäte); Foide (hauptsächlich Nephelin, aber auch Leucit, Sodalith, Haüyn, Nosean, 10–60% des Feldspat-Foid-Volumens). Die typischen dunklen Minerale sind Ägirin, Ägirinaugit, Alkaliamphibole (Kaersutit, Barkevikit, Arfvedsonit), eisenreicher Olivin, Biotit und das Amphibol-ähnliche Mineral Aenigmatit. Besonders interessant sind primäre Zeolithe, wie z. B. Analcim und Natrolith. Des weiteren sind einige Phonolithe besonders reich an Drusenzeolithen, die sich in den Hohlräumen des Gesteins aus spätmagmatischen, thermalen Wässern nachträglich gebildet haben. Hierbei handelt es sich z. B. um Natrolith, Chabasit und Apophyllit. Zeolithe und Calcit treten auch oft als Umwandlungsprodukte der Foide auf. Als Akzessorien findet man besonders Titanit, dagegen treten Eisenerze, Apatit und Zirkon etwas zurück. Einige Phonolithe enthalten auch Wollastonit und Melanit, einen dunklen, Natrium- und Titan-führenden Granat. Glas ist recht selten.

Bei Vorherrschen eines bestimmten Foids werden auch bestimmte Phonolithvarietäten unterschieden. Nephelinphonolith ist der Phonolith im eigentlichen Sinne, doch gibt es auch Leucitphonolith, Sodalithphonolith, Noseanphonolith usw. Ganggesteine mit Gefügemerkmalen intermediär zwischen den plutonitischen Foidsyeniten und den Phonolithen tragen z. T. spezielle Namen. Tinguait ist das Gangäquivalent von Phonolith. Selbergit führt neben Nephelin wesentliche Mengen von Leucit, Nosean und Haüyn.

Merkmale: Das Gefüge ist häufig, aber nicht immer porphyrisch. Wenn ja, treten die Alkalifeldspäte und etwas seltener die Nepheline als Einsprenglinge deutlich aus einer dichten bis feinkörnigen, grauen, grünlichen oder bräunlich grünen bis rosafarbenen Grundmasse heraus. Diese ist gelegentlich rauh, öfters Hornstein-artig mit starkem Fettglanz. Deutliche Ägirinnadeln können z. T. in der Grundmasse makroskopisch erkannt werden. Durch Verwitterung entsteht eine gelbliche und grauweiße Magnetit-arme Schicht auf dem Gestein. Die Nephelineinsprenglinge werden rötlich. Fließstrukturen wie bei den Trachyten können in vielen Gesteinen beobachtet werden. Phonolithgesteine zeigen oft eine dünnplattige Absonderung, die von praktischem Nutzen sein kann (siehe unten). Der Bruch des Gesteins ist deutlich muschelig. Die Bezeichnung Tinguait wird heute in der Literatur vielfach als überflüssig angesehen, da die Unterschiede zu Nephelinphonolith nicht groß sind. Gelegentlich treten hier außer Einsprenglingen von Sanidin und Nephelin auch größere nadelförmige Ägirine auf, die radialstrahlig oder netzwerkähn-

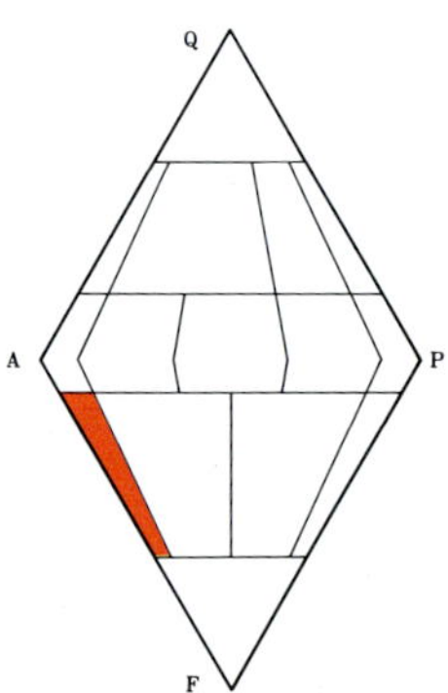

o. l.: Phonolith mit deutlich sichtbaren Sanidin-Einsprenglingen.
Milseberg, Rhön/BRD; 7× 10 cm

o. r.: Phonolith mit Zeolith-gefüllter Druse.
Marienberg, Böhmen/ČSSR; 4× 6 cm

u.: Phonolith mit Sanidin- und Haüyn-Einsprenglingen (klein, blau, links oben).
La Palma/Spanien; 6× 4 cm

lich angeordnet sind. Bei Selbergit ist das Volumen der Einsprenglinge größer als das der Grundmasse. Leucit, Nosean, Sanidin, Ägirin und Biotit sind oft makroskopisch zu erkennen. Sehr selten sind eigentümliche, blasenreiche phonolithische Lavaströme (z. B. in Kenya), die zum Teil äußerst glasreich sind (sogenannte Kenyite). Das Aussehen der Leucitphonolithe ist durch die millimeter- bis zentimetergroßen idiomorphen Leucit-Einsprenglinge geprägt.

Vorkommen: Weltweit verbreitet. Phonolithgesteine kommen typischerweise bei magmatischer Tätigkeit in kontinentalen Grabenzonen vor. Oft mit Trachyt und Alkalitrachyt vergesellschaftet (vgl. S. 96, 112). Typische Beispiele sind das Gebiet um den Laacher See, Eifel, Rhön, Spessart, Kaiserstuhl, Hegau, böhmisches Mittelgebirge, Auvergne in Zentralfrankreich, Kanarische Inseln, Insel Ischia/Italien.

Name: Der Name leitet sich aus dem griechischen *phonae* = Ton, Klang und *lithos* = Stein ab, das heißt Klingstein. Freihängend gibt das Gestein beim Anschlagen einen hellen Klang.

Praktische Bedeutung: Durch die oben angesprochene dünnplattige Absonderung kann das Gestein zum Dachdecken, als Fußbodenbelag usw. benutzt werden. Im Lehrbuch LINK/JUNG (1935) ist zu lesen: »Nähert man sich einem Steinbruch im Phonolith, wo die Steinhauer an verschieden großen und dicken Platten arbeiten, so glaubt man das Geläute von Kuhglokken zu hören.« Früher wurde Mehl aus Phonolithgestein als Kalidünger verwendet oder direkt zu Flaschenglas umgeschmolzen. Straßenbauschotter.

l.: Nosean-Leucit-Tinguait (Selbergit) mit goldglänzendem Phlogopit und Pyroxen.
Eifel/BRD; 5 × 8 cm

r.: Tinguait mit umgewandelten, idiomorphen Nephelin-Einsprenglingen.
Katzenbuckel, Odenwald/BRD; 7 × 10 cm

Phonolithischer Tephrit/Phonolithischer Basanit

Mineralbestand/Chemismus: Nach der Streckeisen-Klassifikation sind diese Gesteine als Ergußäquivalent von Essexit (Feld 13) anzusehen. Die Bezeichnungen können auch als Phonotephrit oder Phonobasanit abgekürzt werden. Plagioklas (Oligoklas, Andesin, Labradorit, 50–90% aller Feldspäte); Alkalifeldspat (Sanidin, ternärer Feldspat, 10–50% aller Feldspäte); Foide (Nephelin, Leucit, Analcim, auch Haüyn, Sodalith, 10–60% des Feldspat-Foid-Volumens). Olivin ist ein wichtiger Bestandteil und dient zur Unterscheidung zwischen Phonotephrit (weniger als 10 Vol.% Olivin) und Phonobasanit (mehr als 10 Vol.% Olivin). Weitere wichtige Bestandteile sind Augit, Ägirin, braune Hornblende, Biotit, Gesteinsglas (bis zu 60 Vol.%) und Zeolithe. Akzessorien: Apatit, Magnetit, Titanomagnetit. Ein phonolithischer Nephelinbasanit ist der klassische Limburgit vom Kaiserstuhl/BRD (Feldspatgehalt errechnet, da äußerst glasreich, s. S. 106). Phonolithische Leucittephrite sind Vicoit und Orvietit aus Mittelitalien, wobei die Zusammensetzung des Vicoits an der Grenze zum Feld 12 (tephritischer Phonolith) liegt.

Merkmale: Sehr unterschiedlich. Meist porphyrisch und im Aussehen den Tephriten und Basaniten des Streckeisenfeldes 14 entsprechend. Der Limburgit vom Kaiserstuhl führt keinen Feldspat, sondern Alkali-reiches dunkelbraunes Gesteinsglas, das auch das Gesteinsaussehen prägt. Makroskopisch erkennbar sind Einsprenglinge von schwarzen Augit-Leisten und gelbbraun erscheinendem Olivin. Das ganze Gestein ist durchzogen von blasigen Hohlräumen, die mit Calcit und Zeolithkriställchen ausgekleidet sind.

Vorkommen: Ähnlich Tephrit und Basanit.

Limburgit.
Sasbach, Kaiserstuhl/BRD; 10 × 7 cm

Tephrit

Mineralbestand/Chemismus: Nach der Streckeisen-Klassifikation ein Ergußäquivalent von Theralith (Feld 14). Plagioklas (Labradorit, Bytownit, 90–100% aller Feldspäte); Alkalifeldspat (0–10% aller Feldspäte); Foid (Nephelin, Leucit, auch Sodalith, Haüyn, Nosean, Analcim, 10–60% des Feldspat-Foid-Volumens). Olivin darf 10 Vol.% des Gesteins nicht überschreiten, sonst Basanit. Weiterhin treten auf: Natrolith, Augit, Ägirin, Diopsid, braune Hornblende (Barkevikit), Biotit, Gesteinsglas. Akzessorien: Apatit, Magnetit, Titanomagnetit. Teschenit ist ein entsprechendes Ganggestein, das als Foid Analcim führt. Das Vorherrschen eines bestimmten Foids wird mit dessen Namen als Präfix angedeutet (z. B. Leucittephrit). Bei etwa gleichen Mengenverhältnissen können auch zusammengesetzte Namen wie Leucitnephelintephrit gebildet werden.

Merkmale: Graues Gestein mit meist porphyrischer Textur (auffallende Einsprenglinge sind meist Leucit, Plagioklas, Olivin, dunkle Gemengteile). Trachytische Fließregelung möglich. Poröses bis schlackiges Gefüge häufig. Die Hohlräume sind manchmal mit Zeolithen ausgefüllt.

Vorkommen: In Grabenzonen und Gebieten der Bruchtektonik. Leucit-führende Gesteine nur im kontinentalen Bereich. Vesuv, Roccamonfina/Italien, Kaiserstuhl, Eifel, Rhön, böhmisches Mittelgebirge, Kanarische und Kapverdische Inseln.

Praktische Bedeutung: In der Eifel bereits von den Römern als Mühl- und Baustein verwendet. Die großräumigen unterirdischen Steinbrüche bieten sich heute als hervorragende Bierkeller an, da die Porosität des Gesteins Verdunstung und Abkühlung fördert.

l.: Haüyn-Tephrit mit großen Biotiten. Aussig, Böhmen/ČSSR; 4 × 6 cm

r.: Grobkörniger Teschenit mit Amphibol. Cumnoch, Ayrshire/Schottland; 5 × 8 cm

Basanit

Mineralbestand/Chemismus: Nach der Streckeisen-Klassifikation ein Ergußäquivalent von Theralith (Feld 14). Plagioklas (Labradorit, Bytownit, 90–100% aller Feldspäte); Alkalifeldspat (0–10% aller Feldspäte); Foid (Nephelin, Leucit, auch Sodalith, Haüyn, Nosean, Analcim, 10–60% des Feldspat-Foid-Volumens). Olivin muß 10 Vol.% des Gesteins übersteigen, sonst Tephrit. Weiterhin können auftreten: Natrolith, Augit, Ägirin, Diopsid, braune Hornblende (Barkevikit), Biotit, Melanitgranat, Gesteinsglas. Akzessorien: Apatit, Magnetit, Titanomagnetit. Der Gehalt an Foiden wird durch geeignetes Präfix am Namen verdeutlicht (z. B. Nephelinbasanit, Leucitbasanit oder Nephelinleucitbasanit).

Merkmale: Dunkelgraues bis schwarzes Gestein mit meist porphyrischer Struktur. Einsprenglinge sind Leucit, Plagioklas, dunkle Gemengteile (Augit, seltener Hornblende, Biotit). Zum Teil blasig, mit Zeolithfüllung der Hohlräume. Eine Besonderheit von vielen Alkaliolivinbasalten (vgl. S. 114) und besonders von Basaniten ist das Auftreten von »Sonnenbrand«, einer besonderen Verwitterungsform. Innerhalb weniger Jahre zeigt das frische dunkelgraue Gestein helle millimeter- bis zentimetergroße Flecken, die an Deutlichkeit zunehmen. Schließlich zerfällt das Gestein in einen körnigen Grus. Der Übeltäter ist der oft in der Grundmasse solcher Gesteine fleckig verteilte Analcim. Dieses Mineral besitzt feinste Kapillarrisse, die das Eindringen von Wasser ermöglichen und die Verwitterung beschleunigen.

Vorkommen: In Grabenzonen und Gebieten der Bruchtektonik. Leucit-führende Gesteine nur im kontinentalen Bereich. Eifel, Vogelsberg, Kanarische Inseln, Azoren, Madeira, Viterba/Italien usw.

Praktische Bedeutung: Als Baustein.

»Sonnenbrenner« mit erkennbarem Olivin. Rhön/BRD; 10 × 7 cm

Foidite

Klassifikation: Nach der Streckeisen-Klassifikation handelt es sich um die Ergußäquivalente der Foidolithe. Der Gehalt an Foiden übersteigt 60% des Foid-Feldspat-Volumens. Gelegentlich wird das Foiditfeld auch erst bei mehr als 90% Foiden abgegrenzt. Zwischen 60–90% liegen dann die phonolithischen Foide (wenn Plagioklas <Alkalifeldspat) oder die tephritischen Foidite (wenn Plagioklas >Alkalifeldspat). Wie bei den meisten Alkaligesteinen gibt es eine ganze Fülle von verschiedenen Gesteinstypen und Bezeichnungen. In grober Vereinfachung kann man von Nephelin-betonten (Natrium-Vormacht) oder von Leucit-Gesteinen (Kalium-Vormacht) sprechen.

Mineralbestand phonolithischer Foidite: Nephelin-betonte Gesteine mit diesem Feldspat-Foid-Verhältnis sind nicht häufig. Einige Beispiele sind vom Katzenbuckel im Odenwald bekannt. Der Katzenbuckelit, ein porphyrisches Ganggestein, führt 35 Vol.% Nephelin, 15% Nosean + Analcim, 27% Natrium-reichen Sanidin, 12% Ägirinaugit, sonst Hornblende, Biotit, Olivin, Apatit, Erz (ein relativ helles Gestein, 23 Vol.% dunkle Gemengteile). Sanidinnephelinit ist ein fein- bis mittelkörniges vulkanisches Gestein mit ca. 30 Vol.% Nephelin und Nosean, 10% Sanidin, 30% Pyroxen, 15% Erz, sonst Apatit, Olivin, Hornblende und Biotit. Das Gestein ist dunkel (60% dunkle Gemengteile). Als Leucit-betonte Vulkanite bzw. porphyrische Ganggesteine sind hier die Leucitporphyre zu nennen. Dies ist ein allgemeiner Ausdruck für einen porphyrischen Vulkanit oder ein ähnliches Ganggestein, bei dem das Foid Leucit überwiegt und als charakteristischer Einsprengling auftritt. Es handelt sich dabei um einen Sammelausdruck, das Feldspat-Foid-Verhältnis ist sehr variabel. Mit Zunahme an Alkalifeldspat geht das Gestein in Leucitphonolith über (vgl. S. 116) oder, mit Zunahme des Leucits, in Leucitit. Hier sind es helle bis intermediäre Gesteine, in denen Leucit den Sanidin deutlich überwiegt.

Ein Beispiel für einen dunkleren, phonolithischen Foidit ist der Jumillit, von Jumilia, Spanien. Der Gehalt an dunklen Gemengteilen erreicht 50 Vol.%. Obwohl das Gestein 40% Leucit enthält, ist dieser hier nicht als Einsprengling, sondern nur in der filzigen Grundmasse aus Sanidin, Pyroxen und Amphibol oder als Einschluß in den anderen Einsprenglingsphasen Sanidin (10%) und Phlogopit (8%) zu finden. Ferner enthält das Gestein 17% Olivineinsprenglinge.

Mineralbestand tephritischer Foidite: Auch in diesem Streckeisenfeld handelt es sich meist um Übergangsgesteine zwischen den Tephriten (selten Basaniten) des Feldes 14 und den sehr Feldspat-armen Foiditen. Ein klassisches Beispiel der Natrium-betonten Linie ist der Lugarit. Dieses Ganggestein ist ein Differentiationsprodukt aus einem pikritischen Basaltgang von Südwest-Schottland. Als Foid führt das Gestein über 40% Analcim, der die helle Grundmasse des Gesteins bildet. Darin liegen Einsprenglinge vom Amphibol (Barkevikit) und Augitnadeln sowie Plagioklas. Ein Beispiel der Leucit-betonten Linie ist der Vesuvit,

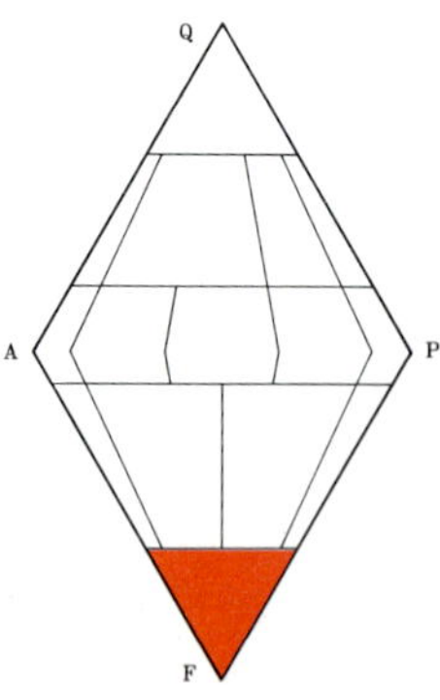

o.: Lugarit. Amphibol in Analcim-Grundmasse. Cumnoch, Ayrshire/Schottland; 4 × 6 cm

u.: Leucitit mit angewitterten Leuciten. Vesuv/Italien; 12 × 8 cm

ein Gestein, das zur Zeit am Vesuv eruptiert wird. Es unterscheidet sich von den dort auftretenden typischen Leucittephriten nur durch einen niedrigeren Feldspatgehalt.

Mineralbestand Foidite: Bei den Natrium-betonten vulkanischen Gesteinen fehlen die vulkanischen Äquivalente der Urtite und hellen Ijolithe (vgl. S. 80), denn die Vulkanite führen immer mehr als 50% dunkle Gemengteile. Das wichtigste Beispiel ist der Nephelinit. Hierin ist der Nephelin fast das einzige helle Gemengteil, obwohl andere Foide wie Nosean, Haüyn oder Sodalith z. T. dessen Platz einnehmen können. Alkalifeldspat und Plagioklas zusammen liegen unter 10 Vol.%. Wichtige dunkle Minerale sind Augit, Olivin, Melilith ($(Ca,Na)_2$ $[(Al,Si)SiO_7]$), Melanitgranat, Biotit, braune Hornblende. Weiterhin werden Apatit, Perowskit ($CaTiO_3$), seltener Titanit, Titanomagnetit angetroffen. Zeolithe als sekundäre Umwandlungen fehlen selten. Das Auftreten bestimmter Gemengteile in überdurchschnittlichen Mengen führt zu besonderen Begriffen wie Olivinnephelinit, Melilithnephelinit, Melanitnephelinit. Nephelinit mit mehr als 70 Vol.% dunkler Gemengteile wird Melanephelinit genannt. Bei Beispielen dieser Gesteinsgruppe mit Kalium-Vormacht handelt es sich meist um Leucitite. Auch hier übersteigen Alkalifeldspat und Plagioklas zusammen nicht 10 Vol.%. Im Gegensatz zu den Nepheliniten variieren diese Gesteine von sehr hell (kaum dunkle Gemengteile) bis zu Gehalten an dunklen Gemengteilen von 90%. Leucit kommt als typischer Einsprengling und auch fein verteilt in der Grundmasse vor. Andere Foide, wie z. B. Nephelin oder Nosean, Haüyn, Sodalith, treten in meist untergeordneten Mengen dazu. Hier ist auch Kalsilit ($K[AlSiO_4]$) zu finden, das von seiner Formel her das Kaliumäquivalent des Nephelins ($Na[AlSiO_4]$) darstellt. Das übliche dunkle Gemengteil ist Augit. Bei den dunklen Leucititen auch Olivin. In der Regel untergeordnet sind auch Melilith-, Biotit- und Melanitgranat vorhanden. Die üblichen Akzessorien sind Apatit, Titanit, Titanomagnetit und Perowskit.

Merkmale: Äußerst variabel. Die phonolithischen und tephritischen Foidite sind vom Aussehen her als Übergangsgesteine zwischen den Phonolithen bzw. Tephriten einerseits und den Foiditen andererseits anzusehen. Die meisten Nephelinite sind porphyrisch, wobei Augit und Nephelin als Einsprengling überwiegen, gelegentlich aber auch Nosean, Haüyn oder Sodalith. Allerdings ist die Neigung des Nephelins, Einsprenglinge zu bilden, weit weniger ausgeprägt als die des Leucits. Zuweilen recht grobkörnig entwickelt. Die Grundfarbe ist hellgrau bis grünlich, manchmal auch leicht rosa. Die Grundmasse ist selten glasig, meist von filzigem, massigem, selten porösem Gefüge. Im äußeren Erscheinungsbild ähnelt dieses Gestein demnach den Basalten und Basaltlaven. Allerdings ist der Anteil an pyroklastischem und brecciiertem Nephelinit sehr hoch, was auf gasreiche Magmen und explosive Tätigkeit hinweist. Nephelinitbreccien findet man z. T. als Füllung von sogenannten Durchschlagsröhren, auch Diatreme genannt. Die Breccien zeigen Erscheinungen, die auf eine starke Deformation im festen Zustand schließen lassen,

o. l.: Frischer Leucitit mit Pyroxen-Einsprenglingen.
Vesuv/Italien; 4 × 6 cm

o. r.: Leucit-Nephelin-Nosean-Foidit (Schorenbergit). Man beachte die dunklen Nosean-Einsprenglinge, die randlich in Analcim umgewandelt sind.
Rieden, Eifel/BRD; 3 × 4 cm

u. l.: Nephelinit mit magmatisch korrodierten Pyroxen-Einschlüssen.
Kakanni/Neuseeland; 3 × 4 cm

u. r.: Foidit, Varietät Kajanit. Goldglänzende Phlogopite in Leucit- und Diopsid-reicher Grundmasse.
Mlado Nagaricane/Jugoslawien; 4 × 6 cm

d. h. das Gestein muß explosionsartig in der Durchschlagsröhre transportiert worden sein. Viele Nephelinitbreccien führen ein auffällig konstantes Spektrum an Einschlüssen. Diese sind stets ultrabasisch und stammen mit großer Wahrscheinlichkeit direkt aus dem Erdmantel. Es handelt sich um Gesteine mit allen möglichen Kombinationen von Magnesium-reichem Olivin, Augit, Enstatit und Spinell, d. h. Gesteinstypen, die von Dunit bis Lherzolith reichen (vgl. S. 66). Auch Granatpyroxenit, d. h. ein Griquait oder Hochtemperatur-Eklogit (vgl. S. 70) wird beobachtet.

Leucitite sind in der Regel weißliche, hell- und mittelgraue bis grünlich graue Gesteine, die durch millimeter- bis zentimetergroße Leucit-Einsprenglinge geprägt sind. Die Grundmasse ist dicht bis feinkörnig, massig, z. T. mit porösem Gefüge. Logischerweise ist der Gehalt an Leucit-Aggregaten im Gestein ein gewisses Maß für die Unterscheidung Leucitit/tephritischer Leucitit/Leucittephrit, wobei nicht zu übersehen ist, daß natürlich Leucit auch in der Grundmasse des Gesteins auftritt. Die Hohlräume poröser Varietäten sind öfters mit Zeolithen ausgefüllt.

Sowohl Nephelin als auch Leucit sind sehr anfällig für sekundäre Umwandlungsprozesse. Aus Leucit bildet sich z. T. Kalifeldspat und Kalium-haltiger Nephelin, wobei die äußere Form der Einsprenglinge erhalten bleibt (»Pseudoleucit«). Andere Umwandlungsmöglichkeiten sind Analcim und Zeolithe, die wiederum die Bildung von »Sonnenbrennern« (vgl. S. 120) begünstigen. Auch Nephelin wird in Zeolithe und Analcim umgewandelt.

Vorkommen: Besonders typische Vorkommen von Nephelinit sind in Mitteldeutschland zu finden, z. B. der Katzenbuckel im Odenwald oder der Vogelsberg, auch Oberwiesental/Erzgebirge/DDR, ČSSR, Auvergne/Frankreich; Olivinnephelinit z. B. auf dem Herchenberg/Vordereifel; ferner auf einigen Inseln des Atlantiks; in den zentralafrikanischen Grabenzonen. Leucitite sind häufig in den Vulkanen Latiums und am Vesuv/Italien, am Kaiserstuhl, in den zentralafrikanischen Grabenzonen, auf der Insel Java.

Ein interessantes Beispiel der Entwicklung von Leucit-reichen Laven bietet der Somma-Vesuv-Vulkan in Italien. In der ersten, Ur-Somma genannten Phase wurde ein trachytisches Magma gefördert, das wohl als Ausgangsmagma für alle folgenden Magmentypen zu deuten ist. Nach einer Ruhezeit folgten helle, phonolithische Leucittephrite (sogenannte Orvietite, vgl. S. 118) der Alt-Somma-Phasen und nach einer weiteren kurzen Ruhepause helle bis intermediäre Leucittephrite (vgl. S. 120) der Somma-Phase. Die nächste Ruhezeit wurde durch die bekannten Ausbrüche des Jahres 79 v. Chr. abgeschlossen, bei denen Pompeji und Herkulaneum verschüttet wurden. Seitdem werden die Laven von dem heutigen Krater, dem Vesuv im engeren Sinne, gefördert und entsprechen dem tephritischen Leucitit (der sogenannte Vesuvit). Offensichtlich haben sich in den Ruhepausen Differentiationsprozesse in der Magmenkammer abgespielt, bei denen das Magma verändert wurde. Als Hauptursache wird das Absaigern von dunklen Gemengteilen wie Pyroxen und das fortschreitende Aufschmelzen und Assimilieren des dolomitischen Nebengesteins angesehen.

Praktische Bedeutung: Selten als Baustein, Straßenschotter.

Nephelinit-Breccie mit verschiedenen Gesteins- und Kristallbruchstücken. Kakanui/Neuseeland; 14 × 20 cm

Lamprophyr

Begriffserläuterung: Vereinfacht ausgedrückt, bilden die Lamprophyre die dunkle Reihe der Ganggesteine, im Gegensatz zur hellen Reihe der Aplite. Letztere führen sehr viel geringere Anteile an dunklen Gemengteilen als der Mutterpluton selbst, dessen Ganggefolgschaft sie bilden. Umgekehrt ist es bei den Lamprophyren. Diese Gesteine zeichnen sich durch eine **Anreicherung** der dunklen Gemengteile aus.

Entstehung: Wie bei den Pegmatiten (vgl. S. 82) scheint auch hier die Anwesenheit einer fluiden wäßrigen Phase eine große Rolle zu spielen. Bei den Lamprophyren ist eine Anreicherung nicht nur von Wasser, sondern auch von CO_2, Schwefel, P_2O_5 usw. zu verzeichnen, die wohl den Kristallisationsverlauf der Schmelze wesentlich beeinflussen.

Mineralbestand: Es darf keinesfalls der Eindruck entstehen, als seien die Lamprophyre eine relativ klar umrissene und homogene Gesteinsgruppe. Ganz im Gegenteil, alle Gemeinsamkeiten der Gesteine dieser Gruppe beschränken sich im wesentlichen auf ihre dunkle Farbe und ihr charakteristisches porphyrisches Gefüge, wobei die **dunklen Gemengteile** die Einsprenglinge bilden. Es hat sich in der Literatur daher eine sehr variantenreiche und spezielle Nomenklatur entwickelt, die durchaus verwirrende Ausmaße hat. Der folgenden Betrachtung liegt ein Vorschlag des internationalen Streckeisenausschusses zur Systematik magmatischer Gesteine zugrunde, der sich wohl weitgehend durchgesetzt hat. Die wichtigsten Lamprophyre sind wie folgt (vgl. auch Q-A-P-F-Streckeisenschema).

Gruppe I (Lamprophyre im engeren Sinne)

Minette: Biotit-Einsprenglinge in einer Grundmasse aus überwiegend Orthoklas und Biotit. Ferner treten in der Grundmasse auf: Augit, Plagioklas, Hornblende, Olivin, Quarz, Apatit, Eisenerze, Calcit usw.

Vogesit: Hornblende-Einsprenglinge in einer Grundmasse aus überwiegend Orthoklas und Hornblende. Ferner sind in der Grundmasse zu finden: Augit, Plagioklas, Biotit, Olivin, Quarz, Apatit, Eisenerze, Calcit usw.

Kersantit: Biotit-Einsprenglinge in einer Grundmasse aus Plagioklas (Oligoklas, Andesin), Augit, Alkalifeldspat, Hornblende, Olivin, Quarz, Apatit, Eisenerze, Calcit usw.

Spessartit: Grüne Hornblende-Einsprenglinge in einer Grundmasse aus überwiegendem Plagioklas (Andesin) mit Augit, Alkalifeldspat, Biotit, Olivin, Quarz, Apatit, Eisenerzen, Calcit usw.

Diese Gruppe führt in der Regel mehr als 35 Vol.% dunkle Gemengteile.

Gruppe II (Alkalilamprophyre)

Camptonit: Mögliche Einsprenglinge sind Am-

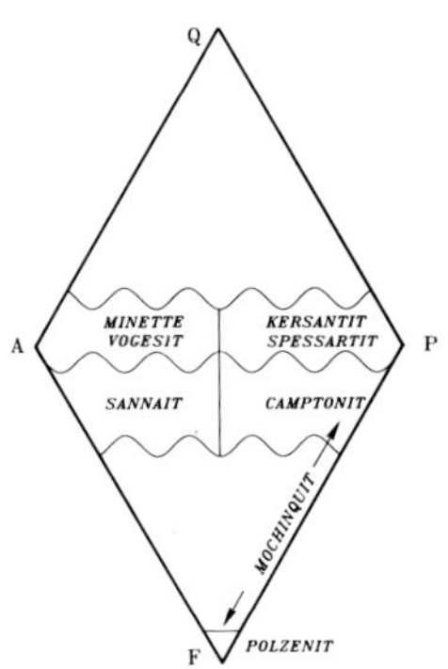

o. l.: Vogesit. Unregelmäßig begrenzte Amphibolkristalle mit braunem Reaktionssaum in feinkörniger Grundmasse.
Hohwald, Vogesen/Frankreich; 4 × 6 cm

o. r.: Minette. Große Biotittafeln in feinkörniger Grundmasse.
Birkenau, Odenwald/BRD; 7 × 10 cm

u. l.: Vogesit. Amphibolkristalle in fleischfarbener, Kalifeldspat-reicher Grundmasse.
Erbach, Odenwald/BRD; 5 × 8 cm

u. r.: Dunkler Spessartit mit Kontakt zum dioritischen Nebengestein.
Spessart/BRD; 5 × 8 cm

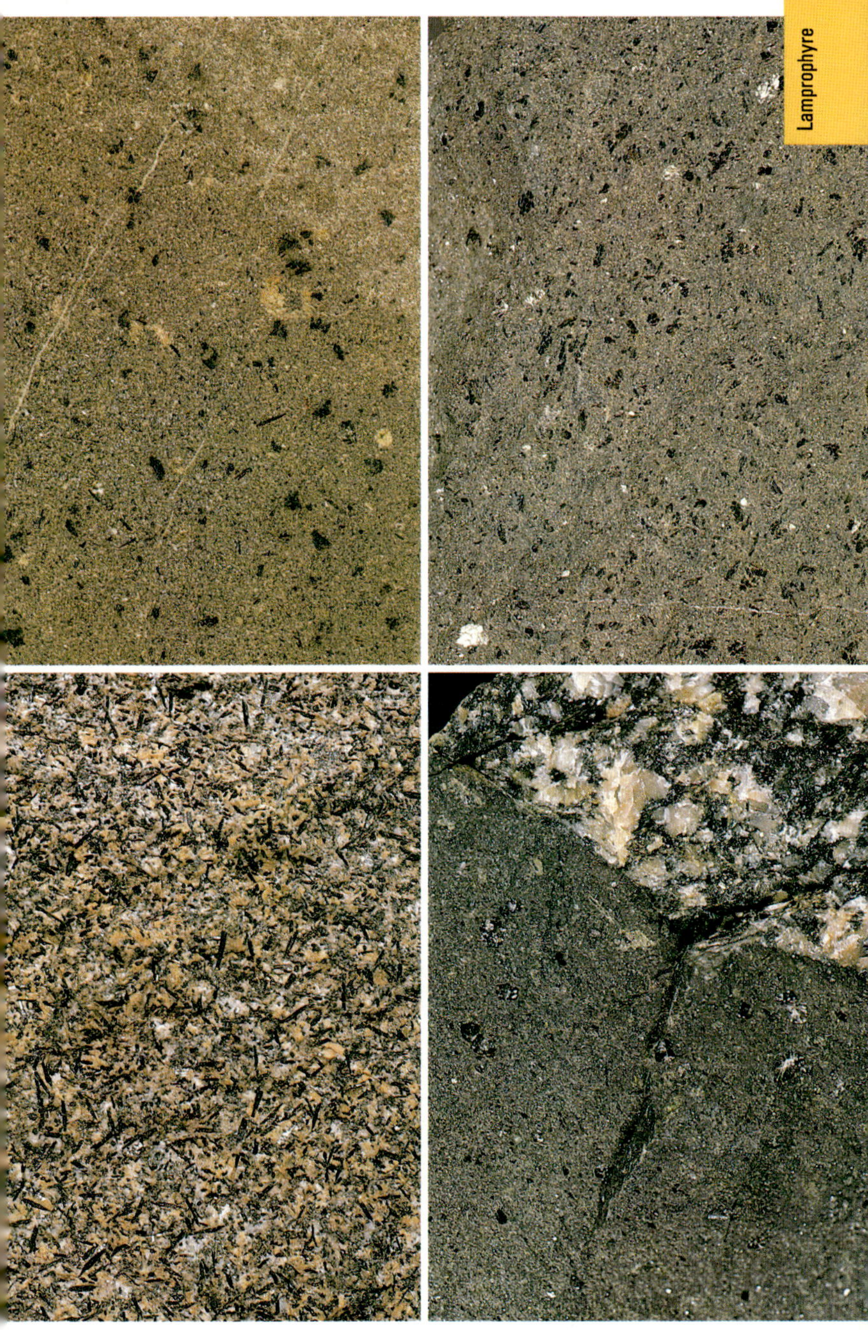

phibol (Barkevikit, Kaersutit), Augit, Olivin und/oder Biotit. Die Grundmasse besteht aus Labradorit, Amphibol, Pyroxen, mit untergeordnetem Alkalifeldspat und Foid. Akzessorien: Apatit, Eisenerze, Calcit, Zeolithe.

Sannait: Dem Camptonit entsprechend, aber mit Alkalifeldspat statt Plagioklas.

Monchiquit: Mögliche Einsprenglinge sind Augit, Amphibol (Barkevikit, Kaersutit), Biotit und öfter Olivin. Die Grundmasse des Gesteins besteht aus Glas, Analcim oder Nepehlin, mit vielen kleinsten Kristalliten von Pyroxen, Amphibol, Eisenerzen, Apatit, Calcit, Zeolithen usw. Der Gehalt an dunklen Gemengteilen übersteigt in der Regel 40 Vol.%.

Gruppe III (Melilithlamprophyre)

Polzenit: Ein Gestein aus Melilith, Biotit, Foid (Nephelin, Haüyn usw.) mit untergeordnetem Olivin, Titanaugit, Calcit, Apatit, Perowskit, Eisenerzen usw. Kein Feldspat. Der Gehalt an dunklen Gemengteilen liegt zwischen 70% und 90%.

Alnöit: Einsprenglinge von Biotit mit und ohne Olivin in einer Grundmasse aus Melilith, Karbonaten, Perowskit, Augit, Apatit, Eisenerzen, Nephelin usw. Kein Feldspat. Der Gehalt an dunklen Gemengteilen übersteigt 90%; das Gestein ist als ultrabasisch einzustufen und kann in dem Streckeisen-Doppeldreieck der Lamprophyre nicht dargestellt werden.

Die oben angesprochenen hohen Gehalte an H_2O, CO_2, Schwefel, P_2O_5 führen, besonders für solche dunklen basischen Gesteine, zu ungewöhnlich hohen Gehalten an wasserhaltigen Mineralen (Glimmer, Amphibol), primären Karbonaten (überwiegend Calcit), Sulfiden, Apatit und primären Zeolithen. Andererseits neigen die Lamprophyre deshalb auch zu häufiger sekundärer hydrothermaler Umwandlung. Olivin, Pyroxen, Biotit und Plagioklas zerfallen zu verschiedenen Produkten wie Calcit, Chlorit, Serpentinit, Epidot und weitere Zeolithe.

Merkmale: Sehr variabel, besonders bei Vogesit und Kersantit. Überwiegend sind es porphyrische, dunkelgraue bis glänzend schwarze Gesteine mit glasiger oder dichter bis feinkörniger Matrix. Rötliche und bräunliche Farben treten durch Hämatitpigment besonders bei Minette auf. Grünliche Sekundärfarben entstehen durch Chlorit. Der schimmernde Glanz des frischen Bruchs geht auf den (bis auf Vogesit) hohen Glimmergehalt zurück, welcher diese Gesteinsgruppe von anderen dunklen, porphyrischen Ganggesteinen unterscheidet. Weiterhin besteht das Gestein vorwiegend aus Feldspäten und/oder Foiden in der Grundmasse, die aber oft so stark hydrothermal zersetzt sind, daß sie meist auch mit dem petrographischen Mikroskop nicht identifizierbar sind. Anhand der Einsprenglingsphasen läßt sich eine grobe Einteilung der Lamprophyre vornehmen. Biotitlamprophyre sind vorwiegend Minette (Plagioklas <Alkalifeldspat) und Kersantit (Plagioklas >Alkalifeldspat) sowie Alnöit (aber mehr als 90% dunkle Gemengteile) und Polzenit (auch dunkel). Fluidale Einregelung der Glimmer ist möglich. Die anderen Lamprophyre sind alle Hornblende- und Pyroxen-betont, wobei es makroskopisch einerseits Schwierigkeiten bei der Unterscheidung dieser beiden Minerale geben dürfte und andererseits die Grundmasse den Schlüssel zur Unterscheidung verborgen hält. Monchiquite zeigen eine überwiegend glasige Matrix. Sowohl in Monchiquit als auch in Camptonit können manchmal auch Olivine (oder serpentinisierte Reste davon) als Einsprenglinge erkannt werden. Noch ausgeprägter ist das bei Alnöit und Polzenit zu beobachten. Eine oft gemachte Beobachtung in den Alkalilamprophyren ist das Auftreten von »Ocelli«, d. h. kleine, 1–2 mm große Kügelchen aus hellen Gemengen von Calcit/Anal-

o. l.: Monchiquit mit großen Hornblenden. Aussig, Böhmen/ČSSR; 4×6 cm

o. r.: Camptonit mit erkennbarer Hornblende und hellen Drusenfüllungen. Wesseln, Böhmen/ČSSR; 5×8 cm

u.: Grobkörniger Camptonit mit Pyroxen und weißen Drusenfüllungen. Tetschen, Böhmen/ČSSR; 6×4 cm

cim/Feldspat usw. (Camptonit) oder Gesteinsglas (Monchiquit).
Die meisten Lamprophyre im engeren Sinne gehören zu der Ganggefolgschaft von granitischen Gesteinen. Die in Schwärmen auftretenden Gänge sind wenige Dezimeter bis einige Meter mächtig und bis zu 100 m lang. Sie durchschlagen sowohl den Pluton als auch das Nebengestein und sind in der Regel jünger als die Aplite und Gangporphyre. Monchiquit und Camptonit sind typische Ganggesteine der Alkali-Gesteinskomplexe. Monchiquit ist oft zusammen mit Nephelinit und Karbonatit zu finden, wo auch Alnöit und Polzenit vorkommen. Camptonit ist ein häufiger Begleiter von Diabasen.
Vorkommen: Lamprophyre sind weltweit verbreitet. Man findet sie in Mitteleuropa, z. B. in der Bretagne, in den Vogesen/Frankreich, im Spessart, Odenwald, Schwarzwald und Bayerischen Wald/BRD; im Oberlausitz, Erzgebirge, Thüringer Wald, Harz, Massiv von Meißen/DDR; im Veltliner Tal/Norditalien; in Norwegen, Finnland usw. Alnöit kommt vor allem in Schweden vor; Polzenit ist im Prinzip ein Sammelname für eine Reihe von Melilith-Olivin-Nephelin-Biotit-Ganggesteinen in Nordböhmen. Monchiquit findet man in Böhmen und Portugal.
Name: Der Begriff Lamprophyr geht aus dem griechischen *lampros* = hell, glänzend und *phyrein* = besprengen hervor, also ein glänzendes (Glimmer!) Gestein mit Einsprenglingen. Minette wurde von einem alten französischen Bergmannsausdruck übernommen (Ähnlichkeit mit dem Eisenerz!). Die anderen Namen gehen auf geographische Bezeichnungen zurück.
Praktische Bedeutung: Zum Teil als wertvolles Denkmalgestein, Verblendgestein. Straßenbaustein.

Alnöit mit Biotit und rotbraun verwittertem Olivin in feinkörniger Grundmasse.
Insel Alnö/Schweden; 20 × 14 cm

Kimberlit

Mineralbestand: Kimberlite gehören zu den Tiefengesteinen der Peridotitgruppe (vgl. S. 66), die sich jedoch durch eine Reihe von Eigenarten von diesen unterscheiden. Sie sind wohl Olivin-reich, besitzen aber einen hohen Gehalt an Glimmer (Biotit oder Phlogopit), der bis auf 50 Vol.% anwachsen kann, so daß man von Glimmerperidotiten sprechen kann. Ein weiteres Hauptmineral ist Ilmenit. Allerdings ist die sekundäre Umwandlung z. B. zu Serpentin und Karbonaten meist sehr weit fortgeschritten, so daß sich insgesamt ein recht komplizierter Mineralbestand ergibt: Serpentin, Karbonate, Pyroxene, Pyropgranat, verschiedene sekundäre Glimmervarietäten, Magnetit, Chromspinell, Calciumzeolith, Apatit, Perowskit sowie Diamant.
Merkmale: Ein porphyrisches Gestein mit gerundeten und korrodierten Einsprenglingen von serpentinisierten und karbonatisierten Olivinen und chloritisierten Dunkelglimmern, gelegentlich auch Pyropgranat, in einer feinkörnigen Grundmasse. Je nach Umwandlungszustand ist die Farbe schwarz, blau, grün oder gelblich. Kimberlite kommen als Gänge und Lagergänge, aber besonders als Breccien und tuffartige Füllungen von sogenannten *pipes* oder Durchschlagsröhren vor, die bis zu Tiefen von 100–200 km in den Erdmantel reichen. Daher kommen auch viele Einschlüsse von Mantelperioditen oder -eklogiten vor. In diesen Tiefen kann Diamant gebildet werden. Die Förderung zur Erdoberfläche erfolgte explosionsartig.
Vorkommen: Besonders in Südafrika, wo das Vorkommen Kimberley dem Gestein seinen Namen gab. Wird auch in Jakutien/UdSSR und in Arizona/USA beobachtet. Sehr ähnliche Gesteine in Böhmen, Brasilien, Kanada, Schweden, Kongo. **Praktische Bedeutung:** Diamant-Muttergestein.
Vergrünte Kimberlit-Breccie mit Fremdgesteinseinschlüssen. Rep. Südafrika; 12 × 8 cm

Karbonatit

Begriffserläuterung: Unter Karbonatiten versteht man magmatische Gesteine, die mehr als 50 Vol.% Karbonatmineralien enthalten. In der Regel liegt der Karbonatgehalt zwischen 70 Vol.% und 90 Vol.%.

Mineralbestand: Je nach Art der beteiligten Karbonatminerale werden verschiedene Gruppen von Karbonatiten petrologisch und chemisch unterschieden: 1. Calcitkarbonatite, mit überwiegend Calcit ($CaCO_3$). Hierzu zählen die Sövite (grob- bis mittelkörnig) und die Alvikite (klein- bis feinkörnig). 2. Dolomitkarbonatite wie Rauhaugit und Beforsit (letzterer mit bedeutendem Glimmeranteil). 3. Ferrokarbonatite mit Ankerit ($CaFe[CO_3]_2$) oder Siderit ($FeCO_3$) als Hauptminerale. 4. Natrokarbonatite, mit Natrium-Kalium-Calcium-Karbonaten, wie z. B. Nyerereit ($Na_2Ca[CO_3]_2$) und Fairchildit ($K_2Ca[CO_3]_2$), sowie Mischkristalle zwischen diesen beiden Endgliedern. Diese zunächst relativ einfach erscheinende Einteilung wird durch die fast unüberschaubare Menge von nicht karbonatischen Mineralien verkompliziert, welche die Karbonatite begleiten und deren Gefüge und Auftreten prägen. Mehr als 200 solcher Begleitminerale sind bislang bekannt. Folgende zählen zu den wichtigsten: 1. Silikate: Forsterit, Melilith, Diopsid, Ägirinaugit, Ägirin, Wollastonit, normale Amphibole und Alkaliamphibole, Phlogopit, Vermiculit, Titanit, Zirkon, Alkalifeldspäte, Nephelin; 2. Oxide: Magnetit, Ilmenit, Rutil, Perowskit, Pyrochlor ($(Na,Ca)_2(Nb,Ti,Ta)_2O_6(OH,F,O)$, oft als Cer-haltiger Koppit), Quarz; 3. Sulfide: Pyrrhotin, Pyrit; 4. Sulfate: Baryt; 5. Phosphate: Apatit; 6. Halogenide: Fluorit.

Merkmale: Meist grauweiße bis hellgraue und mittelkörnige Gesteine. Häufig mit Marmor leicht zu verwechseln. Tatsächlich bedarf es oft Bilder der Vulkanausbrüche des Oldoinyo Lengai/Tansania, um an die Möglichkeit von Magmen zu glauben, die hauptsächlich aus Karbonat bestehen. Die Laven des Oldoinyo Lengai sind allerdings so wasserlöslich, daß sie oft nur wenige Stunden oder Tage unverändert erhalten bleiben. Es ist dann auch nicht verwunderlich, daß die Gefüge der Karbonatite äußerst variabel sind, denn sie treten als Plutonite auf, als Ganggesteine und als Vulkanite. Die meisten von den magmatischen Gesteinen her bekannten Gefügetypen sind auch hier zu beobachten. Man erkennt richtungslos massive Texturen, lagige und schlierige, Gneis-artige und solche mit Fließtextur, blasige und porphyrische. Riesenkörnig pegmatitische, tuffitische und Breccien-artige Ausbildungen sind alle schon beschrieben worden. Die Farbe kann sich von dem typischen Weiß durch Zersetzung von Eisen-haltigen Karbonaten zu Beige, Rotbraun oder Dunkelbraun verändern.

Vorkommen: Mit wenigen Ausnahmen an Alkali-Gesteinskomplexe gebunden, wo sie oft die Zentralintrusion von sogenannten konzentrisch aufgebauten Ringkomplexen bilden. Sie sind hier meist mit Ijolith oder Nephelinsyenit (bzw. deren vulkanischen Äquivalenten Nephelinit oder Phonolith) vergesellschaftet. Beispiele von solchen Ringkomplexen sind Oka/Kanada, Insel Alnö/Schweden. Die Alkali-Gesteinskomplexe müssen aber keinesfalls konzentrisch angelegt sein, wie das Vorkommen vom Kaiserstuhl beweist. Weitere Fundpunkte sind Telemark/Norwegen, Kola-Halbinsel/UdSSR, das zentralafrikanische Grabensystem usw.

Praktische Bedeutung: Karbonatite dienen oft als Erzlagerstätten für seltene Mineralien, z. B. wird der größte Teil der Weltproduktion von Niobium aus dem Pyrochlorgehalt von Karbonatiten gewonnen.

o.: Leicht gebänderter Calcitkarbonatit mit Nephelin.
Insel Alnö/Schweden; 15 × 10 cm

u.: Sövit mit schön ausgebildeten Biotit-Prismen. Norsjö-See/Norwegen; 8 × 5 cm

Bei der Eruption von Magmen können eine ganze Reihe von recht komplizierten Prozessen ablaufen, die das Aussehen der Eruptionsprodukte wesentlich beeinflussen. Die in diesem Buch als Vulkanite/Subvulkanite vorgestellten Gesteine sind entweder in der Form von Lavaströmen ausgeflossen oder als Gang im oberflächennahen Bereich auskristallisiert. Sie setzen eine relativ ruhige, wenn auch sehr heiße Vulkantätigkeit voraus. Demgegenüber gibt es viele Ausbrüche, bei denen die Vulkantätigkeit explosionsartig vor sich geht. Das erkaltende Magma wird fragmentiert und als Lockermaterial ausgestoßen und verteilt. Solches Material wird ganz unabhängig von der Zusammensetzung oder Korngröße als **Tephra** bezeichnet. Die einzelnen Fragmente werden **Pyroklasten** genannt, woraus sich der Überbegriff dieses Abschnitts ableitet. Sind diese Gesteine, die sowohl locker als auch verfestigt sein können, Sedimentite oder Magmatite? Diese Frage wird immer noch diskutiert. Der amerikanische Geologe WENTWORTH sagte: »They are igneous on the way up and sedimentary on the way down.« (Sie sind magmatisch auf dem Weg aufwärts und sedimentär auf dem Weg abwärts). Der Übergang von einem vulkanischen Sedimentationsprodukt zu einem normalen Sediment kann recht fließend sein, z. B. wenn Pyroklasten in einem Fluß mit nicht-vulkanischen Partikeln vermengt werden. Für solche gemischte Gesteine gibt es recht unterschiedliche Bezeichnungen und Gliederungsvorschläge. Im deutschen Sprachgebrauch sind **Tuffite** pyroklastische Gesteine mit bis zu 50% Zumengung von normalem Detritus. Darüber spricht man von einem **tuffitischen Sediment.** Vulkanische Sedimente, die geologisch sehr viel später von Flüssen oder vom Wind neu umgelagert werden, sind nicht als Pyroklastika zu bezeichnen. Zuweilen bilden sich durch starke Regenfälle, durch Schmelzen von Gletschern am Kraterrand des Vulkans oder durch Entleerung eines Kratersees sehr mobile und zerstörerische Gemische aus frischen Pyroklasten und Wasser, die als Schlammströme zu Tal fließen. Die entsprechenden Ablagerungen werden **Lahare** genannt.

»Struktur« eines Magmas: Einen entscheidenden Einfluß auf die Art der Vulkantätigkeit hat oft die chemische Zusammensetzung des Magmas und die Menge der darin gelösten Gase. Es leuchtet ein, daß ein Mineralkristall eine Struktur besitzt, d. h. einen internen, dreidimensional regelmäßigen Aufbau des Atomgerüsts. Dagegen ist es eher eine Überraschung, daß auch Magmen bereits aus Fragmenten von solchen Atomgerüsten aufgebaut sind, welche die Viskosität, d. h. die Zähflüssigkeit des Magmas stark beeinflussen. Bereits bei der Besprechung der basaltischen Vulkanite wurde darauf hingewiesen, daß z. B. die Schmelzen von diesen basischen, dunklen Gesteinen vergleichsweise dünnflüssig sind. Binnen weniger Tage können Basaltlavaströme Gebiete überfluten, die 80% der Fläche der Bundesrepublik darstellen. Helle, »saure« Laven, wie z. B. Rhyolith, können dagegen meist nur kurze Lavaströme bilden, die oft dabei in Blöcke zerfallen. Der Grundbaustein aller Silikatminerale ist ein sogenanntes Tetraeder, d. h. ein zentrales Silizium-Atom umgeben von vier Sauerstoff-Atomen. Diese Tetraeder neigen dazu, sich zu verknüpfen, bis sie dann Gerüststrukturen wie die der Feldspäte oder des Quarz erreichen. Atome wie Magnesium und Eisen sind dazu viel weniger fähig. Wie bei den Silikat-Mineralien bilden sich nun auch in der Schmelze Gerüstteile aus Silizium und Sauerstoff. Ist der Silizium-Gehalt hoch, wie bei den hellen, rhyolithischen Schmelzen, ist die Verknüpfung groß und die Schmelzbeweglichkeit klein. Die Silizium-armen Schmelzen sind vie

o.: Reticulit
Hawaii/USA; 8×5 cm
u.: Bimsstein
Laacher See, Eifel/BRD; 6×4 cm

weniger verknüpft und natürlich dann dünnflüssiger. Natürliche Magmen sind jedoch nicht trocken. Sie lösen bis zu 7–10 Gew.% Wasser und auch Gase, wie z. B. CO_2. Der wichtige Einfluß von Wasser ist, daß es in der Schmelze die Silizium/Sauerstoff-Gerüstteile aufzubrechen vermag und so die Schmelze wieder dünnflüssiger macht. Wasserhaltige Schmelzen sind bei gleicher Temperatur beweglicher.

Erstarrungsformen: Die Erstarrungsgebilde der Vulkanite sind also eng verknüpft mit der Viskosität und dem Gasgehalt der betreffenden Schmelzen. Auf die großräumigen Formen der Ströme wurde bereits bei der Besprechung der Vulkanite eingegangen, aber es gibt ein ganzes Spektrum von weiteren charakteristischen Erscheinungen. Wohl eines der bekanntesten ist die berühmte Säulenform von Basalten. Hierbei handelt es sich um eine sehr regelmäßige Zerklüftung im Inneren von Lavaströmen, Gängen und Schlotfüllungen, die zu dicht zusammengesetzten, meist sechsseitigen Säulen führt. Eine Mindestmächtigkeit des Basaltkörpers von ca. 8 m scheint für die Säulenbildung nötig zu sein. Die Entstehung geht auf eine Kontraktion des Gesteins bei der Abkühlung zurück. Wie ihre geographischen Namen beweisen, wurden Vorkommen dieser Art früher oft als Werk übernatürlicher Kräfte angesehen: Giant's Causeway (Irland), Devil's Tower (Wyoming/USA), Devil's Postgate (Kalifornien/USA).

Auch die Oberflächen von basaltischen Lavaströmen zeigen charakteristische Erstarrungsformen, die nach Bezeichnungen aus der Eingeborenensprache Hawaiis Aa- und Pahoehoe-Laven (letztere zu Deutsch: Strick- und Fadenlava) genannt werden. Bei gleicher Fließgeschwindigkeit des Lavastroms geht der Unterschied im wesentlichen auf Viskositätsunterschiede zurück. Die Wülste und Fladen der Pahoehoe-Oberfläche sind das Resultat von Fießbewegungen unter einer sich verdickenden Haut. Bei der zähflüssigeren Aa-Ausbildung reißt die Oberflächenhaut und bildet schlakkige, scharfkantige Lavabrocken.

Ästhetisch sehr reizvolle Oberflächenerscheinungen kennt man besonders aus der Umgebung des Kilauea-Kraters auf Hawaii. Aus sehr dünnflüssigen, basaltischen Laven können an der Oberfläche von Lavaströmen und Lavaseen tropfenförmige oder strangförmige Körper entstehen, die als Peles Tränen bzw. Peles Haar bezeichnet werden. Der Name wurzelt in der Mythologie Hawaiis, denn Pele ist die Göttin des Feuers und im Kilauea-Krater beheimatet. Peles Haar besteht aus Glasfasern, ca. einen halben Millimeter im Durchmesser, aber bis zu mehrere Meter lang. Sowohl das Haar als auch die Tränen entstehen, wenn zerplatzte Gasblasen Lava in die Luft spritzen, wo es vom Wind erfaßt, zum Teil ausgezogen und oft mattenartig angehäuft wird.

Es wird heute angenommen, daß Magmen in der Erdkruste an Wasser und Gasen untersättigt sind, d. h., sie wären in der Lage, noch mehr davon zu lösen. Der Vergleich mit einer geschlossenen Sprudelflasche wäre angebracht. Nimmt der Belastungsdruck auf dem Magma ab, indem es näher zur Erdoberfläche kommt, so wird der Sättigungspunkt irgendwann überschritten und es entsteht, wie beim Öffnen der Sprudelflasche, ein blasenreiches Gemisch aus Gas und Schmelze. Bei der Erstarrung bilden sich dann charakteristische poröse Vulkanite. Geschieht die Abkühlung sehr rasch, so können auch schaumartige Gläser entstehen, die man **Bimsstein** nennt. Diese sind sehr charakteristisch für helle, saure Vulkanite, wie z. B. Rhyolith, und deshalb grauweiß bis gelblich, selten braun und grau in der Farbe. Der Glanz frischer Bimssteine ist seidig. Sie bestehen aus subparallel verflochtenen Glasfasern, die sich um Hohlräume und Ein-

o. l.: Stricklava. Antarktis; 20 × 30 cm
o. r.: Blasenlava mit gefrittetem Sandsteineinschluß. Laacher See, Eifel/BRD; 20 × 30 cm
u. l.: Vulkanische Brotkrustenbombe Vulcano/Italien; 20 × 30 cm
u. r.: Spindelartig geformte vulkanische Bombe. Antarktis; 20 × 30 cm

schlüsse winden. Das Gestein ist so porös und leicht, daß es ohne weiteres weite Strecken auf dem Wasser schwimmend zurücklegen kann. Basaltische Beispiele sind sehr viel seltener und werden dann als **blasenreiche Schlacke** bezeichnet. Eine besonders schöne Varietät ist jedoch der **Reticulit,** der aus einem offenen Netzwerk von dünnen, goldglänzenden Glasfasern aufgebaut ist und wie ein metallischer Scheuerschwamm aussieht. Die Hohlräume sind verbunden und offen, so daß im Gegensatz zum Bimsstein Reticulite im Wasser schnell versinken.

Einige Erscheinungsformen können sehr stark von der Umgebung abhängen, in der das Magma abgeschreckt wird. Bei explosionsartigen Vulkanausbrüchen werden oft größere Magmenfetzen und -massen herausgeschleudert, die in der Luft erstarren und dabei noch plastisch geformt werden. Übersteigen sie 64 mm im Durchmesser, werden sie als **Bomben** bezeichnet. Sie sind kugelig, ellipsoidisch, spindel- bis mandelförmig. Die Oberfläche zeigt meist deutliche Spuren von Drehbewegungen und dem Herausreißen von Teilen während des Fluges. Sind sie beim Aufprall noch plastisch, dann entstehen flache Fladen. Dehnen sich die Glasblasen im Bombenkern noch aus, obwohl die äußere Rinde bereits erstarrt ist, dann entstehen nach außen hin klaffende Risse, die zu der Bezeichnung **Brotkrustenbombe** geführt haben.

Fließt ein Lavastrom in das Meer oder in einen See hinein, dann bilden sich die berühmten *Pillows* oder Kissenlaven. Die Entstehung dieser eigenartigen Gebilde wurde von zwei Tauchern aus lebensgefährlicher Nähe in eindrucksvoller Weise gefilmt, als sich ein basaltischer Lavastrom in das Meer vor Hawaii hineinwälzte. Im Aufschluß erscheinen solche *Pillows* meist als rundliche bis nierenförmige Gebilde von 0,5–1 m Durchmesser. Tatsächlich sind dies aber nur die Querschnitte von langen Lavaschläuchen, bei denen die Kruste hier und da aufgeplatzt ist und neue Lavaschläuche entstehen ließ. So baut sich ein Gebilde wie ein dichtes Wurzel- oder Astgeflecht auf, von dem man im Aufschluß dann nur einen zweidimensionalen Querschnitt sieht. Manche Lavaschläuche sind beim vollkommenen Erstarren nicht mehr ganz mit Lava gefüllt, so daß die ehemalige Oberfläche der Flüssigkeit klar erkennbar ist. Mit dieser natürlichen Wasserwaage kann man z. B. feststellen, ob der ganze Gesteinskomplex tektonisch seit seiner Entstehung gekippt worden ist. Die Zwischenräume der Schläuche sind meist mit Sedimentmaterial ausgefüllt, aber auch sogenannte **Hyaloklastite** können hier eine wichtige Rolle spielen. Diese bestehen aus angehäuften, kantigen, scherbenartigen, splittrigen Glasfragmenten, die beim Eintritt des Magmas in das Wasser entstanden sind und wegen ihrer Sprödheit von den Schläuchen abgespalten wurden. Die grünlich schwarzen bis schwarzen basaltischen Gesteinsgläser werden allgemein als **Tachylyth** bezeichnet. Obwohl typisch für Pillowlaven, können Hyaloklastite überall dort gefunden werden, wo Lava direkt ins Wasser geflossen ist. Solche Gesteinsgläser bleiben jedoch selten über längere Zeit frisch. Ihre Umwandlung nennt man **Palagonitisierung.** Das Produkt ist eine braungelbe bis orangefarbene Substanz mit hohem Wassergehalt.

Gliederung der Pyroklastika

Fragmentgröße in mm	unverfestigte Tephra	verfestigte Pyroklastika
> 64	Bomben/ Blöcke	Agglomerat/pyroklastische Breccie
2–64	Lapilli	Lapilli-Tuff
< 2	Aschen	Aschen-Tuff

o. l.: Hyaloklastit mit deutlicher orange- bis gelbfarbener Palagonitisierung der schwarzen Glasscherben. Neuseeland; 20 × 30 cm

o. r.: Im Schlot eines Vulkans entstandene Breccie. Chile; 10 × 15 cm

u.: Tuff-Breccie
Dossenheim, Odenwald/BRD; 20 × 30 cm

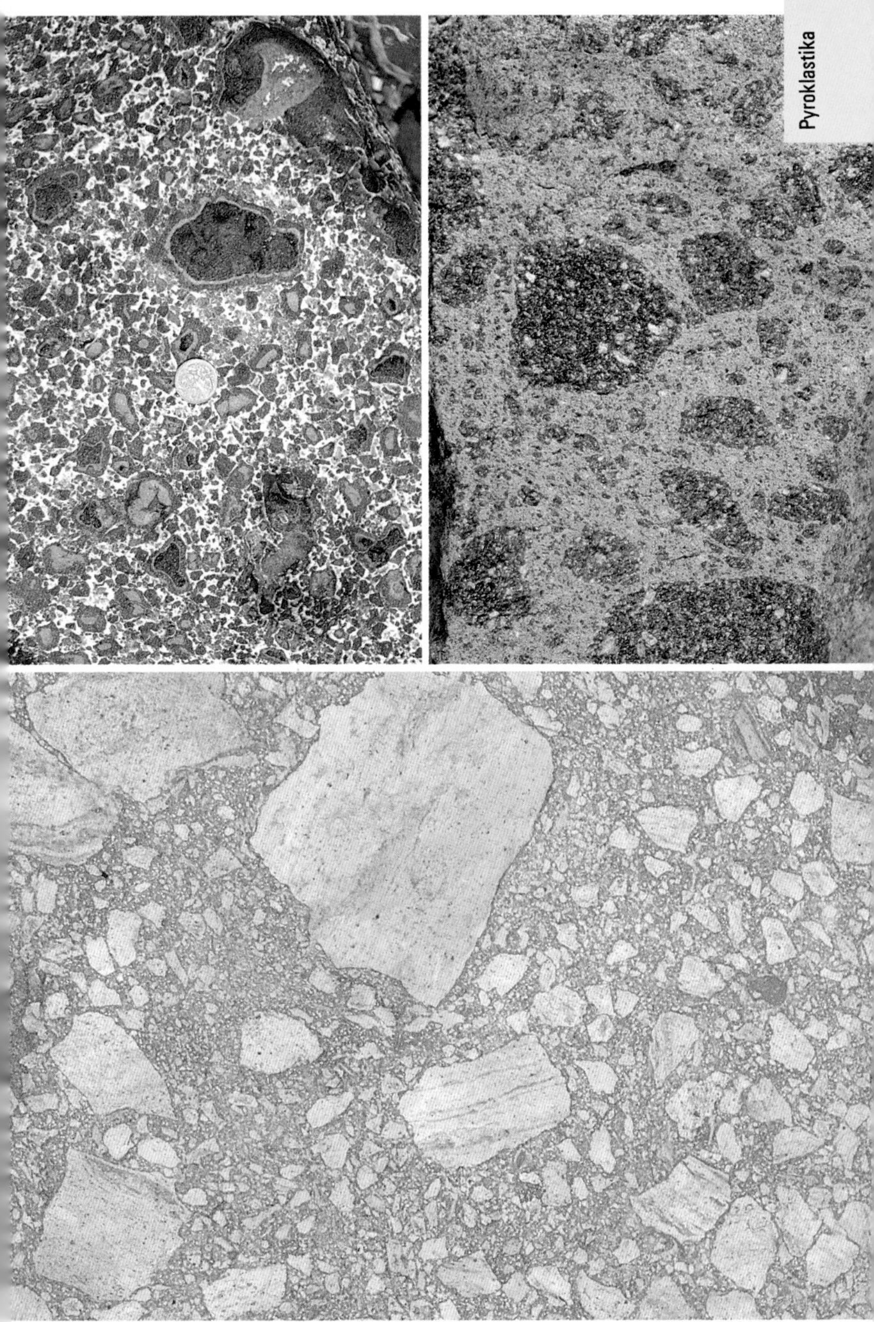

Vulkanische Eruption reich an Pyroklasten: Nach SCHMINCKE läßt sich ein explosiv eruptierender Vulkan wie folgt betrachten (siehe Skizze): In der aufsteigenden Magmensäule beginnen sich, wie oben bereits angedeutet, dann Blasen zu bilden, wenn die Aufnahmefähigkeit des Magmas für die gelösten Gase durch Druckentlastung (d. h. Aufstieg) geringer wird als die Menge an vorhandenen Gasen. Wenn das Blasenvolumen 70–80% des Magmas erreicht, zerreißt dieses und wird in ein Schlot entstehen läßt. Schließlich können Teile der Eruptionswolke bis in 50 km Höhe gelangen und sich in der Tropopause, der atmosphärischen Zone der stärksten relativ konstanten Windströmungen, seitlich schirmartig ausbreiten. Ist der ursprüngliche Schub der Gas/Pyroklasten-Wolke nicht ausreichend, können Teile oder sogar die ganze Eruptionssäule zurückfallen und sich als Glutlawinen und Glutwolken vom Kraterrand aus den Hang hinunter ausbreiten.

Schematische Darstellung eines Vulkanausbruchs.

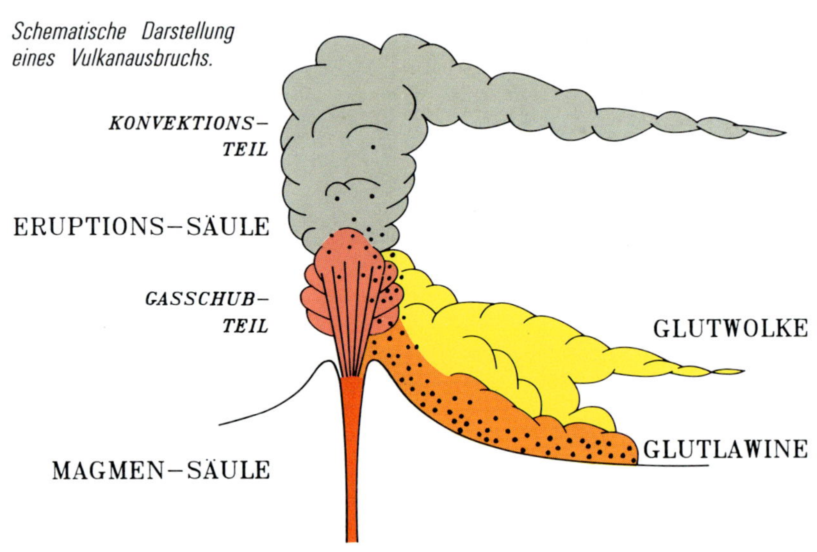

Gemenge aus Gas und Schmelzpartikel umgewandelt, das dann mit z.T. Überschallgeschwindigkeit aus dem Schlot gefördert wird. In der Regel liegen die Fördergeschwindigkeiten an der Schlotmündung zwischen 100 und 600 m/sec. Nach Austritt aus dem Schlot bildet sich eine Eruptionssäule, in deren unterstem Teil das Gas/Pyroklasten-Gemisch von 100 m bis zu wenigen Kilometern hoch in die Atmosphäre geschossen wird. Dabei verliert die heiße Wolke schnell ihre gröberen Fragmente, wird leichter und kann noch höher steigen. Dieser Umstand wird dadurch begünstigt, daß kalte Luft seitlich angesaugt wird und so eine nach oben gerichtete Strömung über dem

o. l.: Lapilli-Tuff mit zahlreichen Bims- (gelb) und Fremdgesteins-Fragmenten.
Laacher See, Eifel/BRD; 5 × 8 cm

o. r.: Lapilli-Tuff mit besonders schön ausgebildeten akkretionären Lapilli.
Laacher See, Eifel/BRD; 5 × 8 cm

u. l.: Traß, eine lockere, unverschweißte, pyroklastische Stromablagerung.
Steiermark/Österreich; 4 × 6 cm

u. r.: Geschichteter Tuff mit schönen akkretionären Lapilli.
Laacher See, Eifel/BRD; 11 × 15 cm

Gliederung der Pyroklastika
Die Gliederung dieser Gesteine erfolgt nach Korngröße der darin enthaltenen Bestandteile (s. Tabelle S. 140). Die Einteilung von Gemischen aus diesen drei Größengruppen wird z.T. recht unterschiedlich gehandhabt. Tuff-Breccie ist ein wichtiger Ausdruck für ein Gestein mit 25–75% Fragmenten größer als 64 mm in einer feinerkörnigen Grundmasse. Bomben sind Magmenfetzen, die in flüssigem Zustand ausgeworfen wurden. Prallen sie in ausreichender Menge auf die Erdoberfläche auf, können sie sich noch zu einem **Agglomerat** vereinigen. Blöcke sind dagegen bereits erstarrte Auswürflinge und können höchstens eine Breccie bilden. Weitere Differenzierungen sind möglich, je nach dem, ob die kleinen Partikel aus Glas (Glasasche/Glastuff), Kristallen (Kristallasche/Kristalltuff) oder Gesteinsfragmenten (lithische Asche/lithischer Tuff) bestehen. Pyroklastika, die aus Aschenwolken aussedimentiert wurden, sind meist sehr einheitlich aufgebaut. Die großen Fragmente nahe des Kraters, die kleinen weiter weg. Man spricht dann von guter Sortierung. Die Ablagerungen der Glutlawinen (siehe unten) sind dagegen inhomogen und schlechter sortiert. Die äußere Form der Lapilli und Aschepartikel ist recht mannigfaltig. Sie können unregelmäßig eckig oder durch gegenseitige Reibung beim Transport abgerundet sein. **Akkretionäre Lapilli** (= vulkanische Pisolithe) sind kugelige Gebilde mit konzentrisch lagigem Aufbau von vielen aneinander haftenden Aschepartikelchen recht unterschiedlicher Herkunft. Die Umwandlung von lockeren Pyroklastika zu festen Gesteinen erfolgt z.T. durch Zusammenschweißen der noch heißen Fragmente oder durch nachträgliches Verkitten mit Calcit, Quarz oder auch Zeolithen, die aus dem zirkulierenden Grundwasser in den Porenräumen ausgeschieden werden.

Ignimbrite: Während die oben beschriebenen Pyroklasten hauptsächlich aus luftverfrachteter, z.T. ballistisch ausgeworfener Materie hervorgehen, gibt es auch die sogenannten Aschestromablagerungen, von denen der Ignimbrit (lateinisch *ignis* = Feuer, *nimbus* = Wolke) das bekannteste Beispiel ist. Die Bedeutung dieser Bildungen wurde erst in den letzten Jahrzehnten erkannt und auf die **Glutlawinen** zurückgeführt.

Merkmale: Grobkörnige Pyroklastika sind relativ einfach zu erkennen, aber feinkörnige Aschentuffe sind leicht mit Tonstein, Schieferton, Mergel usw. zu verwechseln. Stark verfestigte Kristalltuffe können auch den porphyrischen Vulkaniten sehr ähnlich sein. Wichtig ist, ob das Gestein Glasscherben, zerbrochene Kristalle oder Gesteinsbruchstücke führt. Wegen dieser scherbigen Glasfragmente sind viele Tuffe im Gegensatz zu den meisten Sedimenten rauh anzufühlen. Viele Ignimbrite sind in der Vergangenheit als saure porphyrische Lavaströme interpretiert worden. Sie sind schlecht sortiert, also sehr inhomogen in bezug auf die Korngrößen ihrer Bestandteile. Nehmen die glasigen Bestandteile stark überhand, so ähnelt das Gestein auch einem Obsidian. Die meist gut ausgeprägte Paralleltextur vieler Ignimbrite geht auf die sogenannten Flammen (italienisch: *fiamme*) zurück. Dies sind eingeregelte, flach gedrückte Glasfladen mit Durchmessern bis 10 Zentimeter.

Praktische Bedeutung: Tuffe und Ignimbrite waren in der Vergangenheit beliebte Bausteine. Die Bedeutung von Bimsstein ist bereits unter Rhyolith (vgl. S. 92) besprochen worden. Bentonit ist ein sogenannter Blähton, der sich aus Tuffen durch Umwandlung gebildet hat. Er besitzt technisch interessante Eigenschaften, wie z.B. die Fähigkeit, bestimmte Stoffe zu absorbieren. Er eignet sich deshalb als Filter zum Reinigen von Ölen, Fetten usw. Traß ist Rohstoff für Sulfat-freien Zement.

o.: Flammenreicher Ignimbrit mit Glasscherben und rotiertem Einschluß.
Gran Canaria/Spanien; 10 × 7 cm
u. l.: Poröser, gealterter Ignimbrit.
Porto Scuro, Sardinien/Italien; 15 × 20 cm
u. r.: Frischer, massiver Ignimbrit mit eingelagerten Bims-Bruchstücken. Chile; 4 × 6 cm

Konglomerat und Breccie

Zur Klassifikation: Für die Gliederung der grobklastischen Gesteine gibt es mehrere Möglichkeiten. Zunächst ist festzuhalten, daß die Korngrößen von mehr als 50% der Geröllkomponenten 2 mm im Durchmesser übersteigen müssen (s. Tabelle). Man nennt Sedimentgesteine dieser Größenklasse psephitisch. Die unverfestigten Lockergerölle sind als Kies zu bezeichnen. Gerölle, die größer als 6,3 mm im Durchmesser sind, können als Steine (nach DIN 4022), und Gerölle, die größer als 20 mm im Durchmesser sind, als Blöcke (nach WENTWORTH) bezeichnet werden. Gängige Feldbezeichnungen sind auch Schotter, Schutt oder Blockschutt (letzteres bei Durchmessern über 20 cm). Auch die Form der Gerölle spielt eine wesentliche Rolle. Sind sie gerundet oder zumindest kantengerundet, so spricht man von Rundschotter und im verfestigten Zustand von Konglomeraten. Sind die Komponenten überwiegend eckig, so handelt es sich um Schutt und der daraus entstehenden Breccie. Hier muß festgehalten werden, daß es sich um sedimentäre Breccien handelt. Pyroklastische (vgl. S. 141) oder tektonische Breccien (vgl. S. 268) sind zu unterscheiden. Des weiteren ist die Zusammensetzung der Gerölle von Bedeutung. Man unterscheidet »monomikte« Konglomerate und Breccien, wenn nur ein Gerölltyp vorliegt, »oligomikte« bei wenigen Typen und »polymikte« bei einem bunten Ge-

o.: Polymiktes Konglomerat mit z. T. gut gerundeten, teilweise auch nur kantengerundeten, überwiegend quarzitischen Geröllen. Die Matrix ist feinkörnig und durch Eisenoxide rot pigmentiert. Links: Geschliffene Platte; rechts: frischer Bruch. Montserrat/Spanien; 8 × 12 cm
u.: Oligomikte Konglomeratlage in Sandstein mit Quarz und Schiefergeröllen (schwarz). Grube Friedrich der Große, Herne/BRD

Korn-Ø	Einteilung		Bezeichnung	Einteilung nach DIN 4022	Korn-Ø mm
	pelitisch	Kolloid	Pelite	Ton	
0,2 µ		Fein-Ton			
2 µ		Grob-Ton			0,002
				Fein-Schluff (Silt)	0,0063
				Mittel-Schluff (Silt)	0,02
0,02 mm	psammitisch	Fein-Sand	Psammite	Grob-Schluff (Silt)	0,063
0,2 mm		Grob-Sand		Fein-Sand	0,2
				Mittel-Sand	0,63
				Grob-Sand	2
2 mm	psephitisch	Fein-Kies	Psephite	Fein-Kies	6,3
2 cm		Grob-Kies		Mittel-Kies	20
				Grob-Kies	63
20 cm		Blöcke		Steine	

Gebräuchliche Korngrößen – Klassifikation klastischer Sedimente nach WENTWORTH (links) bzw. DIN

misch. Bei monomikten und oligomikten Psephiten ist es zweckmäßig, den Geröllltyp in den Gesteinsnamen einzuführen: z. B. Kalkkonglomerat, Kalkbreccie, Quarzitkonglomerat usw. Die Grenze zwischen Breccien und Konglomeraten ist nicht scharf. So bestehen die von Gletschern zurückgelassenen Moränen aus Ablagerungen von feinem Zerreibsel, durchsetzt von blockigem, verschieden gerundetem Geschiebe. Das verfestigte Gestein heißt Tillit. Bei katastrophalen Regengüssen in sonst trokkenem Klima entstehen oft chaotische Schuttmassen, die in verfestigtem Zustand als »Fanglomerate« bezeichnet werden. Man unterscheidet weiterhin intraformationelle und extraformationelle Konglomerate und Breccien. Letztere sind der Normalfall, da der Ursprung der Gerölle meist nicht mit dem Ablagerungsraum identisch ist. Besonders bei noch nicht gut verfestigten Karbonaten kann es aber vorkommen, daß Teile der Ablagerung neu aufgearbeitet und einfach »in der Formation« umgelagert werden. Eine besonders in den Alpen sehr gebräuchliche Bezeichnung für Konglomerat ist Nagelfluh oder auch Puddingstein.

Bestandteile: Diese sind erwartungsgemäß sehr unterschiedlich, je nach dem, wie das Geröll-liefernde Abtragungsgebiet zusammengesetzt ist. Bei der Größe der psephitischen Gerölle sind meist die Gesteinstypen leicht erkennbar. Besonders widerstandsfähig und sehr weit transportierbar sind Quarz-reiche Gerölle. Die verkittende Grundmasse liegt in meist sehr unterschiedlicher Form vor. Es können darin noch klastische, pelitische und sandige Anteile vorliegen, die später bei der Verfestigung des Gesteins durch karbonatische und kieselige Bindemittel ergänzt werden. Ophicalcite sind besonders berühmte Breccien, bei denen Serpentinit (z. T. auch Gabbro) zerbrochen und mit Calcit neu verkittet wurde. Diese Form des Ophicalcits ist nicht mit der metasomatischen Serpentint-Calcit-Bildung zu verwechseln (vgl. S. 260).

Merkmale: Einige wichtige Merkmale waren bereits Bestandteil der Gliederungskriterien (siehe oben). Das Aussehen wird durch die Art der Gerölle und durch die Art der Grundmasse entscheidend geprägt. Konglomerate und Breccien sind in der Regel recht einfach durch abgerundete Gerölle bzw. eckige Bruchstücke zu unterscheiden. Bei Ophicalciten ist meist eine Rotfärbung durch Hämatitbildung zu verzeichnen, was dem Gestein seinen berühmten Farbwechsel (dunkelgrün/rot) gibt.

Entstehung: Kann z. T. sehr unterschiedlich sein. Für Konglomerate, genauer für die ursprünglichen Schotter/Geröllablagerungen, müssen vor allem Transportmittel mit hoher Energie vorhanden gewesen sein, um die relativ großen Gerölle zu bewegen. Eine Möglichkeit ist z. B. in seichtem Wasser am Meeresstrand gegeben, wo die starke Brandung auch größere Gerölle runden und aussortieren kann. Man spricht dann auch von Brandungskonglomeraten. Aber ebenso in gebirgigen Gegenden mit hohem Relief sind energiereiche Wasserläufe vorhanden. Auch während der Eiszeiten entstanden oft riesige Schmelzwasserläufe. Hier wurde das Geröll zunächst rasch abgetragen und wegtransportiert, um dann bei nach-

o. l.: Monomiktes Kalkkonglomerat mit z. T. wohlgerundeten Geröllen, deren sedimentäres Gefüge durch die klar erkenntliche Schichtung sichtbar ist. Die Matrix ist tonig-kalkig. Diegem/Belgien; 8 × 12 cm

o. r.: Sehr grobes Konglomerat mit bis zu faustgroßen Geröllen sehr unterschiedlicher Herkunft. Es handelt sich z. T. um magmatische Bestandteile (Granite) aber auch um metamorphe (Gneis und Quarzit). Lillehammer/Norwegen; 20 × 30 cm

u. l.: Ophicalcit. Grüne, z. T. durch Hämatit rot pigmentierte, eckige Bruchstücke von Serpentinit in einer feinkörnigen calcitischen Grundmasse. Polierte Platte, Handelsname Rossa Imperiale. Ligurien/Italien; 7 × 10 cm

u. r.: Sehr eckige, z. T. an Ort und Stelle zerbrochene Marmorbreccie. Grundmasse durch Eisenoxide rot pigmentiert. Polierte Platte »Cipran Breca«. Cipran/Bulgarien; 7 × 10 cm

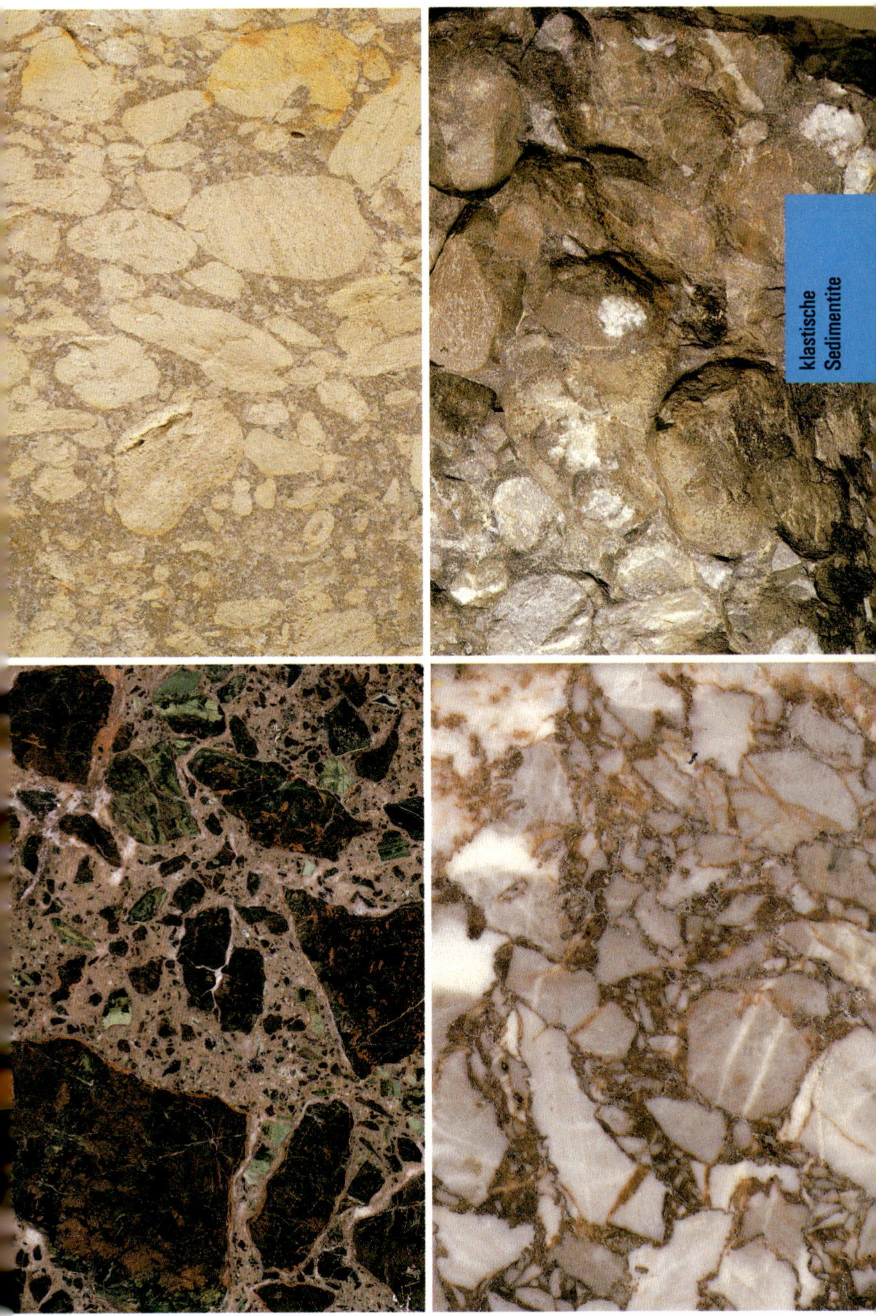

lassender Kraft, z. B. in einem tiefen See oder beim Erreichen einer Ebene, abgelagert zu werden. Auf die von Gletschereis selbst abgelagerten Moränen und Tilliten wurde bereits hingewiesen. In tektonisch aktiven Gebieten wie z. B. entlang der Tiefseegräben, können riesige Massen von bereits verfestigtem Sedimentgestein zusammen mit noch unverfestigtem Sediment untermeerisch abgleiten. Da die Sedimentation während dieses Prozesses andauert, liegen dann als Endprodukt solche Massen schließlich in normalen Sedimentabfolgen eingeschaltet vor. Die Massen selbst werden Olistolithe genannt, die chaotisch abgelagerte Menge insgesamt Olistostrom. Man könnte dies also als ein Riesenkonglomerat oder eine Riesenbreccie ansehen. Auf die Bildung von pyroklastischen und tektonischen Breccien wird auf den Seiten 136–144 bzw. 268–272 eingegangen. In der sedimentären Abfolge wären hier eher Bergrutsch- und Hangrutschvorgänge zu nennen. Bergrutsch- und Hangrutschbreccien sind im Hochgebirge recht häufig. Einsturz- und Einbruchbreccien entstehen z. B. in Höhlensystemen oder auch bei Salz- und Gipsstöcken, wenn diese durch Grundwasser teilweise ausgelaugt worden sind. Riffbreccien entstehen durch das zerstörerische Einwirken der Meeresbrandung auf Korallenriffe, bei denen dann die Bruchmassen der Skelette der riffbildenden Organismen angehäuft werden.

Vorkommen: Konglomerate sind in fast allen Sedimentserien zumindest lagenweise, aber auch als dicke Abfolgen zu finden. In Europa besonders weit verbreitet in den Alpen und im Alpenvorland; in den deutschen Mittelgebirgen; im Präkambrium Finnlands; in dem berühmten *old red sandstone* des Devons in England; in Spitzbergen und Grönland. Konglomerate und Breccien markieren sehr oft Zeiten tektonischer Unruhe in den Kreide-Abfolgen der nördlichen Kalkalpen. Im Trias dieses Gebiets sind auch intraformationelle Breccien recht häufig. Eiszeitliche Konglomerate, für welche die Bezeichnung Nagelfluh gebräuchlich ist, sind am Nordrand der Alpen weit verbreitet. Riesige Olistostrome kennt man vom jungen Tertiär an der Ostseite des Nordapennins. Von den außereuropäischen Vorkommen sind hier besonders die über 5000 m mächtigen Konglomerate und Sandsteine des Präkambriums Südafrikas von Bedeutung.

Namen: Konglomerat leitet sich aus dem lateinischen *conglomerare* = zusammenballen her. Breccie stammt aus dem italienischen *breccia* = Geröll. Fanglomerat ist auf das englische *fan* = Fächer zurückzuführen, da diese Sedimente sich oft fächerartig in der Wüste ausbreiten, genau dort, wo ein steiler Flußlauf eines Höhenzuges in die Ebene austritt. Nagelfluh ist ein ostschweizer Volksausdruck (die Gerölle schauen wie Nagelköpfe aus der Gesteinsmasse hervor). Moräne ist aus dem französischen *moraine* = Geröll abzuleiten; Tillit ist ein alter englischer Ausdruck für steinigen, lehmigen Boden.

Praktische Bedeutung: Unabhängig von ihrer Genese sind Konglomerate und Breccien für den Geologen von großem Interesse, denn durch die Art der Geröllzusammensetzung läßt sich auf das Herkunftsgebiet der abgetragenen Materie schließen. Solche Studien erlauben es, die tektonischen Vorgänge der Vergangenheit zeitlich einzugrenzen und die Richtungen der Wasserläufe der ehemaligen Erdoberfläche auszukartieren. Viele Arten von Konglomerat und Breccie sind besonders in den Alpen als Baustein und Zierstein für Fassadenverkleidungen beliebt. Sehr harte Konglomerate wurden früher auch als Mühlstein verwendet.

o.: Riffkalkbreccie. Gut zu sehen sind die Skelettfragmente der riffaufbauenden Organismen. Entstanden aus dem durch Brandungstätigkeit verursachten Schutt im Randbereich eines Riffs. Gjövik/Norwegen; 3 × 4 cm

u.: Tillit, entstanden aus den schlecht sortierten Ablagerungen einer durch Gletschertätigkeit gebildeten Moräne. Normandie/Frankreich; 20 × 30 cm

klastische Sedimentite

Grauwacke

Zur Klassifikation: Das Gestein wird zu den Psammiten gezählt, d. h., die Korngrößen sollten Durchmesser von 0,02–2 mm aufweisen (s. Tabelle S. 146), aber das beobachtete Spektrum reicht von pellitischen bis zu grobklastischen Anteilen. Die hier benutzte, stark vereinfachte Dreiecksdarstellung zeigt, daß Grauwacken im Vergleich zu Arkose und Quarzsandstein wesentlich mehr Gesteinsbruchstücke, Glimmer und Chlorit führen, daß aber eine scharfe Abgrenzung nicht besteht.

Bestandteile: Grauwacken kann man als sehr unreine Sandsteine betrachten. Neben den Quarzfragmenten führt das Gestein erhebliche Mengen von Feldspatklasten (meist Albit) und vor allem Gesteinstrümmer verschiedener Art, wie z. B. basische Vulkanite, Tonschiefer, Kieselschiefer und Phyllite. Alle Bestandteile liegen in einer für Grauwacken typischen Grundmasse von Tonmineralien, Glimmer und Chlorit.

Merkmale: Meist dichte, graue bis grünliche, manchmal bräunliche oder sogar schwarze Gesteine. Sie sind schlecht sortiert, d. h., daß die Korngrößen der einzelnen Fragmente sehr unterschiedlich sind. Weiterhin ist der Rundungsgrad der Fragmente sehr schlecht. Im allgemeinen sind Grauwacken stark verfestigt. Beim Anhauchen des Gesteins ist ein eigentümlicher toniger Geruch zu bemerken. Tritt in der Regel in mächtigen Schichten auf. Fossilien sind recht selten und meist zerbrochen.

Entstehung: Die schlecht gerundeten Körner, die vielen Gesteinstrümmer und die schlechte Sortierung der Korngrößen sind ein Zeichen dafür, daß der Transportweg der klastischen Fragmente nicht sehr lang war. Die hohen Gehalte des Magnesium-Eisen-Silikats Chlorit deuten weiter darauf hin, daß das Liefer- und Abtragungsgebiet hohe Anteile von intermediären und/oder basischen Gesteinen beinhaltet haben muß. Viele der mächtigeren Grauwakken werden deshalb als Ablagerungen von sogenannten Trübeströmen gedeutet. Diese, auch Turbidite genannt, sind Gemische aus Wasser, Silt, Sand und Ton, die wie untermeerische Lawinen an den Kontinentalrändern in tieferes Wasser abgleiten. Viele Grauwacken wurden in Zeiten aktiver Plattenbewegungen im Zusammenhang mit vulkanischen Inselbögen abgelagert.

Vorkommen: Typische Grauwackenserien findet man in den paläozoischen Abfolgen von Wales, Irland und von Teilen der schottischen Highlands. Hier werden diese Gesteine oft *grit* genannt. Auch zu finden in den devonischen und karbonischen Abfolgen Südwest-Englands und Deutschlands (z. B. rheinisches Schiefergebirge).

Name: Grauwacke ist ein Ausdruck der Harzer Bergleute des 18. Jahrhunderts. Für den Bergmann war Wacke ein Stein. Man höre dazu GOETHES Stoßseufzer von 1784: »Ja, sogar wir Deutsche, die wir sonst in dergleichen Dingen so gewissenhaft sind, haben noch vor kurzem . . . die graue Wacke des Harzes, ein jüngeres Gemisch von Quarz- und Schieferteilen, mit dem Granit verwechselt.«

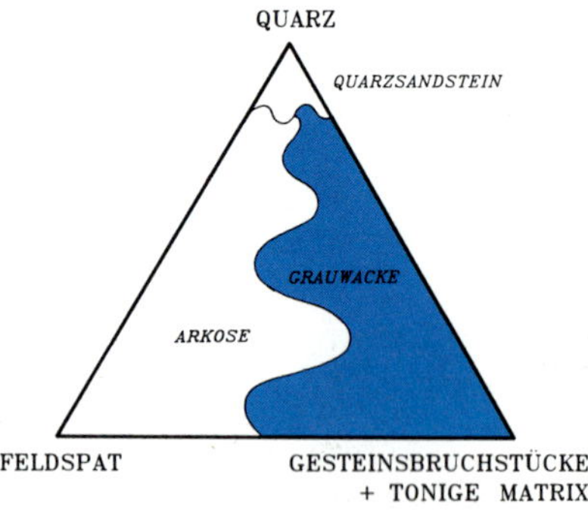

o.: Typische Grauwacke mit dunklen Schieferschmitzen. Osterrode, Harz/BRD; 12 × 8 cm

u.: Grauwacke mit Quarzit- und Schiefergesteinsbruchstücken. Altenau, Harz/BRD; 10 × 7 cm

klastische Sedimentite

Arkose

Zur Klassifikation: Arkosen sind als Psammite einzustufen, mit Korngrößen zwischen 0,02 mm und 2 mm Durchmesser (s. Tabelle S. 146). Es fehlt eine feinkörnige Grundmasse, aber meistens erscheinen reichlich Fragmente, die 2 mm im Durchmesser übersteigen. Gesteinsbruchstücke sind häufige Bestandteile, so daß in der Dreiecksdarstellung die Grenze zwischen Arkosen und Grauwacken nicht streng zu ziehen ist. Bei mehr als 50% Gesteinsfragmenten wird auch von Gesteinsfragment-Sandstein gesprochen.

Bestandteile: Arkosen sind im Prinzip Feldspat-reiche Sandsteine. Außer aus Quarz bestehen sie zu mehr als 25% aus eckigen Kalifeldspattrümmern von recht unterschiedlicher Korngröße, auch Glimmer und Plagioklas. Die Feldspäte sind gewöhnlich frisch. Der Mineralbestand ist einem granitischen Gestein auffallend ähnlich. Es sind nur geringe Mengen von feinkörniger Matrix vorhanden. Bindemittel ist vielfach Quarz oder Calcit. Umwandlung der Feldspäte in Kaolin und Sericit (feinschuppiger Hellglimmer) ist z.T. zu beobachten.

Merkmale: Schwach verfestigte, graue, rosafarbene oder rötliche Gesteine, durch die Eigenfarbe der Feldspäte und feinverteiltes Hämatitpigment gefärbt. Die Sortierung ist unterschiedlich, aber deutlich schlechter als bei Quarzsandstein. Überwiegend schlecht gerundete Klasten. Die Ablagerungen zeigen meist eine schlechte Schichtung. Fossilien sind nicht enthalten. Gelegentlich leicht mit Granit oder Gneis zu verwechseln.

Entstehung: Die schlecht gerundeten Körner, die oft auftretenden Gesteinsfragmente und die relativ schlechte Sortierung der Korngrößen (mit z.T. Übergang zu Konglomeraten und Breccien) sind ein Zeichen dafür, daß der Transportweg nicht sehr lang war. Dafür spricht auch der frische Zustand der Feldspäte, der deutlich angibt, daß die Verwitterung des Primärgesteins eher auf mechanischem als auf chemischem Wege erfolgte. Man kann hieraus schließen, daß sich die meisten Arkosen aus granitischem Gestein (Magmatit oder Gneis) gebildet haben. Dies kann durch Verfestigung des granitischen Verwitterungsgrus an Ort und Stelle stattfinden oder durch kurzen Transport in Flüssen zu Binnengewässern und seichtem Meerwasser. Man spricht von fluviatilen Prozessen (lateinisch *fluvius* = Fluß). Die typisch rote Farbe spricht ganz allgemein für solch kontinentale Ablagerungen (englisch: *red beds*). Hämatit bildet dünne Häutchen um die abgelagerten Körner. Bereits 0,1 Gew.% Eisen reichen aus, um ein Sediment rot zu färben.

Vorkommen: Stets in der Nähe der abgetragenen Gebirge, wie z.B. vor rund 350–500 Mio. Jahren bei dem varistischen Gebirge Europas: Vogesen/Frankreich, Schwarzwald/BRD, Wales/Großbritannien, Grönland, Spitzbergen, Böhmen/ČSSR und viele andere.

Name: Der Begriff Arkose stammt aus dem Französischen, ursprünglich wahrscheinlich aus dem griechischen *archaios* = alt, primitiv. **Praktische Bedeutung:** Baustein.

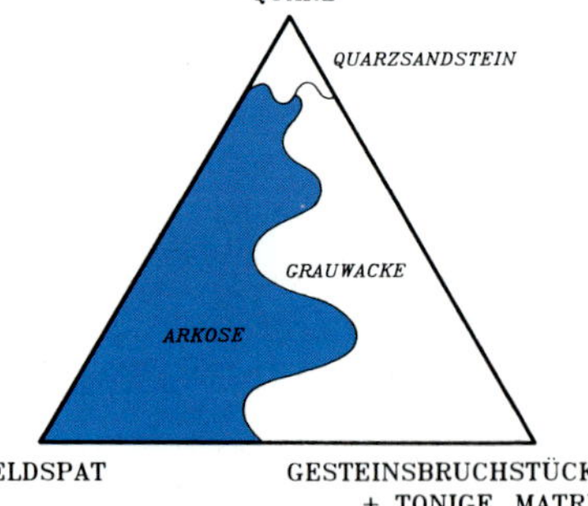

o.: Arkose mit fleischroten, eckigen Feldspatbruchstücken neben grauem Quarz.
Südindien; 7× 10 cm

u. l.: Arkose mit deutlich erkennbaren Gesteinsfragmenten.
See Pyhäjärvi/Finnland; 5× 7 cm

u. r.: Feinkörnige Arkose mit weißen, zu Kaolin umgewandelten Feldspäten.
Lautertal, Pfalz/BRD; 4× 6 cm

klastische
Sedimentite

Zur Klassifikation: »Sandstein« im üblichen Sprachgebrauch ist mit Quarzsandstein gleichzusetzen. Wenn Beimengungen von mehr als ungefähr 25% anderer Komponenten vorhanden sind, führt das zu Arkose, Grauwacke oder Gesteinsfragment-Sandstein. Sandsteine sind Psammite mit Korngrößen der Fragmente zwischen 0,02 mm und 2 mm Durchmesser (s. Tabelle S. 146). Für die genaue Bezeichnung gibt es keine festen Vorschriften. Da das Aussehen eines Sandsteins von der Korngröße, der Korngestalt, der Art der Komponenten und ihrer Verteilung, von Farbe und Art der Grundmasse abhängt, sollten diese Aspekte bei der Gesteinsbezeichnung berücksichtigt werden (z. B. rotweiß gebänderter, feinkörniger, Calcit-gebundener Sandstein).

Bestandteile: Vor allem Quarzkörner, aber auch Feldspat und Hellglimmer. Gesteinsbruchstücke sind in den meisten Quarzsandsteinen relativ selten. Die Grundmasse enthält z. T. Tonminerale und Quarzkörner im Siltgrößenbereich (0,002–0,063 mm), aber vorwiegend neugebildete Quarzanwachsungen oder Calcitfüllungen, die den Sand zu einem verfestigten Sandstein werden lassen. Man sollte bei den psammitischen Gesteinen stets vor Augen haben, daß gleichgroße Kugeln (um die es sich in erster Näherung bei gut sortierten und gut gerundeten Quarzsandsteinen handelt) niemals lückenlos gepackt werden können. Der Freiraum zwischen den Kugeln beträgt auch im Idealfall immer mehr als ein Viertel des Gesamtvolumens des Gesteins, bei schlechter Packung wesentlich mehr! Ein leicht durchführbares Experiment am Meeresstrand verdeutlicht dies: Stört man eine mit Wasser getränkte Sandbank mit dem Fuß oder mit der Hand tritt nicht Wasser heraus, sondern die Oberfläche erscheint plötzlich trocken. Die Erläuterung: Die Wellenbewegungen haben den Sand in seinen dichtest gepackten Zustand gebracht. Durch die mechanische Einwirkung des Beobachters wird nicht Wasser herausgequetscht, sondern die Packung gestört und das vorhandene Lückenvolumen **vergrößert.**

Das Vorherrschen von Quarz liegt häufig in der Zusammensetzung des abgetragenen Ausgangsgesteins begründet (z. B. Granit, Gneis oder bereits ein anderes Sediment), aber auch in der besonderen Beständigkeit dieses Minerals gegenüber Verwitterung und mechanischem Transport, bei dem die anderen Minerale einfach eliminiert werden. Man sagt im allgemeinen, je weiter der Transport, desto »reifer« ist der Sandstein. Von den häufigsten gesteinsbildenden Mineralen kann man eine ungefähre Reihenfolge der abnehmenden Widerstandsfähigkeit bilden. Am stabilsten Quarz, dann Chert, Hellglimmer, Kalifeldspat, Biotit, Albit-reicher Plagioklas, Hornblende, Augit, Calcium-reicher Plagioklas, Olivin. Dies erklärt also, wieso Hellglimmer und Feldspat die häufigsten Begleiter der Quarze sind. Bei den klastischen Gesteinen spricht man auch von den sogenannten Schwermineralien. Der Ausdruck

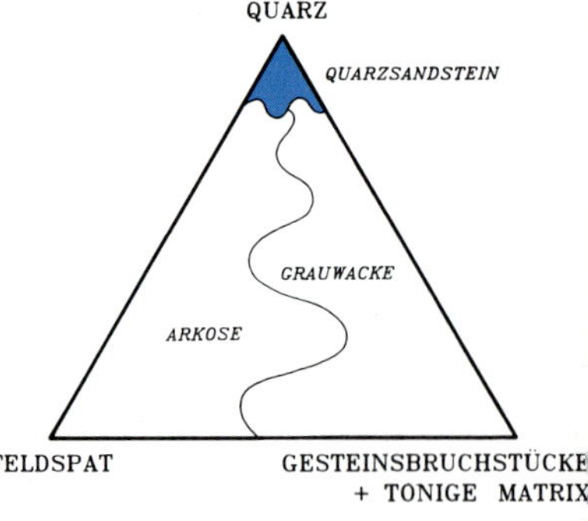

o. l.: Durch Hämatit rot pigmentierter Sandstein.
Val Derizza, Lago d'Idre/Italien; 5 × 7 cm

o. r.: Sandstein mit glaukonitischem Bindemittel. Südindien; 7 × 10 cm

u.: Glimmerreicher Sandstein mit Kreuzschichtung. Eberbach, Odenwald/BRD; 6 × 4 cm

klastische Sedimentite

kommt daher, daß man bei der Aufarbeitung des Sediments im Labor die Bestandteile nach ihrer Dichte hauptsächlich in Quarz einerseits (Dichte = 2,65 g/cm^3) und Minerale schwerer als 2,85 g/cm^3 andererseits trennt. In dieser schweren Fraktion finden sich dann z. B. Zirkon, Rutil, Turmalin, Epidot, Staurolith, Sillimanit, Disthen, Andalusit, Apatit, Granat und auch Amphibol, Pyroxen und Olivin. Auch diese Reihe ist wiederum nach abnehmender Widerstandsfähigkeit geordnet. Für den Gesteinsfachmann ist das Spektrum der vorhandenen Schwereminerale von großer Bedeutung. Er kann damit fossilleere Sedimentserien korrelieren, Sedimentzufuhrrichtungen ermitteln und die Abtragungsgeschichte eines Gesteins in der Vergangenheit rekonstruieren.

Merkmale: Die Farbe kann sehr unterschiedlich sein: weiß, hellgrau, blaßgelb, rötlich, gelblich braun, grünlich. Sie kann sich von Schicht zu Schicht ändern, aber auch eher gefleckt verteilt sein. Die Eigenfarbe der Sandkörner spielt hier keine große Rolle, sondern sie hängt von feinen Überzügen der Körner und von der Art des Bindemittels ab. Hämatit vermittelt rötliche Tönungen und Limonit gelblich braune. Man nennt solche Sandsteine auch eisenschüssig. Bei Sandsteinen, die im Meer abgelagert wurden, tritt gelegentlich das Muskovit-verwandte Mineral Glaukonit in der Grundmasse auf und führt zu einer Grünfärbung des Gesteins (»Grünsandstein«). Die Sortierung und Rundung der Quarzkörner ist besonders in reifen Quarzsandsteinen gut ausgeprägt.

Sandsteine sind feinschichtig oder dünn bis deutlich dickbankig, so daß im Aufschluß zum Teil nur ein vermeintlich ungeschichtetes Gestein zu erkennen ist. Die Schichtung geht auf Änderungen in der Mineralzusammensetzung oder im Gefüge zurück, die meist durch eine Unterbrechung oder einen Wechsel in der Art der Materialzufuhr bei der Sedimentation zu erklären ist. Unterschiede in Korngröße und Farbe fallen am ehesten auf. Aufgrund dieser gerade bei den Psammiten recht deutlich ausgeprägten Merkmale können bei diesen Gesteinen viele verschiedene Sedimentstrukturen sehr schön beobachtet und zur Analyse von ehemaligen Strömungsrichtungen und Sedimentationsbereichen (Flußdelta, Meer, Binnensee usw.) herangezogen werden. Aus der Vielzahl der Möglichkeiten seien hier einige Beispiele herausgegriffen:

Als **Schrägschichtung** oder **Kreuzschichtung** beschreibt man es, wenn der Sand in einer bestimmten Sedimentationslage nicht parallel zur allgemeinen Schichtlage sedimentiert wird, sondern schräg dazu (vgl. Bild S. 157 unten). Dies kann im Zentimeter- oder im Meterbereich passieren, z. B. am Tiefseeabhang eines sich in das Meer hineinschiebenden Deltas. Später werden die schräg gestellten Schichten wiederum von flachliegenden überdeckt. Im Kleinbereich bildet oft die Oberflächenschicht in einem Fluß oder am Meeresboden die Wellen im darüberliegenden Wasser nach. Im Querschnitt ist dann Schrägschichtung im Kleinstbereich zu sehen. Bricht das verfestigte Gestein aber entlang dieser ehemaligen Oberfläche, so können diese fossilen **»Rippelmarken«** wunderschön erkannt werden (Bild S. 159 unten rechts). Liegt die Sedimentationsoberfläche zeitweilig über Wasser, so können sich z. B. in einem heißen tropischen Klima **Trockenrisse** bilden, die durch schnelle Überlagerung einer neuen Sedimentationsschicht im Gestein erhalten bleiben. Oft sieht man zusammen mit solchen Trockenrissen auch Fußspuren von Wasservögeln (sogenannte Lebens-

o. l.: Sandstein mit Gelbfärbung durch Limonit. Kirspenich, Eifel/BRD; 7× 10 cm

o. r.: Sandstein, durch Hämatit rot gefärbt. Kirspenich, Eifel/BRD; 7× 10 cm

u. l.: Sandstein aus dem Flachwasserbereich mit schönen Rippelmarken. Saar-Nahe Senke/BRD; 50× 70 cm

u. r.: Heller Sandstein mit Tongallen. Årvolveien/Norwegen; 8× 12 cm

klastische
Sedimentite

spuren), die hier in diesem Bereich ihre Nahrung suchten (siehe Bild S. 161, oben links). **Tongerölle** und **Tongallen** sind im Querschnitt rundliche bis ovale, meistens flache Tonkörper, die man oft in Sandsteinen findet. Es sind Schlamm- oder Tonbrocken, die von Wind oder Wasser aus ihrer Ablageschicht herausgerissen und von dem sich bildenden Sandstein vereinnahmt worden sind (Bild S. 159, unten links).

Versteinerungen von Lebewesen (Fossilien) findet man in Sandsteinen recht häufig, wenngleich grobe Sandsteine kaum den optimalen Ort zur Erhaltung zarter Formen bilden dürften. Hier sei nur beispielhaft auf den Crinoidensandstein (S. 161, oben rechts) hingewiesen. Hier ist wohl eine Kolonie von Seelilien *(Crinoidia)* in Lebensstellung von Sand »einsedimentiert« worden, so daß man jetzt die Querschnitte der Stiele besonders klar erkennen kann. Das Bild auf Seite 161 unten zeigt dagegen kein »Fossil«. Die pflanzenartigen Erscheinungen sind sogenannte **Dendriten.** Sie sind rein chemische Bildungen, die sich als Ausscheidungen von Manganoxiden und/oder Eisenhydroxiden auf der Schichtfläche eines Sandsteins gebildet haben.

Entstehung: Reine Quarzsandsteine sind vielfach das Endprodukt intensiver Aufarbeitungsvorgänge, bei denen die Quarzkörner bereits mehrfach umgelagert worden sind. Das heißt, daß sehr viele der Quarzkörner bereits aus einem abgetragenen Sedimentgestein stammen, das selbst schon einen oder mehrere Abtragungs/Sedimentations-Kreisläufe hinter sich hat. Solche Gesteine findet man auch sehr häufig in flachen, küstennahen Meeresgebieten. Generell sind jedoch viele Entstehungsmöglichkeiten gegeben; es gibt wohl kaum sedimentäre Gesteinsfolgen, wo sie nicht zu finden wären. Flüsse sind wohl das wichtigste Transportmedium. Als wesentliche Ablagerungsräume sind zu nennen: Flußläufe und -täler selbst, Seen, Deltas, küstennahe Meeresgebiete (Strandzone, Kontinentalränder bis hin zu angrenzenden Tiefseebecken).

Vorkommen: Weltweit verbreitet.

Name: Seit dem 16. Jahrhundert belegt. In dem Buch CRONSTEDT-BRÜNNICH (1770) lesen wir über die »zusammengeleimten Felssteine« folgendes: »Sandstein . . . man rechnet hierher aus so feinen Theilen zusammengebundne Felssteine, daß man selbige mit bloßen Augen nicht unterscheiden kann. Die mehresten bestehen dennoch aus Quarz und Glimmer, weil diese die geschicktesten sind, gekörnt zu werden, ohne sich in einen Schlamm zu verwandeln.«

Praktische Bedeutung: Sandsteine sind seit jeher beliebte Bausteine. Der deutsche Buntsandstein war der bevorzugte Baustein für die gothischen Dome Mitteleuropas. Mit Quarz werden auch weitere besonders beständige Minerale zu sogenannten Seifenlagerstätten angereichert. Bekannte Beispiele sind Gold (Kalifornien/USA, Yukon/Kanada), Platin (Ural, Kolumbien, Tasmanien), Diamanten (Indien, Brasilien, Afrika), Rubine, Saphire, Spinelle, Zirkone (Birma, Sri Lanka), Zinnstein (Malaysia), usw. Asphalt aus Teersanden wurde schon von den Sumerern 3000 v. Chr., den Ägyptern 2500 v. Chr. und den Babyloniern 700 v. Chr. als Kunstwerkbindemittel, zum Mumifizieren und zum Abdichten gebraucht. Sehr reine Quarzsande werden zur Glasherstellung verwendet. Hochporöse Sandsteinformationen werden heute bereits als unterirdische Speicher für Öl und Gas benutzt.

o. l.: Sandstein mit Trockenrissen und Lebensspuren. Coburger Sandstein, Coburg/BRD; 40 × 60 cm

o. r.: Sandstein mit Crinoidenstielgliedern. Lindlar, Sauerland/BRD; 18 × 25 cm

u.: Sandstein mit Dendriten. Emmerzhausen/BRD; 10 × 7 cm

klastische
Sedimentite

Siltstein

Zur Klassifikation: Siltstein ist die verfestigte Ablagerung von klastischen Partikeln mit Korngrößen zwischen 0,002 mm und 0,063 mm (s. Tabelle S. 146). Im deutschsprachigen Raum wird für Silt auch die Bezeichnung Schluff gebraucht. Siltsteine nehmen eine mittlere Stellung zwischen den gröberen Sandsteinen (Psammiten) und den feinkörnigeren Tonsteinen (Peliten) ein. Sie werden im allgemeinen in die Gruppe der Tongesteine mit eingegliedert.

Bestandteile: Wie alle Tongesteine besteht Siltgestein überwiegend aus Tonmineralen und Quarz, wobei letztere Komponente hier besonders wichtig ist. Eine Reihe weiterer Komponenten können lokal von Bedeutung sein, wie etwa Glimmer, Zeolithe, Calcit, Dolomit und Gips.

Merkmale: Siltsteine neigen zu blaßgelben, orangebraunen, gelblichen, grauen oder grünlichen Farbtönen. Sie sind meist fein geschichtet. Im Gegensatz zu den fettig-schmierig wirkenden Tonen fühlt sich Siltstein auch im feuchten Zustand rauher an.

Entstehung: Ähnlich Sand- und Tonstein. Oft in sogenannten gradierten Bänken, wie z. B. im Flysch des Ostalpen-Nordrandes, wo die Folge Feinkonglomerat-Sandstein-Siltstein-Tonstein sich vielfach wiederholt.

Praktische Bedeutung: Gelegentlich als Straßenbaumaterial. Früher oft auch als Schleifstein benutzt.

Farblich gebänderter Siltstein. Indien; 10 × 7 cm

Tonstein/Schieferton/Tonschiefer

Zur Klassifikation: Tonstein und Schieferton sind klastische, pelitische Sedimente, bei denen die Korngröße unter 0,002 mm liegt (s. Tabelle S. 146). Tonschiefer ist ein metamorphes Gestein, aber dem Schieferton so ähnlich (und die Verwechslung dieser beiden Begriffe geschieht so oft), daß es sinnvoll erscheint, auch den Metamorphit hier in diese Diskussion einzubeziehen. Für Tonschiefer gilt die für Schieferton aufgestellte Korngrößengliederung nicht mehr, da ja bereits Kornwachstum durch die überprägende Metamorphose stattgefunden hat. Die Unterscheidung zwischen Tonstein und Schieferton wird aufgrund des Gefüges getroffen. Eine generell akzeptierte Gliederung toniger Gesteine gibt es z. Zt. nicht.

Bestandteile: Die Tone setzen sich meist aus Tonmineralen (Kaolinit-Gruppe, Montmorillonit-Gruppe, Illit) und aus Mineraltrümmern (hauptsächlich Quarz, Feldspäte, Glimmer) zusammen. In sehr unterschiedlichen Mengen sind Hämatit, Limonit, Calcit, Dolomit, Gips, Sulfide, etc. beigemengt. Mit Zunahme des Karbonatgehalts geht das Gestein in Mergel über. Das Erfassen des genauen Mineralbestandes ist in der Regel nur mit röntgenographischen Mitteln möglich.

Merkmale: Die Gesteine sind sehr variabel in ihrer Farbe: grau, grün, rot, braun, bunt. Schwarze Varietäten sind besonders reich an kohligen Substanzen. Als Tonstein benennt man die massigen, erdigen Typen, die in der Regel noch relativ locker verfestigt sind. Tonsteine sind noch weich; man kann sie in der Hand zerreiben. Sie fühlen sich fettig und geschmeidig an. Bei dem sehr ähnlichen Siltstein

Verfaltete Tonschiefer/Sandstein Wechsellagerung mit schwacher, metamorpher Schieferung. Salchendorf/BRD; 12 × 8 cm

(vgl. S. 162) sind dagegen deutliche Körner zu spüren. Bei feinplattig ausgebildetem Gefüge spricht man von Schieferton. Diese Schiefrigkeit ist kein Produkt der Metamorphose, sondern geht auf eine Einregelung der blättrig oder leistenförmig ausgebildeten Tonminerale zurück. Der Vorgang wird noch nicht im Detail verstanden, aber offensichtlich erfolgt diese Einregelung durch reinen Überlagerungsdruck, wenn das Gestein unter sich kontinuierlich erhöhender Sedimentlast begraben wird. Die Schiefrigkeit bildet sich in der Regel parallel zur sedimentären Schichtung, die z. B. durch Wechsellagerung mit hellen Sandsteinen erkennbar ist. Von dem bereits metamorph überprägten Tonschiefer unterscheidet sich Schieferton durch den noch vorhandenen erdigen Geruch der Tonminerale beim Anhauchen, die der Tonschiefer bereits verloren hat. Des weiteren ist bei Tonschiefer öfters schon eine neugebildete metamorphe Schieferung zu erkennen, welche die sedimentäre Schichtung im Gegensatz zu Schieferton in beliebigem Winkel schneiden kann. Oft kann man bereits fein schimmernde, neugesproßte Hellglimmerhäutchen auf der Schieferfläche erkennen. Im allgemeinen sind Tonschiefer auch härter. Massiger **Argillit** ist das bereits metamorph überprägte Gegenstück des Tongesteins, wobei sich bei beiden noch keine ausgeprägte Schiefrigkeit gebildet hat. Argillit kann z. T. leicht mit einem feinkörnigen Vulkanit verwechselt werden. Tonige Gesteine sind sehr oft fossilführend (z. B. Foraminiferen, Ostracoden, Graptolithen, Trilobiten). Viele Tongesteine zeigen »Bioturbation«, d. h., die sonst regelmäßige sedimentäre Schichtung ist auf dem Ozeanboden durch wühlende Organismen gestört worden.

Entstehung: Tongesteine stellen mit 45–55% aller Sedimentgesteine den häufigsten Sedimenttyp der Erde dar. Sie können praktisch in jedem Ablagerungsraum entstehen. Besonders wichtige Beispiele sind die Überflutungsflächen von Flüssen, Seen, großen Deltas (z. B. Mississippi, Nil) und die landfernen Zonen des kontinentalen Abhangs und der Ozeanbecken selbst. Warven sind rhythmisch geschichtete, tonige Ablagerungen der großen Schmelzwasserseen der Eiszeit. Ihr Aussehen geht auf rhythmischen Klimawechsel und dadurch rhythmische Stoffzufuhr zurück.

Vorkommen: Weltweit verbreitet.

Praktische Bedeutung: Viele Tongesteine besitzen eine Reihe wichtiger und praktischer Eigenschaften: z. B. Rohstoff für keramische Industrie; mit Calcit für die Zementherstellung; Füllmittel und Farbstoff für die Papierindustrie; als Spülschlamm in der Bohrtechnik. Blähtone werden Leichtbeton beigemengt.

u. l. Schwach geschieferter, bituminöser Tonstein. Goslar, Harz/BRD; 10 × 15 cm

o.: Fossilführender Schieferton mit Trilobitenschwänzen. Ontario/Kanada; 4 × 6 cm

Mergel

Mergel sind sedimentäre Mischgesteine aus Ton und Karbonaten. Je nach Mengenverhältnis unterscheidet man Tonmergel, Mergel und Kalkmergel. Bei dem Karbonatanteil überwiegt Calcit, aber auch Dolomit ist möglich. Ferner werden Quarz, Glimmer und kohlige Substanzen beobachtet. Knollen aus Gips, Calcit und Pyrit sind häufig. Hell- bis dunkelgraues, bräunliches oder grünliches Gestein. In der Körnung dem Tonstein entsprechend. Schlecht erkennbare Schichtung, aber gute Spaltbarkeit. Mikrofossilien und Blattreste sind recht häufig. Charakteristischer erdiger Geruch beim Anhauchen. Entsteht sowohl im Meer als auch im Süßwasser, wenn klastisches Tonmaterial mit kalkiger Substanz vermengt wird. Geschiebemergel sind durch Eis und Gletschertätigkeit zerriebene und vermengte Ton und Kalkgesteine.

u. r.: Mergel. Bolinger Schlucht, Hegau/BRD; 15 × 20 cm

Löß

Zur Klassifikation: Löß ist ein klastisches Sediment, das hauptsächlich aus Körnern des Siltbereichs (0,002 mm bis 0,063 mm Korndurchmesser) besteht. In der Regel liegen die Korndurchmesser jedoch bei 0,02 mm bis 0,05 mm (s. Tabelle S. 146). Löß ist meistens unverfestigt, sonst gilt der Name Lößit.

Bestandteile: Überwiegend Quarz mit gewissen Anteilen von Feldspat, Calcit und Glimmer, sowie eines spärlichen tonigen Bindemittels. Die typische Färbung geht auf Eisenoxidhydrate zurück.

Merkmale: Meist gut sortierte Ablagerungen (d. h. wenig Variation in der Korngröße). Ekkige Körner; ohne erkennbare Schichtung; porös. Löß neigt zu Absonderungen von senkrechten Flächen und bildet oft steile Uferböschungen. Jahrelang benutzte Wanderwege in Lößgebieten entwickeln sich oft zu tief eingeschnittenen, steilwandigen Gräben und Schluchten. Oft von kleinen Kanälen durchzogen, die von Pflanzenwurzeln erzeugt wurden. Häufig findet man Konkretionen aus Calcit (siehe unten) und Limonit, dem braunen bis gelblichen Gemisch aus verschiedenen Eisenoxidhydraten. Die Lößmasse fühlt sich »schluffig« an, ein Begriff, der nur schwer zu umschreiben ist und in etwa feinsandig rauh bedeutet. Es können Schalen und Bruchstücke von Landschnecken auftreten, die von neu herangewehtem Staub zugedeckt wurden.

Entstehung: Löß ist das wichtigste fossile Staubsediment. Man spricht von einer äolischen Ablagerung (von *Aiolos,* dem griechischen Gott der Winde). Typisch ist dafür die gute Sortierung, aber weniger gut ausgeprägte Rundung der Körner. Es gibt zwei unterschiedliche Typen von Löß. Zum einen entsteht er in kalten Gebieten, wo Gletscherdruck und Eistätigkeit den nötigen Gesteinsabrieb vorgelegt haben. Durch Windausblasung solcher Schotter- und Sandflächen, Transport und Ablagerung an den Leehängen großer Flußtäler und Gebirgszüge können sich dann mächtige Schichten von Löß entwickeln. Diese Bildungsform war besonders im Pleistozän während der Eiszeiten verbreitet. Quarzsilt kann jedoch auch in heißen, trockenen Wüstenzonen entstehen, wenn Produkte der meist nur mechanischen Wüstenverwitterung ausgeblasen, aus der Wüste heraustransportiert und zu Löß angehäuft werden. Mengenmäßig spielt diese Entstehungsform in der geologischen Vergangenheit aber eine untergeordnete Rolle. Es ist z. B. interessant, daß bei großen Stürmen in der Sahara Staub von dort als Ablagerung in Europa und über weiten Teilen des Atlantiks beobachtet werden kann. Löß ist nicht sehr widerstandsfähig und wird oft von Flüssen, Wind und Regen wiederum abgetragen. Auf diese Weise werden z. B. viele Flüsse und Seen in China gelb gefärbt (*Huang Ho* = der gelbe Fluß).

Vorkommen: Als pleistozäne Ablagerungen in großen Mengen in Mitteleuropa, im Mississippi-Gebiet Nordamerikas, im Osten Südamerikas, in China. Ein präkambrisches Vorkommen ist aus Nordnorwegen bekannt.

Lößkindl: Auch Lößpuppen und Lößmännchen genannt. Dies sind oft wunderlich geformte Konkretionen aus Calcit, die sich im Löß um Wurzeln und Steine herum bilden. Ihre Form erinnert oft an Puppen.

Name: VON LEONHARD prägte 1824 den Namen Löß aus verschiedenen damals gebräuchlichen Bezeichnungen wie lösch (schweizerisch für locker?) oder Schneckenhäusel-Boden.

Praktische Bedeutung: Vermischt sich Löß mit Humus, dann entsteht daraus ein fruchtbarer Boden von großer landwirtschaftlicher Bedeutung.

o.: Verschieden geformte Lößkindl. Castrop-Rauxel, NRW/BRD; 12× 8 cm

u.: Löß mit Bruchstücken eines Schneckengehäuses. Kreuzberg, Niederrhein/BRD; 6× 4 cm

Dichter Kalkstein

Zur Klassifikation: Sedimentgesteine, die hauptsächlich aus Calcit aufgebaut werden, nennt man Kalkstein. Der Begriff umfaßt jedoch eine derartige Fülle von Erscheinungsbildern und Entstehungsmöglichkeiten, daß der Versuch einer allgemeingültigen Systematik kaum Aussicht auf Erfolg hat, zumal hier ja nur die makroskopische Betrachtung zugrunde gelegt wird. Hier soll kurz auf diejenigen Kalksteinarten eingegangen werden, die makroskopisch recht ausdruckslos sind und nicht weiter differenziert werden können. Ganz besonders fehlen Fossile und erkennbare Gesteinsfragmente.

Bestandteile: Überwiegend Calcit. Durch Beimengung von Ton entstehen Kalkmergel und Mergel, mit Quarzsand entsteht Kalksandstein, mit SiO_2 entsteht Kieselkalk, mit organischen Resten entsteht bituminöser Kalk, mit Dolomit entsteht dolomitischer Kalk.

Merkmale: Braust mit kalter verdünnter Salzsäure! Die Farbe ist variabel: weiß, gelblich, rosa, rot (Hämatit- oder Limonitpigmentierung), grau oder schwarz (bituminös). Der Bruch ist muschelig. Das hier betrachtete Gestein ist dicht oder sehr feinkörnig.

Entstehung: Chemische Abscheidung von Calcit ohne Einwirkung von Lebewesen kann nur in den obersten 100–200 m der Meere stattfinden, da nur hier das Meerwasser an gelöstem Calcit gesättigt ist. Diese direkte Ausscheidung geschieht jedoch nur in den seltensten Fällen. Meist bilden sich die Meereskalke aus winzigen Skeletten von Lebewesen, die in den obersten Wasserschichten gelebt haben und nach ihrem Tode zum Meeresboden hinabsinken. Sie bilden dort sogenannte Kalkschlämme. Fallen sie jedoch unter die Grenze von 100–200 m, wo das Meerwasser nicht mehr gesättigt ist, beginnen sie sich aufzulösen (siehe Graphik). Da diese Auflösung zuerst sehr langsam beginnt, können sie sehr weit fallen, bis schließlich eine Grenze erreicht wird, wo die Auflösungsgeschwindigkeit

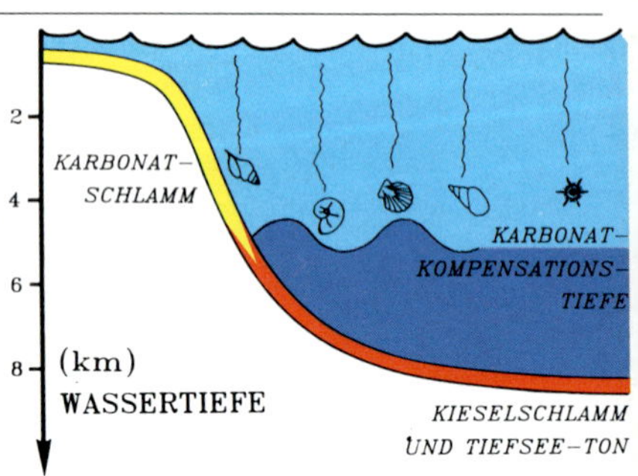

Karbonat-Kompensationstiefe. Unterhalb von ca. 5000 m Wassertiefe wird Karbonat vollständig aufgelöst und kann folglich nicht mehr sedimentiert werden.

schneller als der Nachschub von oben ist. Darunter kann es keine Kalkschlämme, sondern nur Tiefseeton oder Kieselschlamm geben. Diese sogenannte Karbonatkompensationstiefe hängt u.a. von der Wassertemperatur ab und kann in bestimmten Grenzen schwanken. In den Tropen liegt sie z.Z. bei ca. 4500–5000 m Wassertiefe. Öfters wird Aragonit zuerst abgelagert. Da Aragonit im Prinzip aber ein Hochdruckmineral ist (vgl. S. 204), muß es sich mit der Zeit zwangsläufig in Calcit umwandeln. Kalksteine können bei der Verfestigung durch Auffüllung von Hohlräumen mit neugebildetem Karbonat und generelles Umkristallisieren des vorhandenen Calcits ganz wesentliche Änderungen erfahren, so daß sedimentäre Strukturen und Fossilien bis zur Unkenntlichkeit verwischt werden.

Praktische Bedeutung: Wichtiger Baustoff; wird zu Baukalk gebrannt und als Düngemittel verwendet. In der Technik wird gut verfestigter Kalkstein auch als »Marmor« bezeichnet und als geschliffener Verblendstein verwendet. Als Zuschlagstoffe in der Glas- und Hüttenindustrie, Reinigungsmittel in der Zuckerindustrie.

Verschieden gefärbte dichte Kalksteinvarietäten mit deutlich muscheligem Bruch.
Indien; 6×6 cm

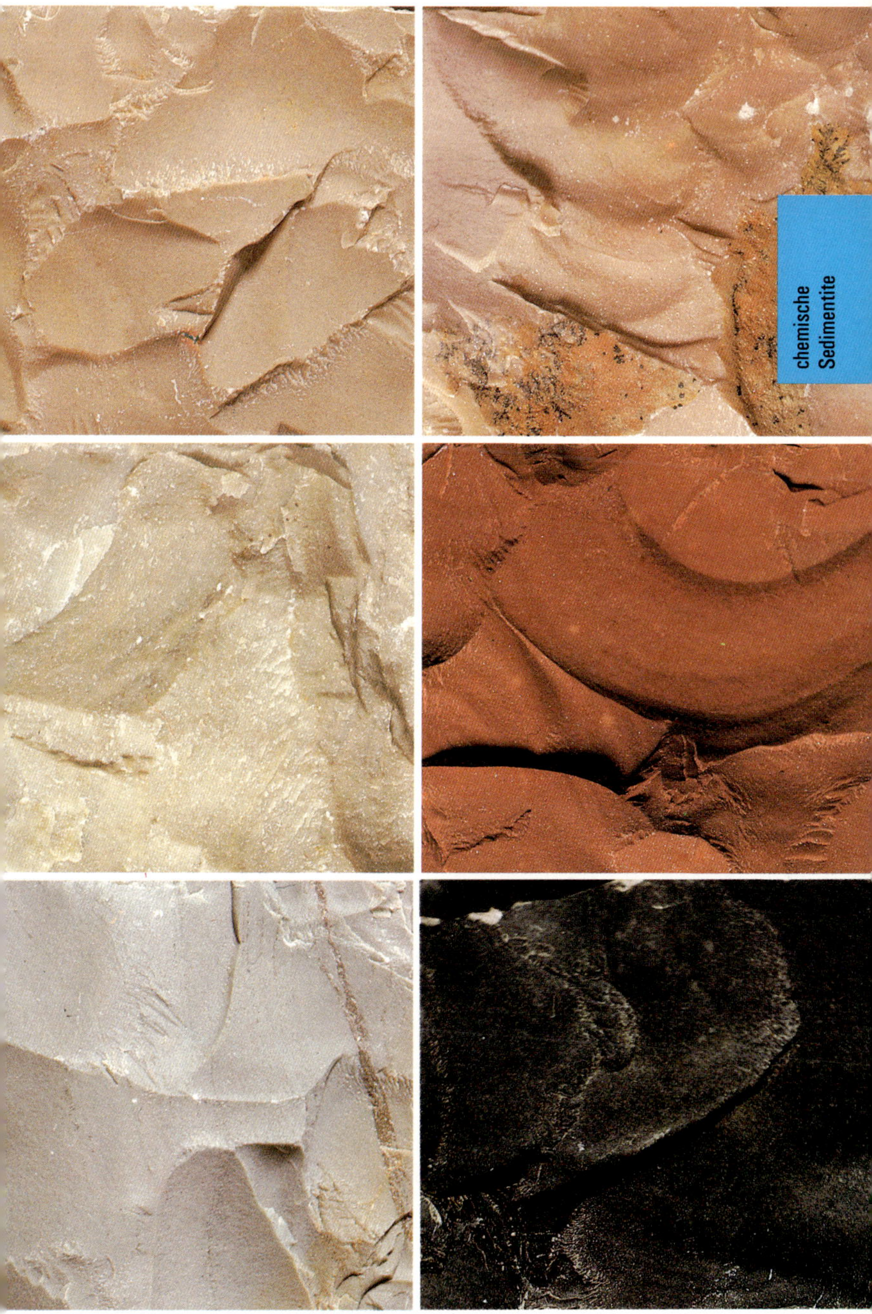
chemische
Sedimentite

Travertin/Kalktuff

Begriffserläuterung: Die Benennung der verschiedenen Arten von Süßwasserkalk wird nicht sehr einheitlich gehandhabt. Während in den angelsächsischen Ländern der Name Travertin (auch »Tufa«) auf alle Süßwasserkalke angewendet wird, verwendet man den Begriff im deutschsprachigen Raum für schleif- und polierfähige, feste Kalkausscheidungen im Quellwasserbereich. Der Übergang zu hochporösem Kalktuff (auch Duckstein genannt) ist fließend.

Bestandteile: Hauptsächlich Calcit. Bei heißen Quellen kann auch Aragonit ausgeschieden werden. Beide sind weicher als die aus feinstkristallinem Quarz bestehenden Kieselsinter, die in ähnlicher Weise vorkommen können. Limonit ist eine häufige Beimengung, die für die charakteristischen Farbtönungen dieses Gesteins verantwortlich ist.

Merkmale: Nach der im deutschen Sprachgebrauch überwiegenden Verwendung des Begriffs, besonders in der Bauwirtschaft, ist Travertin ein festes, feinkörniges, schleif- und polierfähiges Gestein. Die Farbe ist hell, gelblich bis bräunlich, aber auch in rosa übergehend. Das Gestein ist löcherig und porös mit meist deutlicher Bänderung, die auf Wechsel in der Farbe und Porosität zurückgeht. Die Kalktuffe sind wesentlich lockerer und zellig-porös. Travertin und Kalktuff treten als Überzüge auf anderen Gesteinen, aber auch in derben Massen auf.

Entstehung: Travertin und Kalktuff gehören zu derjenigen Gruppe der Süßwasserkalke, bei deren Entstehung Lebewesen keine entscheidende Rolle gespielt haben. Die Ausfällung des gelösten Calcits geschieht immer dann, wenn dem Wasser Kohlenstoffdioxid (CO_2) entzogen wird. Dies kann durch Erwärmung geschehen oder durch Druckentlastung, ähnlich wie beim Öffnen einer Sprudelflasche, wo dann auch das bis dahin gelöste CO_2 als Gas hervortritt. Auch starke, sprudelnde Bewegungen des Wassers oder das Einwirken von Pflanzen können dazu führen. Man nennt solche Ausscheidungen allgemein Kalksinter und findet sie bevorzugt an Quellenaustritten und an Hindernissen im Quellwasserbereich, wo sich kleine Wasserfälle und Tuffkaskaden bilden. Man nimmt an, daß die hohe Porosität des Kalktuffs auf die Mitwirkung von Moosen, Algen und Wasserpflanzen zurückgeht. Sehr oft findet man Blätter, Schilf und Holzteile, die von Kalktuff umkrustet und eingeschlossen wurden. An heißen Quellen, in Gebieten ehemaliger vulkanischer Tätigkeit, wird oft Aragonit statt Calcit ausgeschieden. Hierher gehört der schön gebänderte und rotbraun gefärbte Karlsbader Sprudelstein aus Böhmen. Zuweilen bilden sich auch Kügelchen von Aragonit, die man in angehäufter Form als Erbsenstein bezeichnet.

Vorkommen: Für Travertin ist hier die klassische Lokalität von Tivoli bei Rom zu nennen, von der z. B. das Material für den Bau des Kolosseums und der Peterskirche stammt. Der etwa 20 m mächtige Cannstatter Travertin bei Stuttgart ist wegen seiner schönen bräunlichen Zeichnung bekannt. Weitere Fundorte von Kalksinter sind Karlsbad/ČSSR und viele andere mehr.

Name: Travertin geht auf einen italienischen Lokalbegriff zurück, der seinen Ursprung im lateinischen *lapis tiburtinus* = Stein von Tibur hat.

Praktische Bedeutung: Travertin ist ein beliebter Plattenstein für Verkleidungen, Fußböden und Terrassen. Kalktuff wird als Leichtbaustein für Gewölbe, als wärmedämmendes Material in Fachwerkwänden und aufgrund seiner Reinheit zur Herstellung gebrannten Kalks verwendet.

o.: Poröser, gebänderter Travertin.
Jugoslawien; 25 × 18 cm
u. l.: Dichter, gebänderter Süßwasserkalk.
Bottingen, Württemberg/BRD; 7 × 10 cm
u. r.: Zellig poröser Kalktuff.
Greussen, Thüringen/DDR; 4 × 6 cm

Tropfstein

Begriffserläuterung: Als Tropfsteine werden Karbonatausscheidungen in Höhlen bezeichnet.

Bestandteile: Tropfstein besteht überwiegend aus Calcit, obwohl gelegentlich auch Aragonit daneben vorkommen kann.

Entstehung: Wie bei anderen Kalksinterbildungen (Travertin, Kalktuff usw.) entsteht Tropfstein als Ausscheidung des gelösten Calciumkarbonats ($CaCO_3$) im Grundwasser. Besonders dort, wo das Grundwasser durch Karbonatgestein hindurchsickert, wird es dieses anlösen und dann mit Calciumkarbonatkomponente gesättigt sein. Gerät dieses karbonatische Wasser nun in den Bereich einer Höhle der Karbonatgesteine, so bedarf es nur einer geringen Verdunstung oder kleinerer Schwankungen in Druck, Temperatur oder in der Gaszusammensetzung der Höhlenatmosphäre, um wieder Calcitausscheidungen hervorzurufen. Viele Höhlen sind deshalb mit Sinterkalk regelrecht austapeziert. Tropfen, die von feinen Spalten an der Höhlendecke herabhängen, verdunsten langsam und bilden hohle Röhrchen von wenigen Millimetern Durchmesser. Später läuft auch Wasser an der Außenseite dieser Röhrchen herab, verdickt sie und läßt so immer länger werdende Stalaktite von der Decke herabwachsen. Tropfen, die vor ihrem Verdunsten herabfallen, bilden die etwas plumperen Stalakmiten, die den Stalaktiten vom Boden her entgegenwachsen. In den Vertiefungen der Stalakmiten findet man oft millimetergroße sogenannte Höhlenperlen aus Calcit.

Merkmale: Das Gefüge der Tropfsteinbildungen ist porös und meist grobkristallin. Die Farbe ist weiß oder gelblich.

Vorkommen: Weltweit in Tropfsteinhöhlen.

Stalaktit mit deutlich sichtbaren Anwachszonen auf der Schnittfläche.
Genova bei Palma/Mallorca; 35 × 28 cm

Kalkoolith

Begriffserläuterung: Kalkoolithe (manchmal auch Oolithkalk) bestehen aus einer Anhäufung von kugeligen bis ovalen, bei der Bildung bereits verfestigten Kalkkörnern. Die Kügelchen nennt man Ooide. Eine weitere Bezeichnung für dieses Gestein ist Rogenstein, aufgrund der Ähnlichkeit mit Fischrogen. Gelegentlich werden Oolithe mit Ooiddurchmessern größer 2 mm auch Pisolithe oder Erbsensteine genannt, was jedoch zu Verwechslungen führen kann. Unter Erbsenstein versteht man z. B. auch die in heißen Quellen entstehenden kugelförmigen Ausscheidungen von Aragonit (vgl. S. 170).

Bestandteile: Mit Ausnahme der Höhlenperlen (vgl. Tropfstein, diese Seite), die als Calcit gebildet werden, scheint es sich bei Ooidbildungen ursprünglich stets um Aragonit zu handeln, der aber im Laufe der Sedimentverfestigung (Diagenese) zu Calcit umkristallisiert.

Merkmale: Die Ooide zeigen einen schaligen Aufbau um einen Fremdkörperkern von fast beliebiger Art. Sie sind meist gut sortiert (ähnlich groß) und gut verkittet. Die Farbe ist hell, weiß bis gelblich, aber auch bräunlich.

Entstehung: Nicht völlig geklärt. Vermutlich scheiden sich aus Calciumkarbonat-gesättigtem, seichtem Meerwasser (weniger als 2 m tief) um einen Fremdkörperkern schalige Anwachssäume von Aragonit aus. Der Schalenbau der zunächst schwebend wachsenden Kügelchen entsteht aus einem Wechsel von Ruhe und Bewegung (mit Abrieb und Rundung) in diesem flachen Wasser. Die Kügelchen werden dann wie Sand sortiert, sedimentiert und verkittet.

Vorkommen: Als meist geringmächtige Einschaltungen in vielen Karbonatabfolgen.

l.: Kalkoolith (Rogenstein), Niederrimsingen, Breisgau/BRD; 3 × 4 cm
r.: Kalkoolith (Rogenstein). Kalischacht Beienrode/BRD; 2 × 3 cm

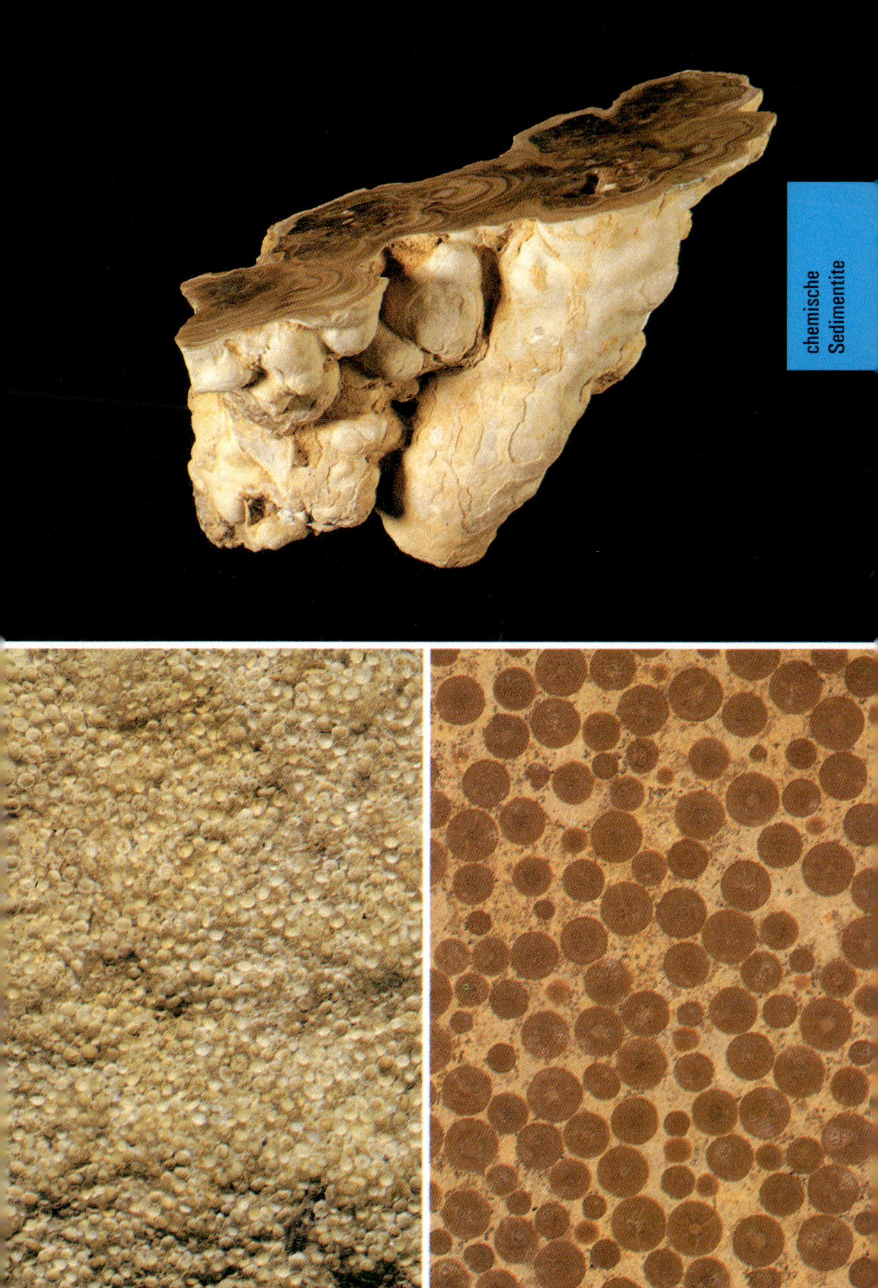

Beach-rock

Begriffserläuterung: Der Begriff *beach-rock* ist aus dem englischen entnommen und bedeutet soviel wie Strandgestein. Ein gleichbedeutender deutscher Fachausdruck fehlt.

Merkmale: Beach-rock ist als verfestigtes Strandmaterial zu verstehen. Der Zement ist makroskopisch eine helle, feinkörnige Masse, die aus Aragonit oder Calcit bestehen kann. Die verfestigten Partikel sind sehr oft selbst karbonatisch, können aber auch überwiegend aus Quarzsand bestehen. Die Korngrößen richten sich ausschließlich nach dem vorhandenen Strandgut, d. h. sie sind überwiegend von Sandgröße, haben aber auch die Form von rundem Kies und eckigem Schutt. Die Gesteine können durchaus breccienartig wirken. Bier- und Konservendosen werden nicht selten eingeschlossen.

Entstehung: Beach-rock entsteht vorwiegend im Gezeitenbereich an Küsten in tropischem und subtropischem Klima, tritt jedoch auch im gemäßigten Klima auf. Erstaunlich ist die offensichtlich schnelle Bildung des Gesteins, wie die von Menschen stammenden, eingeschlossenen Objekte eindeutig beweisen. Die eigentliche Füllung der Porenräume von Lockermassen vollzieht sich offensichtlich einige Dezimeter unter der Oberfläche, wo die Porenräume stets mit Wasser gefüllt sind. Im allgemeinen wird angenommen, daß die Ausscheidung des Calciumkarbonats durch besonders extremes Niedrigwasser (Ebbe) begünstigt wird, weil dann das Meerwasser in den Porenräumen z. T. verdunstet und seinen Kohlenstoffdioxidgehalt verliert (vgl. z. B. die Bildung von Tropfstein, Travertin bei Süßwasser, S. 170, 172).

Vorkommen: An Stränden weltweit, besonders in tropischem und subtropischem Klima.

Beach-rock übersät mit Seepocken, Muschel- und Seeigelschalen in Lebensstellung. Rabat/Marokko; 20 × 15 cm

Fossilkalk

Begriffserläuterung: Fossilkalke bestehen zu über 50% aus ganzen oder zerbrochenen Kalkskeletten und/oder Schalen von Pflanzen und Tieren. Herrscht eine bestimmte Fossilart vor, so spricht man von Korallenkalk, Foraminiferenkalk, usw. Lumachelle oder Muschelschill (auch Schalentrümmerkalk) besteht überwiegend aus Mollusken- oder Brachiopodenschalen. Bei diesen Gesteinen, die mineralogisch recht einfach aufgebaut sind, steht natürlich das Erkennen und Einordnen der darin enthaltenen Fossilien (Versteinerungen) im Vordergrund, so daß sie sich weitgehend dem Ziel des vorliegenden Buches entziehen. Das Folgende beschränkt sich auf einen kurzen Überblick einiger Beispiele.

Mineralischer Bestand: Obwohl viele Lebewesen ihre Skelette und Schalen aus Aragonit aufbauen, wird dieser bei der Bildung des festen Gesteins sehr schnell in Calcit umgewandelt. Die organische Substanz selbst geht in bituminöse Substanz über, die Ausgangspunkt für Erdöl oder -gas sein kann. Nicht selten kommt durch eine weitere Umwandlung, der sogenannten Dolomitisierung, auch die Komponente Dolomit hinzu (vgl. S. 180). Daneben findet man oft kleinere Mengen von Quarz oder Chalcedon und vor allem Vertreter der Gruppe der Tonminerale. Durch die Zersetzungsreaktionen der organischen Bestandteile können auch Schwefelverbindungen wie Pyrit oder Markasit (beide FeS_2) hinzukommen. Eisen- und Manganhydroxide sind nicht selten.

Merkmale: Sehr unterschiedlich in der Farbe: weiß, gelb oder durch die vorhandenen Beimengungen hellbraun, rosa, rot und dunkel-

l.: Muschelschill. Indien; 7 × 10 cm

r.: Grober Schillkalk mit Tongeröllen. Marokko; 15 × 20 cm

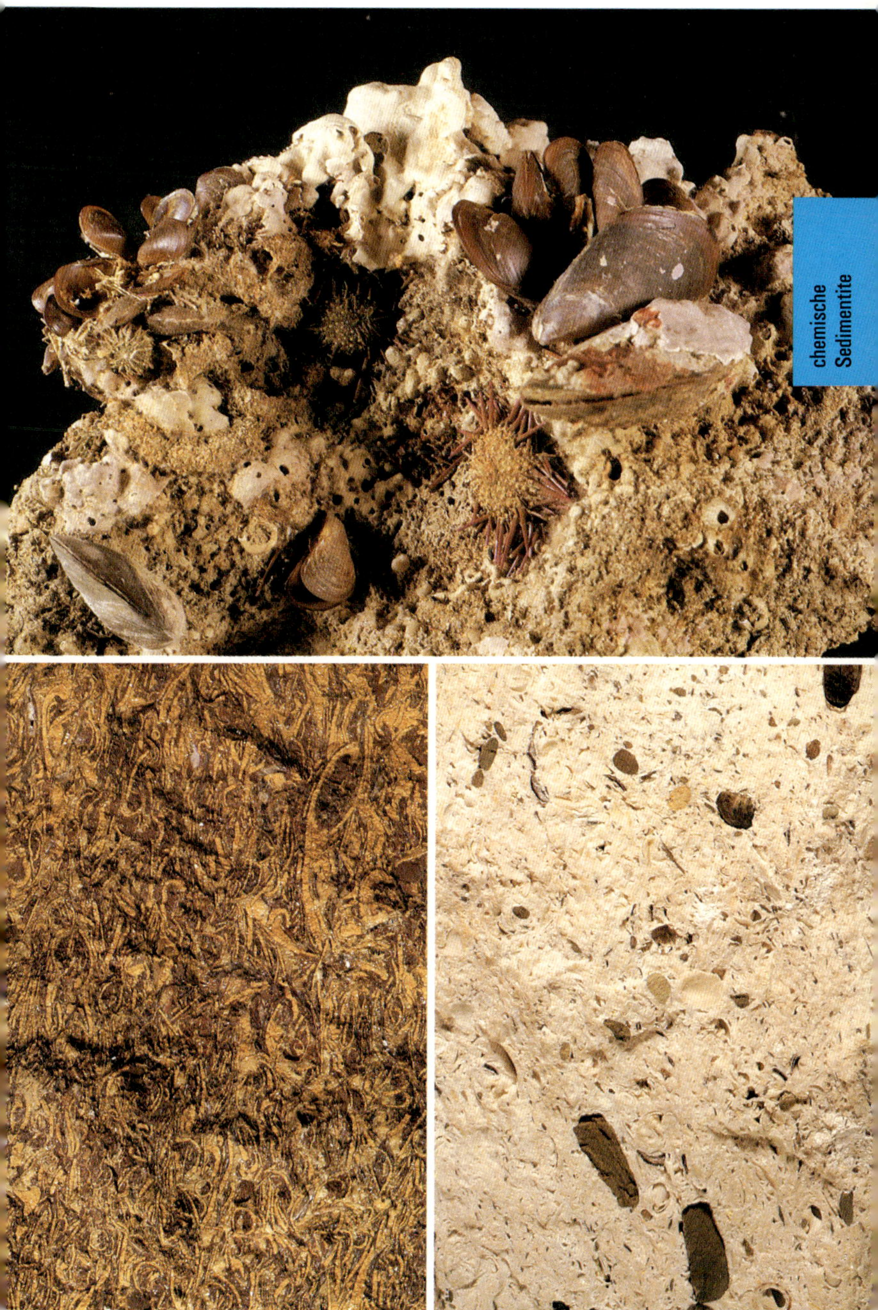
chemische
Sedimentite

braun. Hoher Gehalt an ehemals organischer Substanz bedingt fast schwarze Färbung. Für das Gefüge sind Menge und Verteilung der Fossilien ausschlaggebend. Durch die Zersetzung der organischen Teile und den Freiraum in vielen Fossilschalen selbst entstehen häufig Hohlräume im Gestein, die durch Kristallrasen von Calcit oder Dolomit belegt sein können.

Entstehung und Bedeutung: Durch das Studium der Art der Skelettfragmente in Fossilkalken kann man ein Bild über die Verteilung von Lebewesen in Zeit (d. h. der Evolution der Arten) und Raum (d. h. der Geographie der damaligen Erdoberfläche) gewinnen. Man unterscheidet in den Fossilkalken sogenannte Lebensgemeinschaften und Grabgemeinschaften. Bei den Lebensgemeinschaften werden die zusammen siedelnden Lebewesen am Ort und in der Stellung ihres Daseins eingebettet. Sie geben deshalb Auskunft über ihre damalige Umwelt. Manche Lebewesen brauchen harte Unterlagen. Bodenwühler bevorzugen Schlammböden. Da die Lichtintensität mit der Wassertiefe abnimmt, ändert sich mit der Tiefe auch die Art der zusammen vorkommenden Lebewesen. So lassen sich Angaben über damalige Umweltbedingungen wie Wassertiefe, Temperatur, Salzgehalt des Wassers, Art des Meeresbodens und Turbulenz des Wassers gewinnen. Bei Grabgemeinschaften werden Fossilreste durch Strömungen oder Brandung zusammengeschwemmt oder auch durch die Freßtätigkeit größerer Wasserbewohner angehäuft. Empfindliche Kalkskelette werden bei diesem Vorgang oft ausgemerzt. Die Zerkleinerung kann derart fortschreiten, daß mit bloßem Auge keine Fossilreste mehr erkennbar sind. Die häufige Rekristallisation bei der Verfestigung kann das Gestein vollends verändern. Eine ganz bestimmte Art von Grabgemeinschaft entsteht dann, wenn Lebewesen wie Foraminiferen, die sich normalerweise in den oberflächennahen Schichten des Meeres aufhalten, sterben und auf den Ozeanboden herabregnen, wo sie dann zugedeckt und erhalten werden.

Wichtige Fossilbildner: Muscheln, Schnecken und Kopffüßer gehören zu den häufigsten Vertretern fossiler Reste in Karbonatgesteinen seit dem Altpaläozoikum. Die Muscheln sind und waren besonders artenreich und vielseitig. Sie konnten im Meer, im Süßwasser, aber auch im Brackwasser existieren, im Sediment leben, sich an eine Unterlage heften, frei kriechen, schwimmen oder sich frei treiben lassen. Ihre Schalen bauen einen großen Teil des Volumens von Meerwassersedimenten auf. Bestimmte Arten konnten während der Kreidezeit sogar Riffe bauen, so wie die Korallen. Schnecken sind zahlreich, aber artenarm. Sie vertragen und vertrugen große Schwankungen im Salzgehalt des Wassers und besiedelten deshalb Wattflächen und Flußmündungen als freibewegliche, auf dem Meeresboden kriechende Lebewesen. Die Kopffüßer sind als Fossilien noch wichtiger als die Muscheln und Schnecken; allerdings sind sie nicht wie letztere gleichmäßig bis in die Gegenwart vertreten. Nach der Kreidezeit sind sie nur noch mit sehr wenigen Arten vorhanden. Die wichtigsten Vertreter sind die *Nautiliden, Ammoniten* und die als »Donnerkeile« bekannt gewordenen *Belemniten.* Wie die noch lebenden Kraken und Tintenfische waren es im Meer frei schwimmende Wesen. Die Armfüßer *(Brachiopoden)* sind besonders häufig in Schichten des Paläozoikums und Mesozoikums zu finden. Ihre zweiklappigen Gehäuse sind den Schalen der Muscheln recht ähnlich. Sie waren überwiegend am Meeresboden lebende Organismen.

Ein für die Fossilkalke besonders wichtiger Tierstamm sind die Nesseltiere *(Cnidaria),* zu denen auch die Korallen gehören. Einige Korallenarten bilden Kolonien und sind deshalb wichtige Riffbildner der Gegenwart und auch

o.: Nummulitenkalk. Links: polierte Platte; rechts: angewittert.
Pazim, Istrien/Jugoslawien; 4 × 6 cm

u.: Algenkalk.
Iberg, Rheinisches Schiefergeb./BRD; 6 × 4 cm

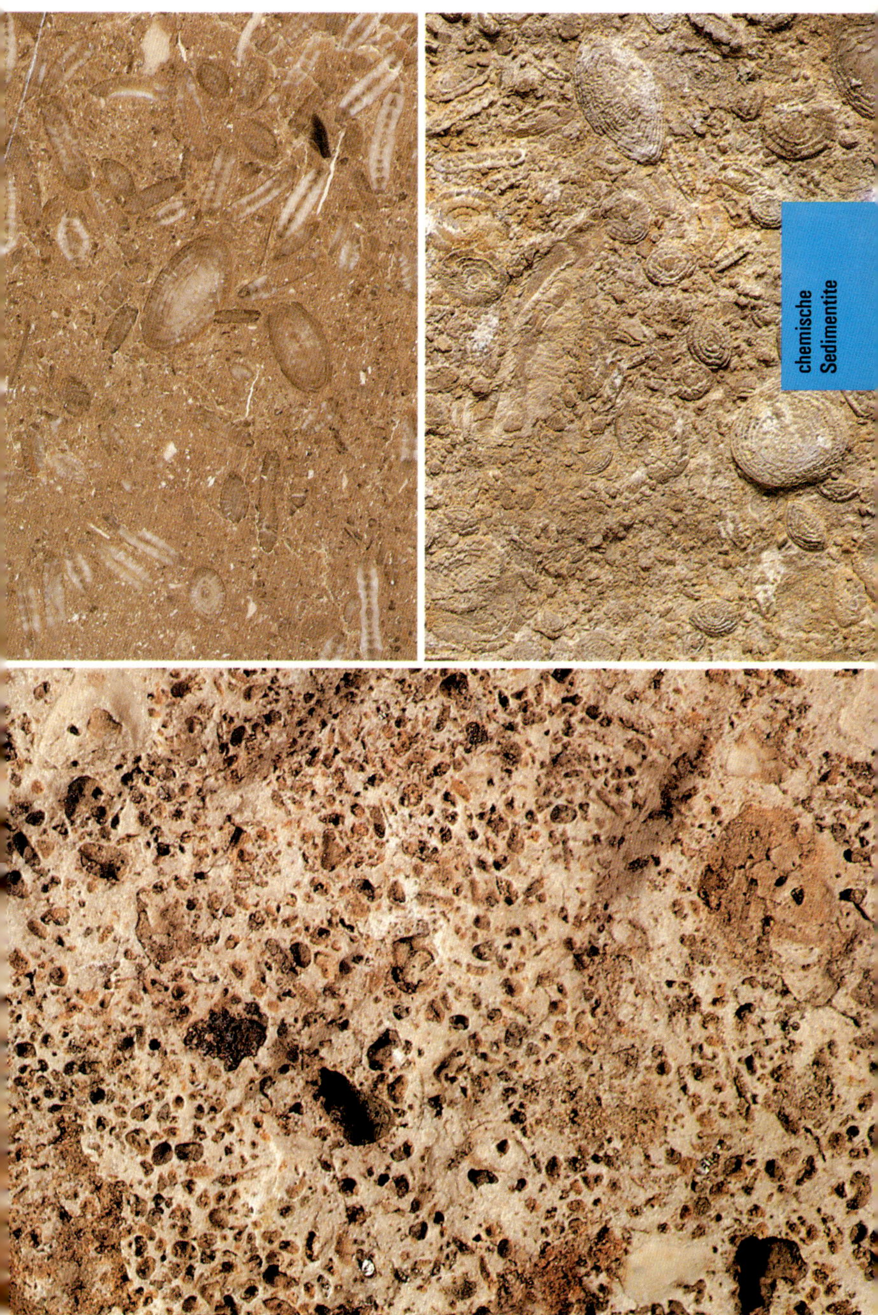

der Vergangenheit, wobei sie für das Riffgerüst sorgen, welches dann von anderen Lebewesen der Riffgemeinschaft verstärkt wird. Die meisten riffbildenden Korallen sind äußerst empfindlich und benötigen flaches, warmes und klares Wasser. Die durch Menschen verursachte Meeresverschmutzung stellt für die Korallenarten der Gegenwart eine große Bedrohung dar. Es gibt weitere, widerstandsfähigere Korallenarten, die auch in tieferem Wasser leben können, diese bilden aber nur kleinere Erhebungen und Barrieren. Weitere Kolonienbildende Meerestiere, die besonders im Paläozoikum am Riffbau maßgeblich beteiligt waren, sind die Moostierchen *(Bryozoa)*. Auch Fragmente der Seeigel *(Echinoidia)* und Seelilien *(Crinoidia)* sind von Bedeutung bei der Bildung von Flachwasserkalksteinen der Vergangenheit.

Die Kammerlinge *(Foraminiferen)* sind vielfältige Einzeller des Meeres von meist mikroskopischer Größe, deren Gehäuse aber zu wichtigen Sedimentablagerungen am Meeresboden führen. Einige Arten, wie z. B. die spiralig eingerollten *Nummuliten*, brachten Riesenformen bis über 5 cm Durchmesser hervor. Kreidekalk kann z. B. zu einem großen Teil aus Foraminiferenschalen bestehen.

Algen tragen in vielfältiger Weise zur Bildung karbonatischer Gesteine bei. Sie liefern selbst Gerüstteile, bilden durch Kolonien laminierte Sedimente und verstärken Korallenriffe durch ihr Verbundwachstum und dadurch, daß sie schwebende Körner einfangen und einbauen. Andere Algen sind zusammen mit den Foraminiferen wesentlich bei der Bildung von Schreibkreidevorkommen beteiligt. Die laminierten Algensedimente, auch Stromatolithen genannt, sind besonders bezeichnend für das Präkambrium, können aber bis zur Gegenwart verfolgt werden. Aufgebaut werden sie von sogenannten Blaugrünalgen, die eine schleimige Substanz besitzen, damit schwebende Sedimentpartikelchen einfangen und einbinden und so mattenartige Gebilde sowie Kuppeln und Säulen formen.

Vorkommen: Weltweit verbreitet. Viele Beispiele für Muschelschill gibt es im Karbon, Trias und Jura Westeuropas. Kopffüßer sind bekannt aus dem Kalkstein des Ordoviziums und Silurs in Schweden (Cephalopodenkalk), dem Devon Westeuropas und dem Jura der Alpen *(Ammonitico rosso)*. Nummulitenkalke sind im Eozän des Mittelmeergebiets weit verbreitet. Viele weitere bedeutende Vorkommen.

Praktische Bedeutung: Fossilkalke sind für die Erdölindustrie als Erdöllagerstätten wichtig. In Arabien und Persien bilden Riffkalke aus Jura und Kreide die größten Erdöl- und Erdgasvorkommen der Erde. Fossilkalke verwendet man als Baustein und in Form von polierten Platten als Zierstein. Ein bekanntes Beispiel ist der Solnhofener Plattenkalk, der in der weiteren Umgebung von Eichstätt (Mittelfranken) vorkommt. Mehr als 100 Fossilarten, darunter der berühmte Urvogel *Archaeopterix*, sind in diesem Gestein bislang gefunden worden. Die Erhaltung ist einmalig, denn sogar Federn, Flügel von Insekten und Abdrücke von Quallen sind erkennbar. Der Solnhofener Plattenkalk ist auch als Lithographieschiefer bekannt, weil er sich durch seine gleichmäßige, feinkörnige Struktur auch zum Steindruckverfahren eignet. Die 2,5 Millionen, je 2 t schweren Quader, die zum Bau der Cheopspyramide in Ägypten verwendet wurden, bestehen zum überwiegenden Teil aus Nummulitenkalk.

Einen Überblick über die Fossilien und ihre Zuordnung gibt unser Band Versteinerungen.

o. l.: Korallenkalk.
Northwest Territories/Kanada; 7× 10 cm

o. r.: Korallenkalk mit Schneckengehäusen.
Holland; 5× 7 cm

u. l.: Ammonitenkalk.
Forchheim, Fränkische Alb/BRD; 30× 40 cm

u. r.: Kalkstein mit dem Kopffüßer Orthoceras.
Marakesch/Marokko; 7× 10 cm

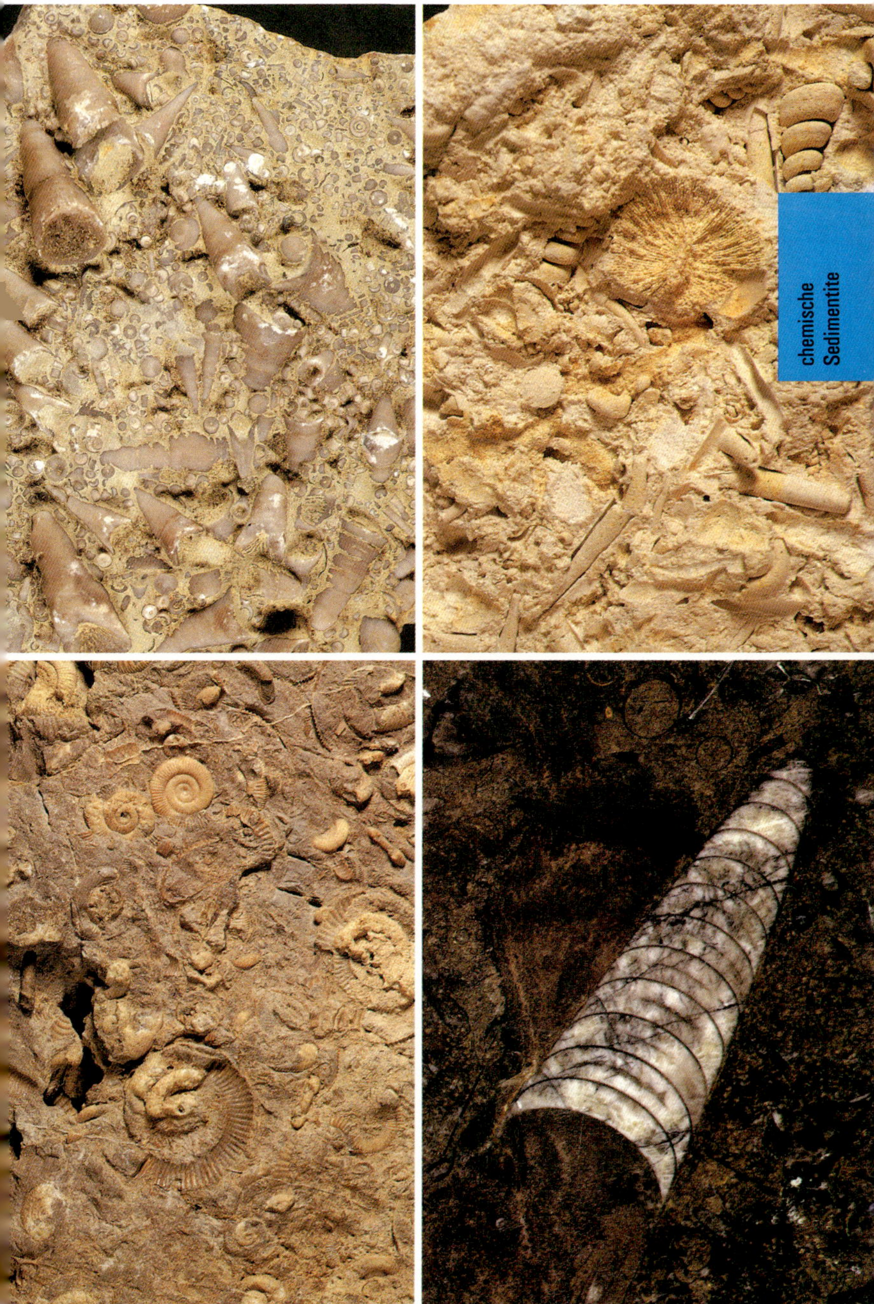

Dolomit

Begriffserläuterung: Sedimentgesteine, die überwiegend aus dem Mineral Dolomit ($CaMg[CO_3]_2$) bestehen, werden auch als Dolomit bezeichnet. Richtiger wären Begriffe wie Dolomitstein oder Dolostein, aber diese Namen haben sich nicht durchgesetzt.

Mineralbestand: Hauptsächlich Dolomit und Calcit, mit geringen Beimengungen von Tonmineralen, Quarz, Pyrit, Markasit und bituminösen Substanzen.

Merkmale: In Bezug auf Farbe, Korngröße und Gefüge unterscheidet sich Dolomit kaum von Kalkstein. Weiß, gelblich bis bräunlich, aber auch rosa sind bekannte Farbvarietäten. Die Gesteine sind feinkörnig dicht bis grobkörnig. In der Regel fehlt Feinschichtung. Als Verallgemeinerung, die jedoch nicht in jedem Fall Gültigkeit hat, kann man sagen, daß Dolomit eine größere Porosität als Kalkstein besitzt und weniger gut erhaltene Fossilien aufweist. Süßwasserdolomite sind so gut wie unbekannt. Sicherstes Unterscheidungsmerkmal ist stets die Reaktion mit verdünnter, kalter Salzsäure. Kalkstein braust heftig auf, während Dolomit gar nicht oder – in Pulverform und auf frischen Schlagstellen – schwach reagiert. Bei feinen Wechsellagerungen und Mischgesteinen ist aber auch dieser Test nicht immer brauchbar. Haben sich Kristalle in den Hohlräumen der Gesteine gebildet, so zeigt Dolomit oft typische sattelförmige Kristalle mit gekrümmten Kristallflächen. Bei der Verwitterung entsteht bei Dolomit oft eine gelblich braune, wildlederartig aufgerauhte Oberfläche.

Um zwischen verschiedenen Karbonaten unterscheiden zu können, gibt es eine Reihe von sogenannten Anfärbeverfahren, die z.T. recht einfach durchzuführen sind. Als Beispiel sei hier der Farbtest mit dem handelsüblichen Haematoxylin genannt. Eine frische Bruchfläche des Gesteins wird gereinigt und 3–5 Minuten mit verdünnter Salzsäure (10 Teile Wasser zu einem Teil konzentrierter Salzsäure) behandelt. Die sorgfältig mit Wasser gereinigte Probe wird dann mit Haematoxylin-Lösung bestrichen, welche als eine gut durchgeschüttelte Mischung von 3 Teilen der verdünnten Salzsäure und 50 Teilen Haematoxylin hergestellt wird. Nach 10 Minuten färbt sich Calcit violett, aber Dolomit bleibt unverändert.

Entstehung: Die Bildung von Dolomit gibt nach wie vor viele Rätsel auf. Fest steht, daß sich Dolomit nur selten als direkte Ausscheidung aus Meerwasser bildet. Vielmehr kommt es offensichtlich zu einer Dolomitisierung von vorher ausgeschiedenem Aragonit oder Calcit. Die Umwandlung von Calcit zu Dolomit führt zu einer Volumenabnahme des Gesteins von 13%, was sich durch eine erhöhte Porosität bemerkbar macht.

Vorkommen: Es ist interessant, daß das Mengenverhältnis Kalkstein/Dolomit im Präkambrium ca. 1:3 beträgt, im Paläozoikum 3:1 und im Mesozoikum 10:1. Die klassischen Vorkommen sind Teile der Dolomiten Südtirols. Auch große Teile der nördlichen Kalkalpen bestehen aus Dolomit; sonst auch in der fränkischen und schwäbischen Jura, in der Eifel und in Thüringen. Weltweit verbreitet.

Praktische Bedeutung: Bei vielen wichtigen Erdölvorkommen (Iran, Algerien, Kanada) dient der poröse Dolomit als Speichergestein. Wird als Straßenschotter, Werkstein und Baustein verwendet. Dient als Flußmittel in der Eisenverhüttung und als Magnesiumrohstoff für die chemische Industrie und Landwirtschaft. Weitere Verwendung als Füllmaterial, als Schleifmittel und in der Feuerfestindustrie.

o.: Dunkelgrauer Massenkalk mit dem Armfüßer Stringocephalus wird von hellbraunem Dolomit verdrängt.
Hohenlimburg, NRW/BRD; 15 × 10 cm
u. l.: Gebänderter Dolomit.
Ariège, Pyrenäen/Frankreich; 4 × 6 cm
u. r.: Dolomit mit typischen sattelförmig gekrümmten Kristallen.
Cumberland/England; 4 × 6 cm

chemische Sedimentite

Gips

Begriffserläuterung: Der Name Gips bezeichnet sowohl das Gestein als auch das gesteinsbildende Mineral selbst. Gipsit, Gipsstein oder Gipsgestein haben sich nicht generell durchgesetzt.

Mineralbestand: Hauptsächlich Gips ($CaSO_4 \cdot 2H_2O$) mit Beimengungen von Anhydrit ($CaSO_4$), Salzmineralen, Calcit, Dolomit, Tonmineralen und Limonit.

Merkmale: Das Gestein ist fein- bis grobkörnig, oft weiß; aber gelbe, rote, braune, graue und schwarze Farbtöne sind möglich. Eine Unterscheidung von makroskopisch ähnlichem Anhydrit ist durch die geringere Härte von Gips möglich. Millimeter- bis zentimetergroße Knollen von Gips in Tongestein führen zu einem Breccien-artigen Gefüge. Rhythmisch geschichtete Gipsgesteine sind recht häufig, wobei die einzelnen Lagen generell nur wenige Millimeter dick sind. Sie werden von dünnen Tonhäutchen und von Karbonatlagen getrennt. Derartige Gesteine können mächtige Abfolgen von mehreren 100 Metern aufbauen. Ganz charakteristisch sind sogenannte »sekundäre« Gipsgesteine, die dadurch entstanden sind, daß der primär abgelagerte Anhydrit Wasser aufgenommen und sich in Gips umgewandelt hat. Dabei entsteht der »porphyrische« Gips, in dem millimeter- bis zentimetergroße Gipskristalle vereinzelt oder fast völlig das ursprüngliche Anhydritgestein verdrängen. Bei Alabastergips ist die Gipsneubildung sehr feinkörnig und faserig-filzig, was zu einem weißen bis rötlichen, zuckerähnlichen Aussehen führt. Wenn die Schichtung gewellt oder verbogen ist, spricht man von Gekrösegips. Man nimmt an, daß die Verformung auf die Volumenzunahme bei der Umwandlung von Anhydrit zu Gips zurückzuführen ist. Da aber manchmal nur einzelne Schichten betroffen sind, könnte es sich durchaus um ein gelegentliches Abrutschen von noch plastischen, frisch sedimentierten Ablagerungen am Meeresboden handeln.

Entstehung: Gips gehört zu den Eindampfungsgesteinen (Evaporiten), die bei der Verdunstung und Eindampfung von abgeschnittenen Meeresbecken im Trockenklima entstehen. Gips kann in ähnlicher Weise auch in Salzseen entstehen. Der genaue Vorgang gibt noch viele Rätsel auf.

Vorkommen: Weltweit verbreitet, oft mit Salzlagerstätten vergesellschaftet. Große Vorkommen im Perm Mitteleuropas (z. B. Harz, Thüringen) oder im Trias Bayerns. Da das Mittelmeer im Miozän vollkommen austrocknete, sind auch in diesem Raum viele Beispiele zu finden (Apenninenbogen bis Sizilien); auch in den Alpen und Voralpen. Schöne Alabastervorkommen in Pakistan und im Iran.

Praktische Bedeutung: Durch Erhitzen auf 120–130° C geht Gips in das Halbhydrat ($CaSO_4 \cdot 1/2H_2O$) über, welches als Modell- oder Stuckgips und zur Fertigung von Gipsplatten gebraucht wird. Mit Wasser verrührt, verhärtet sich der Brei sehr schnell unter Rückbildung zu Gips. Durch stärkere Erhitzung bei 190° C wird der Gips »totgebrannt«. Die Rückbildung zu Gips erfolgt nun erst nach Tagen (Estrich- und Mörtelgips). Ferner dient Gips als Füllmaterial in der Papier- und Gummiindustrie und bei Farbstiften und Schreibkreide usw. Alabaster wurde schon im alten Ägypten zur Herstellung von Ziersteinen und Kunstgegenständen gebraucht. Der sogenannte »ägyptische Alabaster« und der italienische *alabastro onice* sind allerdings nicht Gips, sondern Süßwasserkalk.

o. l.: Dichter, rosafarbener Alabaster.
Adorf/BRD; 10× 15 cm

o. r.: Rhythmisch geschichtetes Gipsgestein.
Osterrode, Harz/BRD; 8× 12 cm

u. l.: Gekrösegips.
Walkenried, Harz/BRD; 7× 10 cm

u. r.: Geschichtetes Gipsgestein mit einzelner Gekrösegipslage.
Walkenried, Harz/BRD; 7× 10 cm

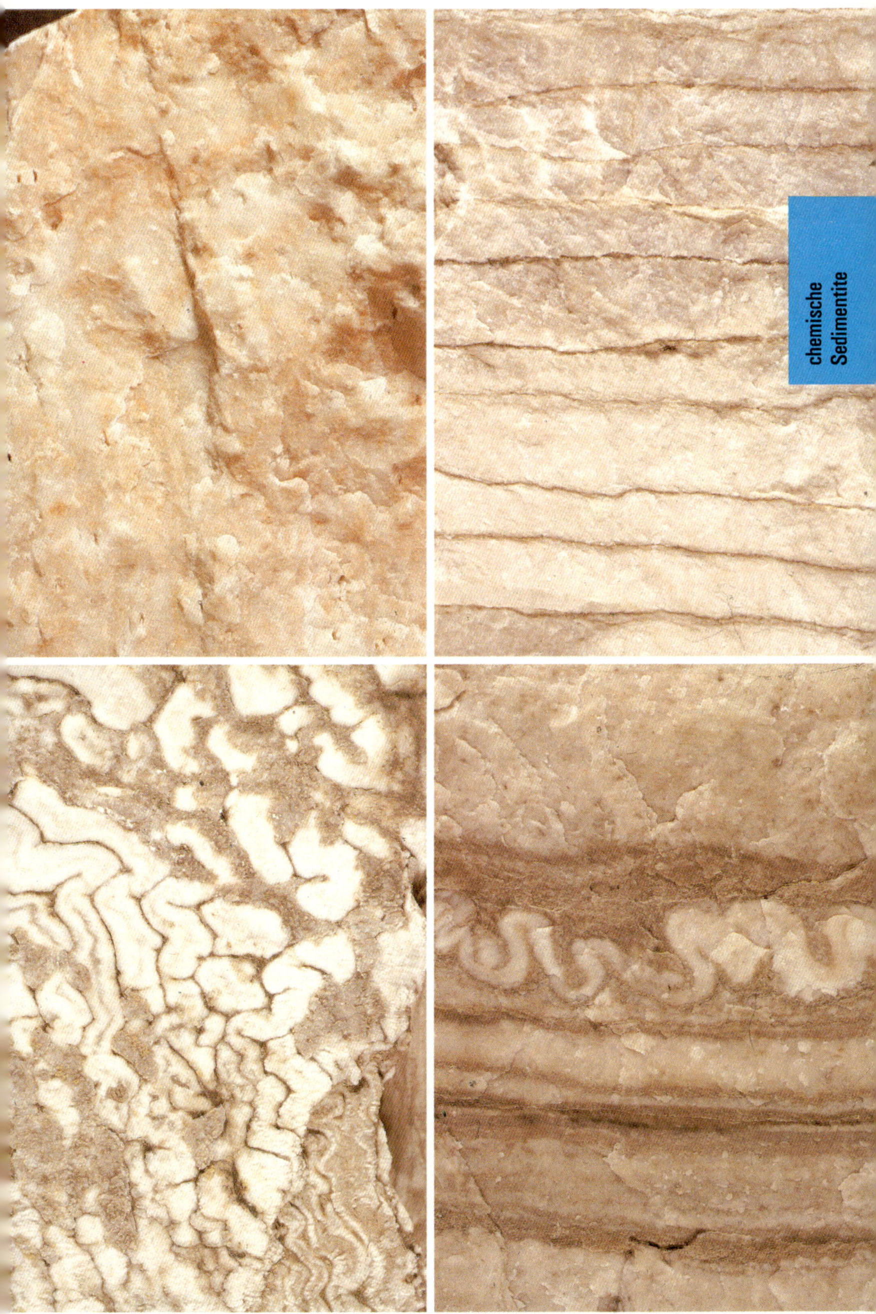

Anhydrit

Begriffserläuterung: Der Name Anhydrit bezeichnet sowohl das Gestein als auch das gesteinsbildende Mineral. Vorschläge, das Gestein als Anhydritit zu bezeichnen, haben sich nicht durchgesetzt.

Mineralbestand: Hauptsächlich Anhydrit ($CaSO_4$), mit Beimengungen von Gips ($CaSO_4 \cdot 2H_2O$), Calcit, Dolomit, Tonmineralen, Salzmineralen, Limonit und bituminösen Substanzen.

Merkmale: Anhydrite sind fein- bis mittelkörnige Gesteine mit meist hellgrauer bis bläulicher Farbe; aber gelbe, rote, braune und schwarze Tönungen sind möglich. Im Auftreten ähnelt Anhydrit sehr Gipsgestein (vgl. S. 182). Anhydrit läßt sich von Gips durch seine größere Härte, von Kalkstein durch den Säuretest und von Steinsalz durch den Geschmackstest unterscheiden.

Entstehung: Wie Gipsgestein gehört Anhydrit zu den Eindampfungsgesteinen (Evaporiten), die sich zwar auch in Salzseen, aber überwiegend in abgeschnittenen Meeresbecken bilden. In Fachkreisen wird jedoch vielfach die Meinung vertreten, daß sich der größte Teil des jetzt in Gesteinen vorliegenden Anhydrits erst bei der Gesteinsverfestigung (Diagenese) durch Entwässerung von primär ausgeschiedenem Gipsgestein gebildet hat.

Vorkommen: Wie Gipsgestein- und Salzlager.

Praktische Bedeutung: Als polierte Platten zur Innenverkleidung; als Füllmaterial in der Papierindustrie; als Rohstoff für die Schwefelsäuregewinnung; zur Herstellung von Düngemitteln. Anhydritlagen sind beim Tunnelbau sehr gefürchtet, da sie durch Wasserzufuhr stark quellen und die Tunnelwände eindrücken können.

Anhydrit. l.: frischer Bruch; r.: angewittert, mit deutlich herausgearbeiteten Gipskristallen. Adorf/BRD; 4 × 7 cm

Steinsalz

Begriffserläuterung: Der Name Steinsalz (Halit) bezeichnet sowohl das Gestein als auch das gesteinsbildende Mineral.

Mineralbestand: Das Gestein besteht hauptsächlich aus Steinsalz (Halit, NaCl), ist aber mehr oder weniger durch tonige Anteile, Gips, Anhydrit und andere Salzminerale verunreinigt, wobei es mehr als zwei Dutzend Möglichkeiten gibt. Die wichtigsten sind wohl die sogenannten Abraumsalze oder Edelsalze, z. B. Sylvin (KCl), Kieserit ($MgSO_4 \cdot H_2O$), Carnallit ($KMgCl_3 \cdot 6H_2O$) etc. Der typische Geschmack ist der beste Hinweis.

Merkmale: Das Gestein ist körnig, mit durchsichtigen und durchscheinenden, leicht löslichen Kristallen, die farblos, leicht bläulich, grau, schwarz oder rot gefärbt sein können. Es kann massig, gebankt oder feinschichtig auftreten.

Entstehung: Steinsalz gehört zu den Eindampfungsgesteinen (Evaporite). Wird Meerwasser auf ca. 20% des ursprünglichen Volumens eingedampft, scheidet sich Gips aus. Erst bei 10% erhält man Steinsalz. Bei weiterer Verdunstung können dann die wertvollen Abraumsalze gebildet werden, die stratigraphisch über dem Steinsalz liegen (also »abgeräumt« werden müssen).

Vorkommen: Mächtige Abfolgen im permischen Zechstein von Nordwesteuropa, im Trias Deutschlands und im Tertiär des Oberrheintalgrabens, im Perm der nördlichen Kalkalpen (Haselgebirge); generell weltweit verbreitet.

Praktische Bedeutung: Seit Menschengedenken ein unentbehrlicher Würz- und Konservierungsstoff. Mehr als die Hälfte der Jahresproduktion wird in der chemischen Industrie verbraucht.

l.: Aggregat von Steinsalzkristallen. Cardona, Ebro/Spanien; 7 × 10 cm
r.: Derbes Steinsalz. Cardona, Ebro/Spanien; 7 × 10 cm

chemische
Sedimentite

Laterit/Bauxit

Begriffserläuterung: Die Begriffe Laterit und Bauxit werden in der Literatur sehr uneinheitlich gehandhabt. Der offensichtlich überwiegenden Gebrauchsform folgend, soll hier mit Laterit im engeren Sinne eine Eisen-reiche und mit Bauxit eine Aluminium-reiche Verwitterungsform verschiedener Gesteine angesprochen werden. Es gibt keine definierte Abgrenzung zwischen den beiden. Laterit i. w. S. kann dann als übergeordneter Begriff für Eisen- und Aluminium-reiche Verwitterungsbildungen insgesamt verwendet werden.

Mineralbestand: Da es sich zunächst um Verwitterungsprodukte handelt, ist zu erwarten, daß Laterite i. e. S. und Bauxite recht uneinheitliche Gesteine mit Beimengungen von Quarz, Tonmineralen, Titanoxiden, Manganoxiden und Phosphatmineralen sind. Bei der Eisenanreicherung handelt es sich vorwiegend um Limonit (Brauneisenerz) und Hämatit (Fe_2O_3). Bei den Aluminiummineralen handelt es sich um Gibbsit (Hydrargyllit, $Al(OH)_3$), Böhmit (AlOOH) und Diaspor (AlOOH) sowie auch nicht kristalline, Aluminium-haltige Gele. Silikatbauxite bilden sich aus eruptiven und metamorphen Gesteinen, während man Kalk- oder Karstbauxite von Karbonatgesteinen herleitet.

Merkmale: Laterit i. e. S. und Bauxit können verfestigt und hart, aber auch erdig locker sein. Bauxite sind heller, grauweiß, cremefarben oder gelbbräunlich; Laterite sind dunkelbraun, dunkelrot, oft beinahe schwarz. Das Gefüge ist recht unterschiedlich. Es kann massig sein, schwammartig porös oder pisolithisch, d. h. durchsät von kleinen Kügelchen, die wie Gerölle aussehen. Die Kügelchen haben sich um einen Kern herum gebildet, zeigen einen schaligen Aufbau und bestehen meist aus Aluminiummineralen. Braune Goethit-Kriställchen bilden sehr ähnliche Aggregate mit glänzenden, traubig-nierig ausgebildeten Oberflächen nach Art des »braunen Glaskopfs«.

Entstehung: Die Vorgänge, die zur Laterit- und Bauxitbildung führen, sind nicht vollständig geklärt. Voraussetzungen sind durchlässige Eisen- und Aluminium-reiche Gesteine, ein tropisches Klima mit ausgeprägtem Wechsel von Trocken- und Regenzeiten (z. B. Monsungebiete) und geringes Relief, damit der Verwitterungsrückstand nicht erodiert wird. Unter diesen Bedingungen gehen dann nicht nur die Alkalien in Lösung (wie bei feucht-gemäßigtem Klima), sondern auch Siliziumdioxid, so daß Oxide und Hydroxide des Eisens und Aluminiums zurückbleiben. Die frühere Ansicht, daß Bauxit sich direkt aus Kalkstein bilden kann, ist zugunsten der Meinung gewichen, daß die Kalkbauxit-Lagerstätten sich aus tonigem Sediment entwickelt haben, das in die Karstoberfläche hineingeschwemmt wurde.

Vorkommen: Weltweit in gegenwärtigen und geologisch zurückliegenden tropischen Klimabereichen, z. B. Afrika, Südostasien, Südamerika, Südost-USA, Indien, Ungarn, Mittelmeerraum, Südfrankreich, mitteleuropäische Basaltgebiete (z. B. der Basalteisenstein des Vogelsbergs), nördliche Kalkalpen, sehr große Lagerstätten in Australien.

Praktische Bedeutung: Bauxit ist das wichtigste Aluminiumerz und Rohstoff für technisches Schleifmittel (Elektrokorund), feuerfeste Erzeugnisse und Tonerdezement. Laterit wurde zu Bausteinen verarbeitet (lat. *later* = Ziegelstein). Zu gewünschter Größe geschnitten, wurden die Blöcke befeuchtet und getrocknet. Dabei bildete sich aus den nicht kristallinen Eisenhydroxiden das Mineral Goethit und verfestigte das Gestein.

o. l.: Laterit.
Karnataka/Indien; 7 × 10 cm
o. r.: Oolithischer Laterit.
Bédarieux/Frankreich; 7 × 10 cm
u. l.: Pisolithischer Bauxit.
Les Beaux/Frankreich; 4 × 6 cm
u. r.: Bauxit.
Australien; 7 × 10 cm

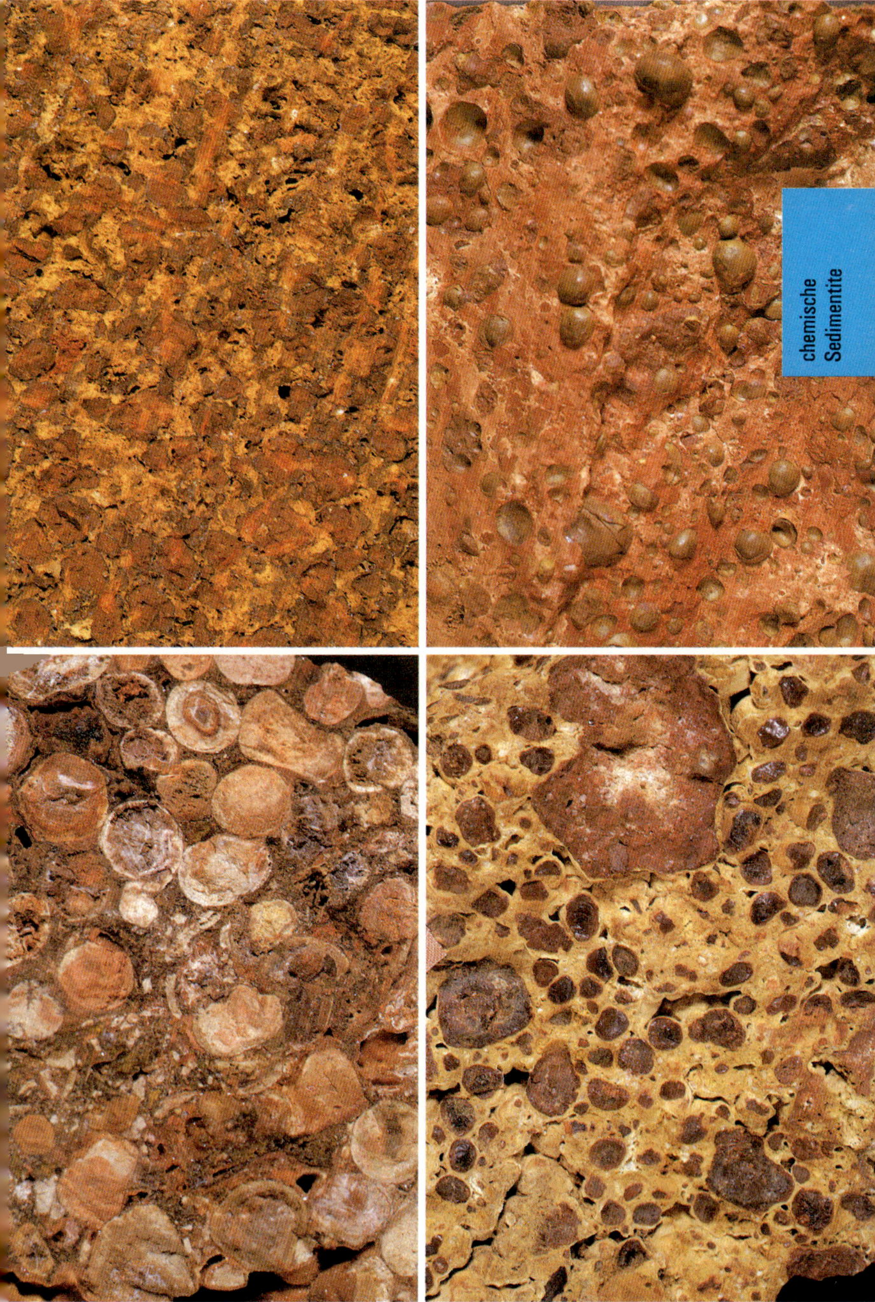
chemische
Sedimentite

Eisenreiche Sedimentite

In bestimmten Sedimenten können Elemente wie Eisen, Mangan, Blei, Zink und Kupfer derart angereichert sein, daß nutzbare Lagerstätten entstehen. Ist die Anreicherung zu klein, um abbauwürdig zu sein, so spricht man von einem Vorkommen. Die Grenze zwischen Lagerstätten und Vorkommen ist fließend, denn sie wird letztendlich von dem zu erzielenden Verkaufswert am Weltmarkt und den örtlichen Produktionskosten bestimmt, die selbst Schwankungen unterworfen sind. So können bei steigenden Preisen Vorkommen interessant werden oder bei Preiseinbrüchen reiche Lagerstätten nutzlos werden und, wie schon so oft geschehen, für ganze Bergbaureviere zu einer wirtschaftlichen Katastrophe führen. Die nutzbaren Rohstoffelemente sind in gewissen Spurenmengen in allen Gesteinen vorhanden. Es bedarf aber ganz spezieller Vorgänge, um sie zu Vorkommen und Lagerstätten anzureichern. Genügen einerseits vielleicht 10 g Gold in 1 t Gestein (also 0,001 Gew.%), um einen Abbau wirtschaftlich gestalten zu können, so muß Eisen, das z. B. in einem Magmengestein etwa 5 Gew.% ausmacht, auf z. Z. über 50–60% angereichert sein. Alle diese Aspekte, insbesondere das Studium der Anreicherungsprozesse und die Beschreibung des vielfältigen Aussehens der Erzgesteine, sind eigentlich Teile der sogenannten Lagerstättenkunde und weniger der Gesteinskunde. Sie sind in diesem Buch weitgehend ausgeklammert. Die eisenreichen Sedimentite stellen einen Grenzfall dar, der es verdient, zumindest beispielhaft vorgestellt zu werden.

Die Eisenminerale: Die Bildungsbedingungen der eisenreichen Sedimente sind recht unterschiedlich. Von grundlegender Bedeutung ist dabei ein komplexes Wechselspiel zwischen sauren und basischen Lösungen und unterschiedlichen Angeboten von Sauerstoff, Wasserstoff, Kohlenstoffdioxid, Schwefel usw. Eisen kann deshalb in ganz unterschiedlicher Weise im Gestein gebunden werden. Typische Oxide sind z. B. Hämatit (Fe_2O_3, bei hohem Sauerstoffangebot) und Magnetit (Fe_3O_4, bei niedrigem Sauerstoffangebot). Goethit (FeOOH) ist ein Eisenoxihydrat, das als wesentlicher Bestandteil des Mineralgemenges Limonit auftritt. Als Karbonat findet man Eisen in der Form des Minerals Siderit ($FeCO_3$). Sulfide sind Pyrit (Schwefelkies, FeS_2), Pyrrhotin (Magnetkies, FeS) oder Markasit (FeS_2). Wichtige Eisensilikate sind der eisenreiche Chlorit Chamosit, das Serpentin-ähnliche Mineral Greenalith ($(Fe^{2+}Fe^{3+})_6[(OH)_8|Si_4O_{10}]$) und der mit den Hellglimmern verwandte Glaukonit von recht komplizierter und variabler Zusammensetzung. Bei manchen Bedingungen hält sich Eisen bevorzugt in gelöster Form in Wasser auf; bei anderen dagegen bildet es lieber eine oder mehrere der oben genannten Verbindungen. Auf diese Weise kann Eisen gelöst und transportiert, aber durch Änderungen der Umgebungsbedingungen auch wieder ausgefällt und konzentriert werden. In der Erdgeschichte treten ganz bestimmte Arten von eisenreichen Sedimenten nur zu ganz bestimmten Zeitabschnitten auf.

Eisenreiche Sedimentite der Gegenwart: Die Bildung der in der geologischen Vergangenheit besonders wichtigen sedimentären Eisenerze wird z. Z. nicht beobachtet. In der Gegenwart kommen hauptsächlich sogenannte See- und Sumpferze vor. Sie bilden sich, wenn saure, eisenhaltige Grundwässer aus Mooren und Sümpfen mit Sauerstoff-reicheren Gewässern in Berührung kommen, wie z. B. in den hohen Breiten Nordamerikas, Europas und Asiens an

o. l.: Minetteerz.
Differdange/Luxemburg; 4× 7 cm

o. r.: Trümmererz.
Haverlahwiese, Salzgitter/BRD; 4× 7 cm

u.: Roteisenerz vom Lahn-Dill Typ.
Grube Falkenstein/BRD; 20× 15 cm

Seeufern in Tiefen von 1–5 m, wo das Moorwasser austritt. Häufigstes bestimmbares Mineral ist Goethit, aber auch weiße, quarkähnliche Lagen aus Siderit (Weißeisenerz) können besonders in Torfmooren vorkommen.

Eisenreiche Sedimentite seit dem Präkambrium: Zu den wichtigsten eisenreichen Sedimentiten dieses Zeitabschnitts gehören die Ablagerungen vom Minette-Typ (nicht mit dem Lamprophyr des gleichen Namens zu verwechseln!). Als Typlokalität gelten die Vorkommen in Lothringen und Luxemburg, aber ähnliche Erze sind auch aus Süddeutschland bekannt. Bei der Erzbildung lagen diese Gebiete unter flachen Meeren, die sich über den Kontinent ausgedehnt hatten. Dabei wurden Ton und Siltstein, fein- und grobkörniger Sandstein und Kalkstein abgelagert. Die eigentlichen erzführenden Sedimentite sind schräg geschichtete oder laminierte Sandsteine, die in bewegtem, strandnahem Wasser entstanden sind. Ursprünglich bestanden sie aus Limonit-Ooiden, also kugeligen Körpern wie bei den Kalkolithen (vgl. S. 172), mit Quarzkörnern und Schalentrümmern. Aus den primären Bestandteilen haben sich später auch Chamosit, Siderit, Calcit und Pyrit dazugebildet. Die äußerliche Farbe der Erze ist variabel. Es gibt sogenannte grüne, schwarze, braune, graue, gelbe und rote Lager. Das Eisen muß ursprünglich aus der Verwitterung festländischer Gesteine hervorgehen, womöglich von lateritischem Typ (vgl. S. 186). Dieses Eisen wurde dann von Flüssen zum Meer gebracht und durch die Einwirkung des Meerwassers auf das Süßwasser in Strandnähe ausgefällt. Ähnliche Vorkommen wie die Lothringer Minette-Erze gibt es vielerorts: Im Osten der USA gibt es Eisenerze mit Hämatit-Ooiden, Chamosit-Eisenerze findet man in zahlreichen Lagerstätten wie Wabana, Neufundland/Kanada und Thüringen/DDR.

Kohlen- und Toneisensteine sind Mischgesteine aus Siderit, Kohle und tonigem Sediment, die zusammen mit Kohlenablagerungen auftreten, wie z. B. im Ruhrgebiet/BRD, in den Appalachen/USA, in Wales und im Ural/UdSSR. Die Kohleneisensteine sind dezimeter- bis metermächtige Lagen, die Toneisensteine dünne Bänke, Linsen und Knollen. Erstere sind schwarz, letztere eher dunkelbraun. Ihre Entstehung ist nicht völlig geklärt, aber man könnte sich eine Bildung ähnlich der heutigen Sumpf- und Moorerze vorstellen.

Die in Deutschland berühmten Trümmereisenerze von Salzgitter im nördlichen Harzvorland waren einmal die wichtigsten Eisenerzlagerstätten des Landes. Es sind Bildungen der Kreide, die aus zusammengeschwemmten Brandungsgeröllen von Toneisenstein des Jura entstanden sind. Dabei wurden die Eisenerze in Limonit überführt und die Gerölle mit aus dem Meer gebildeten limonitischen Ooiden und Kittsubstanz verfestigt.

Streng genommen keine sedimentären Bildungen, aber eine Bildung in Sedimenten sind die Eisenerzlagerstätten vom Lahn-Dill-Gebiet. Während untermeerischer, vulkanischer Tätigkeit im Devon haben sich durch vulkanische Zufuhr von Eisen und Silizium sogenannte Roteisen-Lagerstätten reich an Hämatit und Quarz gebildet.

Eisenreiche Sedimentite des Präkambriums: Besonders wichtig sind die sogenannten Bändererze, die aus dünnen, wechselnden Lagen von Hornstein und Hämatit, Hämatit + Magnetit, Magnetit oder auch Siderit oder Greenalith aufgebaut sind. Man kennt sie nur aus dem Präkambrium und den alten Schilden von Kanada, USA, Brasilien, UdSSR, Südafrika, Australien, wo sie in riesigen Mengen zu finden sind. Ihre Entstehung ist unklar.

o.: Konglomerat, durch Brauneisen verkittet. Södel, Vogelsberg/BRD; 25 × 18 cm

u. l. Limonitischer Glaskopf. Bollenbach, Siegerland/BRD; 7 × 10 cm

u. r.: Bändererz aus Hornstein- und Eisenerzlagen. Port Hedland/Australien; 4 × 6 cm

Radiolarit/Kieselschiefer/Lydit

Begriffserläuterung: Die Bezeichnungen Kieselschiefer und Lydit werden bevorzugt auf dunkle Gesteine des Paläozoikums angewandt, in denen die Spuren der Radiolarite weitgehend verwischt worden sind.

Entstehung/Merkmale: Es wird heute angenommen, daß der überwiegende Teil dieser Gesteine als Ablagerungen der kieseligen Skelette einzelliger sogenannter Strahlentierchen *(Radiolarien)* entstanden ist. Es sind Organismen, die sich in oberflächennahen Gewässern des Meeres aufhalten. Bei ihrem Tode sinken sie auf den Meeresboden hinab, wo sie sich zu einem sogenannten Radiolarienschlick oder -schlamm anhäufen. Hier werden die aus Opal bestehenden Skelette dieser Tierchen nach und nach in feinstkörnige, verzahnte Mikroquarz-Aggregate umgewandelt. Radiolarienschlamm kann sich nur dort anhäufen, wo wenig Sand, Silt, Ton oder Karbonat sedimentiert wird und im Tiefseebereich, wo Calcit aufgelöst wird (vgl. S. 168). Die Radiolarienfragmente selbst sind farblos, aber Beimengungen von Hämatit, organischen Substanzen und grünen, eisenhaltigen Mineralen führen zu den typischen rötlich-bräunlichen, schwarzen bzw. grünen Varietäten. Besonders die schwarzen Varietäten werden als Kieselschiefer oder Lydit bezeichnet. Die Gesteine sind dicht, mit muscheligem, scharfkantigem Bruch und wachsigem bis glasigem Glanz. Man kennt Radiolarien seit dem Kambrium. Zur Zeit sind sie jedoch nicht so häufig wie einst in der geologischen Vergangenheit.

Vorkommen: Radiolarite sind weltweit verbreitet, besonders im Zusammenhang mit den sogenannten Ophiolithen (vgl. S. 68). Da man heute die Ophiolithe größtenteils als ehemalige Fragmente der Ozeankruste betrachtet, ist es durchaus logisch, daß sich die radioloritischen Tiefseesedimente auf der basaltischen Oberkruste befinden. Ihre weitverbreiteten Vorkommen konzentrieren sich auf Gebirgszüge, die vom Mittelmeer über die Karpathen, den mittleren Osten bis zum malaiischen Archipel führen. Auch im zirkumpazifischen Raum sind sie häufig, also überall dort, wo bei der Gebirgsbildung ozeanische Kruste beteiligt war.

Praktische Bedeutung: Mit viel Geschick wurden früher Gold und Goldlegierungen durch Reiben auf schwarzem Kieselschiefer geprüft. Anhand der Farbe des sichtbaren Strichs wurde der Feingehalt bestimmt. Seit dem 16. Jahrhundert sind Bezeichnungen wie Probierstein, Prüfstein, Streichstein, Goldstein belegt. Lydit entwickelte sich aus den Bezeichnungen lydischer Stein oder *lapis lydius*, aber der Zusammenhang ist unklar. Gelegentlich wird Kieselschiefer auch als Schleifstein benutzt.

u. l.: Von sekundären Quarzadern durchzogener Lydit. Schwarzenbach/BRD; 4 × 7 cm

o.: Lydit mit muscheligem Bruch. Lerbachtal, Harz/BRD; 15 × 10 cm

Phosphorit

Phosphorit ist eine Sammelbezeichnung für feinstkörnige, unreine, manchmal auch nicht kristalline sedimentäre Anreicherungen von hauptsächlich Calciumphosphaten. Das wichtigste Mineral ist ein Karbonat-Fluor-Apatit von komplexer Zusammensetzung. Phosphorit ist schwarz, bräunlich bis grauweiß, mit einem bläulich weißen Überzug auf der verwitterten Oberfläche. Mit dem Säuretest kann man ähnlich aussehenden Kalkstein ausschließen. Phosphorite sind meist knollig, streifig oder auch kugelförmig *(oolithisch)* ausgebildet. Man kann heute ihre Bildung in Meerestiefen von 30–300 m in vielen Schelfgebieten der Erde beobachten, wo sie aus organischen Resten wie Knochen, Zähnen und Guano (Vogelmist) entstehen. Phosphorit hat für die chemische Industrie große Bedeutung.

Phosphoritknolle in Lydit. Schwarzenbach/BRD; 7 × 10 cm

Gebankte Chert(Hornstein)-Gesteine

Der Begriff Chert (Hornstein) ist eine sehr allgemeine Bezeichnung für feinstkörnige, kieselige Sedimentite, deren Ursprung nicht mehr ermittelt werden kann. Es sind dichte, sehr harte Gesteine aus feinstkristallinem Quarz mit muscheligem Bruch. Die Farbe ist meist weiß, grau oder gelblich braun, kann aber viele andere Farbschattierungen annehmen. Der Glanz reicht von glasig bis wachsartig oder stumpf. Gebankte Chertgesteine findet man häufig in Gebirgszügen und anderen tektonisch deformierten Gesteinsserien. Die Bankung liegt in der Größenordnung von mehreren Zentimetern, oft mit dünnen, wenige Millimeter mächtigen Ton-Zwischenlagen. Manche Gesteine sind auch massig. Von besonderem Interesse sind die gebänderten Hornstein-Eisenerzgesteine des Präkambriums (siehe Seite 188).

Gebanktes Chertgestein.
Sa da Bandeira/Angola; 4 × 6 cm

Knollige Chert(Hornstein)-Gesteine

Bei knolligen Chertgesteinen, die hauptsächlich in karbonatischen Gesteinen auftreten, steht der Ursprung als stellenweise Verdrängung des Wirtsgesteins ziemlich fest. Die Knollen sind von recht unterschiedlicher Größe (wenige Millimeter bis zu einem Meter), rundlich bis unregelmäßig und oft entlang spezieller Schichtflächen konzentriert. Hornsteinknollen sind grau, beige oder braun, auch rot oder gelb. Sie brechen oft splittrig. Eine dichte Varietät ist dunkelgrauer bis schwarzer Feuerstein oder Flint, meist von einer hellen Rinde umgeben. Flint bricht glatt und muschelig. Hornsteinknollen kennt man vielerorts, besonders aus den Schichten des Trias und Jura der Alpen und aus der Schreibkreide der Insel Rügen und von Dänemark usw. Feuerstein war der wichtigste Werkstoff der Steinzeit.

Feuersteinknolle mit Seeigelrest.
Stevns Klint/Dänemark; 30 × 40 cm

Diatomeenerde/Kieselgur

Bestandteile: Das Gestein besteht überwiegend aus ganzen und zerbrochenen Schalen von Diatomeen. Diese Lebewesen gehören zu den wenigen, die ihr Skelett nicht aus Karbonat, sondern aus kieseligem Opal aufbauen. Bei den anderen handelt es sich um die Radiolarite (vgl. S. 192) und die am Meeresboden lebenden Kieselschwämme. Die Diatomeen sind keine Tiere, sondern freischwimmende, winzige Algen.

Merkmale: Diatomeenerde ist ein lockeres, mehliges, kreideartiges, hochporöses, feinkörniges Sediment. Es ist weiß, gelblich, grau und bildet von Ton durchsetzte Bänke und Lagen. Es ist so leicht, daß es auf Wasser schwimmt.

Entstehung: Die Diatomeen können sowohl in Meerwasser als auch in Süßwasser leben. Voraussetzung für die Anhäufung von Diatomeenschlamm, der später in Diatomeenerde und Kieselgur umgewandelt werden kann, ist ein ruhiges Ablagerungsgebiet, in dem Sand, Silt, Ton und Karbonate fehlen. Nur Süßwasserablagerungen werden als Kieselgur bezeichnet.

Vorkommen: Süßwasservorkommen (Kieselgur) sind in Europa fast ausschließlich an die eiszeitlichen Seen gebunden. Die bedeutendste Lagerstätte liegt in der Lüneburger Heide.

Name: Gur, Gür, Gore, Göre – alle diese Namen sind mit gären verknüpft. In der Bergmannssprache sind es erdige, breiige, flüssige Massen.

Praktische Bedeutung: Ein wertvoller technischer Rohstoff, da er ein großes Adsorptionsvermögen zeigt, eine geringe Leitfähigkeit für Wärme und Schall hat. Er wird als Filtermasse zum Reinigen und zum Entfärben von Flüssigkeiten gebraucht, als Isoliermaterial, als Poliermaterial für weiche Metalle und, mit Nitroglycerin vermischt, zur Herstellung von Dynamit verwendet.

Diatomeenerde. Limberg/Österreich; 4 × 3 cm

Chalcedon

Begriffserläuterung: Chalcedon ist im strengen Sinne nicht als Gestein, sondern als Mineral aufzufassen.

Mineralbestand: Chalcedon ist eine völlig dichte und homogen erscheinende Varietät des Quarzes und gelegentlich der SiO_2-Strukturmodifikation Cristobalit. Die Chalcedonmasse besteht aus allerfeinsten Fasern und Körnchen, deren unter dem Mikroskop erscheinende Eigenschaften ursprünglich fälschlicherweise eine besondere Strukturmodifikation von Siliziumdioxid (SiO_2) vermuten ließ. Man untergliedert die Chalcedone in zwei Gruppen. Die erste besteht aus fein**faserig** strukturierten, makroskopisch dichten Quarzvarietäten, die man als Gruppe des Chalcedons im engeren Sinne bezeichnet. In der zweiten, der sogenannten Jaspisgruppe, findet man die Quarzsubstanz in fein**körniger** Ausbildung vor.

Chalcedon im engeren Sinne ist in der Regel bläulich gefärbt, mit traubig-nieriger, Glaskopfartiger Oberfläche. Trüb durchscheinend. Er bricht splittrig. Stets etwas porös, daher künstlich anfärbbar. Weitere einfarbige Varietäten sind Karneol, ein durch Eisenoxide rot bis rötlich braun gefärbter Chalcedon. Er ist im Gegensatz zum ebenfalls roten, aber trüben Jaspis durchscheinend. Karneol geht farblich in braunen Sarder über. Chrysopras ist durch Nikkelminerale apfelgrün gefärbt. Achate sind rhythmisch gebänderte, feinschichtige Chalcedone. Die Bänderung geht auf Farb- und Strukturunterschiede zurück. Als Achatmandeln füllen sie Hohlräume in gewissen vulkanischen Gesteinen. Die Farben sind überwiegend blaß und grau, aber auch schwarz, blau, braun, grün, rot, weiß. Onyx ist ein schwarz-weiß gebänderter Achat. Hier ist allerdings Vorsicht geboten, denn Onyx wird auch als Sammelbegriff für zartfarbige, gelblich und grünlich gestreifte und transparente Kalksteine verwendet. Jaspis i. e. S. ist oft intensiv braun, rot, gelb oder grün gefärbt und meist makroskopisch derb. Jaspis ist spröde und bricht muschelig. Der Glanz ist wachsig. Die Bruchstücke sind kantendurchscheinend bis undurchsichtig. Auch Hornstein und Feuerstein/Flint gehören zu der Jaspisgruppe. Sie enthalten z. T. noch nicht kristalline Opalsubstanz.

Entstehung: Die Bildung von Chalcedon erfolgt stets oberflächennah und bei relativ niedrigen Temperaturen als Ausfällung aus kieseligen, wässerigen Lösungen. Die Ausfällung kann in Hohlräumen und Klüften geschehen, als Krusten oder als Knollen oder Verdrängungen in verschiedenen Sedimentgesteinen. Gelegentlich werden fossile Tiere, Pflanzen und Holz durch Chalcedon verdrängt, um naturgetreue »Abgüsse« zu bilden.

Vorkommen: Viele Beispiele. Berühmte Vorkommen gibt es in Idar-Oberstein, Rheinland-Pfalz/BRD, Brasilien, Uruguay, Indien, Madagaskar, Ägypten usw.

Name: Die Überlieferung des Namens Chalcedon ist komplex und geht auf eine Vermischung von Chalkedon (eine Stadt am Eingang zum Bosporus) und Karkadon (Karthago) zurück. Achat ist angeblich auf einen Fluß Achates in Sizilien zurückzuführen. Der Name Jaspis stammt aus dem Orient. Ähnliche Bezeichnungen kennt man bereits aus dem Assyrischen, dem Hebräischen, Griechischen und Lateinischen.

Praktische Bedeutung: Seit jeher als Edel- und Schmuckstein geschätzt. Wetzschiefer, die zu dem angedeuteten Zweck benutzt werden, sind verkieselte Kalke.

o. l.: Karneol in Mandelstein. Polierte Platte. Idar-Oberstein/BRD; 5 × 8 cm

o. r.: Jaspis. Kozakov/ČSSR; 4 × 7 cm

u. l.: Chalcedon mit Siderit. Hüttenberg/Österreich; 4 × 6 cm

u. r.: Onyx. Polierte Platte. Spisske/ČSSR; 7 × 10 cm

Braunkohle

Begriffsabgrenzung: Braunkohle ist ein brennbares Gestein, das sich aus Pflanzenresten entwickelt hat. Die Umwandlung der Pflanzenreste (man spricht von Inkohlung) ist weiter fortgeschritten als bei Torf, hat aber noch nicht den Grad der Steinkohle erreicht. Die Grenze zu Torf zieht man bei einem Wassergehalt von 75 Gew.%. Mit zunehmender Inkohlung werden dann Weichbraunkohle und Hartbraunkohle unterschieden. Die Grenze zu Steinkohle zeigt die Änderung der Strichfarbe von braun zu braunschwarz auf.

Merkmale: Weichbraunkohle erinnert noch stark an Torf, ist aber fester und dichter. Holzreste, Früchte und Blätter kann man z. T. noch makroskopisch erkennen. Dazu kommen noch Nebengemengteile in geringem Umfang wie Tonminerale, Siderit, Schwefelkies, Calcit usw. Alle diese Beimengungen machen bei späterem Verbrennen einen Teil der Asche aus. Hartbraunkohle ist der Steinkohle bereits viel ähnlicher als Torf. Unter den Hartbraunkohlen unterscheidet man ferner die Mattbraunkohle und die etwas fortgeschrittenere Glanzbraunkohle. Letztere wird auch Pechkohle genannt. Mattbraunkohle ist fester als Weichbraunkohle, bereits gut geschichtet, dunkler in Farbe und besitzt einen matten Glanz. Pflanzenreste sind makroskopisch nur noch selten zu erkennen. Glanzbraunkohle ist bereits schwarz, fest, mit pechartigem Glanz (daher auch der Name) und von Steinkohle nur noch durch den braunen Strich zu unterscheiden. Die Weichbraunkohlen brennen mit rauchiger, gelber Flamme und starkem Geruch. Sie sind mit dem Messer leicht schneidbar. Hartbraunkohle splittert bei diesem Versuch. Im allgemeinen ist eine direkte Verbindung zwischen dem Inkohlungsgrad und dem geologischen Alter zu verzeichnen. Torf ist kaum älter als Pleistozän. Das Tertiär ist die Zeit der Braunkohle. Ausnahmen sind jedoch möglich. Braunkohlen treten nur in unverfestigten oder wenig verfestigten Sedimenten auf.

Entstehung: Das Ausgangsmaterial für Kohle sind höhere Pflanzen wie Schachtelhalme, Bärlappgewächse (vgl. S. 202), Binsen, Riedgras, baumartige Gewächse und Torfmoose, usw. Mehr als 1000 Pflanzenarten kennt man inzwischen aus Kohle. Sie wuchsen in Süßwassersümpfen und -seen, die z. T. auch gelegentlich durch flache Meere überflutet wurden. Die damaligen Bedingungen sind aber nicht den heutigen Mooren der kühlen Klimazonen, sondern eher den heute relativ seltenen tropischen bis subtropischen Sümpfen, wie z. B. die Everglades (Südflorida/USA), gleichzusetzen. Fehlt ein zirkulierendes Grundwasser, so hört die normale Zersetzung der Pflanzenreste unter der Bedeckung von Sedimenten und Pflanzenresten bald auf, denn der dazu nötige Sauerstoff fehlt. Es bilden sich Gase wie Kohlendioxid und Methan und auch Torf, d. h. hellgelbliche bis braune und schwarze Massen von Pflanzenresten, die schwammartig mit Wasser getränkt sind. Durch weiteres Zusammendrücken unter dem immer mächtiger werdenden Überlager entsteht dann Braunkohle. Aus einer Säule von 50 m Torf entwickeln sich etwa 10 m Braunkohle.

Vorkommen: Viele Vorkommen. Weichbraunkohle in der DDR (Bezirke von Leipzig, Halle, Magdeburg, Cottbus), bei Köln am Niederrhein; USA, Kanada usw. Hartbraunkohle bei Moskau/UdSSR; ČSSR, Ungarn, Jugoslawien, USA, Kanada usw.

Praktische Bedeutung: Einer der Hauptenergielieferanten. Im Tagebau kostengünstig zu gewinnen; allerdings bringt die Verbrennung größerer Mengen von Braunkohle durch den Schadstoffausstoß erhebliche Umweltprobleme mit sich.

o.: Weichbraunkohle. ČSSR; 15× 10 cm

u.: Glanzbraunkohle.
Peißenberg/BRD; 10× 7 cm

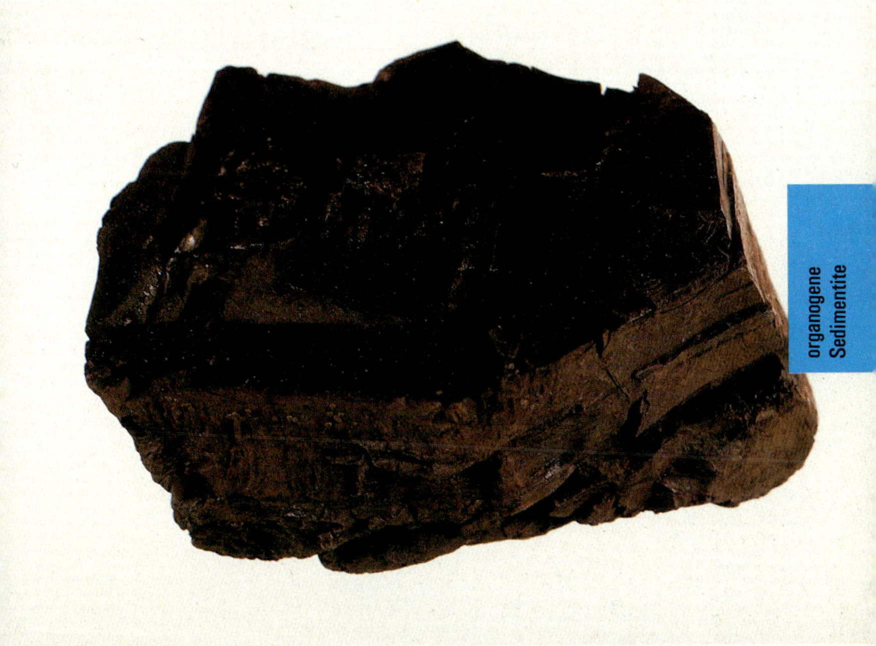

organogene Sedimentite

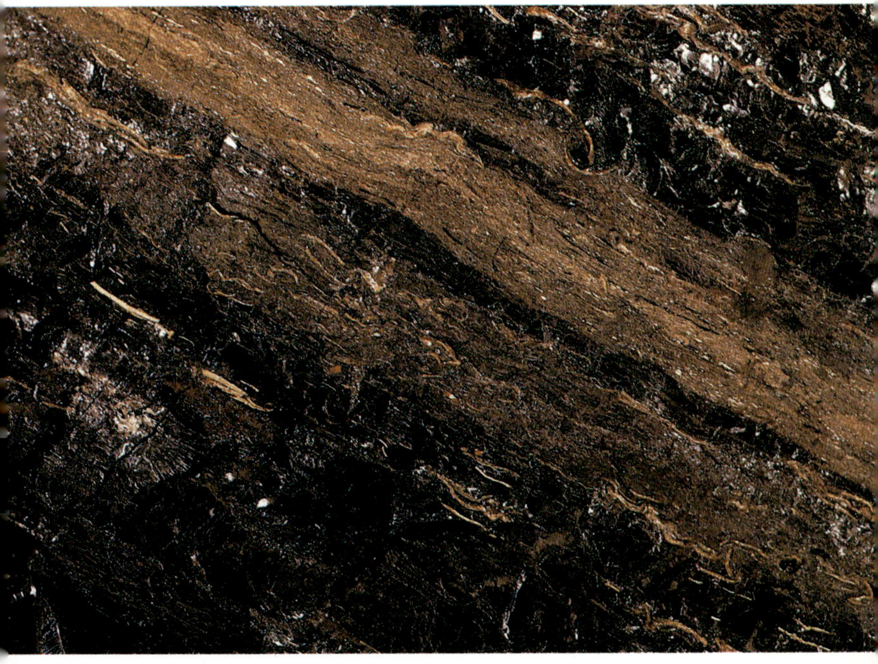

Steinkohle

Begriffsabgrenzung: Steinkohle ist ein brennbares Gestein, das sich aus Pflanzenresten über die Zwischenstadien Torf und Braunkohle (vgl. S. 198) entwickelt hat. Diese Entwicklung wird als Inkohlung bezeichnet. Steinkohle läßt sich von Braunkohle in erster Näherung aufgrund des braunschwarzen bis schwarzen Strichs abgrenzen.

Merkmale: Bei der Beschreibung des Auftretens von Kohleflözen unterscheidet man zwischen Steinkohlelagen, Brandschiefer (unreine Kohle) und Bergen (Nebengestein). Die Steinkohleflöze sind geschichtet. Bei der Beschreibung der Flöze werden, ganz unabhängig von ihrer Inkohlungsstufe, vier sogenannte Lithotypen untertschieden. Der erste ist **Glanzkohle.** Sie bildet durchgehende, selten linsenförmige Lagen von 3–5 mm Mächtigkeit. Der Bruch ist muschelig. Glanzkohle besitzt viele Risse im rechten Winkel zur Schichtung und zerfällt daher in blockige Bruchstücke. Sie ist nicht schwarz abfärbend. **Mattkohle** bildet matt- bis fettglänzende Kohlelagen von grauer bis schwarzer Farbe. Die Lagen zerfallen grobstükkig, da die Risse weniger häufig sind. Die Oberfläche ist rauh. Mattkohlelagen erreichen Mächtigkeiten von mehreren Dezimetern. **Faserkohle** bildet dünne Lagen und Linsen. Es sind Holzkohle-ähnliche Gebilde, schwarz bis schwarzgrau, seidig glänzend, mit faserigem Gefüge, porös, mit hoher Zerreiblichkeit. Nur Faserkohle ist schwarz abfärbend. **Halbglanzkohlen** sind feinstreifige Wechsellagerungen zwischen Glanz- und Mattkohle. Die einzelnen Lagen müssen dünner als 3 mm sein. Diese Art färbt nicht ab. Halbglanzkohle ist volumenmäßig der wichtigste Kohlentyp. Diese Litho- oder Gesteinstypen stellen Unterschiede im pflanzlichen Ausgangsmaterial und in der Ablagerungsumgebung dar. Über diese prinzipiellen Gesteinstypen hinaus gibt es auch Unterschiede, die auf die fortschreitende Inkohlung von Braunkohle-ähnlicher Steinkohle bis letztendlich zu Graphit zurückzuführen sind. Die in Deutschland übliche Benennung der Inkohlungsstufen ist, mit zunehmendem Inkohlungsgrad (und in Klammern angeführt abnehmendem Anteil des Gasgehaltes), wie folgt: Flammkohle (45–40%), Gasflammkohle (40–35%), Gaskohle (35–28%), Fettkohle (28–19%), Eßkohle (19–14%), Magerkohle (14–10%) und Anthrazit (weniger als 10%). Die unter Anthrazit liegenden Kohlen werden als bituminöse Steinkohle zusammengefaßt. Anthrazit brennt mit bläulicher, rauch- und geruchloser Flamme (vgl. Braunkohle, S. 198).

Entstehung: Steinkohle ist die bereits bei Braunkohle (S. 198) beschriebene Weiterführung der Inkohlung ehemaliger Pflanzenreste. Steinkohle tritt nur in verfestigten Sedimentgesteinen auf. Anthrazit ist meist in Sedimentabfolgen zu finden, die eine stärkere tektonische Deformation erlitten haben. Als Verallgemeinerung gilt, daß Steinkohle im Gegensatz zu Braunkohle und Torf, das Merkmal des Karbons (auch Steinkohlezeit genannt) ist. Weniger häufig ist Steinkohle im Perm und Mesozoikum.

Vorkommen: Hauptsächlich im Karbon weltweit verbreitet. Wichtige europäische Vorkommen findet man im Saar- und Ruhrgebiet, in Belgien, im Zentralmassiv/Frankreich, in Oberschlesien/Polen und in Großbritannien. Viele große Vorkommen in Nordamerika, Asien, Australien.

Praktische Bedeutung: Kohlengesteine sind die wichtigsten Bergbauprodukte der Erde. Sie sind als Brennstoff und Rohstoff für die chemische Industrie unersetzlich.

o.: Bituminöse Steinkohle.
Grube Friedrich der Große, Herne/BRD;
6× 4 cm

u.: Anthrazit.
Fohnsdorf/BRD; 20× 15 cm

Siegelbaum (Sigillaria)

Von den über 1000 Pflanzenarten, deren Überreste man inzwischen in Kohle gefunden hat, bilden die sogenannten Bärlappgewächse *(Lycopodiatae)* typische und häufige Versteinerungen in den Steinkohlerevieren des Karbons. Die beiden Hauptvertreter sind die Schuppenbäume *(Lepidodendron)* und die Siegelbäume *(Sigillaria)*. Obwohl die Bärlapppflanzen heute nur noch kleine, krautige Gewächse hervorbringen, bildeten sie im Karbon aufrechte, unverzweigte Stämme über 20 m und bis zu 40 m hoch mit Stammdurchmessern von über 2 m. Man findet sie zumeist als Stammbruchstücke, aber auch gelegentlich in aufrechter Lebendstellung mit erhaltenem Wurzelgebilde. In tektonisch verkippten Schichten kann man so sehr schön das ehemalige »Oben« und »Unten« der Schichtabfolge ablesen.

Bruchstück einer Sigillarie.
Sächsisches Erzgebirge/DDR; 8 × 12 cm

Bernstein

Bernstein ist ein fossiles, nicht kristallines Harz. Es ist eigentlich kein Stein, sondern ein organischer Gesteinsbestandteil. Bernstein ist sehr leicht, spröde, mit muscheligem Bruch. Er ist durchscheinend, mit Harz- bis Pechglanz. Er schwimmt in Salzwasser und ist meist orange bis dunkelbraun, zuweilen auch violett, grün oder schwarz. Er bildet Knollen verschiedener Formen in Sedimenten, wird aber oft herausgewaschen (er schwimmt!) und anderswo neu abgelagert. Das berühmte Vorkommen der »blauen Erde« in Ostpreußen geht auf das Harz von Kiefernwäldern zurück. Weitere wichtige Fundorte sind die Dominikanische Republik, Rumänien, Sizilien, Birma. Das Material wurde schon in vorgeschichtlicher Zeit als wertvoll betrachtet, später auch als angeblich heilkräftiges Mittel und für Schmuck benutzt.

Bernstein.
Westjütland/Dänemark; 10 × 15 cm

Ölschiefer

Begriffserläuterung: Viele Tonsteine, Schiefertone, Siltsteine und auch Kalksteine bilden eine Gruppe von Sedimentgesteinen mit hohen Anteilen von festem pflanzlichem und tierischem Kohlenstoff. Übersteigt diese Beimengung 10%, spricht man von Ölschiefer oder Schwarzschiefer.

Bestandteile: Variabel. Überwiegend Quarz von Siltkorngröße (d. h. 0,002–0,063 mm Korndurchmesser) und Tonminerale. Karbonate wie Calcit, Dolomit. Sulfate wie Gips, Anhydrit. Ein hoher Pyritgehalt (Schwefelkies, FeS_2) ist charakteristisch. Die organische Substanz liegt fein verteilt vor. Man nimmt an, daß Algen, Sporen und feinkörnige Pflanzenreste den größten Anteil bilden.

Merkmale: Ölschiefer und Schwarzschiefer sind überwiegend von dunkler Farbe. Eine deutliche Feinschichtung im Millimeterbereich mit abwechselnd klastischen und organischen Lagen ist häufig.

Entstehung: Sowohl in Süßwasser als auch im Meer. Wichtig ist ein Ablagerungsraum, der sauerstoffarm ist, um die Zersetzung der organischen Substanzen zu verhindern, und darüber sauerstoff- und nährstoffreiche Wasserschichten, um Algen und Tierwachstum zu fördern. Zur Zeit werden solche Bedingungen z. B. im Schwarzen Meer beobachtet. Die oben beschriebene Feinschichtung geht wahrscheinlich auf jahreszeitbedingtes Aufblühen der Algen zurück.

Vorkommen: Ausgedehnte Vorkommen in der UdSSR, China und Brasilien, aber weniger reiche Schichten gibt es in vielen Ländern.

Praktische Bedeutung: Durch Erhitzen lassen sich zwischen 50 l und 700 l Öl pro Tonne Gestein gewinnen. Deshalb kann künftig die Bedeutung von Ölschiefer wachsen.

Ölschiefer mit Pyrit.
Krautorp/Schweden; 10 × 7 cm

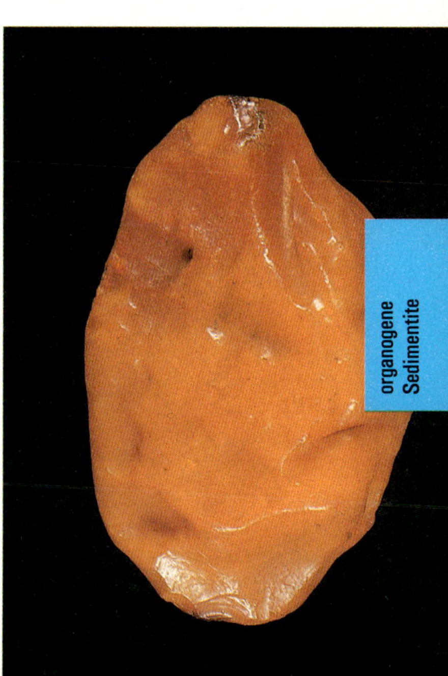

Marmor

Begriffserläuterung: Der Begriff wird unterschiedlich verwendet. In der Petrologie ist Marmor ein metamorphes Gestein mit mindestens 50 Vol.% Calcit, Dolomit und/oder Aragonit; z.T. wird die Untergrenze mit 80 Vol.% festgesetzt. In der Technik gelten alle polierfähigen Kalk- bzw. Dolomitgesteine als Marmor, unabhängig davon, ob metamorph oder nicht. Der Name leitet sich aus dem griechischen *marmaros* = Felsblock, weißer Stein ab, womöglich mit *marmairein* = glänzen als Ursprung.

Ausgangsgestein: Kalkstein oder Dolomitstein.

Metamorphosebedingungen: Unkritisch. Bei fast allen Bedingungen der Regional-, Kontakt- und Hochdruckmetamorphose stabil.

Mineralbestand: Hauptsächlich Calcit bzw. Dolomit (Säuretest!). Bei der Hochdruckmetamorphose wird Calcit zu Aragonit umgewandelt. Die Rückreaktion ist jedoch so schnell, daß Aragonitmarmor nur sehr selten erhalten bleibt. Bei stofflicher Verunreinigung, besonders durch Silizium, können viele weitere Minerale mit Marmor vergesellschaftet sein (vgl. Kalksilikatgestein, S. 256). Bei Temperaturen oberhalb 600° C kann es zum Zerfall von Dolomit, $CaMg[CO_3]_2$, zu Periklas, MgO, und Calcit, $CaCO_3$, kommen. Die genaue Zerfallstemperatur hängt sehr stark von dem CO_2-Gehalt der Gesteinsgasphase ab. Periklas wird meist in Brucit, $Mg(OH)_2$, weiter umgewandelt. Calcit-Brucit-Gesteine sind auch als Pencatit und Predazzit bekannt.

Merkmale: Generell gleichkörnig, mittel- bis grobkörnig. Weiß in reinem Zustand, aber oft durch fein verteilte Fremdminerale pigmentiert: gelb bis braun (z.B. Goethit), rot (Hämatit), grünlich (Chlorit und Serpentinminerale), grau bis schwarz (Graphit und kohlige Substanzen). Mit zunehmendem Metamorphosegrad werden Marmore im allgemeinen blasser.

Praktische Bedeutung: Als polierte Platten im Baugewerbe, aber besonders für Bildhauerarbeiten, mit einer Reihe von berühmten Lokalitäten in Griechenland und Italien: Naxos, Paros, Laurion, Hymettos, Pentelikon, Carrara. Marmor aus Carrara zeichnet sich durch Reinheit, optische Wirkung (durchscheinend bei Platten bis 2–3 cm Dicke, mit Internreflektion an Korngrenzen und Spaltrissen) und geringe Porosität aus. Letzteres bewirkt hohe Frostbeständigkeit. Besonders empfindlich sind Marmore jedoch gegen »sauren Regen«.

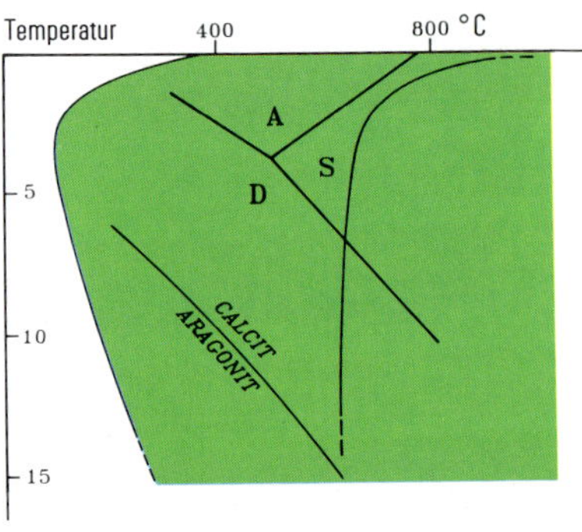

o. l.: Grobkörniger Marmor mit gut entwickelter Spaltbarkeit. Polierte Platte.
Kavala/Griechenland; 7× 10 cm

o. r.: Grobkörniger blauer Marmor mit grauem, quarzreichem Einschluß. Man beachte den dünnen Kalksilikat-Reaktionssaum am Kontakt.
Lappeenranta/Finnland; 8× 12 cm

u. l.: Plastisch verformter, gebänderter bituminöser Marmor. Polierte Platte.
China; 7× 10 cm

u. r.: Linsiger, rot-weiß gebänderter Marmor mit grau-grünen Hellglimmer-Lagen. Polierte Platte (Handelsname »Norwegian Rose«).
Fauske/N.-Norwegen; 7× 10 cm

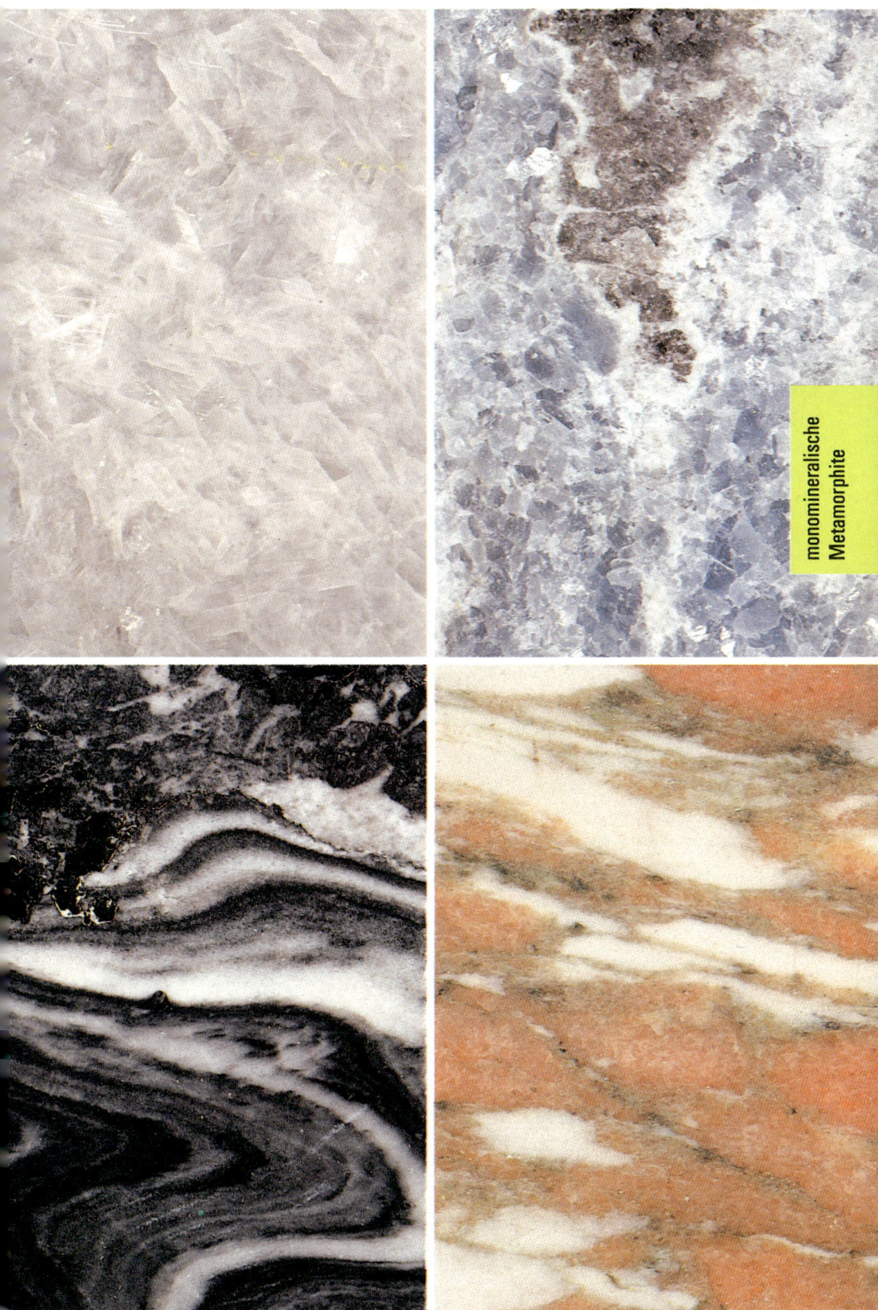
monomineralische
Metamorphite

Quarzit

Ausgangsgestein: Hauptsächlich quarzreiche Sedimente wie Sandstein, Quarzkonglomerat, aber auch nicht-detritische, kieselige Gesteine, wie Lydit (S. 192) oder Chert (S. 194).

Metamorphosebedingungen: Unkritisch. Bei fast allen Bedingungen der Regional-, Kontakt- und Hochdruckmetamorphose stabil.

Mineralbestand: Überwiegend Quarz. Die sedimentären Schwerminerale bleiben oft bei der Metamorphose erhalten (Zirkon, Rutil, Turmalin, Magnetit, Ilmenit, Apatit, usw.). Glimmer- und Chlorit-reiche Quarzite sind auf tonigen Sandstein als Ausgangsmaterial zurückzuführen, Feldspäte auf arkosischen Sandstein und Kalziumminerale wie Diopsid oder Epidot auf das Vorhandensein einer ursprünglich kalkigen Matrix des Sandsteins.

Merkmale: Meist helles, gleichkörniges, fein- bis mittelkörniges Gestein. Grünlich gefärbt durch Chloritgehalt, dunkelgrau durch Graphit, rötlich bzw. bräunlich durch Eisenoxide und -hydroxide. Mit zunehmendem Glimmergehalt gehen Quarzite in Schiefer über, erhöhte Feldspatgehalte führen zu Gneisen. Für die Gefügekunde sind grobklastische, Quarz-reiche Konglomerate besonders interessant, da das Ausmaß der eingetretenen Deformation direkt gemessen werden kann. Die rundlichen Gerölle werden zu dreiachsigen Ellipsoiden ausgewalzt, oft mit ausgeschwänzten Enden. Bei extremer Ausplättung, d. h. hohem a zu c Achsenverhältnis, ist das Metakonglomerat kaum von einem Quarzit mit lagigem Gneisgefüge zu unterscheiden. Bei polymikten Konglomeraten (vgl. S. 146) zeigt sich, daß Quarzgerölle generell recht resistent sind. Grauwacken-, Kalkstein- und Tonschiefergerölle lassen sich viel leichter auswalzen.

Temperatur 400 800 °C

A S D

5 10 15

kbar Druck

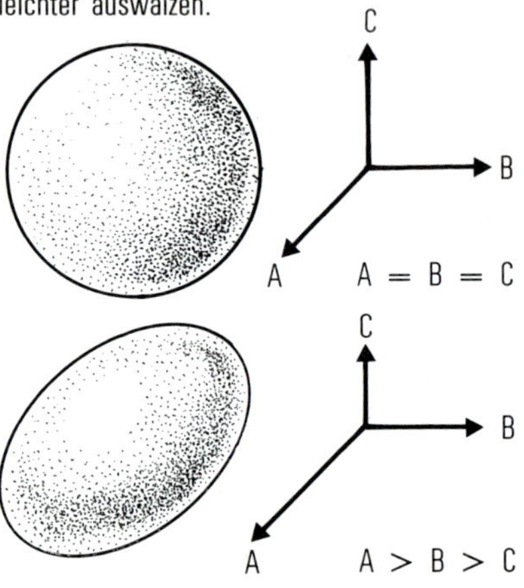

Runde Gerölle werden durch tektonische Belastung ausgelängt und zu dreiachsigen Ellipsoiden deformiert.

o. l.: Feinkörniger, lagiger Quarzit, in dem die ursprüngliche sedimentäre Schichtung durch die inhomogene Verteilung von Dunkelglimmer-reichen Partien noch sichtbar ist.
Invernesshire/Schottland; 7× 10 cm
o. r.: Feinkörniger, homogener Quarzit; durch thermische Kontakteinwirkung eines großen Granitplutons aus Sandstein entstanden.
Glen Coe/Argyllshire/Schottland; 7× 10 cm
u.: Regionalmetamorph überprägtes ehemaliges Konglomerat. Die ursprünglich kugeligen Gerölle sind durch die Deformation zu elliptischen Gebilden (Phakoiden) ausgewalzt und zu einem kompakten Gestein verfestigt worden (s. Skizze).
Brunkelberg/S.-Norwegen; 18× 12 cm

monomineralische
Metamorphite

Laumontit – Metagrauwacke

Ausgangsgestein: Grauwacke (vgl. S. 152), besonders solche, reich an pyroklastischem Material.

Metamorphosebedingungen: Schließt direkt an die Diagenese an; Zeolithfazies; sehr niedriger Metamorphosegrad nach WINKLER.

Mineralbestand: Neben den in der Regel reliktisch erhaltenen Mineralen des ursprünglichen Sediments ist hier die Neubildung von Zeolithen, insbesondere von Laumontit ($Ca[Al_2Si_4O_{12}] \cdot 4H_2O$ zu verzeichnen. Laumontit verdrängt bevorzugt Plagioklas. Weitere Neubildungen sind Albit und Chlorit.

Merkmale: Das massige, sedimentäre Gefüge der Grauwacken bleibt weitgehend erhalten. Laumontit-Metagrauwacken sind typischerweise fein- bis kleinkörnige, grünlich-weiß gefleckte, massige Gesteine. Die Zeolithe bilden sich oft bevorzugt entlang Klüften, wo die zirkulierende, wässerige Gasphase die Neubildung fördern konnte.

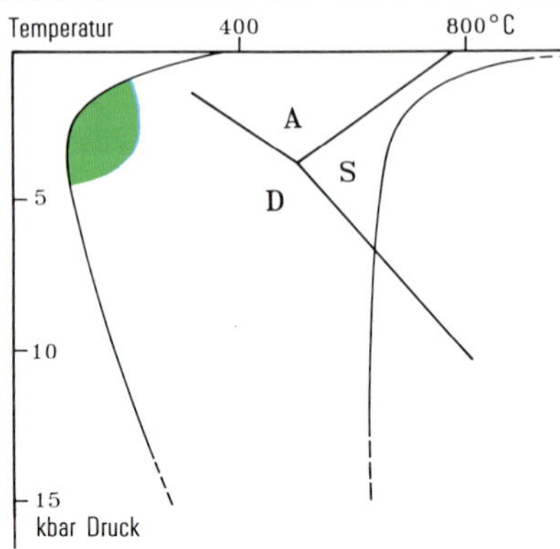

Schwach metamorphe Grauwacke. Das ehemals sedimentäre Gestein wurde tektonisch brecciiert und mit neugebildetem Laumontit (weiße Adern) verkittet.
Waitaki Valley/Neuseeland; 5 × 3 cm

Metapyroklastika

Ausgangsgestein: Pyroklastische Gesteine wie Tuff, Lapilli-Tuff (vgl. S. 136).

Metamorphosebedingungen: Prehnit-Pumpellyit-Fazies; sehr niedriger Metamorphosegrad nach WINKLER.

Mineralbestand: Plagioklas und Klinopyroxen des Ausgangsgesteins sind nach wie vor erhalten. Neubildungen sind Calcit, Chlorit und Quarz. In dem abgebildeten Gestein haben sich die fazieskritischen Minerale Prehnit ($Ca_2Al[(OH)_2|AlSi_3O_{10}]$) und Pumpellyit ($Ca_2(Mg,Fe^{2+})Al_2[(OH)_2|SiO_4|Si_2O_7] \cdot H_2O$) noch nicht gebildet, sie sind aber bei der vorliegenden Lokalität im Ostsauerland aus benachbarten Gesteinen bekannt.

Merkmale: Das typische Aussehen von Tuff und Lapilli-Tuff bleibt trotz der überprägenden Metamorphose erhalten. Bei weiter steigendem Metamorphosegrad werden Tufflagen in Phyllite übergeben, deren von den umgebenden ehemaligen Sedimenten abweichender pyroklastischer Ursprung allenfalls durch detaillierte petrographische und analytisch-chemische Untersuchungen zu ermitteln wäre. Größere Fragmente bleiben bevorzugt etwas länger erhalten, da sich die Durchbewegung zunächst auf die Grundmasse beschränkt.

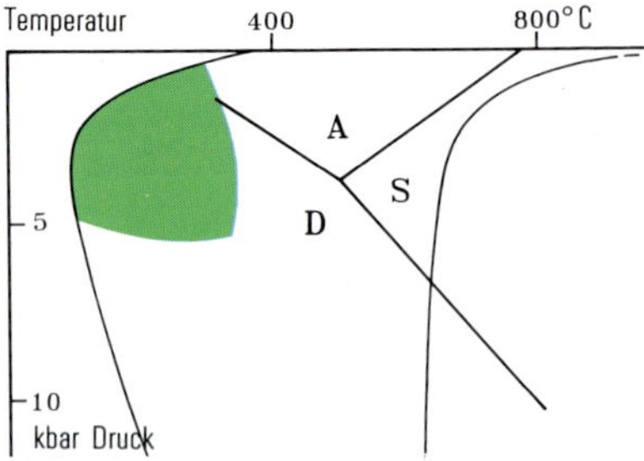

l.: Schwach metamorpher Lapilli-Tuff. Ostsauerland/Nordrhein-Westfalen; 3 × 5 cm
r.: Schwach metamorpher sedimentärer Gesteinsverband mit Tufflagen aus Bims. Ostsauerland/Nordrhein-Westfalen; 3 × 5 cm

Tonschiefer

Ausgangsgestein: Toniges Sediment (Pelit).

Metamorphosebedingungen: Bei pelitischem Gestein setzen makroskopisch erkennbare metamorphe Mineralbildungen in der Regel erst mit der Grünschieferfazies (niedriger Metamorphosegrad nach WINKLER) ein. Gelegentlich wird der Übergang zu Phyllit (vgl. S. 212) sogar in der Grünschieferfazies selbst (niedriger Metamorphosegrad nach WINKLER) noch nicht beobachtet.

Mineralbestand: Minerale des ursprünglichen Sediments sowie Neubildungen der Diagenese: z. B. Quarz, Tonminerale, Illit, Chlorit, sedimentierter Muskovit, Feldspat, Calcit, Pyrit und kohlige Substanzen. Selten makroskopisch erkennbar. Mit makroskopisch nachweisbarer Neubildung von Muskovit ist das Stadium des Phyllits erreicht (vgl. S. 212).

Merkmale: Die strenge Regelung der blättrigen Tonminerale und Glimmer führt zu ebenflächiger Schieferung und Teilbarkeit in dünne Platten (daher die Namen Dachschiefer und Tafelschiefer). Treten durch tektonische Beanspruchung mehr als eine Schieferungsrichtung auf, so kann das Gestein in stengelige Bruchstücke zerfallen (z. B. Griffelschiefer). Die Feinkörnigkeit und der häufig hohe Gehalt an kohligen Substanzen lassen das Gestein meist dunkelgrau bis schwarz erscheinen.

Praktische Bedeutung: Als Dach- und Fassadenplatten.

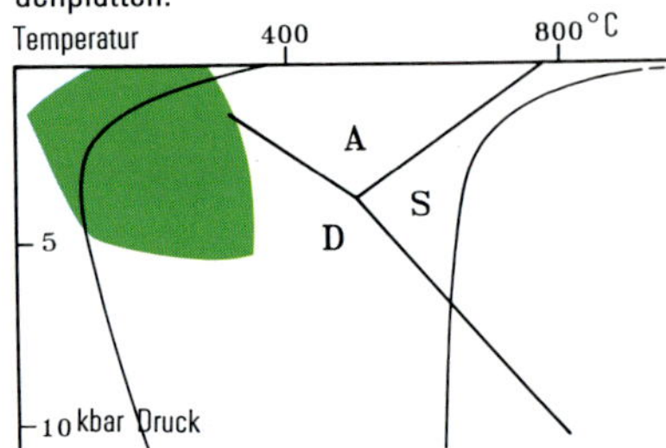

Bituminöser Tonschiefer mit Pyrit.
Glen Coe/Argyllshire/Schottland; 12 × 8 cm

Prehnit-Pumpellyit-Gestein

Ausgangsgestein: Basische Plutonite und Vulkanite; Grauwacke reich an pyroklastischem Material.

Metamorphosebedingungen: Prehnit-Pumpellyit-Fazies (sehr niedriger Metamorphosegrad nach WINKLER).

Mineralbestand: Bezeichnend ist das gemeinsame Auftreten von Prehnit, $Ca_2Al[(OH)_2|AlSi_3O_{10}]$, und Pumpellyit, $Ca_2(Mg,Fe^{2+})Al_2[(OH)_2|SiO_4|Si_2O_7] \cdot H_2O$, was allerdings aus stofflichen Gründen nur in Metabasiten und bestimmten Grauwacken möglich ist. Dabei bildet sich Prehnit aus Plagioklas und Pumpellyit aus dem Pyroxen des Ausgangsgesteins. Pumpellyit ist ein Epidotähnliches Mineral, das nur bei Temperaturen unterhalb ca. 350° C überhaupt auftreten kann. Neben den bei diesen Metamorphosebedingungen noch üblichen Mineralrelikten des Ausgangsgesteins treten als häufigste Neubildungen Albit und Chlorit sowie Calcit hinzu.

Merkmale: Das vielfältige Gefüge der basischen Gesteine und Grauwacken bleibt in groben Zügen erhalten. Lediglich die feinkörnigen Gefügeanteile erfahren eine starke Veränderung, z. B. sind ophitische Strukturen, Einsprenglinge und Mandeltextur noch weitgehend erkennbar, ebenso eine Vergrünung.

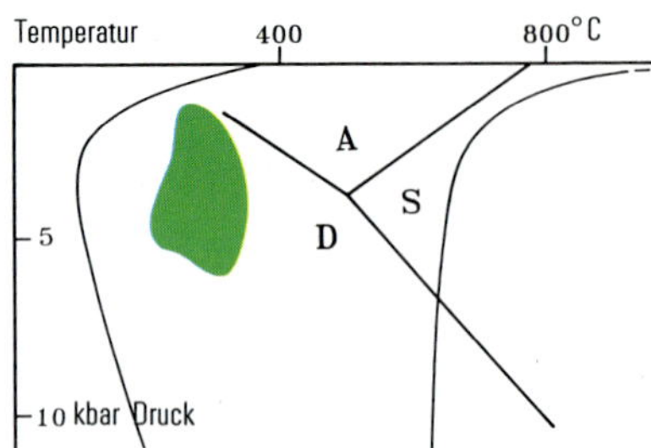

l.: Pumpellyit-Fels
Waithekauri/Australien; 4 × 6 cm
r.: Metavulkanit mit Prehnit und Pumpellyit.
Wollongong/Australien; 3 × 5 cm

Phyllit

Feinkörniges, deutlich geschiefertes Gestein mit seidigem Glanz der oft leicht gewellten Bruchflächen. Ausgangsgestein ist ein toniges Sediment (Pelit). Die Bildungsbedingungen entsprechen dem niedrigtemperierten Teil der Grünschieferfazies (niedriger Metamorphosegrad nach WINKLER). Phyllite sind in der Regel reich an sehr feinkörnigem Muskovit, der dann Sericit genannt wird. Tonminerale sind nicht mehr vorhanden. Chlorit, Albit und Stilpnomelan bzw. Chloritoid können von Bedeutung sein. Quarz ist stets vorhanden, oft in Linsen, Knauern und Adern. In meist untergeordneten Mengen sind auch Graphit, Calcit, Hämatit, Magnetit, Ilmenit, Rutil, Chlorit, Zirkon, Epidot und Turmalin möglich. Phyllite sind meist hellsilber-grau, aber auch schwärzlich (durch Graphit), rötlich (Hämatit) oder grünlich (Chlorit).

Seidig glänzender Phyllit.
Radstätter Tauern/Österreich; 7× 10 cm

Porphyroid

Gestein der Grünschieferfazies (niedriger Metamorphosegrad nach WINKLER). Aus sauren bis intermediären Vulkaniten. Charakteristisch sind die erkennbaren Einsprenglinge aus Quarz, Plagioklas und auch Kalifeldspat des ehemaligen Vulkanits, die nun als augenförmige, zerbrochene Fragmente *(Porphyroklasten)* in einer umkristallisierten, feinkörnigen, schiefrigen Matrix erhalten geblieben sind. Diese Matrix besteht aus neugebildetem Quarz, Sericit (feinkörniger Muskovit), Albit, Chlorit, Epidot sowie zuweilen Aktinolith, Calcit und Stilpnomelan. Auch Züge von fein zerbrochenem Mikroklin treten auf. Porphyroide mit wenig Chlorit werden auch Sericitgneis oder -schiefer genannt.

Porphyroid mit Feldspat (milchig) und Quarz (glasig) in grüner Matrix.
Roffnaschlucht/Schweiz; 3× 5 cm

Chloritoidschiefer

Ausgangsgestein: Toniges Sediment (Pelit).
Metamorphosebedingungen: Niedrig temperierter Teil der Grünschieferfazies (niedriger Metamorphosegrad nach WINKLER). Makroskopisch ähnliche Chloritoidschiefer auch durch Hochdruckmetamorphose (S. 240).
Mineralbestand: Entspricht im wesentlichen dem des Phyllits. Charakteristisch ist der Chloritoid, $(Fe^{2+},Mg,Mn^{2+})Al_2[(OH)_2|O|SiO_4]$, ein wichtiges gesteinsbildendes Mineral, das blättrige Kristalle mit hexagonalem Umriß bildet. Der Habitus ist meist tafeliger als Biotit, die Farbe dunkler und die Spaltbarkeit weniger gut. Die manganreiche Varietät wird Ottrelith genannt (nach Ottré, Belgien) und kommt nur in manganreichen Metasedimenten bei relativ geringer Tiefe vor. Chloritoide der Regionalmetamorphose sind meist eisenreich, sie werden mit zunehmender Tiefe magnesiumreicher.
Merkmale: Ein noch feinschuppiger Schiefer. Oft noch große Ähnlichkeiten mit den Phylliten, da Chloritoidschiefer noch im Übergangsbereich zu den höhergradigen echten Glimmerschiefern angesiedelt sind. Die Farbe ist meist durch Chlorit grünlich geprägt, aber rötliche (Hämatit) und schwärzliche Pigmentierungen (Graphit) sind möglich.

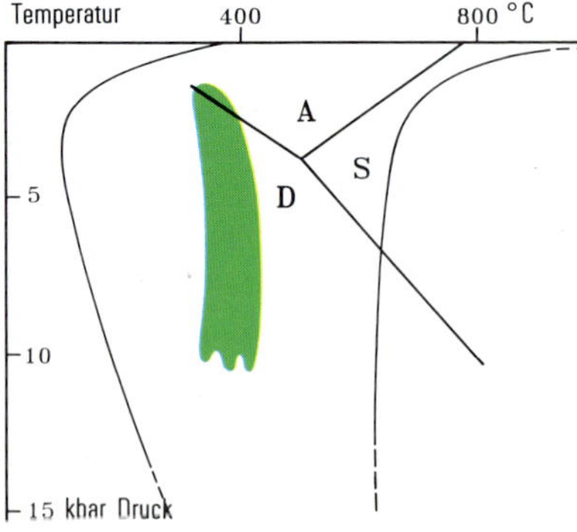

Dunkle Chloritoidschüppchen in phyllitischem Schiefer. Palea Roumata/Kreta; 16× 11 cm

regionalmetamorphe
Gesteine

Coticule

Ausgangsgestein: Nicht endgültig geklärt; wahrscheinlich vulkanische Tufflagen bzw. Schichten reich an Mangankarbonat, die in tonige Sedimente eingeschaltet sind.

Metamorphosebedingungen: Niedrigtemperierter Teil der Grünschieferfazies bzw. niedriger Metamorphosegrad nach WINKLER.

Mineralbestand: Coticules bestehen überwiegend aus Spessartingranat und Quarz. Hinzu treten Hellglimmer und Chlorit. Zirkon, Turmalin und Apatit sind Akzessorien.

Merkmale: Coticules sind feinstkörnige, gelblich weiße Spessartinquarzite in millimeter- bis dezimetermächtigen Lagen. Der Übergang zu dem Wirtschiefer kann sowohl scharf als auch allmählich sein. Viele Coticules besitzen gefältelte Internstrukturen.

Praktische Bedeutung: Coticules sind in Europa primär aus dem Venn-Stavelot-Massiv der belgischen Ardennen bekannt. Dort wurden sie bis Ende 1960 bergmännisch abgebaut und zu Wetzsteinen (»Belgier«) geschnitten.

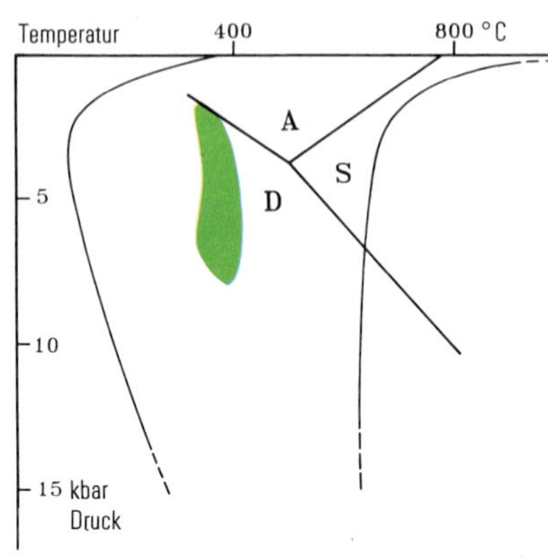

Coticule-Lagen mit leicht gefältelter Internstruktur in dunklem Phyllit.
Salmtal/Belgien; 10 × 7 cm

Piemontitschiefer

Ausgangsgestein: Manganreiches Sediment.

Metamorphosebedingungen: Nicht genau definiert; kommt hauptsächlich in der Grünschieferfazies (niedriger Metamorphosegrad nach WINKLER) der Regionalmetamorphose und Blauschieferfazies der Hochdruckmetamorphose vor.

Merkmale: Markanter Schiefer mit braun- bis kirschroter Färbung durch die charakteristische Eigenfarbe des Piemontits, eine manganreiche Varietät des Epidots, die hier als wesentliche Gesteinskomponente auftritt. Die Piemontitkristalle selbst sind meist unvollkommen ausgebildet, sonst stäbchenartig. Wenn feinkörnig, kann das Gestein z. T. mit hämatitreichen Hellglimmerschiefern verwechselt werden.

Vorkommen: Weiter verbreitet, als zunächst zu erwarten wäre. Vorkommen von Piemontitschiefer kennt man von der Ile de Groix/Frankreich, aus Schweden und vor allem aus den Westalpen, wo der Name des Minerals Piemontit herrührt (nach Piemonte).

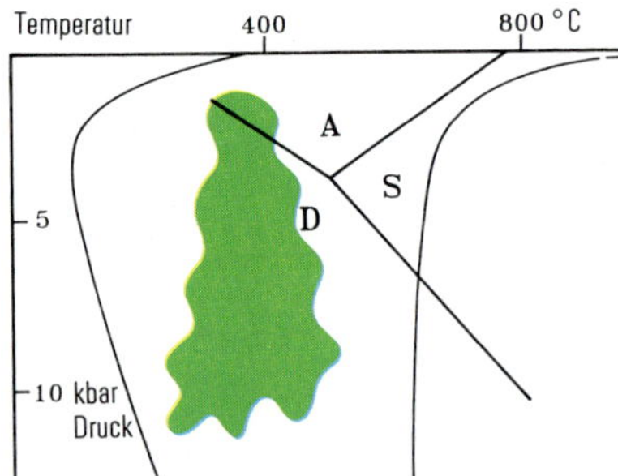

Besonders grobkörniges Beispiel eines Piemontitschiefers mit großen, prismatischen, gestreckten Piemontit-Kristallen in einer Quarzreichen Lage einer Schieferabfolge. Die Kristalle zeigen eine deutliche Regelung. Man erkennt mit Quarz verheilte Querbrüche in den Piemontiten.
Savoyen/Frankreich; 7 × 5 cm

Serpentinit

Ausgangsgestein: Ultrabasische Plutonite und Vulkanite.

Metamorphosebedingungen: Variabel, zu höheren Temperaturen durch den thermischen Zerfall der Serpentinminerale bei 500–600° C begrenzt. Auch bei der Hochdruckmetamorphose vorkommend.

Mineralbestand: Verschiedene Minerale der Serpentingruppe, besonders Chrysotil (Faserserpentin) und Antigorit (Blätterserpentin). Chrysotil ist ein Schichtsilikat, das jedoch in der Form von kleinen hohlen Röllchen (makroskopisch Fasern) kristallisiert und oft als faserige Asbestgänge im Gestein zu erkennen ist. Antigorit zeigt einen eher blättrigen Habitus und tritt erst bei Temperaturen der Grünschieferfazies auf. Relikte des Ausgangsgesteins wie Olivin, Pyroxen und Pyrop-reicher Granat sind oft erhalten. Magnetit tritt teils als größere Kristalle, teils in feinverteilter Form auf.

Merkmale: Gewöhnlich ein feinkörniges bis dichtes, grünlich gelbes bis grünlich schwarzes Gestein. Es kann sowohl massig als auch stark geschiefert auftreten. Bei stärkerer Deformation bilden sich oft hellgrüne, glänzend polierte, undulöse Rutschflächen, zwischen denen noch Linsen von reliktischen, massigen Serpentiniten zu finden sind.

Praktische Bedeutung: Chrysotilasbest bietet durch seine isolierenden Eigenschaften Anwendungsmöglichkeiten als feuerfestes Asbestgewebe und Baumaterial, sowie Isolationsmittel in der Wärme- und Kältetechnik. Allerdings kann das Inhalieren von Asbestfasern zu schweren Lungenerkrankungen führen, so daß neuerdings die Entwicklung von weniger gefährlichen Ersatzstoffen vorangetrieben wird.

Tektonisch polierte Serpentinit-Linse. l.: frischer Bruch mit Pyroxen-Relikten (3 × 5 cm); r.: Gesamtansicht (12 × 8 cm). Kerames/Kreta

Grünschiefer

Ausgangsgestein: Basische Plutonite und Vulkanite, hauptsächlich Gabbro und Basalt; Mergel bestimmter Zusammensetzungen.

Metamorphosebedingungen: Grünschieferfazies (niedriger Metamorphosegrad).

Mineralbestand: Hauptsächlich Albit, Chlorit, Epidot, Aktinolith. Hinzutreten können Hellglimmer, Stilpnomelan, Calcit, Magnetit, Ilmenit, Titanit und Quarz.

Merkmale: Ein Sammelbegriff für grüne, überwiegend feinkörnige metamorphe Gesteine der Grünschieferfazies, bei denen Granat noch nicht von Bedeutung ist. Die grüne Farbe geht auf den hohen Volumenanteil der grünen Minerale Chlorit, Epidot und Aktinolith zurück. Das Gefüge ist vielfältig. Einerseits können trotz Mineralumbildung grobe Gefügemerkmale, wie Kissenlaven oder die typische Gabbrostruktur, reliktisch erhalten bleiben. Andererseits entstehen gleichkörnige, schiefrige bis massige Neuprodukte. Solche Unterschiede werden zum größten Teil von der Art des Amphibolwachstums verursacht, z. B. als feinfilziges, richtungsloses Aggregat oder als gröbere Kristalle, die in der Schieferungsfläche liegen und die Schiefrigkeit verstärken.

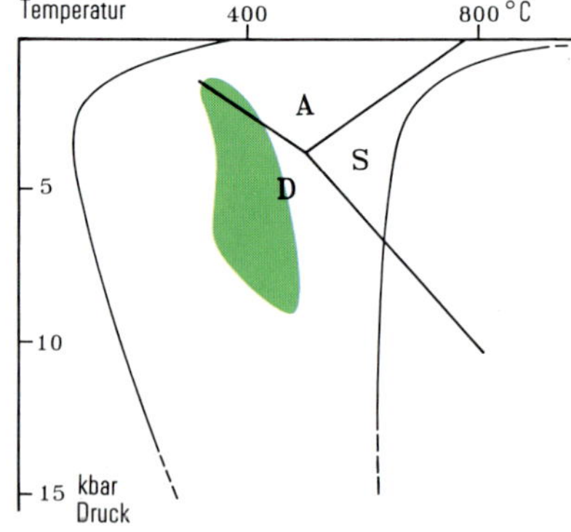

Grünschiefer mit gefältelter Feinschieferung. Böhmer Wald/ČSSR; 6 × 4 cm

Epidot-Amphibolit

Ausgangsgestein: Basische Plutonite und Vulkanite, hauptsächlich Gabbro und Basalt; Mergel bestimmter Zusammensetzung.

Metamorphosebedingungen: Epidot-Amphibolit-Fazies; Übergangsbereich des niedrigen zum mittleren Metamorphosegrad nach WINKLER.

Mineralbestand: Hauptsächlich Albit (auch Oligoklas), Hornblende, Epidot, Chlorit und, abhängig von der genauen Gesteinszusammensetzung, Almandin-reicher Granat. Hinzutreten können Quarz, Hellglimmer, Biotit, Calcit, Magnetit, Ilmenit und Titanit.

Merkmale: Das Gestein stellt den Übergang von Grünschiefern zu Amphiboliten dar. Es ist gröberkörnig als Grünschiefer, mit der Entwicklung einer Lagentextur, die sich makroskopisch als deutliche Bänderung mit Farbwechsel zwischen Dunkelgrün, Hellgrün und Hellgelbgrün bemerkbar macht. Die verschiedenen Lagen unterscheiden sich in ihrer Körnung, mineralogischen Zusammensetzung und im Wachstumsgefüge. Einerseits bildet Hornblende prismatische Kristalle, die in Flächen parallel zum Lagenbau geregelt wachsen. Andererseits ist die Hornblende xenoblastisch und mit Albit/Oligoklas richtungslos zu einem feinkörnigen Aggregat verwachsen. Durch die unterschiedliche Beschaffenheit kann es bei der Deformation zur Bildung von boudinierten Lagen kommen.

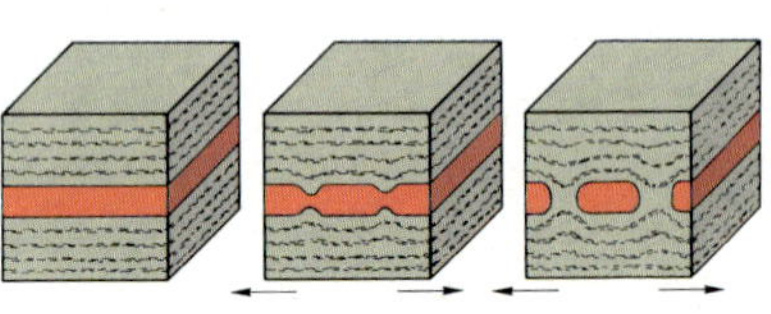

Entstehung einer Boudinage. Während der tektonischen Streckung eines Gesteinspaketes verhalten sich unterschiedlich zusammengesetzte Schichten verschieden. Starre, nicht verfaltbare Partien (rot) werden zunächst eingeschnürt und bei weiterer Auslängung in einzelne Boudins (französisch = Würstchen) zerlegt. Die plastischen Partien (grau) »fließen« darum herum.

Temperatur 400 800 °C
A
S
D
5
10
15 kbar
Druck

o.: Gefältelter Epidot-Amphibolit (frischer Bruch). Deutlich feingebändertes Beispiel mit hellen, grünlichen, zuckerkörnigen (Epidot-reich) und schwarzen Lagen (Amphibol-reich). Die rostbraunen Kristalle sind leicht angewitterte Almandin-reiche Granate.
Insel Margarita/Venezuela; 5 × 3 cm

u.: Boudinierter Epidot-Amphibolit (polierte Platte). Schöne Boudins von Epidot-reichen Lagen in gebändertem Epidot-Amphibolit. Der eisenarme Edpidot erscheint hier gelbbraun. Die kirschroten Kristalle sind frische Granate. An den ausgeschwänzten Enden der Boudins sind weiße Neukristallisate von Quarz erkennbar.
Großglockner/Österreich; 9 × 6 cm

Glimmerschiefer

Ausgangsgestein: Toniges Sediment (Pelit).
Metamorphosebedingungen: Teils Grünschieferfazies, Epidot-Amphibolit-Fazies, teils Amphibolitfazies bzw. teils niedriger, teils mittlerer Metamorphosegrad nach WINKLER.
Mineralbestand: Im wesentlichen Quarz, Hellglimmer (meist Muskovit) und Biotit. Da die Metamorphosebedingungen einen größeren Temperaturbereich überdecken, können eine Reihe von weiteren wichtigen Mineralen diese Liste ergänzen. Die Abbildung auf Seite 222 zeigt, wie das Vorhandensein bestimmter kritischer Minerale und Mineralkombinationen zur weiteren Eingrenzung der Metamorphosebedingungen genutzt werden kann. Wichtig sind vor allem Chlorit, Chloritoid und Stilpnomelan (diese drei nur selten im höheren Temperaturbereich), Almandin-reicher Granat, Staurolith, Andalusit (bei relativ geringer Tiefe), Disthen und Cordierit. Plagioklas ist meist untergeordnet; bei mehr als 20 Vol.% gehen die Gesteine in Gneis über. Je nach Chemismus des Ausgangsgesteins sind viele weitere Minerale möglich: Calcit, Epidot, Aktinolith oder Hornblende, Turmalin, Titanit, Zirkon, Hämatit, Magnetit, Pyrit, Apatit usw.
Merkmale: Glimmerschiefer sind mittel- bis grobschuppige Gesteine mit deutlicher Paralleltextur, die beim Anschlagen in millimeter- bis zentimeterdicke Platten zerfallen. Frische Bruchflächen haben einen auffälligen Glanz. Abwechselnde Lagen von Gimmer- und Quarz-Feldspat-reichen Partien sind meist ausgeprägt. Die Schieferung kann ebenflächig sein, ist aber häufig gewellt und uneben. Durch feine bis feinste Verfältelung können sich rollenartige Formen entwickeln, die dann dem Gestein ein stengeliges Aussehen geben. Die Farbe ist silbern bis grau bei Muskovitreichtum. Vorherrschender Biotit führt zu braunen bis schwarzen Farbtönen. Besonders auffallend sind die Minerale mit porphyroblastischem Wachstum bis zu mehreren Zentimetern im Durchmesser, die knotenartig von den

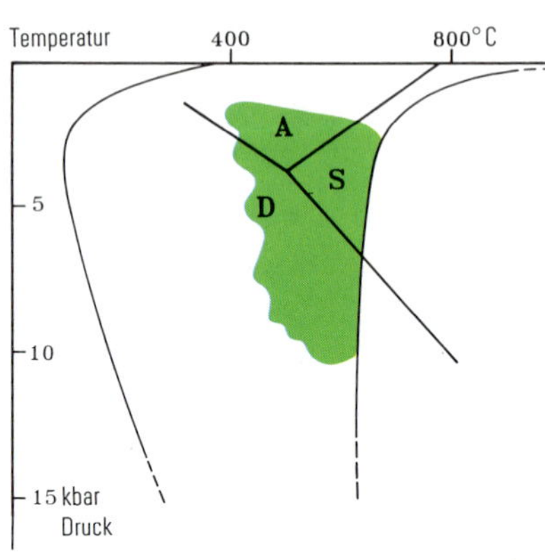

o.: Granat-Glimmerschiefer. Bucklig-wellige Schieferfläche eines typischen Gesteins aus dieser Gruppe. Die knotenförmig gewachsenen idiomorphen Porphyroblasten von braunem Granat sind homogen verteilt. Der auffällige Glanz ist auf die Einregelung der Muskovitkristalle zurückzuführen, die im Gegensatz zum feinkörnigen Sericit im Phyllit gröberkristallin sind.
Roy Bridge/Invernesshire/Schottland; 12× 8 cm

u. l.: Hornblende-Garbenschiefer. An Strohgarben erinnernde Büschel von neugewachsenen, stengeligen Hornblende-Kristallen sind in der Schieferungsebene des Gesteins eingeregelt. An einigen Stellen sind untergeordnet rundliche, braune Granatkristalle erkennbar.
Geißbergferner/Ötztal/Österreich; 14× 20 cm

u. r.: Granat-Glimmerschiefer. Bruch quer zur Schieferfläche. Die deutlich grobschuppigen Muskovit-Kristalle umfließen die eingelagerten idiomorphen Granatporphyroblasten linsenförmig.
Geißbergferner/Ötztal/Österreich; 8× 12 cm

Schieferungsflächen umhüllt sind. Dies gilt besonders für Granat; aber auch Staurolith, Chloritoid, Disthen und Andalusit treten so auf. Hornblende bildet eher garbenförmige Großkristalle, die in der Schieferungsfläche wachsen. Granate zeigen oft ein Schneeballgefüge, das im Gesteinsdünnschliff häufig, manchmal aber auch makroskopisch auf geeignetem Querbruch erkennbar ist. Wenn, wie die Abbildung zeigt, der Granat während seines Wachstums gerollt wird, kann er die parallel angeordneten Glimmerkristalle der Schieferung als S-förmige Schlieren umschließen. Eine Analyse dieser S-Form gibt dem Gefügespezialisten Auskunft über die Scherkraftrichtung bei der Gesteinsbildung.

Name: Die allgemeine Bezeichnung Schiefer läßt sich nach LÜSCHEN historisch verfolgen: althochdeutsch »skivaro« (zerrissene Felsen und Hölzer), mittelhochdeutsch »schiver«, »schiever«, »schivere« (Stein- oder Holzsplitter). Im Neuhochdeutschen dann die heutige Bedeutung: in ebenen Platten brechendes Gestein.

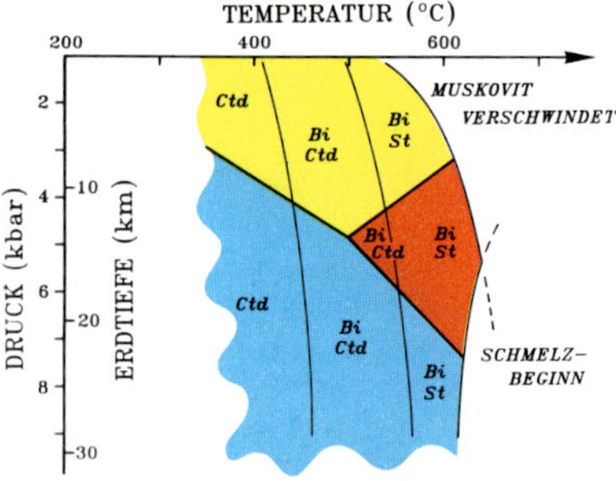

Beispiel einer Druck-Temperatur-Gliederung von Glimmerschiefern anhand des unterschiedlichen Auftretens von Andalusit (gelb), Disthen (blau) oder Sillimanit (rot), sowie Biotit (BT), Chloritoid (CTD) und Staurolith (ST). Durch Unterschiede in der Zusammensetzung der beteiligten Mineralien treten auch Verschiebungen in den Bereichsgrenzen auf.

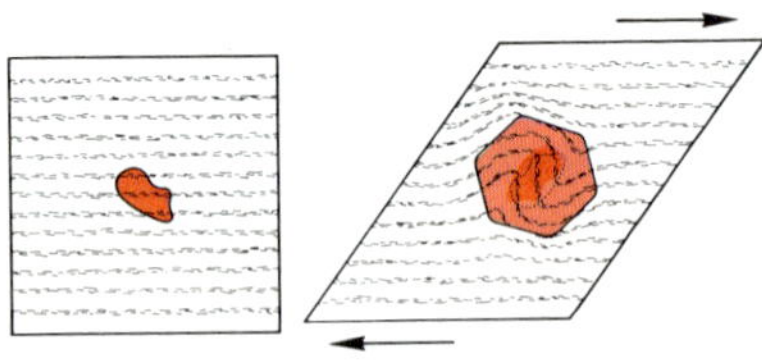

Die Entstehung eines Schneeballgranats

o.: Disthen-Staurolith-Schiefer. Besonders attraktives Gestein von einer berühmten Lokalität, mit cyanblauen, leistenförmigen Disthen-Kristallen (Kyanit) und braun durchscheinenden Staurolithen, die in der Schieferungsfläche eingeregelt sind. Besonders bemerkenswert ist die gesetzmäßige Verwachsung von Staurolith auf Disthen (links oben), die auf eine Ähnlichkeit der Kristallgitter zurückzuführen ist.
Pizzo Forno/Tessin/Schweiz; 12 × 8 cm

u. l.: Staurolith-Glimmerschiefer. Lagig angeordnete Aggregate von idiomorphem, braunem Staurolith in Glimmerschiefer. Die typischen kreuzförmigen Zwillinge sind zu erkennen. Zwischen den Staurolith-Lagen befinden sich Partien mit homogen verteilten kleinen Granat-Kristallen.
Connecticut/USA; 14 × 20 cm

u. r.: Disthen-Glimmerschiefer. Außerordentlich Disthen-reiches Gestein mit Wechsellagerung von blauen, idiomorphen Disthen-Kristallen und Glimmerpaketen. Hier sind neben Hellglimmer auch schwarze, im Querschnitt leistenförmige Biotit-Kristalle erkennbar.
Butkhak/Afghanistan; 4 × 6 cm

Leptinit (Leptit)

Ausgangsgestein: Saure bis intermediäre Vulkanite, auch Arkose, Grauwacke.

Metamorphosebedingungen: Nicht eindeutig festzulegen, wahrscheinlich überwiegend Amphibolitfazies bzw. mittlerer Metamorphosegrad nach WINKLER, sowie noch höhere Metamorphosebedingungen.

Mineralbestand: Hauptsächlich Quarz, Kalifeldspat (Mikroklin bzw. Orthoklas), Plagioklas, Biotit, in unterschiedlichen Mengen je nach Ausgangsgestein. Auch Hornblende, Granat, Sillimanit, Cordierit und Muskovit können nebst Akzessorien wie Zirkon, Apatit und Erzmineralen auftreten.

Merkmale: Leptinite stellen z. T. die höhergradige Entwicklung der Porphyroide (S. 212) dar, in der keine Einsprenglingsfragmente mehr erkennbar sind. Ohne Gefügerelikte ist es sehr schwer zu entscheiden, ob das Ausgangsgestein ein Vulkanit oder möglicherweise ein psammitisches Sediment wie Arkose oder Grauwacke war. Die Gesteine sind fein- bis höchstens mittelkörnige, schiefrig-plattige bis massige Gneise, oft streifig inhomogen. Das Quarz-Feldspat-Gefüge ist mosaikartig granoblastisch, d. h. die Durchmesser der verwachsenen Mineralkörner sind in allen Richtungen generell gleich. Die Glimmer sind in der Schieferungsebene eingeregelt. Einsprenglingsartige Quarze und Feldspäte, die zuweilen auftreten, sind in der Regel nicht mehr Fragmente **(Porphyroklasten),** sondern bei der Metamorphose neugebildete **Porphyroblasten.** Aus den ehemaligen Porphyroklasten entstehen z. T. lange, ausgewalzte, linsenförmige Quarzaggregate, die an die »Granulitquarze« (vgl. S. 234) erinnern. Wie bei den Magmatiten können Natrium-(Plagioklas)reiche bzw. Kalium-(Kalifeldspat)reiche Varietäten unterschieden werden.

Vorkommen: In allen hochgradigen Gebieten der Regionalmetamorphose zu erwarten (vgl. »Gneis«, S. 226), sofern saure bis intermediäre Vulkanite (seltener Arkosen bzw. Grauwacken) in die Gesteinsabfolge eingeschaltet sind. Ein klassisches Vorkommen befindet sich 100–250 km westlich von Stockholm (Schweden), wo Gesteine des Präkambriums aufgeschlossen sind. In ehemaligen Wechsellagerungen von Vulkaniten und klastischen Sedimenten sind Leptitlagen von 10 cm bis 100 m Mächtigkeit entstanden. Hier spricht man auch von »Hälleflinta« bei dichten Leptiten oder von Leptitgneisen bei den mittelkörnigen Beispielen.

Name: Die Bezeichnungen Leptit und Hälleflinta sind schwedischen Ursprungs.

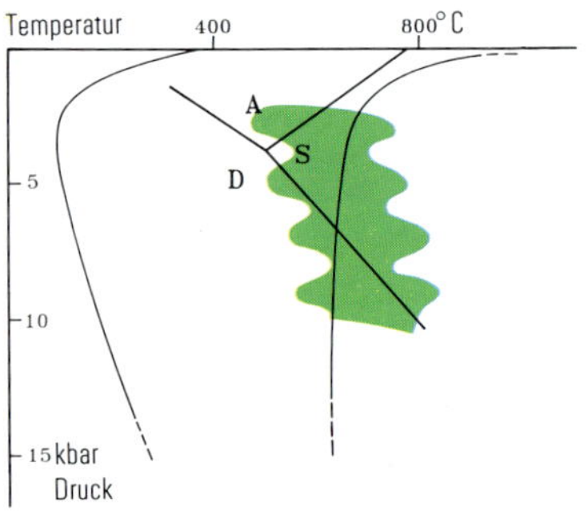

o.: Dunkler, erzreicher Natrium-Leptit. Das streifig inhomogene Gefüge spiegelt eine ursprünglich sedimentäre, regionalmetamorph überprägte Abfolge wider. Das Gestein ist reich an orangefarbenen Spessartin-Lagen und kirschrotem Piemontit.
Nyberget/Schweden; 12 × 8 cm

u. l.: Heller, gebänderter Natrium-Leptit. Feinkörniges, laminiertes Gestein mit makroskopisch quarzitischem Charakter. Die dunklen Lagen sind Manganerz-reich.
Nyberget/Schweden; 8 × 12 cm

u. r.: Hälleflinta. Eine dichte Varietät des Leptits, die wegen ihres flintartigen muscheligen Bruchs diesen Namen erhielt.
Dannemora/Schweden; 3 × 5 cm

Gneis

Ausgangsgestein: Sehr unterschiedlich; hauptsächlich klastische Sedimente (sog. Paragneise) und saure bis intermediäre Magmatite (sog. Orthogneise).

Metamorphosebedingungen: Hauptsächlich Amphibolit- bis Granulitfazies bzw. mittlerer bis hoher Metamorphosegrad nach WINKLER für Paragneise. Orthogneise und gewisse Feldspat-reiche und Glimmer-arme Gesteine können auch schon bei niedrigeren Metamorphosebedingungen das Aussehen eines Gneises erreichen (siehe unten).

Mineralbestand: Überwiegend Feldspat (Mikroklin und Plagioklas), Quarz sowie Hell- und Dunkelglimmer. Man beachte, daß Muskovit in der Granulitfazies bzw. dem hohen Metamorphosegrad nach WINKLER nicht mehr existieren kann. Je nach Ausgangsgestein und Metamorphosebedingungen können auch folgende Minerale von Bedeutung sein: Disthen, Sillimanit, Andalusit, Cordierit, Granat, Hornblende, Diopsid oder Augit. Häufige Akzessorien sind Apatit, Turmalin, Orthit, Magnetit, Ilmenit, Zirkon, Monazit, Titanit, Pyrit, Pyrrhotin.

Allgemeine Merkmale: Gneis ist ein mittel- bis grobkörniges, flaseriges bis lagiges, seltener stengeliges Gestein mit sichtbarer Regelung der Glimmer. Eine flaserige Anordnung bedeutet, daß der Glimmer in diskontinuierlichen, einige Millimeter bis wenige Zentimeter langen Strähnen anzutreffen ist. Eine Bänderung ergibt sich oft aus der Wechsellagerung heller Streifen mit Feldspat + Quarz und dunkleren Streifen aus Glimmer usw. Der Hauptunterschied zu Schiefer liegt in einem höheren Feldspatanteil und in der Art des Bruches. Gneis bricht schwerer, und in dickeren Platten, da die Schiefrigkeit weniger gut entwickelt ist. Die Hauptgefügemerkmale sind in der Abbildung auf S. 230 dargestellt. Die Ebene H (oder a–b im eingezeichneten Koordinatenkreuz) wird als Hauptbruch bezeichnet. Ist die flächenhafte Parallelstruktur parallel zu

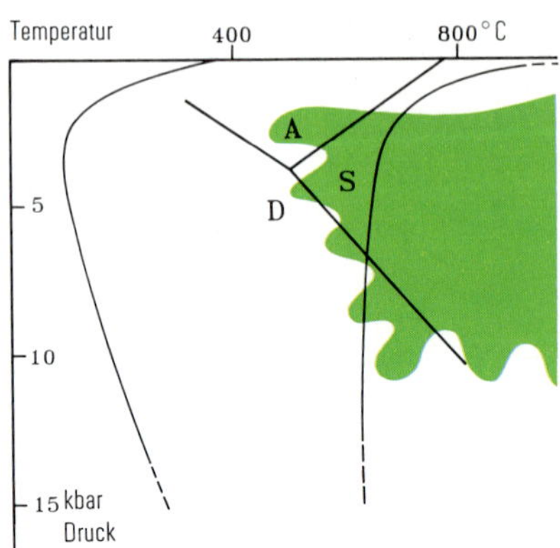

dieser Ebene das auffälligste Gefügemerkmal des Gesteins, so spricht man von einem s-Tektonit. Die Ebene L (bzw. b–c) ist der sogenannte Längsbruch. Die Ebene Q (bzw. a–c) ist der Querbruch. Hier ist die unebene, flaserige, linsige, auch augenförmige Textur der meisten Gneise deutlich zu erkennen. Zuweilen bilden

o. l.: Paragneis mit Kalksilikatlagen. Typisch mittelkörniger, streifiger, lagig inhomogener Paragneis. Der sedimentäre Ursprung des Gesteins wird belegt durch die linsige, graugrüne Einschaltung von Kalksilikaten (ehemals sedimentäre Karbonate).
Scourie Bay/Schottland; 14 × 20 cm

o. r.: Sillimanit-Paragneis. Sillimanit ist ein häufiges gesteinsbildendes Mineral hochgradiger Gneise. Die meist nadeligen Kristalle sind allerdings in der Regel mit dem bloßen Auge nicht erkennbar. In diesem speziellen Fall hat die Wärmeeinwirkung eines benachbarten Gabbroplutons zu einer Sprossung von ungewöhnlich großen (bis zu 10 cm), garbenförmigen Kristallaggregaten geführt.
Valtellina/Italien; 3 × 5 cm

u.: Mittelkörniger, lagig inhomogener Paragneis.
Meall Airigh/Schottland; 10 × 7 cm

sich durch Verfältelung oder durch Auswalzung von Großkristallen stengelige Elemente parallel zur b-Achse des Koordinatenkreuzes. Überwiegen diese linearen Elemente, so spricht man von einem b-Tektonit. Manchmal entstehen regelrechte Stengelgneise, in denen die flächenhafte Paralleltextur total zerstört worden ist.

Niedriggradige Gneise: Einige niedriggradige Gesteine müssen aufgrund ihres Gefüges, welches auf Feldspatreichtum und Glimmerarmut zurückzuführen ist, durchaus als Gneis angesehen werden. Solche Gesteine gehen z.T. aus sauren Magmatiten hervor und sind demnach als Orthogneise zu bezeichnen. Bestimmte Porphyroide (S. 212) werden auch als Sericitgneis angesprochen. Auch Leptinite/Leptite sind als fein- bis kleinkörnige Gneise anzusehen. In ähnlicher Weise können auch bestimmte Feldspat-reiche und Ton-arme Arkosen und Grauwacken bereits bei relativ niedrigen Metamorphosebedingungen ein Gneisgefüge erreichen.

Paragneise: Die normale Entwicklung von pelitischen Gesteinen führt mit steigendem Metamorphosegrad über das Schieferstadium erst in der Amphibolitfazies zu Gneis, und zwar durch Zurücktreten der Glimmeranteile zugunsten von Feldspäten. Paragneise sind grau, eher mittelkörnig, selten sogar kleinkörnig und öfter streifig und lagig inhomogen. Einschaltungen von Kalksilikatlagen (vgl. S. 256) zeugen vom ursprünglich sedimentären Zustand. Porphyroblasten aus Granat, auch Staurolith oder Andalusit, sind wie bei den Schiefern anzutreffen.

Orthogneise: Bei den Bedingungen des mittleren bis hohen Metamorphosegrades nach WINKLER bestehen mineralogisch keine großen Unterschiede zwischen Metamorphit und Plutonit. So treten oft **Gneisgranite** auf, bei denen nur das Gefüge eine markante Änderung erfahren hat. In der Regel sind Orthogneise aber Gesteine, die eine aufsteigende Metamorphose über die üblichen niedriggradigen Änderungen hinweg erfahren haben. Sie sind massig bis schiefrig, in der Regel heller als Paragneise, mit flaseriger Anordnung des Biotits. Größere, oft eingeregelte Kalifeldspatkristalle bedingen linsige oder augenförmige Texturen.

Vorkommen: Gneise treten in allen hochgradigen Gebieten der Regionalmetamorphose als logisches Endprodukt der normalen Überprägungsentwicklung vieler Gesteinstypen auf. Noch weiter aufsteigende Metamorphose führt dann entweder zur Teilaufschmelzung (Migmatit; vgl. S. 238) oder, bei bestimmten wasserarmen Bedingungen, zu Granuliten (vgl. S. 234). Demnach sind Gneise in allen abgetragenen Gebirgen zu erwarten, wo die Sockeleinheiten freigelegt worden sind. Wichtige Vorkommen in Europa sind das Fichtelgebirge, der Bayerische Wald, der Spessart, der Odenwald, der Schwarzwald, der Thüringer Wald, das Erzgebirge, die Sudeten, Rhodopen/Bulgarien, Skandinavien, Vogesen, Massiv Central, Bretagne, die Alpen, Spanien, Großbritannien.

Name: Gneis ist eine alte sächsische Bergmannsbezeichnung, die bereits 1557 schriftlich erwähnt wird. Verschiedene Schriftformen wie *Geneuß, Gneuß, Knaust* sind überliefert.

o.: Biotit-Granat-Gneis. Mittelkörniger Gneis mit Porphyroblasten von indiomorphen, isometrischen Granaten. Der deutliche Lagenbau ist auf die inhomogene Verteilung der grobschuppigen Biotit-Kristalle zurückzuführen.
Loch Duich/Schottland; 10 × 7 cm

u. l.: Schwach geregelter Gneis mit unregelmäßig verteilten Quarz-Granat-Anreicherungen, eingebettet in einer strähnigen, Biotit-reichen Grundmasse.
Kalabrien/Italien; 11 × 16 cm

u. r.: Kinzigitgneis. Grobkörniger, hochmetamorpher Paragneis, dessen lagige Gneistextur durch ausgeprägtes Kornwachstum weitgehend verlorengegangen ist. Der Name bezieht sich auf das klassische Vorkommen im Kinzigtal/Schwarzwald.
Kalabrien/Italien; 6 × 9 cm

regionalmetamorphe Gesteine

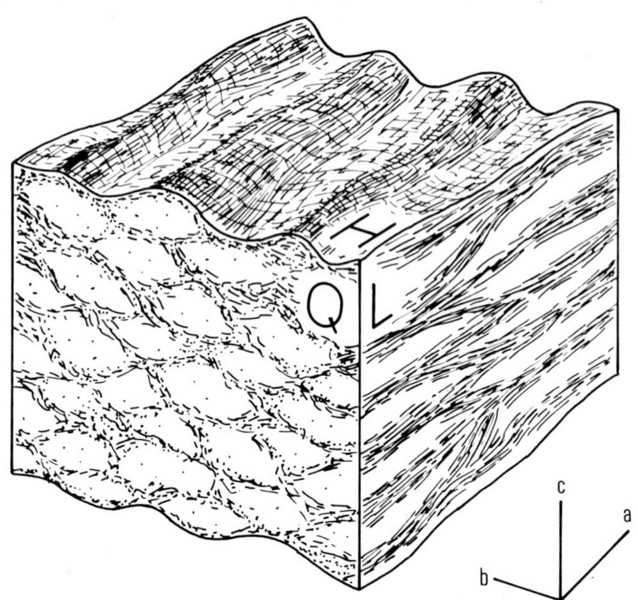

Das in der Tektonik und Gefügekunde gebräuchliche Bezugssystem zur Beschreibung von Gefügeelementen. H = Hauptbruch; Q = Querbruch; L = Längsbruch.

Zum Teil wird der Ursprung der Bezeichnung im tschechischen *hniso* (russisch *gnisdo*) vermutet, was soviel wie Nest bedeutet. Demnach wäre Gneis das Nest der Erzgänge, d. h. das Gestein, in dem die Erzgänge sitzen. Eine andere Deutung streicht die Ähnlichkeit mit dem mittelhochdeutschen *ganeiste* bzw. dem altnordischen *gneisti* heraus. Dieser Name bedeutet Funke und würde den Gneis als hartes, Funken gebendes Gestein beschreiben. Der Name Gneis bzw. Gneuß taucht in mehreren Schriften von GOETHE auf. VON LEONHARD (1823) schreibt: »Die Benennung, abstammend aus der Bergmannssprache, wurde früher mehr im allgemeinen angewendet, theils für sämmtliche Gebirgsgesteine der Freiberger Gegend, theils zur Bezeichnung der in der Nähe der Gänge zersetzten Felsarten, ohne Berücksichtigung des Verschiedenartigen ihrer Natur. Werner beschränkte den Gebrauch des Namens auf das eigenthümliche Gestein, welches den selben gegenwärtig fast in allen lebenden Sprachen trägt.« Demnach hat der berühmte Geologe WERNER der Bezeichnung Gneis ihre heutige Bedeutung verliehen.

o. l.: Orthogneis. Typische Erscheinungsform eines hochmetamorph überprägten granitischen Plutonits mit eingeregelten, neugebildeten dunklen Gemengteilen. Charakteristisch ist die Anreicherung des Biotits in diskontinuierlichen, wenige Zentimeter langen Strähnen, die das Gneis-Gefüge hervorrufen.
Muggenbrunn/Schwarzwald; 8 × 12 cm

o. r.: Stengelgneis. Ein extrem entwickelter b-Tektonit (siehe Skizze).
Kostelec/ČSSR; 7 × 10 cm

u.: Orthogneis. Biotit-arme Varietät mit sehr lang ausgewalzten, weißen Feldspäten und Quarz. Übergang zu den Migmatiten (vgl. S. 238). Polierte Platte (Handelsname »Ghiandone Zebrato«).
Val Antigorio/Piemonte/Italien; 10 × 7 cm

Amphibolit

Begriffserläuterung: Wie der Name besagt, sind Amphibolite Gesteine, die überwiegend aus Amphibol aufgebaut sind. Da diese Mineralgruppe jedoch chemisch äußerst variabel ist, besteht durchaus die Möglichkeit, für recht unterschiedliche Gesteine Metamorphoseprodukte zu erhalten, die alle sehr Amphibol-reich sind. Der Unterschied macht sich dann in der **Art** des vorliegenden Amphibols bemerkbar. So sind auch die Magnesium-reichen, metasomatisch entstandenen Anthophyllitfelse (vgl. S. 262) im eigentlichen Sinne Amphibolite. Anthophyllit hat die Zusammensetzung $(Mg,Fe)_7[OH|Si_4O_{11}]_2$. Auch gewisse Blauschiefer (vgl. S. 240) sind »Amphibolite«, obwohl der darin enthaltene Amphibol eine ganz andere chemische Zusammensetzung hat (siehe dort). Im Einklang mit dem üblichen Sprachgebrauch wird hier der Begriff für solche Gesteine benutzt, die hauptsächlich aus Basalt und Gabbro bei der Regionalmetamorphose entstanden sind.

Ausgangsgestein: Basische Plutonite und Vulkanite, hauptsächlich Gabbro und Basalt; Mergel bestimmter Zusammensetzung.

Metamorphosebedingungen: Amphibolitfazies; mittlerer bis hoher Metamorphosegrad nach WINKLER.

Mineralbestand: Die charakteristischen Minerale sind Plagioklas (mit einem Mindestanorthitgehalt entsprechend Andesin) und Hornblende. Albit/Oligoklas und Epidot der Epidot-Amphibolite sind nicht mehr vorhanden. Weiterhin können Almandin-betonter Granat, Diopsid, Biotit, Quarz, Ilmenit und Titanit von Bedeutung sein. Übersteigt der Feldspatgehalt 50 Vol.%, wird der Name Amphibolgneis verwendet, bei Amphibolgehalten über 80 Vol.% ist der Name Amphibolschiefer bzw. Amphibolfels angebracht.

Merkmale: Ein mittel- bis grobkörniges hell-/dunkelgrünes bis schwarzes Gestein. Wenn grobkörnig, treten die Plagioklase als weiße bis gelbliche Flecken hervor. Der Gesamtaspekt wird dadurch beeinflußt, ob die Hornblende in gedrungenen oder ausgeprägt nadeligen bis säuligen Kristallen vorliegt. Viele Amphibolite haben durch eine Lagentextur ein deutlich gebändertes Aussehen.

Vorkommen: Weltweit verbreitet. In gewissem Sinne ist Amphibolit als das basische, dunkle Gegenstück der Gneise (vgl. S. 226) anzusehen. Erwähnenswerte Vorkommen in Europa gibt es in den mittleren und östlichen Alpen, in Kalabrien, im Schwarzwald, Odenwald, Bayerischen Wald, Erzgebirge, in den Gebirgssockeln Frankreichs, Englands, in Norwegen.

Praktische Bedeutung: Eisenbahnschotter, Straßenbaustoff.

Name: Das griechische *amphibolos* bedeutet zweideutig, unbestimmt, weil der Chemismus so vielfältig ist.

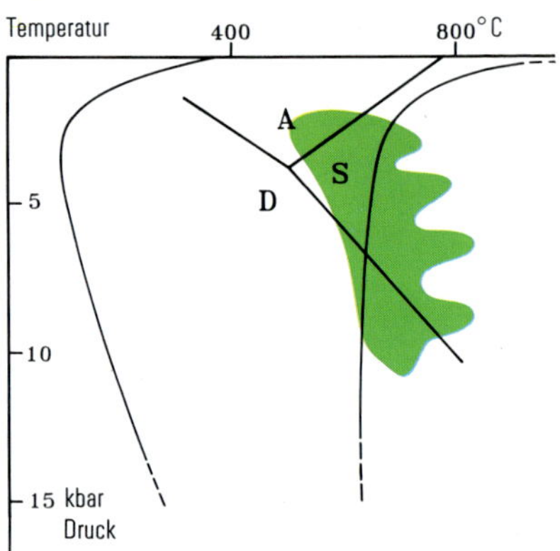

o.: Granat-Amphibolit. Grobkörniges, massiges Gestein aus schwarzer Hornblende und unregelmäßigen Granat-Porphyroblasten. Der vermeintliche helle Eindruck der Hornblendematrix ist auf die stark reflektierenden Spaltflächen des Amphibols zurückzuführen.
Insel Margarita/Venezuela; 7× 10 cm

u.: Amphibolit. Grobkörniges, massiges Amphibolgestein.
Gruinard Bay/Schottland; 7× 10 cm

Granulit/Charnockit

Begriffserläuterung: Die Begriffe Granulit und Charnockit werden auch unter Fachleuten diskutiert und unterschiedlich verwendet. Hier sollen sie ausschließlich für Gesteine der Granulitfazies gelten, wobei Granulite eher ein typisches Gneisgefüge aufweisen und Charnokkite eher ein typisch magmatisches Gefüge zeigen.

Ausgangsgestein: Saure bis basische Magmatite sowie Arkosen, Grauwacken und tonige Sedimente. Viele Charnockite werden als primäre magmatische Gesteine angesehen.

Metamorphosebedingungen: Amphibolit- und Granulitfazies bzw. mittlerer bis hoher Metamorphosegrad nach WINKLER. Zusätzliche Bedingung ist, daß die Gasphase im Gestein wasserarm ist, sonst entstehen normale Gneise und Magmatite. Dies bedeutet, daß Granulite/Charnockite und Gneise bei den gleichen Metamorphosedrücken und -temperaturen koexistieren können und daß Wechsellagerungen zwischen diesen Gesteinstypen möglich sind.

Mineralbestand Granulite: Für saure, helle Ausgangsgesteine hauptsächlich sehr Natrium-reicher perthitischer, oft durch Einschlüsse dunkel gefärbter Kalifeldspat, Plagioklas, Quarz (oft bläulich, durch lichtstreuende Rutilnädelchen verursacht), Granat. Ferner können Disthen, Sillimanit, Biotit, Cordierit und Spinell (Hercynit) von Bedeutung sein. Bei basischen, dunklen Ausgangsgesteinen überwiegen Plagioklas, Pyroxen, Amphibol und Granat. Als Pyroxen treten sowohl der Klinopyroxen Diopsid als auch der Orthopyroxen Hypersthen auf. Das Auftreten von Hypersthen gilt als wichtiger Hinweis für die Granulitfazies. Für intermediäre Ausgangsgesteine gibt es Übergänge im Mineralbestand zwischen den hellen und dunklen Granulittypen. Als Akzessorien findet man Zirkon, Rutil, Apatit und Erzminerale. Kornerupin, $Mg_4Al_6[(O,OH)_2|BO_4|(SiO_4)_4]$, ein seltenes, aber interessantes Mineral, früher »Prismatin« genannt, findet man in den Granuliten von Waldheim in Sachsen.

Mineralbestand Charnockite: Entspricht im Prinzip dem der Granulite. Granat weniger häufig. Obwohl Charnockite nachweislich sowohl metamorphe als auch primär magmatische Bildungen sind, richtet sich die übliche Benen-

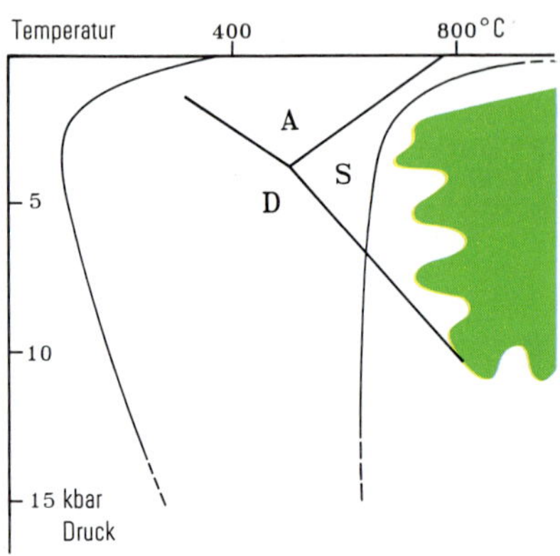

o. l.: Kornerupin-führender Granulit. Feinkörniger, heller Granulit, auch Weißstein-Granulit genannt. Die nadeligen, grünen Prismen sind Kornerupin. Ehemals von dieser Lokalität als das neue Mineral »Prismatin« beschrieben, wurde die Identität mit Kornerupin erst später festgestellt.
Waldheim/Sachsen/DDR; 6 × 9 cm

o. r.: Granat-Granulit. Sehr dichter, heller Weißstein-Granulit, in dem makroskopisch nur die kleinen, rötlichen Granatkristalle identifizierbar sind.
Waldheim/Sachsen/DDR; 6 × 9 cm

u.: Hypersthen-Granulit. Straff schiefriges, streifiges Gestein durch lagenweise Anordnung von flachen Linsen und Scheiben aus Quarz, den sogenannten »Granulitquarzen«. Hypersthen ist makroskopisch nicht erkennbar.
Steina/Sachsen/DDR; 4 × 6 cm

nung nach dem oberen Dreieck O-A-P der Streckeisenklassifikation (S. 35ff.). Der jeweiligen Streckeisenbezeichnung wird das Präfix Hypersthen vorangestellt. So ist der klassische, relativ helle Charnockit aus Indien in engerem Sinne ein Hypersthen-Granit, der klassische Opdalit aus Norwegen ein Hypersthen-Granodiorit, der Enderbit ein Hypersthen-Tonalit und der dunkle Mangerit ein Hypersthen-Monzonit.

Gefüge Granulite: Ähnlich Gneis; straffschiefrige Parallelstruktur; eher klein- bis mittelkörnig, doch auch grobkörnig oder massig; häufig streifig durch lagenweise Änderung des Mineralbestands. Typisch für viele Granulite ist das Auftreten von Quarz als millimeter- bis zentimeterlange flache Linsen oder scheibenförmige Disken. Diese »Granulitquarze« sind die Hauptträger der Schieferung, da die Glimmer fehlen.

Gefüge Charnockite: Massig plutonitisch mit Übergängen zu Gneistextur.

Vorkommen: Vor allem in den alten Grundgebirgsmassiven. In Europa z. B. Skandinavien und das klassische Gebiet des sächsischen Granulitgebirges.

Praktische Bedeutung: Aufgrund der hohen Druckfestigkeit werden Granulite als Straßenbaustoffe und Eisenbahnschotter benutzt; bestimmte Varietäten eignen sich als Zierstein.

Name: Der Name Granulit bezieht sich wohl auf das feinkörnige Gefüge (lateinisch *granulum* = Körnchen). Um 1784 schrieb GOETHE: »Merkwürdiges Gestein aus dem Budetal der Suseburg schief gegenüber, das ich mir weder zum Granit noch zum Porphyr zu rechnen getraue und für welches ich den Namen Granulit, wegen der in solchen befindlichen Quarzkörnern, in Vorschlag bringe. Es ist äußerst fest.« VON LEONHARD (1824) berichtet dagegen: »Name, von WEIS der Felsart beigelegt, soll für die körnige Abänderung ihr Verwandtseyn mit Granit andeuten und zugleich das jüngere Alter, auf die schiefrige Abänderung aber nicht weniger passend seyn, wegen der ihr stets eingemengten Körner.« Dagegen muß der Ursprung des Namens Charnockit eher als exotisch angesehen werden. Das Originalgestein stammt vom St. Thomas Berg in Madras, Vorderindien, und wurde um 1900 beschrieben. Die erste Probe wurde einem Grabstein entnommen, welcher die letzte Ruhestätte des Engländers Job CHARNOCK zierte.

o.: Charnockit. Grobkörniges, massiges, homogenes Gestein mit plutonitischem Aussehen. Feldspat- (honiggelb) und Pyroxen-reiche Partien (dunkel) sind erkennbar.
Nurmijärvi/S.-Finnland; 9 × 6 cm

u.: Granat-Granulit. Besonders attraktives, grobkörniges Gestein mit deutlich erkennbaren porzellanweißen Feldspäten, fettglänzenden Quarzen und leuchtend roten Granat-Porphyroblasten.
Madras/Südindien; 12 × 8 cm

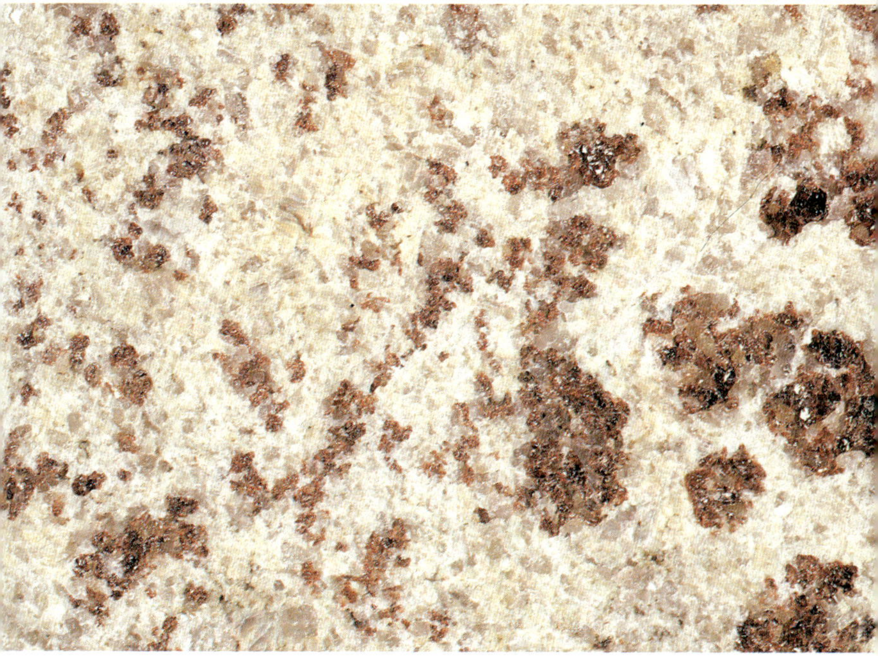

regionalmetamorphe Gesteine

Migmatite

Begriffserläuterung: Der Prozeß der **Anatexis** ist die teilweise bis völlige Aufschmelzung eines metamorphen Gesteins als Höhepunkt der Regionalmetamorphose. Dabei bilden sich oft **gemengte** Gesteine mit hellen und dunklen Anteilen, die als **Migmatit** bezeichnet werden. **Paleosom** ist das praktisch unveränderte Ausgangsgestein. **Neosom** ist das durch Aufschmelzung neugestaltete Gestein, wobei hier die neugebildeten hellen Lagen **Leukosome** sind und die dunklen Lagen **Melanosome** (oft auch **Restit**). **Metatexis** ist eine teilweise Aufschmelzung, bei der sich Leukosome in noch erkennbaren Paläosomanteilen entwickeln. Bei der **Diatexis** werden auch diese dunklen **Restite** mobilisiert und neu kristallisiert. Die geschilderten Begriffe beziehen sich auf die *in situ* Bildung von Migmatiten. **Arterite** und **Injektionsgneise** sind Migmatit-ähnliche Gesteine, bei denen die Leukosome als gesteinsfremde Schmelzen *lit-par-lit* (Lage-für-Lage) eingeführt wurden.

Ausgangsgestein: Im Prinzip können fast alle metamorphen Gesteine eine Anatexis erfahren. Typische Migmatite bilden sich jedoch bevorzugt aus intermediären Gneisen mit reichlich Feldspäten, Quarz und nur mäßigen Anteilen an dunklen Mineralen. Metabasite, Kalksilikatfelse und Quarzite sind kaum betroffen.

Metamorphosebedingungen: Amphibolitfazies bis Granulitfazies bzw. mittlerer bis hoher Metamorphosegrad nach WINKLER. Eine zusätzliche Bedingung ist das Vorhandensein von viel wasserreicher Gasphase, da es sonst nicht zur Aufschmelzung, sondern zur Bildung von Granuliten kommt.

Mineralbestand: Aufgrund der vielen möglichen Ausgangsgesteine sehr unterschiedlich. In der Regel entsprechen die aus Schmelze entstandenen Leukosome hellen bis intermediären Magmatiten mit viel Feldspäten (Kalifeldspat und Plagioklas in einem Verhältnis, das von dem Ausgangsgestein diktiert wird) und Quarz. Biotit und Hornblende können hinzutreten. Durch Entziehung dieser hellen Anteile werden die Melanosome an dunklen Gemengteilen des Ausgangsgesteins angereichert (Biotit, Hornblende, Cordierit, selten Granat). Bei Erreichen der Diatexis werden diese Unterschiede wiederum verwischt. Durch Zunahme des Volumens der Leukosome nähert sich deren Zusammensetzung mehr und mehr der des Ausgangsgesteins.

Merkmale: Das Gefüge der hellen Leukosome kann kleinkörnig-aplitisch bis mittelkörnig-granitisch sein. Zuweilen können riesenkörnige pegmatitische Partien entstehen. Die dunklen Melanosome sind durch ihren Biotitreichtum eher geschiefert, nicht selten grobkristallin. Mit fortschreitender Anatexis entstehen schlierige, nebulitische Diatexite mit gleichkörnigem Gefüge und ungeregelten Mineralkomponenten, d. h. das Gefüge entspricht dann makroskopisch dem eines Plutonits.

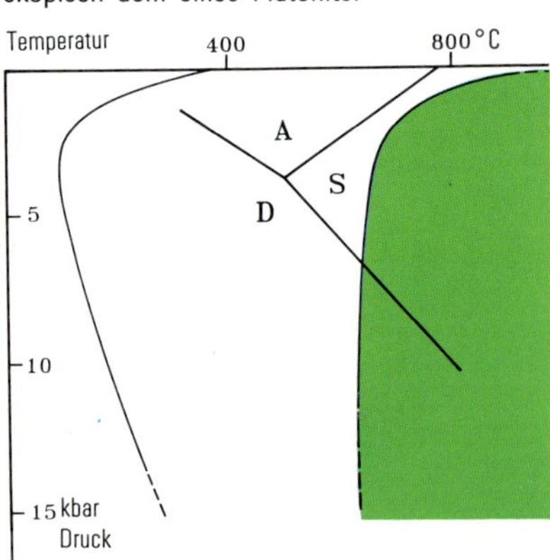

o. l.: Amphibolit mit ausgeprägtem Neosom und Paläosom.
Val Strona/Italien; 8× 12 cm
o. r.: Kalifeldspat-reiche Neosome in Paragneis.
Helsinki/Finnland; 6× 9 cm
u. l.: Typischer Anatexit.
Oberriedertal/Südschwarzwald; 11× 16 cm
u. r.: Diatexit mit Granat (dunkelrot) und Cordierit (blau). Córdoba/Argentinien; 7× 10 cm

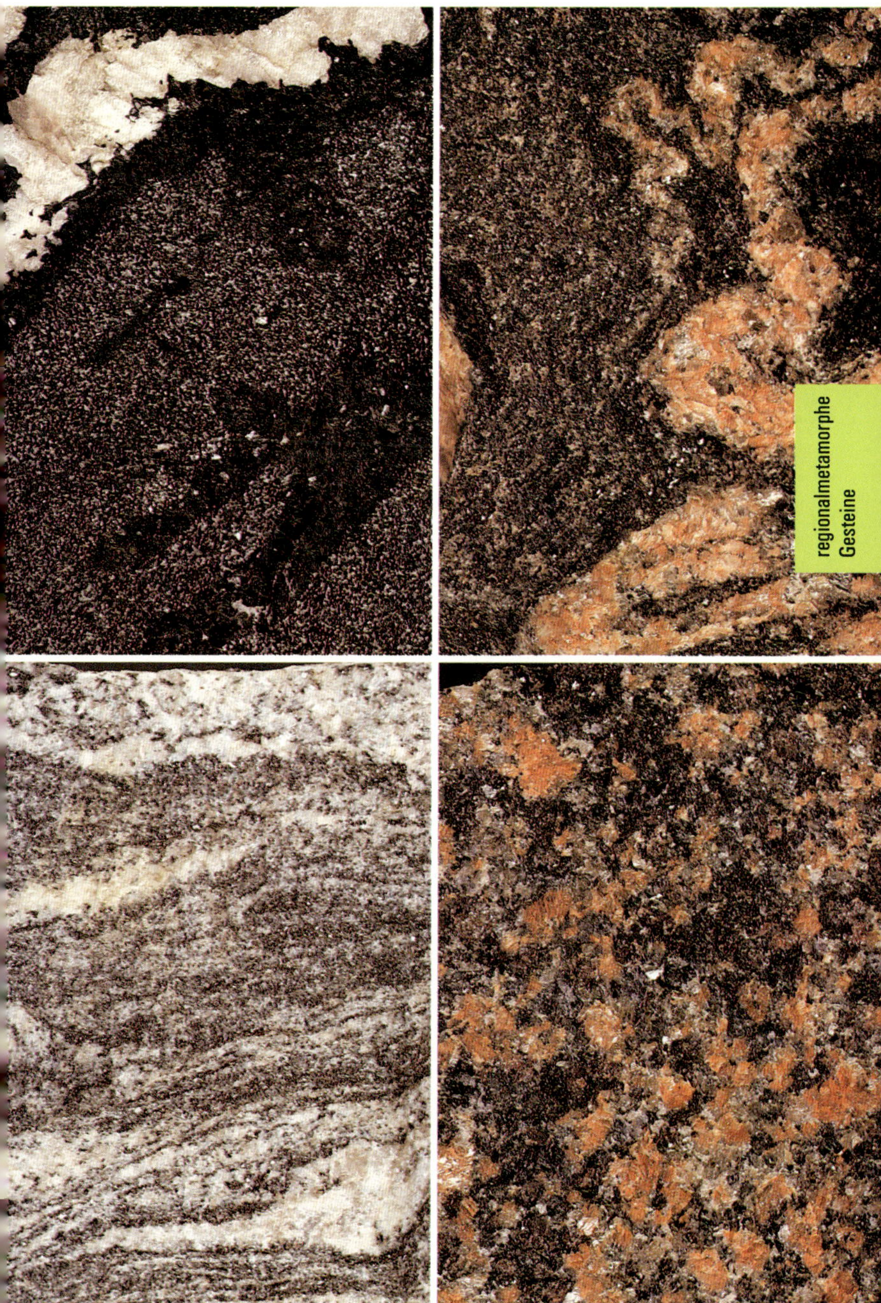
regionalmetamorphe
Gesteine

Karpholith-Chloritoid-Schiefer

Ausgangsgestein: Eisen- und Aluminium-reiche, sandig-tonige Sedimente (Pelite/Psammite).

Metamorphosebedingungen: Blauschieferfazies bzw. Hochdruckstufe des sehr niedrigen Metamorphosegrads nach WINKLER.

Mineralbestand: Magnesium-reicher Karpholith $(Mg,Fe^{2+},Mn^{2+})Al_2[(OH)_4Si_2O_6]$, Chloritoid (vgl. S. 212), Quarz, Hellglimmer, Chlorit. Während Eisen- und Mangan-reiche Karpholithe und Chloritoide sich auch bei der Regionalmetamorphose bilden können, findet man die Magnesium-reicheren Beispiele nur bei der Hochdruckmetamorphose. Makroskopisch ist der hohe Magnesiumgehalt am ehesten bei den Karpholithen zu erkennen. Magnesiumkarpholithe sind hellgrün bis schneeweiß, wenn vollkommen eisenfrei.

Merkmale: Typischer Phyllit bzw. feinschuppiger Schiefer. Chloritoid bildet dunkelgrüne bis schwarze, eingeregelte, tafelige Kristalle. Karpholith bildet eher langprismatische Kristalle, die zwar in der Schieferungsfläche eingeregelt sind, aber strahlige Garben und Rosetten bilden können.

Vorkommen: Klassische Fundorte auf Kreta, in den Westalpen, Kalabrien.

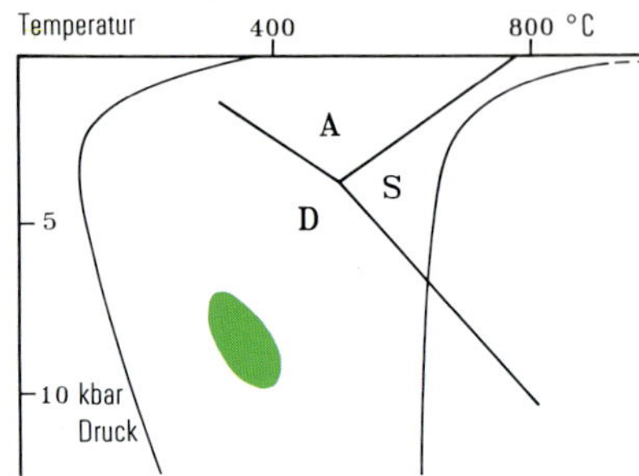

Karpholith-Chloritoid-Schiefer. Karpholith ist im Gesteinsverband erkennbar als glänzende, dunkelgrau-bräunliche, von Hämatit durchstäubte Garben. Kisamos/Kreta; 6 × 4 cm

Blauschiefer

Ausgangsgestein: Basische Plutonite und Vulkanite, besonders Gabbro und Basalt.

Metamorphosebedingungen: Blauschieferfazies bzw. Hochdruckstufe des sehr niedrigen Metamorphosegrades nach WINKLER.

Mineralbestand: Hauptsächlich blaue Alkaliamphibole, besonders Glaukophan, Crossit oder Riebeckit. Je nach Gesteinszusammensetzung und genauen Metamorphosebedingungen können eine ganze Reihe von weiteren wichtigen Mineralen auftreten: Lawsonit, Epidot, Calcit, Aragonit, Chlorit, Albit, Quarz, Hellglimmer, jadeitischer Pyroxen, Aktinolith, Granat, Karpholith, Chloritoid, Disthen, Talk, Pumpellyit, Stilpnomelan, Titanit. Nicht alle Minerale dieser Liste können im gleichen Gestein nebeneinander koexistieren. Die genauen Beziehungen sind äußerst komplex.

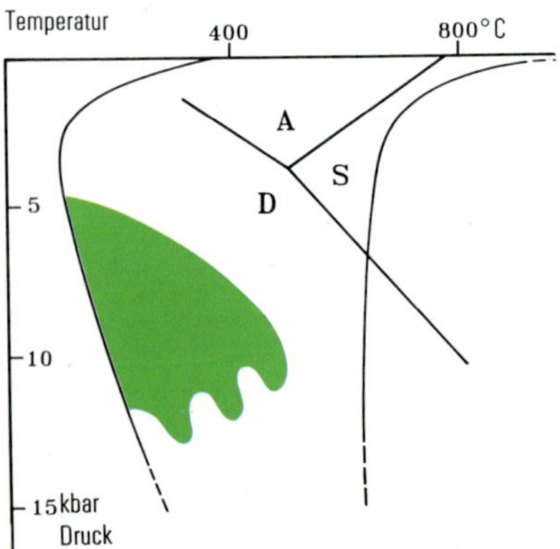

Riebeckit-Schiefer. Blauschiefer mit deutlich erkennbaren blauen Amphibolen, die hier in Lagen faseriger Aggregate zu finden sind. Die Längserstreckung der Einzelkristalle steht senkrecht zur Schieferung. Unten rechts eine Rosette aus dem Biotit-ähnlichen Mineral Stilpnomelan. Laytonville Quarry/Kalifornien/USA; 8 × 12 cm

Merkmale: Gewöhnlich tief- bis grünlich blaue, dickschiefrige bis massige Gesteine. Gefügemerkmale der Ausgangsgesteine, wie Kissenlaven (siehe S. 140), sind oft noch erkennbar. Viele Blauschiefer weisen eine deutliche Bänderung auf, die auf alternierende Lagen reich an Amphibol oder Epidot/Feldspat zurückzuführen ist. Die blauen Amphibole können, ganz analog zu den Grünschiefern und Epidot-Amphiboliten der Regionalmetamorphose (S. 216–218), feinfilzige, ungeregelte Aggregate bilden oder als größere langprismatische Kristalle radialstrahlig in der Ebene der Schieferung liegen. Bei ausgeprägter Verfältelung des Gesteins reihen sich solche Kristalle parallel zu den Faltenachsen auf. Wechsellagerungen von Grün- und Blauschiefer treten nicht selten im Dezimeterbereich auf. Die Deutung solcher Vorkommen kann auch für den Spezialisten problematisch sein. Zuweilen liegt die Erklärung in einer späteren Überprägung der Blauschiefer- in der Grünschieferfazies. Andererseits ist es denkbar, daß im Grenzbereich Grünschiefer-Blauschieferfazies geringe Unterschiede im Gesteinschemismus oder in der Gesteinsgasphase der benachbarten Gesteinslagen solche Wechsellagerungen hervorrufen können.

Historische Bedeutung: Schon sehr früh wurden Blauschiefer als Produkte spezieller Bildungsbedingungen erkannt, aber erst in den letzten Jahrzehnten wurde klar, daß es sich dabei um die Hochdruck-Tieftemperatur-Bedingungen von Subduktionszonen handelt. Die wissenschaftliche Erforschung der Blauschiefer ist sehr eng mit der Entwicklung der Theorie der globalen Plattentektonik verbunden, welche bei den Erdwissenschaften eine Revolution hervorgerufen hat.

Vorkommen: Westalpen, Korsika, Kalabrien, Spitzbergen, Ile de Groix/Frankreich, Ägäische Inseln, Anglesey/Großbritannien.

Name: Der Name Blauschiefer richtet sich offensichtlich nach der Eigenfarbe des darin enthaltenen Alkaliamphibols. Des öfteren wird auch die Bezeichnung Glaukophanschiefer benutzt, wenngleich die tatsächliche Zusammensetzung des Alkaliamphibols völlig unbekannt ist. Aber auch diese Bezeichnung spiegelt die auffällige Farbe des Minerals und des Gesteins wider, denn das griechische *glaucos* bedeutet der helle Glanz des Himmels, des Meeres oder des menschlichen Auges, während *phanos* das Adjektiv »leuchtend« beisteuert.

o. l.: Lawsonit-Chloritoid-Glaukophanschiefer. Blauschiefer bestehend aus einer Glaukophan/Granat-Matrix mit Porphyroblasten von idiomorphem Chloritoid (schwarz) und Lawsonit (weiß). Akzessorischer Pyrit links erkennbar. Lawsonit wird vom Rand her u. a. durch glänzende Hellglimmerschüppchen verdrängt.
St. Marcel/italienische Westalpen; 4 × 6 cm

o. r.: Granat-Glaukophan-Schiefer. Feinkörniges Gestein aus blauem Amphibol mit Granat-Porphyroblasten und grünlichen Hellglimmeraggregaten.
Île de Groix/Bretagne/Frankreich; 6 × 8 cm

u.: Granat-Glaukophan-Schiefer. Granat-Porphyroblasten und grünliche Hellglimmer/Aktinolith-Aggregate in einer feinkörnigen Matrix aus blauem Amphibol.
Samanà Halbinsel/Dominikanische Republik; 8 × 12 cm

Jadeit-Metagranitoid

Ausgangsgestein: Saure Plutonite (Granit bis Quarzdiorit).

Metamorphosebedingungen: Eklogitfazies bzw. Hochdruckstufe des sehr niedrigen bis niedrigen Metamorphosegrads nach WINKLER.

Mineralbestand: Das kritische Mineral dieses Gesteins ist der Pyroxen Jadeit, $NaAl[Si_2O_6]$. Nebenstehende Abbildung zeigt die Minimaltiefen, die nötig sind, damit sich Jadeit aus Albit nach folgender Gleichung bilden kann:

Albit → Jadeit + Quarz

$Na[AlSi_3O_8] \rightarrow NaAl[Si_2O_6] + SiO_2$

Neben Jadeit entsteht dabei auch Quarz. In dieser Reinheit ist Jadeit weiß. Haben Eisen, Magnesium und Calcium Zutritt beim Ablauf dieser Reaktion, kann sich auch bei etwas niedrigeren Drücken schon ein grüner Pyroxen bilden, der einen Mischkristall von Jadeit mit Diopsid ($CaMg[Si_2O_6]$) und Akmit ($NaFe^{3+}[Si_2O_6]$) darstellt. Solche Mischkristalle werden Chloromelanit (dunkelgrün) oder Omphacit (hellgrün) genannt. Omphacit ist besonders typisch für Eklogit (siehe S. 246). Die weiteren mit Jadeit koexistierenden Minerale der Metagranitoide kann man am besten bei der zeitlichen Entwicklung des Gesteinsgefüges verfolgen.

Gefügeentwicklung: Anhand der jeweils unterschiedlichen Stufen der metamorphen Überprägung kann man in den Jadeit-Metagranitoiden durch Vergleich von Handstück zu Handstück die zeitliche Abfolge der metamorphen Umwandlung erkennen. Die Plutonit-ähnlichsten Gesteine sind in Mineralogie, Farbe und Gefüge von normalen Graniten bis Quarzdioriten kaum zu unterscheiden. Sie müssen ohne bedeutende Deformation zu Tiefen von 40 km versenkt worden sein. Das Gestein besteht aus Kalifeldspat, Quarz, Apatit, Zirkon und Allanit. Der Plagioklas hat seine äußere Form zwar beibehalten, ist aber völlig umgewandelt worden, die Albitkomponente zu Jadeit und Quarz sowie die Anorthitkomponente zu Zoisit. Biotit geht in Granat und Hellglimmer über. Mit zunehmender Deformation entwickelt sich ein Orthogneisgefüge (vgl. S. 230). Durch die zunehmende Vermengung der Gesteinskomponenten bildet sich kein reiner Jadeit mehr, sondern grüner Pyroxen in fleckiger Ausbildung. Dieser prägt nun das Aussehen des Gesteins. Bei weiterer Entwicklung verschwindet Kalifeldspat. Beim Rücktransport des Gesteins zur Erdoberfläche kann es wiederum zu einer Rückreaktion von Pyroxen kommen. Es erscheinen dann Neubildungen von grünem Hellglimmer, blaßgrünem Biotit und Amphibolen (Glaukophan, Hornblende, Aktinolith).

Vorkommen: Gesteine dieser Art findet man hauptsächlich in den Westalpen, im Gebiet um Monte Mucrone bei Biella/Italien.

Praktische Bedeutung: In polierter Form als Fassadenplatten.

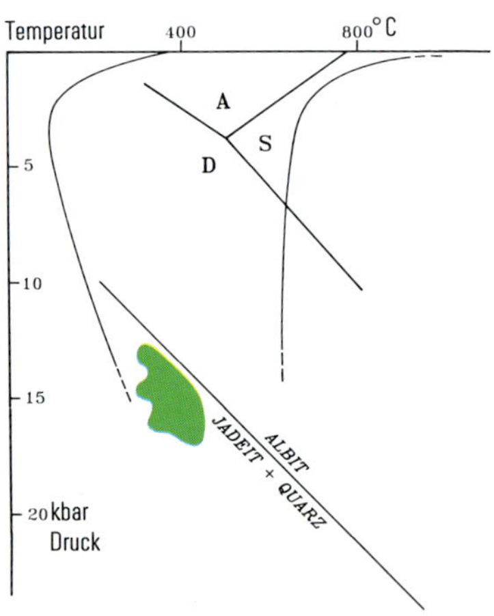

o.: Jadeit-Metagranitoid. Mittelkörniges Gestein mit hellgrünem, Jadeit-reichem Pyroxen und Glimmer in einer hellen Matrix aus Quarz und Kalifeldspat.
Aostatal/italienische Westalpen; 12 × 8 cm

u.: Jadeit-Metagranitoid (»Grüngneis«). Polierte Platte, als »Verde Oropa« im Handel.
Biella/Piemonte/Italien; 10 × 7 cm

Eklogit

Ausgangsgestein: Basische Plutonite und Vulkanite, besonders Gabbro bzw. Basalt.

Metamorphosebedingungen: Eklogitfazies bzw. Höchstdruckstufen aller Metamorphosegrade nach WINKLER. Auch als Gestein des oberen Mantels bekannt. Bei wasserarmen Bedingungen können Eklogite auch in der Blauschieferfazies, Grünschieferfazies oder Epidot-Amphibolit-Fazies auftreten.

Mineralbestand: Prinzipiell ein Gestein aus zwei Mineralien, nämlich Granat und Klinopyroxen. Die großen Temperaturschwankungen der Bildungsbedingungen finden im Chemismus dieser Minerale ihren Ausdruck. Bei Temperaturen unter ca. 500–600° C ist der Granat Almandin-reich und der Pyroxen ein Mischkristall aus gleichen Anteilen von Jadeit und Diopsid. Er wird Omphacit genannt (vgl. S. 244). Mit steigender Temperatur wird der Granat Pyrop-reicher, der Omphacit dagegen Jadeit-ärmer und entspricht schließlich einem Diopsid. Diese für die Petrologie wichtigen Änderungen sind makroskopisch in der Regel allerdings kaum wahrnehmbar. Als zusätzliche Minerale können auftreten: verschiedene Amphibole wie Glaukophan oder Hornblende, Hellglimmer, Disthen, Zoisit, Epidot, Calcit, Dolomit, Korund, Rutil, Pyrit. Plagioklas kann mit Omphacit nicht koexistieren.

Merkmale: Fein- bis grobkörniges, meist massiges Gestein. Zuweilen ist eine lagige Textur erkennbar, die zu einer gneisartigen Bänderung führt. Meist rot(Pyrop)-grün(Omphacit) gesprenkelt, kann aber durch zusätzliche Minerale verschiedenfarbig sein.

Vorkommen: Sehr verschieden. Im Gesteinsverband mit Gneisen des Grundgebirges (z. B. Münchberger Gneismasse in Bayern, Erzgebirge, Schwarzwald, auch Norwegen, Österreich, Frankreich), mit Blauschiefern jüngerer Gebirgszüge (z. B. Westalpen), als Lagen in ultrabasischen Gesteinen (z. B. Lac de Lherz, Pyrenäen/Frankreich) sowie als Auswürflinge in Kimberliten.

Name: VON LEONHARD (1823): »von griechisch *eklogae* (Auswahl) abgeleitet, dem Gestein durch Haüy beigelegt, in Beziehung auf die wesentlichen Gemengtheile . . .«

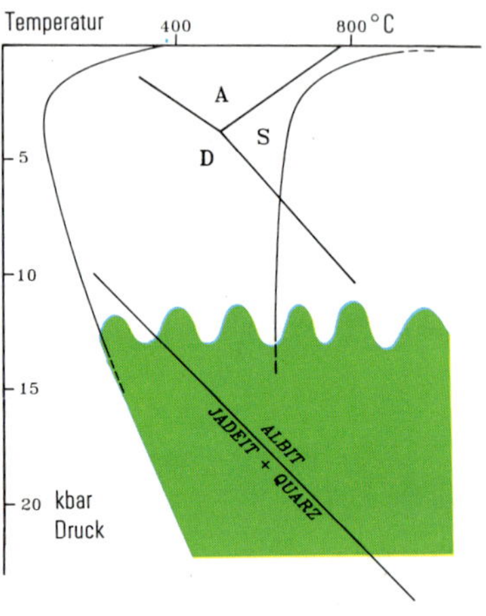

o. l.: Grobkörniger Eklogit. Spektakuläres Gestein aus cm-großen, unregelmäßigen, Pyrop-reichen Granaten in einer Matrix aus feinkörnigem, grünem Omphacit. Zwischen den beiden Mineralen sind dunkle Reaktionssäume ausgebildet.

La Compointrie, Nantes/Frankreich; 4 × 6 cm

o. r.: Eklogitisierter Gabbro. Überprägter Gabbro, in dem das Grobgefüge erhalten geblieben ist. Der ehemalige Plagioklas ist in ein feinkörniges Gemenge aus Zoisit, Disthen, Quarz und Jadeit übergegangen (weiße Flecken). Die magmatischen Pyroxene sind nun Omphacit (grün). Zwischen den grünen und weißen Partien haben sich dunkelrote Granatsäume gebildet (untere Bildhälfte). Außerdem kommt Granat in fleischroten, rundlichen Körpern vor.

Koralpe/Österreich; 6 × 8 cm

u.: Gebänderter Amphibol-Eklogit. Lagiger Metabasit aus rötlichem Pyrop-reichem Granat, hellgrünem Omphacit und dunkelgrüner bis schwarzer Hornblende.

Koralpe/Österreich; 24 × 16 cm

hochdruckmetamorphe
Gesteine

Pyrop–Coesit–Quarzit

Ausgangsgestein: Magnesium-reiches, sandig-toniges Sediment (Pelit/Psammit).

Metamorphosebedingungen: Erweiterte Eklogitfazies.

Mineralbestand: Fast reiner Pyrop-Granat mit Hellglimmer, Talk, Quarz, Disthen, Rutil, Zirkon, selten Pyroxen. Als Einschlüsse in den Granaten treten auf: Coesit, Disthen, Talk, Chlorit, Rutil, Zirkon, gelegentlich blauer Alkaliamphibol. Von besonderer Bedeutung ist hier der Fund eines auffallend violett gefärbten neuen Minerals (Erstbeschreibung 1985) mit dem Namen Ellenbergerit und der Formel $(Mg,Ti,Zr)_{\leq 2}Mg_6(Al,Mg)_6[(Si,P)_2Si_6O_{28}|(OH)_{10}]$.
Nach experimentellen Befunden sind Coesit und Ellenbergerit eindeutig Höchstdruckminerale. Sie zeigen, daß dieses bislang einzigartige Krustengestein in eine Tiefe von über 100 km verfrachtet worden ist.

Merkmale: Das Gestein ist ein sehr heller, homogener, gleichkörniger Quarzit mit schlecht eingeregeltem, grobschuppigem Hellglimmer, in dem z. T. idiomorphe Pyrop-Granate bis zu einigen Zentimetern Größe regelmäßig verteilt sind. Gelegentlich sind sehr Hellglimmer-reiche Nester anzutreffen, in denen faust- bis kopfgroße, idiomorphe Riesenpyrope eingebettet sind. Die Granate sind in der Regel weiß bis hellrosa, z. T. durch sekundäre Umwandlung grünlich. Die Nester sind lagig im Quarzit angeordnet, gemäß der Lagentextur des gesamten Gesteinskomplexes. In den kleineren Pyropkristallen wird u. a. Coesit gefunden, während Ellenbergerit als Einschluß in den großen Pyropen auftritt.

Bedeutung: Daß Coesit und Eklogit auf Versenkungstiefen von über 100 km hinweisen, wurde bereits erwähnt. Dazu stellt sich dann die Frage, wieso diese Höchstdruckminerale nur als Einschluß in Granat zu finden sind und in der Matrix des Gesteins fehlen. Die Antwort ist, daß Coesit und Ellenbergerit während des langen Weges zurück an die Erdoberfläche leicht wieder umgewandelt werden. Die Granate aber haben wie Druckbehälter und Trokkenkammern gewirkt und ihre Einschlüsse vor Druckentlastung und aggressiven Gasphasen geschützt. Daß sie z. T. an die Grenze ihrer Belastbarkeit gebracht wurden, bezeugen die im Gesteinsdünnschliff sichtbaren Sprengrisse um ehemalige Coesite, die zu Quarz zurücküberführt wurden, denn Quarz besitzt ein größeres Volumen. Entlang solcher Risse ist auch die sekundäre Umwandlung von Einschlüssen und vom Granat selbst am ehesten zu beobachten. Offensichtlich ist also das gesamte Quarz-reiche Gesteinspaket irgendwann Coesit-führend gewesen. Daß dies kein Einzelfall sein kann, haben inzwischen auch Coesit-Einschlüsse aus Norwegen, diesmal in Pyroxen, bewiesen. Hier bahnen sich sicherlich neue Entwicklungen in der Erforschung der Gesteinsmetamorphose an.

Vorkommen: Das beschriebene, bislang einmalige Gestein ist z. Z. nur aus dem Dora Maira Massiv in den Westalpen bekannt.

Pyrop-Coesit-Quarzit. Spektakuläres Hochdruckgestein mit fast reinem Pyrop-Granat (rosa) in weißer Matrix aus Quarz und Hellglimmer.

o.: Grober Pyrop-Einkristall mit idiomorphen Umrissen neben einer zweiten Generation von kleineren Pyrop-Kristallen in der Grundmasse. Die dunklen, kleinen Einschlüsse des großen Pyrops sind Ellenbergerit und Rutil.
14 × 10 cm

u.: Detailaufnahme. 4 × 3 cm
Dora Maira Massiv/Italienische Westalpen

Kontaktmetamorphe Gesteine

Eine Kontaktmetamorphose wird durch die Intrusion eines Magmas bzw. eines noch flüssigen Kristallbreis in einen Gesteinsverband ausgelöst. Dabei stellt sich das Nebengestein, soweit der Einfluß der Intrusion reicht, mineralogisch auf die veränderten Temperaturbedingungen ein. Es kommt in der Regel zu Kornwachstum, ohne die bei der Regionalmetamorphose übliche begleitende Deformation. Der veränderte Bereich wird als Kontakthof bezeichnet. Seine Größe hängt primär vom Volumen der Intrusion und von dem Temperaturunterschied zwischen Intrusion und Nebengestein ab und kann einige Zentimeter bis zu mehreren Kilometern betragen. Wird die Intrusion nicht ständig erneuert, was z. B. neben einem Vulkanschlot mit ständigem Durchfluß möglich wäre, so gilt die Faustregel, daß die Erwärmung des Nebengesteins am Kontakt in etwa die Hälfte des Temperaturunterschieds beträgt. Als Beispiel: Eine Granitintrusion von 750° C kann völlig unabhängig von ihrer Größe ein 450° C warmes Nebengestein nur bis zu 600° C aufheizen. Erfolgt die Intrusion oberflächennah, wo das Nebengestein z. B. nur 50° C warm ist, kann es nur bis zu 400° C erhitzt werden. Große Plutone können viele Hunderttausende von Jahren Wärmelieferant bleiben. Aufgrund ihrer höheren Schmelztemperaturen führen basische Intrusionen zu höheren Kontakttemperaturen. Sie sind jedoch meist kleiner dimensioniert, so daß die entsprechenden Kontakthöfe auch kleinere Ausmaße erreichen. Obwohl die Fazies der Kontaktmetamorphose nach den mineralogischen Änderungen in basischen Gesteinen benannt werden (vgl. S. 38), ist die Abfolge in Metapeliten/Metapsammiten makroskopisch aufschlußreicher. Auch Mergel und kieselige Marmore zeigen lehrreiche Kontakthofzonierungen. Diese sind jedoch aufgrund ihrer variablen H_2O/CO_2 Gasphase sehr komplex. Der allgemeine Charakter solcher Kalksilikatgesteine ist aus den Seiten 256–260 ersichtlich. Im übrigen sind, je nach Tiefe der Platznahme einer Intrusion, alle Übergänge zur Regionalmetamorphose möglich.

Eine stets recht schwierig zu beantwortende Frage ist das Ausmaß des stofflichen Austausches zwischen Pluton und Nebengestein. Im Folgenden werden nur umkristallisierte Gesteine beschrieben, bei denen der Chemismus des Gesteins relativ unverändert geblieben ist. In Kontaktnähe muß allerdings damit gerechnet werden, daß durch heiße Lösungen aus dem Pluton bestimmte Elemente herangeführt und andere weggelöst werden. Dieser Prozeß wird als Metasomatose und hier speziell als Kontaktmetasomatose bezeichnet. Das Ausmaß der Kontaktmetasomatose ist von Fall zu Fall recht unterschiedlich und hängt von vielen örtlichen Gegebenheiten ab.

o. l.: Andalusit-Knotenschiefer. Knoten aus unregelmäßig pigmentierten, neugewachsenen Andalusitkristallen in einem gebänderten, kontaktmetamorphen, tonigen Sandstein.
Boyndie Bay/Banff County/Schottland; 4× 6 cm

o. r.: Cordierit-Fruchtschiefer. Auswürfling des Laacher-See-Vulkans, der aus dem kontaktmetamorph veränderten Nebengestein der Magmenkammer stammt. Der schiefrige Charakter des Ausgangsgesteins ist am Querbruch deutlich zu erkennen. Die neugebildeten Getreidekorn-ähnlichen Cordieritblasten durchbrechen z. T. die Schieferung.
Eifel/BRD; 3× 4 cm

u.: Chiastolith-Knotenschiefer. Große, idiomorphe Andalusit-Einkristalle sind in einem dunkelgrauen, feinkörnigen, schiefrigen Gestein neu gesproßt. Die vierseitig begrenzten, rhombischen Querschnitte des Andalusits sind von dunklen, orientiert eingelagerten Einschlüssen durchsetzt (Chiastolith). Viele kleinere Knötchen sind auch in der Matrix erkennbar.
St. Brigitte, Bretagne/Frankreich; 25× 18 cm

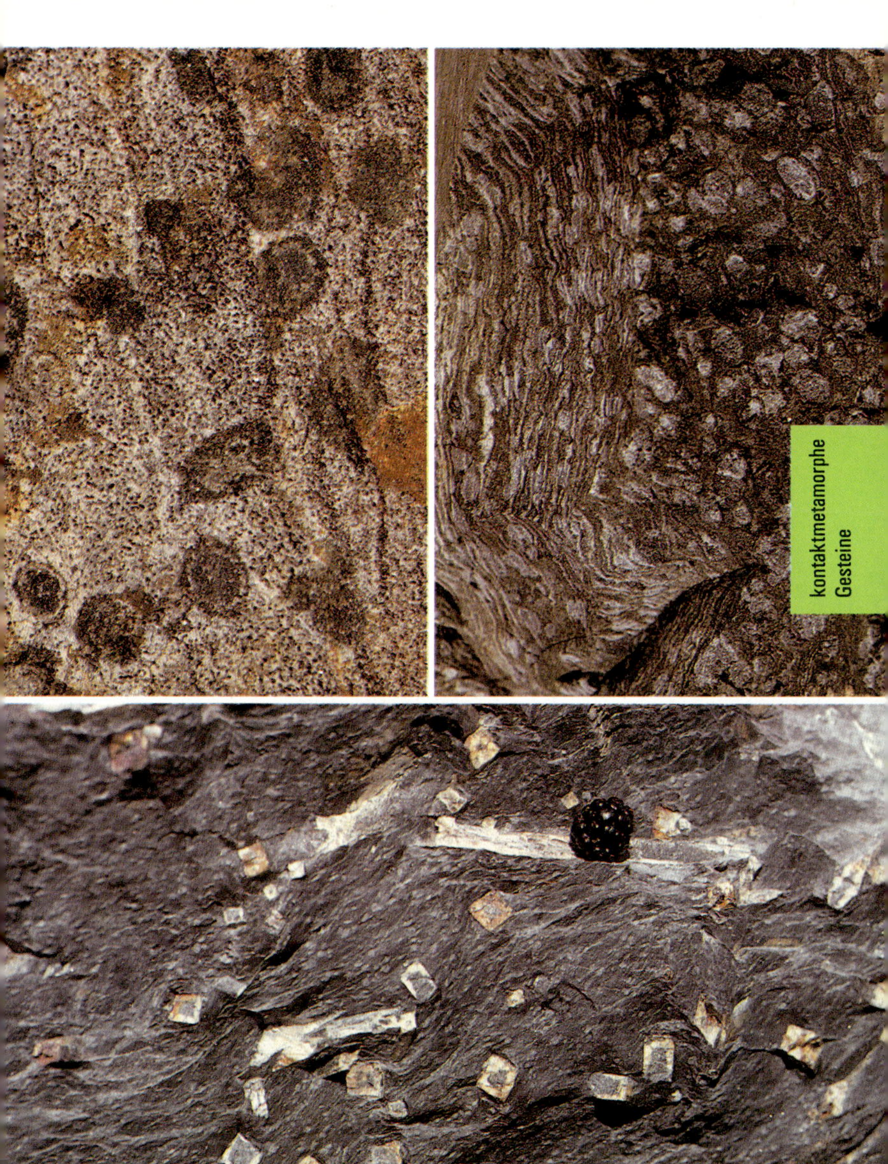
kontaktmetamorphe
Gesteine

Knotenschiefer: Als erste Anzeichen der Kontaktmetamorphose in Tonschiefer, meist bei Temperaturen um ca. 400° C, treten millimetergroße, elliptische bis rundliche dunkle Flekken und Knoten auf, die aus neu gesproßten Andalusitkristallen bestehen. Die dunkle Farbe geht auf feinste Graphitschüppchen zurück, die in den Porphyroblasten angereichert sind. Andalusit kann jedoch auch als schönste Chiastolithe wachsen. Bei ca. 500° C tritt dann auch Cordierit als knotenförmige oder sogar Getreidekorn-ähnliche Porphyroblasten auf. Hier wird oft die Bezeichnung Fruchtschiefer benutzt.

Hornfelse: Zwischen 600° C und 700° C wird Muskovit zugunsten von Kalifeldspat instabil. Dadurch verliert das Gestein seine Schiefrigkeit und nimmt das typische Hornfelsgefüge an. Quarz, Feldspat usw. bilden ein feinkörniges, massiges, richtungsloses Pflastergefüge. Das Gestein ist dicht und hart, mit einem matten, hornartigen Glanz auf frischen Bruchflächen. Dies ist das typische Aussehen vieler basischer Kontaktmetamorphite.

Der bekannte Beerbachit des Odenwaldes ist z. B. ein basischer Hornfels des Frankensteiner Gabbros, der aus Amphibolit entstanden ist. Das Gestein ist fein- bis kleinkörnig und besteht aus Plagioklas, Klinopyroxen, Orthopyroxen, Ilmenit und Magnetit.

Buchite: Bei Temperaturen oberhalb 800° C bis 900° C, nur am Kontakt basischer Intrusionen erreichbar, tritt eine weitgehende Aufschmelzung pelitischer Gesteinsanteile ein. Das Produkt ist oft ein verglaster Sandstein, der zu Ehren des berühmten Geologen Leopold VON BUCH (1774–1853) Buchit genannt wird. Dieses Gestein besteht aus gefritteten (d. h. zusammengebackenen) Sandsteinanteilen mit zerborstenen Quarzkörnern, die teilweise zu Tridymit umgewandelt wurden. Die tonige Grundmasse dieses ehemaligen Sediments ist zu einem braunen Glas aufgeschmolzen worden, in dem Kriställchen von Magnetit, Cordierit und Pyroxen recht häufig zu finden sind. Basalt-Jaspis ist eine gelegentlich benutzte Bezeichnung für splittrige, glasige Massen, die aus sehr tonreichen Gesteinen entstanden sind. Für solche Hochtemperatur-Kontaktmetamorphose ist auch der Begriff Pyrometamorphose geläufig. Sie ist am deutlichsten bei Basaltgängen oder bei Einschlüssen in Laven zu beobachten. Es können mitunter regelrechte »Paralaven« entstehen, d. h. Laven aus aufgeschmolzenem Sediment. Ein klassisches Beispiel ist das Kohlefeld von Bokaro in Indien, wo brennende Kohleflöze am Nebengestein eine derartige Pyrometamorphose verursacht haben.

Vorkommen: Weltweit verbreitet. Klassische Beispiele sind das Stavanger Gebiet in Südwest-Norwegen oder das Orijärwi-Gebiet in Südfinnland, wo um die Jahrhundertwende die berühmten Petrographen GOLDSCHMIDT und ESKOLA den Grundstein für die moderne Gesteinskunde der Metamorphite gelegt haben. Weitere interessante Vorkommen in Europa findet man in den Vogesen/Frankreich, in Schottland, in den Laacher See Auswürflingen und in den Basaltschloten des Buntsandsteins in der Kasseler Gegend.

Praktische Bedeutung: Hornfelse finden gelegentlich Verwendung als Straßenbaustoffe; Fruchtschiefer können als Sockel- und Verblendgesteine verarbeitet werden.

o.: Hornfels. Dichtes, schwarzes, scherbig brechendes Gestein in Kontaktnähe zur Intrusion. Greisenkollen/Norwegen; 10 × 7 cm

u.: Buchit. Verglaster Buntsandstein am Kontakt zum Förderschlot eines ehemaligen Basaltvulkans. Die Bänderung der sandigen Lagen ist noch erkennbar (oben und unten), während die tonreichen Lagen vollkommen aufgeschmolzen worden sind (dunkle Lage Bildmitte). Blaue Kuppe, Eschwege/BRD; 10 × 7 cm

Greisen

Entstehung: Granitische Schmelzen können bei üblichen Bedingungen bis zu 10% Wasser lösen. Bei der Hauptkristallisationsphase eines Granitplutons scheiden sich aber überwiegend wasserfreie Silikate aus, so daß die Restflüssigkeit immer reicher an Wasser und weiteren leichtflüchtigen Gemengteilen wie Fluor, Chlor und Bor werden muß. Auch seltenere Elemente wie Lithium und Beryllium werden angereichert. Der Gasreichtum dieser Restschmelzen fördert grob- bis riesenkörniges Wachstum. Es entstehen die Pegmatite, für die ja Lithiumglimmer und Bor-haltiger Turmalin geradezu charakteristisch sind (s. S. 82). Schließlich bleibt nur noch eine wasserreiche, hauptsächlich mit Fluor, Chlor und Bor angereicherte, 400–500° C heiße Lösung übrig, die nun wie eine aggressive Säure den Granit, die Pegmatite und auch das Nebengestein zersetzt und durch eine Vielzahl von neuen Mineralbildungen verdrängt. Der Fachausdruck für diesen Vorgang heißt Metasomatose (griechisch Verdrängung). Es sei daran erinnert, daß Fluor und Chlor zur Bildung von Fluß- bzw. Salzsäure führen. Der Gasdruck kann derart steigen, daß Spalten in dem umgebenden Gestein aufgerissen werden, um so Umwandlungen noch weiter zu fördern. Diesen späten Abschnitt der Granitkristallisation nennt man das pneumatolytische Stadium. Das so umgewandelte Gestein heißt Greisen. Greisenzonen können sich über Hunderte von Metern ausdehnen oder nur wenige Zentimeter von einer ehemaligen gasführenden Spalte ins Gestein hineinreichen.

Mineralbestand: Greisen bestehen aus viel Quarz und Hellglimmer (sowohl Muskovit als auch Lithiumglimmer), da die Feldspäte des ursprünglichen Gesteins völlig verdrängt worden sind. Hinzu treten wie vor allem das Fluorsilikat Topas, das Bor-haltige Silikat Turmalin, aber auch Fluorit, Apatit, sowie die Erze Zinnstein, Wolframit und Molybdänit.

Merkmale: Sehr variabel. Meist mittel- bis grobkörniges, massiges oder inhomogen gebändertes Gestein. Helle, gelbliche Farben herrschen vor, sofern die Vererzung untergeordnet ist. Topas und Turmalin sind oft parallel- bzw. radialstrahlig angeordnet.

Praktische Bedeutung: Greisen sind die wichtigsten primären Lagerstätten des Zinns und auch von großer Bedeutung als Quellen für die strategisch wichtigen Elemente Wolfram und Molybdän. Die wichtigsten (z. T. allerdings jetzt erschöpften) Vorkommen in Europa sind im Sächsisch-Böhmischen Erzgebirge, im englischen Cornwall, in Nordportugal und Nordwest-Spanien.

o.: Zinnstein-Greisen mit dunklem Zinnstein in Quarz-Hellglimmer-Matrix.
Uis Mine/SW-Afrika; 10 × 7 cm
u. l.: Greisen mit Pyknit (stengelig ausgebildete Varietät des gelben Topas), schwarzem Li-Glimmer (Zinnwaldit) und Quarz.
Altenberg, Erzgebirge/DDR; 6 × 8 cm

Propylit

Kühlen die unter Greisen beschriebenen pneumatolytischen Gase bis unter ca. 400° C ab, erreicht man das hydrothermale Stadium. Ein hier auftretender, wichtiger Prozeß ist die Propylitisierung, bei der besonders Plagioklase und dunkle Minerale verdrängt werden. Neu gebildet werden Gesteine mit Albit, Chlorit, Epidot, Calcit. Hinzu treten können Pyrit, Hämatit, Quarz, Kalifeldspat, Montmorillonit usw. Typische Propylite werden vorzugsweise aus Daciten und Andesiten gebildet. Bei anderen Gesteinen können bestimmte metasomatische Mineralarten hervortreten, so daß man eher von Albitisierung, Chloritisierung, Epidotisierung und Karbonatisierung spricht. Typisch für Propylite ist ihre hellgrüne Farbe (vgl. den epidotisierten Aplit, S. 89).

u. r.: Propylit, Varietät Unakit. Tektonisch zerbrochener, epidotisierter Granit mit Quarz, Orthoklas (rosa) und Epidot (grün) als Hauptminerale. Andrha Pradesh/Indien; 7 × 10 cm

metasomatische Gesteine

Fenit

Entstehung: Bei der Fenitisierung handelt es sich wie bei der auf Seite 254 beschriebenen Greisenbildung um Verdrängungen (Metasomatose), die durch die heißen pneumatolytischen Lösungen eines Intrusivkörpers hervorgerufen werden. Die so entstehenden Fenitisierungshöfe sind einige Meter bis zu mehrere Kilometer breit. Im Gegensatz zur Greisenbildung bei granitischer Intrusion handelt es sich hier aber um eine Natrium- und Kaliummetasomatose, deren Vielfältigkeit an Mineralbestand und -gefüge verwirrende Ausmaße erreichen kann. Der auslösende Plutonit ist ein basisches bis ultrabasisches Alkaligestein, seltener ein feldspatreiches Alkaligestein, wie Nephelinsyenit, oder ein Karbonatit.

Beispiel: WIMMENAUER skizziert die Fenitabfolge von Sokli/Finnland von außen nach innen wie folgt: 1. Nebengestein; ein überwiegend granitischer Orthogneis. 2. Feldspäte getrübt. Bildung von Ägirin und Alkaliamphibol in schmalen Adern. Ägirin auch feinfilzig an Quarz-Feldspat-Korngrenzen. Biotit teilweise zersetzt. 3. Gesteine reichlich durchadert und durchsetzt mit Ägirin und Alkaliamphibol. Quarz und getrübter Feldspat noch vorhanden, daneben neugebildeter Alkalifeldspat. Kataklastisches Gefüge des Gesteins (vgl. S. 268). 4. Keine Relikte des ursprünglichen Nebengesteins mehr vorhanden. Zunehmend größere Alkalifeldspäte mit filzigen Ägirinaggregaten zwischen den Kristallen sowie reichlich Alkaliamphibol, Phlogopit und Calcit. 5. Fenit-Sövit-Breccie. 6. Intrusivgestein aus Sövit. Weitere europäische Vorkommen im Fengebiet (Norwegen) und in Alnö (Schweden).

l.: Fenit-Karbonatit-Breccie.
Norsjö-See/S.-Norwegen; 10× 15 cm
r.: Fenit mit radialstrahligem, grünem Ägirin und fleischrotem Kalifeldspat.
Norra Kärr/Schweden; 7× 10 cm

Silikatmarmore/Kalksilikatgesteine

Entstehung: Zur Vereinfachung der Systematik werden hier alle Gesteinsarten zusammengefaßt, die eine kieselig-karbonatische Gesteinszusammensetzung aufweisen, unabhängig von ihrer Entstehungsart. Einerseits handelt es sich dabei um sedimentäre, unreine, kieselige Kalk- und Dolomitgesteine und Mergel, die bei der Kontakt-, Regional- oder Hochdruckmetamorphose überprägt worden sind. Andererseits können relativ reine Kalk- und Dolomitgesteine durch die pneumatolytische (s. S. 254) Einwirkung eines Magmas oder durch Stoffaustausch mit einem benachbarten silikatischen Gestein einer Metasomatose unterzogen werden. Hauptbeispiel für letztere Entstehung sind die nach einem alten schwedischen Bergmannsausdruck benannten Skarne. Die mineralischen Neubildungen sind insgesamt sehr ähnlich, wenn man davon absieht, daß bei Skarnen die Möglichkeit der Zufuhr von Fluor, Chlor, Bor, Schwefel und Schwermetallen durch die Pneumatolyse gegeben ist. Skarne können sich durchaus zu wertvollen Erzlagerstätten entwickeln.

Mineralbestand: Reine Karbonatgesteine führen bei Kontakt- bzw. Regionalmetamorphose unabhängig von den Metamorphosebedingungen zu Calcit- bzw. Dolomitmarmoren unterschiedlicher Korngrößen. Bei der Hochdruckmetamorphose kann es zur Bildung von Aragonitmarmoren kommen, aber die sehr schnelle

Schwachmetamorpher Metasandstein mit Kalksilikatlage.
Zwischen dem ursprünglich sandigen (oben) und dem ursprünglich kalkigen Sediment (unten) hat sich während der Metamorphose ein ca. 1 cm dicker Reaktionssaum von Kalksilikaten und geregelten Glimmerblasten gebildet. Man beachte die kleinen, rötlichen Granatkriställchen.
Invernesshire/Schottland; 10× 7 cm

metasomatische Gesteine

Rückreaktion von Aragonit zu Calcit läßt erwarten, daß in den meisten geologischen Situationen Aragonit nicht erhalten bleibt. Sind die Karbonatgesteine jedoch im ursprünglichen Sediment durch detritischen Quarz verunreinigt oder wird SiO_2 durch Metasomatose hinzugeführt, so können eine ganze Reihe von Mineralreaktionen ablaufen, die zu typischen Kalksilikatmineralien führen. Je nach Gesteinszusammensetzung und Metamorphosebedingungen sind eine Vielzahl von verschiedenen Gesteinen möglich, die von reinem Marmor über Silikatmarmor, mit nur geringem Anteil an Silikaten, bis hin zu Kalksilikatgesteinen führen.

Bei der Kontaktmetamorphose werden kieselige Kalksteine ohne Dolomitanteil zu Marmoren mit Wollastonit, $Ca_3[Si_3O_9]$, umgewandelt. Kommt Dolomit hinzu, so entstehen Marmore mit Calcit ($CaCO_3$), Talk ($Mg_3[(OH)_2|Si_4O_{10}]$), Tremolit ($Mg_7[(OH)_2|Si_8O_{22}]$), Forsterit ($Mg_2[SiO_4]$) und Diopsid ($CaMg[Si_2O_6]$). Mergelige Kalksteine, d. h. Karbonat mit Quarz **und** Tonmineralen, führen zu Marmor mit Zoisit ($Ca_2Al_3[O|OH|SiO_4|Si_2O_7]$), Grossular ($Ca_3Al_2[SiO_4]_3$), Anorthit ($Ca[Al_2Si_2O_8]$), Vesuvian ($Ca_{10}(Mg,Fe)_2Al_4[(OH)_4|(SiO_4)_5|(Si_2O_7)_2$, Phlogopit ($KMg_3[(F,OH)_2|AlSi_3O_{10}]$), etc. In vielen Kontakthöfen ist eine regelmäßige Zonierung dieser Mineralbildungen erkennbar. Es ist meist möglich, auf geologischen Karten Linien des ersten Auftretens eines bestimmten Minerals zu zeichnen, die konzentrisch um den Intrusivkörper liegen. Von außen nach innen ist die Abfolge dann wie folgt: Zuerst Talk und Tremolit, dann Diopsid, Forsterit und zuletzt Wollastonit. Werden Temperaturen erreicht, bei denen die pelitischen Gesteine bereits aufzuschmelzen beginnen, können eine ganze Reihe von seltenen Mineralen auftreten, die man sonst nur aus Zementklinkern und Hochofenschlacken kennt: Monticellit ($CaMg[SiO_4]$), Melilith ($(Ca,Na)_2(Mg,Al,Fe)[Si_2O_7]$), Larnit ($Ca_2[SiO_4]$), Rankinit ($Ca_3[Si_2O_7]$), Merwinit ($Ca_3Mg[SiO_4]_2$), Spurrit ($Ca_5[CO_3|(SiO_4)_2]$), Tilleyit ($Ca_5[(CO_3)_2|Si_2O_7]$).

Bei der Regionalmetamorphose entstehen prinzipiell Gesteine mit ähnlichem Mineralbestand und ähnlicher Zonierung mit aufsteigender Metamorphose, außer daß die Höchsttemperaturstufe mit Monticellit usw. in der Regel nicht zu erreichen ist. Die hier generell auftretende Durchbewegung kann zu einer ausgeprägteren Vermengung von karbonatischen und silikatischen Gesteinsanteilen führen, so daß die Gesteine etwas artenreicher sind. Ähnliches gilt für die Hochdruckmetamorphose, mit der hier besonderen Möglichkeit der Aragonitbildung. Zu betonen ist, daß bei allen Kalksilikatgesteinen der Mineralbestand nicht nur von Druck und Temperatur, sondern auch von dem CO_2/H_2O-Verhältnis in der Gesteinsgasphase abhängig ist. So läuft die Wollastonit-bildende Reaktion Calcit + Quarz gibt Wollastonit + CO_2 bei 2000 bar in einer wasserreichen Gasphase bereits bei 400° C ab, in einer reinen CO_2-Gasphase aber erst bei über 700° C. Es ist deshalb leicht verständlich, daß eine allgemeine Temperatur-Tiefe-Faziesklassifikation,

o. l.: Reaktionssaum bestehend aus faserigem Wollastonit (Bildmitte, weiß) zwischen grobkörnigem Quarz (rechts) und feinkörnigen, geschichteten Karbonatlagen (links).
Pargas/Finnland; 8× 12 cm

o. r.: Zuckerkörniger Dolomit-Marmor mit großen Kristallen von blaßgelbem Tremolit.
Tessin/Schweiz; 18× 24 cm

u. l.: Grün-brauner Andradit-Skarn aus der Dachregion einer Granitintrusion. Dieses metasomatische Kalksilikatgestein wird von Quarzgängen mit violettem Fluorit durchsetzt.
Drammen/Norwegen; 10× 15 cm

u. r.: Boudinierte Kalksilikatbänder (hellgelb) in braun angewitterten Quarz-Feldspat-Lagen. Gestreifte, symmetrische Reaktionssäume sind deutlich ausgebildet.
Fort William, Invernesshire/Schottland; 14× 20 cm

wie z. B. bei den pelitischen und basischen Gesteinen, hier kaum möglich ist.

Skarne treten bevorzugt im unmittelbaren Kontaktbereich eines Intrusivkörpers auf, können sich aber bis zu einige hundert Meter in das Nebengestein erstrecken. Im Kalkgestein treten auf: Grossular/Andradit-reicher Granat ($Ca_3(Al,Fe^{3+})_2[SiO_4]_3$), Diopsid/Hedenbergit-Pyroxen ($Ca(Mg,Fe^{2+})[Si_2O_6]$), Wollastonit, unterschiedliche Calcium-reiche Amphibole, Vesuvian, Epidot, Ilvait ($CaFe_2^{2+}Fe^{3+}[OH|O|Si_2O_7]$), Magnetit, Oxid- und Sulfiderze, Fluorit (CaF_2), Baryt ($BaSO_4$), Scheelit ($CaWO_4$), etc. Bei Dolomitgesteinen kommen hinzu Forsterit, Phlogopit, Humit ($Mg_7[(OH,F)_2|(SiO_4)_3]$), Serpentin, Spinell, Magnesit ($MgCO_3$). Es bilden sich oft regelrechte Erzlagerstätten mit massigem Magnetitgestein oder Wolframskarne mit Scheelit und Wolframit oder Blei-Zink-Skarne mit Bleiglanz und Zinkblende. Es handelt sich also um Zufuhr von Silizium, Eisen, Aluminium, z. T. Fluor, Chlor, Bor, Schwefel und Schwermetallen sowie Wegfuhr von CO_2 und teilweise Calcium.

Ophicalcite sind Calcit-Olivin- bzw. Calcit-Serpentin-Gesteine, die durch Zufuhr von Magnesium und Silizium entstanden sind. Sie sind nicht mit den Serpentin-Marmor-Breccien der Alpen zu verwechseln (vgl. S. 148).

Gefüge: Silikatmarmore ähneln im Aussehen den reinen Marmoren. Die Kalksilikatanteile können homogen, aber auch in Lagen und unregelmäßigen Aggregaten angereichert sein. Granat und Vesuvian bilden typische, oft zentimetergroße idiomorphe Kristalle, während Tremolit, Wollastonit und Zoisit eher zu wirrstrahligen Büscheln neigen. Ein plattiges, gebändertes Aussehen ist häufig. Kalksilikatgesteine neigen eher zu granoblastischem, ungeregeltem Gefüge ohne Schiefrigkeit, so daß die Begriffe Kalksilikatfels und -gneis oft angebracht sind. Sie sind teils feinkörnig und massig, teils grobkristallin, stets hart und zäh. Die Farbe kann hell sein, mit grauen, grünlichen oder bräunlichen Farbtönen. Treten eisenhaltige Minerale auf, so herrschen dunklere grünliche bis bräunliche Farben vor. Skarne sind in der Regel grobkristallin und heterogen, lagig, fleckig oder streifig mit gelegentlich sehr feinkörnigen Partien. Sie sind oft granoblastisch, aber Minerale wie Amphibol, Epidot und Wollastonit bilden auch hier oft divergent-strahlige Büschel. Ophicalcite sind scheckig bis lagig im Millimeter- bis Zentimeterbereich.

Vorkommen: Weit verbreitet. Kontaktaureolen mit Zonenabfolgen von Kalksilikatfels sind um viele Intrusivkörper bekannt, z. B. Monzoni/Italien und Ballachulish/Schottland. Regionalmetamorphe Kalksilikatgesteine und Silikatmarmore sind aus den Zentralalpen und dem Bayerischen Wald wohlbekannt. Skarne und Skarnerze sind im Präkambrium Mittelschwedens weit verbreitet und auch aus dem Erzgebirge und Banat/Rumänien bekannt.

o. l.: Grobkörniger, heller Marmor mit rundlichen Olivinkristallen, die sekundär zu grünlichbraunem Serpentin umgewandelt worden sind.
Loch Duich/Schottland; 4 × 6 cm

o. r.: »Eozoon bavaricum«.
Reaktionssäume reich an weitgehend serpentinisiertem Olivin trennen Quarz-Feldspat-Aplitgängchen von dem umgebenden Marmor. Diese charakteristischen Gebilde wurden 1866 von GÜMBEL fälschlicherweise als Reste organogener Gestaltungen gedeutet und »Eozoon bavaricum« genannt.
Jochenstein, Bayerischer Wald/BRD; 14 × 20 cm

u.: Besonders schöner Ophicalcit mit faserigem Serpentin-Asbest und dichten, dunkelgrünen Serpentinlagen in Marmor.
Andhra Pradesh/Indien; 10 × 7 cm

Anthophyllitfels

Entstehung: Obwohl metamorph überprägte, ultrabasische Gesteine sehr oft Anthophyllit ($(MgFe)_7[OH|Si_4O_{11}]_2$) aus der Gruppe der Amphibolminerale führen, kann ein reiner Anthophyllitfels nur unter Zufuhr von Silizium in einen Ultrabasit oder durch massive Einwanderung von Magnesium in einen üblichen Schiefer, Gneis oder Amphibolit entstehen. Solche Möglichkeiten sind unter anderem am Kontakt zwischen Ultrabasit und Nebengestein bei der Metamorphose gegeben. Diese oft dunkel gefärbten Zonen werden nach einem nordamerikanischen Bergmannsausdruck *blackwall* genannt. Anthophyllit-führende *blackwall*-Kontakte entstehen bei der Metamorphose in der Amphibolit- bzw. Granulitfazies.

Mineralbestand: Hauptsächlich Anthophyllit bzw. nah verwandte Amphibolvarietäten wie Cummingtonit oder Gedrit, aber Mischgesteine mit Chlorit, Aktinolith-Tremolit, Phlogopit oder Cordierit sind häufig.

Merkmale: Gesteine aus grobkörnigen, stengeligen, oft büschelig gruppierten, langprismatischen Kristallen, bis hin zu feinfilzigem, faserigem Amphibol-Asbest. Grau bis gelb- oder nelkenbraun, oft mit bronzefarbenem Schiller.

Praktische Bedeutung: Eine Asbestart von ähnlicher Bedeutung wie Chrysotil-Asbest (vgl. S. 216) für die Feuerfesttechnik sowie Isolationsmittel in der Wärme- und Kältetechnik. Neueste Erkenntnisse zeigen, daß Amphibol-Asbest wesentlich gesundheitsgefährdender ist als Chrysotil-Asbest. Weltweit beträgt die Produktion weniger als 10% aller Asbestarten.

l.: Stengeliges, monomineralisches Anthophyllit-Aggregat
Paakkilla/Finnland; 18 × 24 cm
r.: Blackwall-Gestein aus langprismatischem, bronzefarbenem Anthophyllit in Serpentinit.
Outokumpo/Finnland; 4 × 6 cm

Nephrit/Jade

Nephrite sind Amphibolfelse aus feinfilzigen Verwachsungen nadelig-faseriger Kristalle von Aktinolith ($Ca_2(MgFe^{2+})_5[OH|Si_4O_{11}]_2$). Sie sind mikrokristalline und völlig dicht erscheinende, massige, zähe Gesteine. Die Farbe ist lauchgrün bis grünlichgrau. Nephrit wird hier aufgeführt, weil er des öfteren in den Reaktionssäumen metamorph überprägter Ultrabasite (sog. *blackwall*-Zonen, vgl. Anthophyllitfels) zu finden ist, aber seine Entstehung ist durchaus vielschichtig. Das griechische Ursprungswort *nephros* bedeutet Niere. Nephrit ist also der sogenannte Nierenstein (aufgrund vermuteter Heilkräfte) und ursprünglich nur eine andere Bezeichnung für Jade.

Seit neuester Zeit weiß man, daß die Bezeichnung Jade eigentlich drei makroskopisch ähnlich aussehende Minerale umfaßt, nämlich Aktinolith (als Nephrit) und die Pyroxene Jadeit ($NaAl[Si_2O_6]$) und Chloromelanit. Letzterer ist ein komplexer Mischkristall mit Diopsid- ($CaMg[Si_2O_6]$) und Akmit-Komponente ($NaFe^{3+}[Si_2O_6]$) nebst Jadeit. Im Edelsteinhandel ist es dennoch üblich, alle drei Varietäten als »Jade« zu bezeichnen. Weitere Verwirrung entsteht z. T. durch unsachgemäße Bezeichnung von grünlichem Kalkstein als mexikanische Jade, von Vesuvian als amerikanische Jade oder von Serpentin als Korea-Jade.

Wegen ihrer Zähigkeit und Schleifbarkeit wurden Jadesteine, nebst ihren vermutlichen Heilkräften, auch als Waffen- und Schmuckrohlinge geschätzt. Die berühmtesten Nephrit/Jade-Vorkommen von Edelqualität stammen sicherlich aus Neuseeland, aber man kennt das Gestein u. a. aus dem ligurischen Apennin bei La Spezia, aus Harzburg und aus dem Frankenwald.

Jade
Radautal, Harz/BRD; 6 × 4 cm

Chloritfels

Die bei der Beschreibung des Talk-Aktinolith-Fels angesprochenen metasomatischen Austauschzonen um Serpentinit/Ultrabasit, auch *blackwall* genannt, bestehen zu einem großen Teil aus Chloritfels und schiefer, wenn die überprägende Metamorphose nicht zu hoch ist (höchstens niedrig temperierter Teil der Amphibolit-Fazies). Es handelt sich überwiegend um dunkelgrünen Chlorit in massiger bis schiefrig-blättrig-schuppiger Verwachsung mit unterschiedlichen Anteilen von Amphibol, Talk, Epidot, Magnetit und Karbonaten. Bei den Amphibolen kann es sich um Aktinolith-Tremolit ($(Ca_2(MgFe^{2+})_5[OH|Si_4O_{11}]_2)$, Anthophyllit ($(MgFe^{2+})_7[OH|Si_4O_{11}]_2$) oder eine chemisch wesentlich komplexere Hornblende handeln. Relativ reine Chloritschiefer können auch bei der Regionalmetamorphose in der Grünschiefer- bis Epidot-Amphibolit-Fazies vorkommen.
Chloritfels mit Hornblende.
Outokumpu/Finnland; 6 × 8 cm

Talk-Aktinolith-Fels

Theoretische Berechnungen von metasomatischen Stoffwanderungen zwischen Serpentinit und Metasediment sind für die besonders schön aufgeschlossenen, kugeligen Serpentinkörper der Insel Unst/Schottland durchgeführt worden. Die Kugeln weisen Durchmesser zwischen 30 cm und mehr als 7 m auf. Die ursprünglichen Serpentinit-Körper sind zu zonaren Gebilden übergegangen, die im Zentrum Reste von Serpentinit aufweisen; dann folgen Rinden von Talkfels, Aktinolithfels, Chloritfels und Phlogopitfels zum Nebengestein hin. Talk-Aktinolith-Fels entsteht beim Übergang zwischen Talk- und Aktinolith-Zone. Es wanderten Calcium, Aluminium, Silizium, Kalium in den Serpentinit hinein und Magnesium und H_2O aus dem Körper heraus. Je nach Metamorphose und Nebengestein können dabei *blackwall*-Typen unterschiedlicher Art entstehen.
Talk-Aktinolith-Fels.
Stubachtal, Pinzgau/Österreich; 6 × 8 cm

Speckstein/Steatit

Entstehung: Speckstein/Steatit ist eine Form von Talkgestein. Seine Entstehung in *blackwall*-Zonen ist bereits beim Gesteinstyp Talk-Aktinolith-Fels skizziert worden. Es gibt andererseits aber auch Vorkommen, die räumlich unabhängig von Serpentiniten und anderen Ultrabasiten zu sein scheinen. Hier handelt es sich offensichtlich um metasomatische Zufuhr von Magnesium und Silizium in regionalmetamorphe Calcit- und Dolomit-Marmore mit Verdrängung dieser.

Mineralbestand: Die mit *blackwall*-Zonen vergesellschafteten Talkgesteine, die aus Serpentinit hervorgehen, sind oft mit Amphibol (besonders Tremolit), Serpentin, Glimmer, Chlorit, Brucit, Karbonat, Quarz und Erzmineralen verunreinigt.

Merkmale: Speckstein/Steatit ist ein feinkörniges, dichtes, reines, fettig anzufühlendes Talkgestein. Bei Vergröberung des Gefüges wird Speckstein durch die schuppige, blättrige Form des Minerals zunehmend schiefriger. Man spricht dann von Talkfels oder Talkschiefer. Die Farbe kann weiß, grünlich, gelblich und z. T. rötlich sein.

Vorkommen: Europäische Talk-Metasomatite sind u. a. bekannt aus den östlichen Pyrenäen, aus Göpfersgrün/Fichtelgebirge, Zöblitz/Sachsen, Frankenstein/Schlesien, Zillertal/Tirol.

Praktische Bedeutung: Toilettenpuder, Papierfüllmasse, als feuerfeste Formkörper, Hochspannungsisolatoren, Töpfe (Topfstein).

Speckstein, Pseudomorphose nach Quarz. Durch die Metasomatose wurde Calcit-Marmor zunächst zu Dolomit-Marmor umgewandelt. Dabei sind in Hohlräumen Bergkristalle gewachsen. Die weiter anhaltende Metasomatose hat schließlich Dolomit und Quarz in feinkörnigen Speckstein umgewandelt, unter Erhaltung der Kristallform des Bergkristalls.
Göpfersgrün, Fichtelgebirge/BRD; 8 × 6 cm

metasomatische Gesteine

Magnesitgestein

Entstehung: Abgesehen von recht seltenen Vorkommen in regionalmetamorphen Abfolgen, entstehen Gesteine reich an Magnesit hauptsächlich durch metasomatische Verdrängung von Kalken und Dolomiten sowie durch die Zersetzung von Serpentinit, die durch Einwirkung CO_2-reicher Lösungen hervorgerufen wird. Bei der metasomatischen Verdrängung entsteht Magnesit direkt aus Dolomit oder, über die Zwischenstufe Dolomit, aus Calcit durch schrittweise Verdrängung des Calciums durch das in heißer Lösung herangeführte Magnesium. Bei der Zersetzung von Serpentinit entstehen Magnesium-angereicherte Lösungen, aus denen sich dann Magnesit in Klüften und Rissen des Gesteins wieder gelartig ausscheiden kann.

Merkmale: Charakteristisch ist das Mineral Magnesit ($Mg[CO_3]$), auch Bitterspat genannt. Bei der metasomatischen Verdrängung von Karbonaten bildet es sich in spätigen Aggregaten (Spat- oder Kristallmagnesit), oder als Kristalle mit einfacher rhomboedrischer Tracht im Gestein eingewachsen. Da letztere im Querschnitt piniensamenförmige Umrisse zeigen, werden sie *Pinolit-Magnesit* genannt. Die Spatmagnesit-Gesteine enthalten meist folgende weitere Minerale: Dolomit, Breunnerit (ein Magnesit, in dem ein Teil des Magnesiums durch Eisen ersetzt ist), Ankerit ($CaFe[CO_3]_2$), Talk, Quarz sowie z.T. Pyrit, Kupferkies und Fahlerz. Die Farbe ist weiß, gelb, braun, auch schwärzlich. Die berühmten Pinolit-Magnesite bestehen aus dicht gedrängten, kleinen, gelblich bis weißen Pinolien in einer schwarzen Grundmasse aus feinstkörnigem Magnesit, durchschwärmt von Filzen aus Chloritschüppchen und imprägniert mit graphitischem Staub. Beide Magnesitarten bilden unregelmäßige Verdrängungskörper in den ursprünglichen Karbonaten mit Längen und Mächtigkeiten von mehreren hundert Metern. Die Gesteine sind grobkristallin, lagig inhomogen, mit Hohlräumen.

Magnesit als Zersetzungsprodukt von Serpentiniten wird nach seinem Aussehen *dichter Magnesit* oder *Gelmagnesit* genannt. Obwohl ursprünglich von gelartiger Beschaffenheit, ist dieses Produkt nun durch nachträgliche Umlagerung mikrokristallin, selten sogar auch spätig. Es bildet meist derbe, dichte, schneeweiße bis gelblich weiße Adern und Gänge mit muscheligem Bruch in verwittertem und zersetztem Serpentinit. Gelmagnesit ist meist sehr reines Magnesium-Karbonat.

Vorkommen: Spatmagnesit-Vorkommen haben ihre größte Verbreitung in den Ostalpen Österreichs: Radenthein, Trieben, Oberdorf, Veitsch. Wichtige Vorkommen von Gelmagnesit in Schlesien, Mähren, Graubart/Steiermark, Piemont usw.

Praktische Bedeutung: Zur Herstellung von Feuerfestziegeln, zum Auskleiden von Hochöfen, Glasöfen usw. (Sinter-Magnesit) sowie zur Herstellung von feuerfesten Baumaterialien und Isoliermassen (kaustischer Magnesit). Das Metall Magnesium wird derzeit hauptsächlich aus Meerwasser und Rückständen der Kalium-Magnesium-Salzverarbeitung gewonnen.

o. l.: Pinolit-Magnesit (polierte Platte).
Radenthein/Österreich; 7 × 10 cm

o. r.: Gelmagnesit. Derber, weißer Magnesit verdrängt und füllt Hohlräume und Brüche eines stark brecciierten und zersetzten Ultrabasits.
Pristina/Jugoslawien; 7 × 10 cm

u.: Zersetzter Ultrabasit. Gestein aus Magnesit (gelblich, spätig, Bildmitte links), Serpentin-Mineralien (leuchtend gelb), Martit (durch Hämatit verdrängter Magnesit) sowie aus dem seltenen Sekundärmineral Hydrotalkit (derb, weiß).
Dypingsdal/Norwegen; 20 × 14 cm

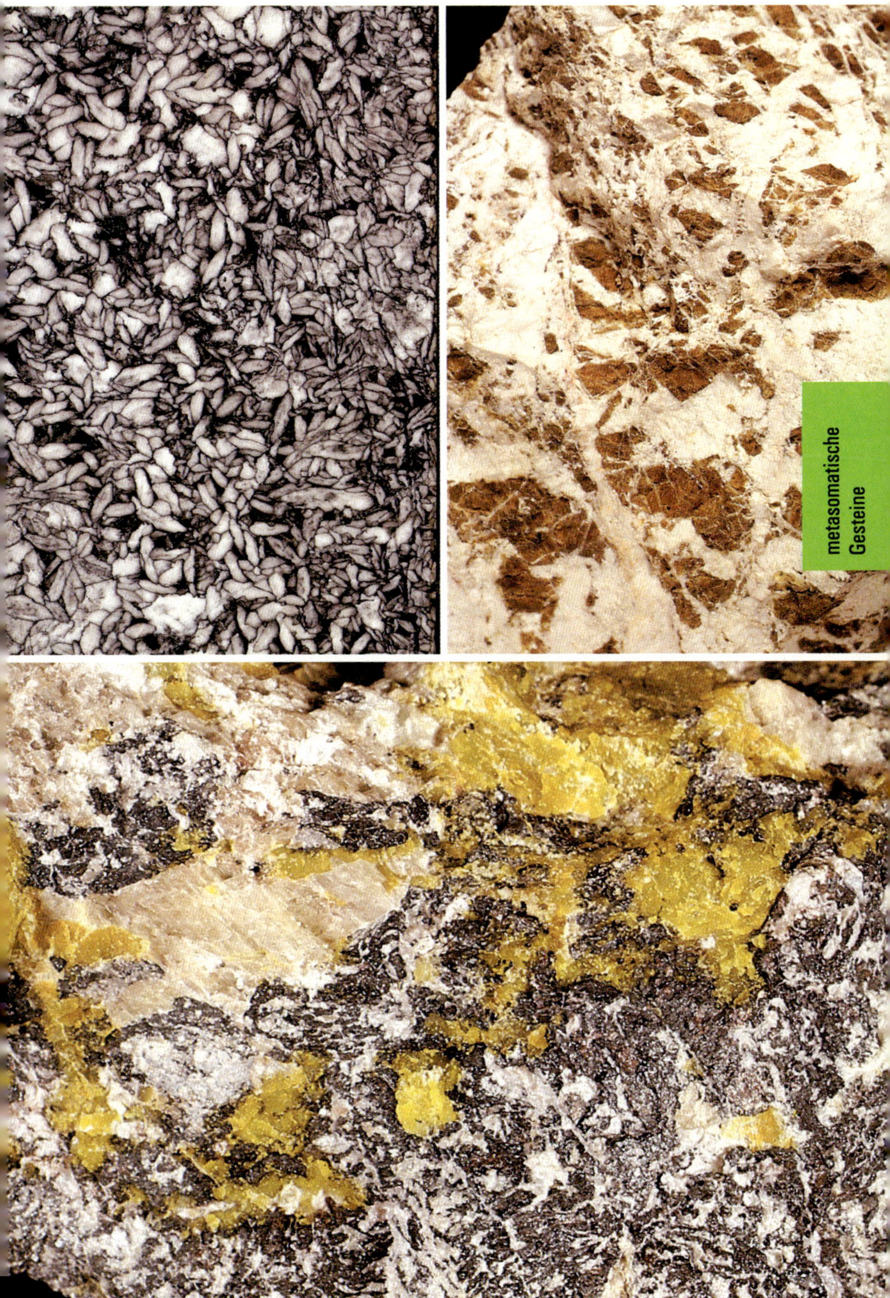
metasomatische
Gesteine

Kataklasit/Mylonit

Das Auftreten von unverfestigten tektonischen Breccien (Gesteinsfragmente im Zentimeter- bis Dezimeterbereich), Ruscheln (viele Gesteins- und Mineralfragmente im Millimeter- bis Zentimeterbereich) und Lettenklüften oder -zonen (mit überwiegendem Feinmaterial) ist entlang Störungszonen eine im Aufschluß häufig gemachte Beobachtung. Wird das Aussehen des Gesteins überwiegend durch Deformation geprägt, spricht man von einer Dynamometamorphose, deren Wirkung auf schmale Störungszonen begrenzt sein kann. Nachstehende Graphik zeigt, wie sich der Übergang zur üblichen Regionalmetamorphose vollzieht. Einerseits fördert zunehmende Deformationsgeschwindigkeit die Zermahlung und Zerkleinerung des Gesteins, während andererseits mit zunehmender Tiefe erhöhter Druck und steigende Temperatur das Wachstum von Mineralkörnern und die Vergröberung des Gesteinsgefüges mit sich ziehen. So lassen sich im Diagramm drei Hauptbereiche unterscheiden. Auf Skalenwerte wurde bewußt verzichtet, da viele Faktoren, wie z. B. die Tatsache, ob Wasser im Gestein vorhanden ist oder nicht, zu deutlichen Verschiebungen führen. Die **relative** Lage der drei Bereiche bleibt jedoch stets gleich. Als Anhaltspunkt sei erwähnt, daß z. B. an den Grenzen zwischen den Großplatten der Erdoberfläche, d. h. dort, wo die Gebirgsbildung primär stattfindet, Differenzgeschwindigkeiten von Zentimetern pro Jahr zu verzeichnen sind. Andererseits durchlaufen die Schockwellen eines Meteoriteneinschlags das betroffene Gestein in weniger als einer Sekunde. Die Metamorphose von Krustengesteinen spielt sich in Tiefen bis zu 50–60 km, manchmal auch bis zu 100 km ab.

Bereich des spröden Bruchs: Hier überwiegt die Deformation. Das Gestein wird zerbrochen und zermahlen, ohne daß eine Gefügeregelung entsteht. In diesem Bereich sind die oben genannten Breccien, Ruscheln und Lettenklüfte anzusiedeln. Mit zunehmender Tiefe gehen diese Lockergesteine in verfestigte, feinkörnige, dichte Kataklasite über, die nur noch wenige Fragmente >0,5 mm aufweisen. Diese werden als Porphyroklasten bezeichnet. Gelegentlich kann es nützlich sein, eine Grenze zwischen Mikrobreccien, bei denen Porphyroklasten noch mehr als 30 Vol.% des Gesteins betragen, und Kataklasiten im engeren Sinne zu ziehen, welche weniger als 30 Vol.% aufweisen. Kurzzeitig wirkende, starke Zermahlung kann genügend Reibungswärme erzeugen, um Aufschmelzen zu ermöglichen. Solches Gesteinsglas wird wegen seiner Ähnlichkeit zu Tachylit, einem basaltischen Glas, *Pseudotachylit* genannt. Es trägt dazu bei, Breccien und Kataklasite zu verfestigen.

o. l.: Suevit. Rückfallbreccie entstanden nach einem Einfall eines Großmeteoriten. Durch die enorme Energieentfaltung der Stoßwellenmetamorphose werden Deck- und Grundgebirge explosionsartig herausgeschleudert und fallen in die Kraterhohlform zurück. Die große Wärmeentwicklung führt zur Verdampfung und Aufschmelzung der Gesteinsfragmente, die, z. T. als blasig erstarrte Gläser, im Gestein eingebettet sind (schwarz, z. B. Bildmitte links).
Nördlinger Ries, Bayern/BRD; 8 × 12 cm

o. r.: »Shatter Cone«. In Massenkalk ausgebildeter Strahlenkegel. Die Spitzen der Kegel weisen exakt radialstrahlig zum Zentrum des explosionsartigen Ereignisses hin.
Steinheim, Bayern/BRD; 16 × 25 cm

u.: Pseudotachylit. Beispiel aus dem berühmtesten Vorkommen der Welt. Über Hunderte von Metern können meterdicke Pseudotachylitgänge beobachtet werden, in deren schwarzer Matrix mehr als kopfgroße Fragmente eingebettet sind. Farm Otavi, Vredefort Dom/RSA; 100 × 70 cm

Kataklasite/
Mylonite

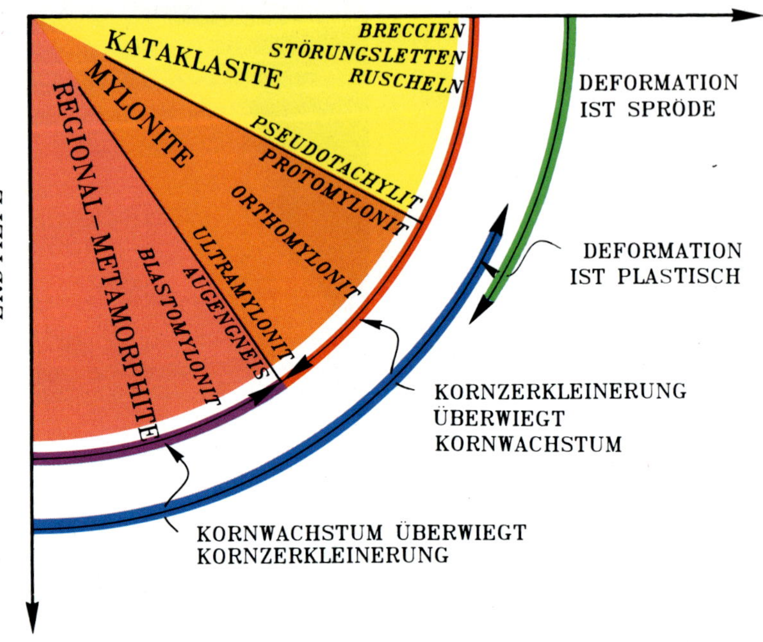

Systematik der Kataklasite und Mylonite.

Die eindrucksvollsten Beispiele hoher Deformationsgeschwindigkeiten entstehen bei der sogenannten Stoßwellenmetamorphose, d. h. wenn Meteoritenkörper aus dem Weltall mit hoher Geschwindigkeit auf die Erdoberfläche aufprallen. Ein klassisches Beispiel ist der Nördlinger-Ries-Krater in Bayern. Drücke von bis zu 1 Million bar werden in weniger als 1 Sekunde auf- und wieder abgebaut. Temperaturen von über 5000° C können im Kern der Aufprallzone entstehen und zur Verdampfung von Gestein führen. In dem gebildeten Auswurfkrater findet man sogenannte Suevite, glasreiche Breccien, hauptsächlich bestehend aus Fragmenten des kristallinen Grund- und Deckgebirges. Viele Minerale zeigen intrakristalline Deformation als Beweis höchster Deformationsbelastung. Typisch ist die Bildung der SiO_2-Hochdruckmodifikationen Coesit und Stishovit. Im Einwirkungsbereich der Stoßwellenmetamorphose treten *shatter cones* (Strahlenkegel) auf. Diese sind Gesteinspartien mit

o. l.: Kataklastisch überprägter Granit. Große Kalifeldspat-Porphyroblasten werden von Linsen und Strähnen aus stark zerkleinertem Quarz und Plagioklas (gleichfalls hell) sowie Biotit (dunkel) »umflossen«.
Rattenberg, Bayern/BRD; 8 × 12 cm

o. r.: Detailaufnahme eines Kalifeldspat-Porphyroklasten des Gesteins o. l. mit typischer, blockweiser Zerscherung.
Rattenberg, Bayern/BRD; 4 × 6 cm

u.: Mylonit (Mahlstein). Kataklastisches Gestein mit deutlicher Fließtextur, die augenförmig die verbliebenen Gesteinsfragmente (Porphyroklasten) umflasert. Quimper, Bretagne/Frankreich; 8 × 6 cm

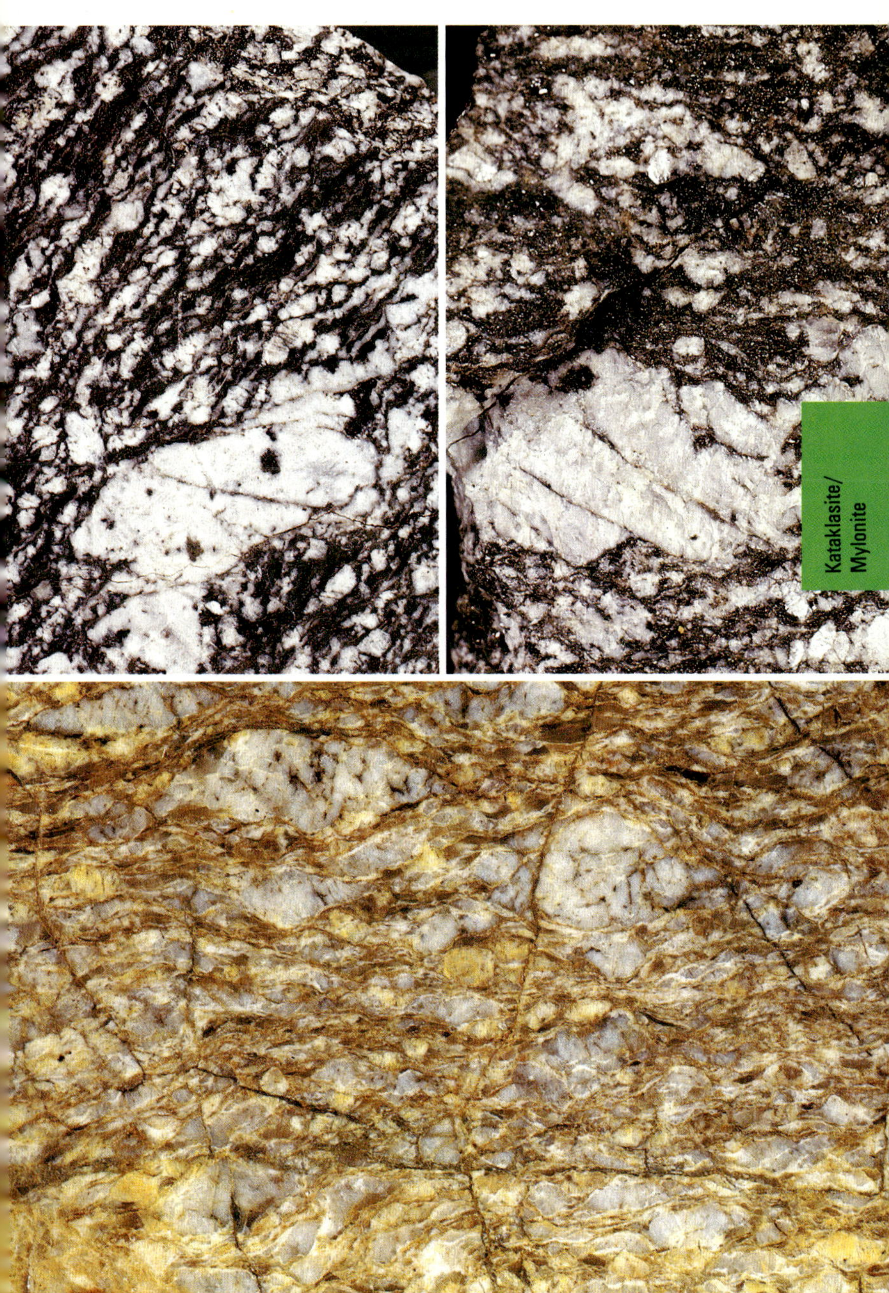

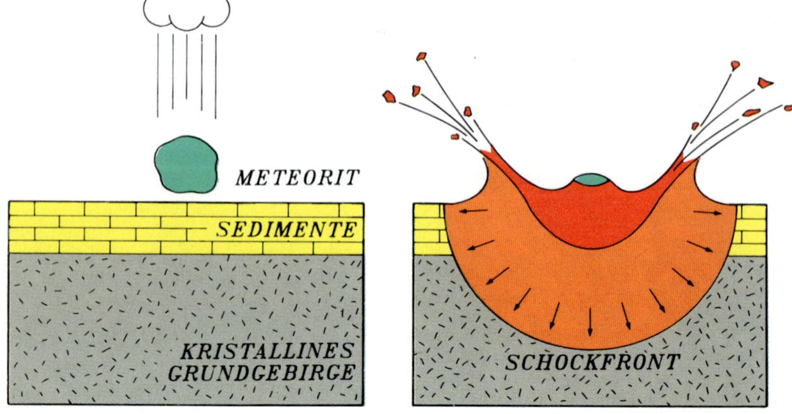

Schematische Darstellung der Entstehung eines Meteoritenkraters und seiner Auswurfprodukte.

gekrümmten, divergent strahligen Kluftflächen, die kegelartig angeordnet sind.

Bereich der plastischen Deformation: Hier treten die sogenannten Mylonite auf, d. h. feste, überwiegend feinkörnige bis dichte Gesteine mit deutlicher Parallel- bis Fließtextur, die durch plastische Verformung und gleichzeitige Rekristallisation in der Gesteinsmatrix entstanden sind. Nach Volumenanteil der Porphyroklasten werden unterschieden: Protomylonit (> 50%), Mylonit (10–50%) und Ultramylonit (< 10%). Die Paralleltextur ist anhand der Einregelung von Schichtsilikaten und langgestreckten Strähnen zerkleinerter Minerale erkennbar. Sie »umfließt« augenförmig die vorhandenen Porphyroklasten. Das meist deutlich lagige Gefüge geht auf Unterschiede in der Korngröße oder in der Mineralzusammensetzung zurück. Ultramylonite, bei denen einzelne Mineralkörper mit dem bloßen Auge kaum noch erkennbar sind, sind oft kaum von Chert oder feinkristallinen, sauren Vulkaniten zu unterscheiden. Hartschiefer sind Ultramylonite mit deutlich ebenflächiger Lagentextur. Hier ist durch Um- und Neukristallisation der Mineralkörner einer Kornbindung entstanden, die in ihrer Stärke dem Ausgangsgestein gleich ist.

Bereich der überwiegenden Um- und Neubildung: Mit weiter zunehmender Tiefe wird das Stadium erreicht, wo Rekristallisation und Mineralneubildung schneller ablaufen als die Prozesse der Kornzerkleinerung. Zunächst ändert sich das Gefüge kaum, obwohl die Mineralbestandteile insgesamt umkristallisiert sind und eine allgemeine Vergröberung der Matrix auf Korngrößen > 0,5 mm zu verzeichnen ist (Mylonitgneise, Augengneise). Mit zunehmender Rekristallisation entstehen dann Blastomylonite mit nur wenigen oder fehlenden Porphyroklasten. Schließlich wird eine Korngröße und ein Gefüge erreicht, das sich von dem der regionalmetamorphen Gesteine nicht mehr unterscheidet.

o.: Perlgneis. Für das Gefüge dieses granoblastischen Gesteins wird ein blastomylonitischer Werdegang angenommen. Im oberen Teil des Bildes ist noch eine Scholle des ursprünglichen Gneises zu erkennen, die zwar mylonitisiert, aber von dem Rekristallisationsvorgang nicht erfaßt wurde.
Deggendorf, Bayern/BRD; 25 × 16 cm

u.: Palit. Granodioritischer Blastomylonit mit Neubildung eines Kalifeldspat-Großkristalls, der vermutlich auf Kaliumzufuhr aus benachbarten Granitgängen zurückgeht.
Freyung, Bayern/BRD; 8 × 6 cm

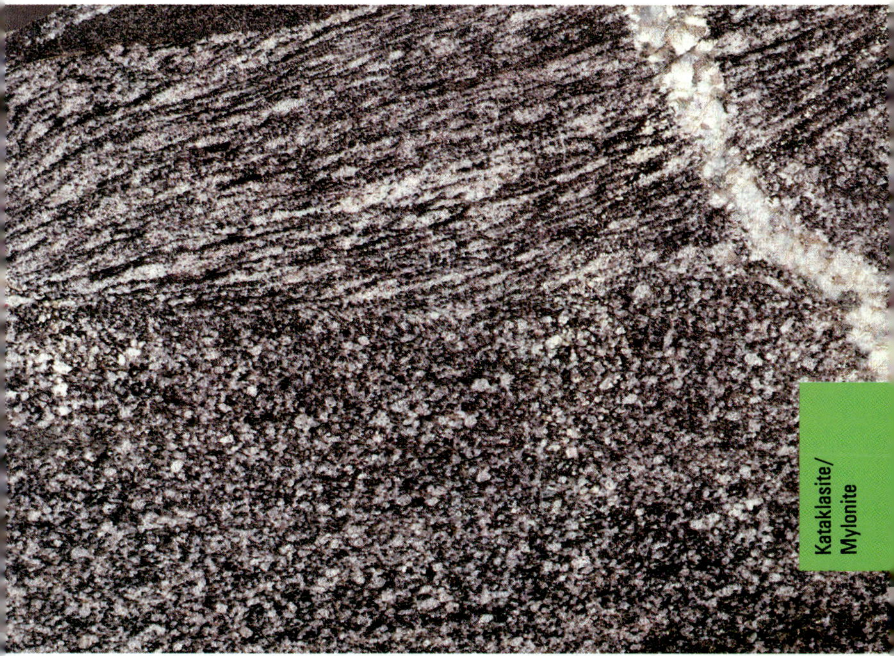

Wichtige gesteinsbildende Minerale

1. Metallisch glänzend:

Name Formel	Härte	Kristallsystem; Ausbildung	Weitere Kennzeichen	Vorkommen und Begleiter
Pyrit FeS_2	6	Kubisch; Würfel, Pentagondodekaeder	Speisgelb, durch Oxidation braun werdend, oft derb, körnig	Eingesprengt in fast allen Gesteinen, erzeugt bei Verwitterung Rostflecken
Magnetit $FeFe_2O_4$	5–6	Kubisch; Oktaeder	Eisenschwarz	In Eruptivgest. fast immer u. oft deren dunkle Farbe bedingend. Auch in Metamorphiten u. sandigen Sedimenten
Ilmenit $FeTiO_3$	6	Trigonal; dicht, tafelig, körnig	Eisenschwarz, oft pechartiger Glanz	In basischen Eruptivgesteinen
Hämatit Fe_2O_3	6	Trigonal; tafelig, derb, dicht	Schwarz-rötl. braun; feinschuppige Aggregate (= **Eisenglimmer**); nierig (= **roter Glaskopf**); dicht bis erdig (= **Roteisenstein**)	In kristallinen Schiefern, auf Laven, in sedimentären Lagern. Rotfärbender Bestandteil vieler Minerale und Gesteine (bes. von Sedimentiten)

2. Nichtmetallisch glänzend, stark gefärbt:

Farbe: rot, gelb, braungelb

Name Formel	Härte	Kristallsystem; Ausbildung	Weitere Kennzeichen	Vorkommen und Begleiter
Limonit $FeO(OH)$	1–5	Kolloidal; erdig, oolithisch	Gelb-braun; erdig (= **Ocker**); nierig (= **brauner Glaskopf**); dicht (= **Brauneisenerz**)	Verwitterungsprodukt eisenhaltiger Minerale, Gelb- u. Braunfärbung in Gesteinen bedingend

Farbe: rot, rötlich und rotbraun

Name Formel	Härte	Kristallsystem; Ausbildung	Weitere Kennzeichen	Vorkommen und Begleiter
Granat $A_3^{2+}A_2^{3+}[SiO_4]_3$	6–7	Kubisch; Rhombendodekaeder	Hellrot-braunrot; **Pyrop** (MgAl), **Almandin** (FeAl), **Grossular** (CaAl), **Spessartin** (MnAl), **Andradit** (CaFe).	Kontaktmineral. In metamorphen Gesteinen sehr häufig; in Eruptivgesteinen selten
Staurolith Al-Fe-Silikat	7	Rhombisch; säulig	Muscheliger Bruch; rotbraun; Kreuzzwillinge	Mit Disthen, Granat u. a. häufig in metamorphen Gesteinen

Farbe: grün, gelbgrün, braungrün bis schwarzgrün

Name Formel	Härte	Kristallsystem; Ausbildung	Weitere Kennzeichen	Vorkommen und Begleiter
Chlorit wasserhalt. Mg-Fe-Al-Silikat	1–2	Monoklin; schuppig, blättrig, erdig	Hell-dunkelgrün, gute Spaltbarkeit, im Gegensatz zu Glimmer nicht elastisch biegsam	In metamorphen Gesteinen, ferner Umwandlungsprodukt dunkler Minerale: Graugrün-Färbung bedingend
Serpentin $Mg_6[(OH)_8\|Si_4O_{10}]$	3–4	Dichte Aggregate, faserig **(Asbest)**	Grün, schwarz, gelb; zus. mit Magnetit und weißl. Karbonaten	Umwandlungsprodukt in Peridotiten (Olivin). Entsteht auch aus Hornbl. u. Augit
Aktinolith (Strahlstein-Hornblende) Mg-Fe-Ca-Silikat	5–6	Monoklin; stengelig, strahlig, faserig	Dunkelgrün-grasgrün. Prismatische Spaltbarkeit (124°)	In metamorphen Gesteinen

Name Formel	Härte	Kristallsystem; Ausbildung	Weitere Kennzeichen	Vorkommen und Begleiter
Diopsid $CaMg[Si_2O_6]$	5–6	Monoklin; kurzsäulig mit 8-seitig. Umriß	Farblos bis grün, pseudotetrag., hellgrüne Körner: **Omphacit**	In metam. Karbonatgestein. Omphacit mit Granat in Eklogit
Epidot Ca-Fe-Al-Silikat + (OH)	6–7	Monoklin; stengelig	Hell-dunkelgrün, Längsrichtung gestreift	Kontaktbildung u. hydrothermales Umwandlungsprodukt der Feldspäte
Olivin $(Mg,Fe)_2\,[SiO_4]$	6–7	Rhombisch; isometrische Körner	Gelbgrün, olivgrün. Oft umgewand. zu Serpentin u. Fe-Oxid	Gemengteil basischer Eruptivgest. Als Einsprenglinge oft verrostet

Farbe: blau, blaugrün

Disthen $AlAl[O\|\,SiO_4]$	4–7	Triklin; linealartig, faserig	Farblos bis blau. Großer Härteunterschied auf Spaltflächen	In kristallinen Schiefern oft zusammen mit Staurolith
Cordierit Mg-Fe-Al-Silikat	7	Rhombisch; körnig, meist undeutl. Kristalle	Hellblau-blaugrün, fettiger Glasglanz, Quarz- u. Nephelin-ähnlich	In manchen Graniten u. Gneisen, Umwandlg. zu Serizit (= **Pinit**); in Knotenschiefern

Farbe: schwarz, braunschwarz

Biotit K(Mg,Fe) $[(OH)_2\|\,AlSi_3O_{10}]$	2–3	Monoklin; 6-seitige Blättchen	Ausgezeichnete Spaltbarkeit; tief- od. braunschwarz; elastisch biegsam; hoher Glanz	In Magmatiten und Metamorphiten. Durch Verwitterung u. in Sedimenten oft rostig. Halbmetallisch glänzend: Katzengold!
Hornblende Mg-Fe-Ca-Al-Silikat	5–6	Monoklin; lang- u. kurzsäulig, 6-seitiger Querschnitt	Vollkommene prismat. Spaltbarkeit (124° Spaltwinkel), schwarz oder braunschwarz	In eruptiven und metamorphen Gesteinen
Klinopyroxen $(Mg,Fe,Ca)_2$ $[Si_2O_6]$	6	Monoklin; kurzsäulig, 8-seitiger Querschnitt	Spaltbarkeit weniger vollkommen als Hornblende (87°), pechschwarz	In basischen Eruptivgesteinen. In Effusiva und Tuffen als gut ausgebildete Einsprenglinge
Orthopyroxen $(Mg,Fe)_2$ $[Si_2O_6]$	5–6	Rhombisch; körnig	Fe-arm: **Enstatit,** Mittelglied: **Bronzit** (braun, bronzeartiger Schiller), Fe-reich: **Hypersthen** (dunkelbraun kupferroter Schiller, prismat.spaltbar	In Gabbros und Peridotiten. Serpentinisierung zu weicherem, messingglänzendem **Bastit** (Schillerspat)

3. Nichtmetallisch glänzend, farblos bis leicht gefärbt

Kaolin $Al_4[(OH)_8\|Si_4O_{10}]$	1	Erdig, schuppig	Weiß, grau, rötlich. Entstanden aus Feldsp. durch hydroth. Zersetzung, auch Verwitterung	In Sedimentiten. In Verwitterungshorizonten von Graniten
Gips $Ca[SO_4]$ $\times 2\,H_2O$	2	Monoklin; dicht, spätig, faserig	Vollkommene Spaltbarkeit. Perlmuttglanz; warm anzufassen, dichte Abart: **Alabaster**	Auf Steinsalzlagern mit Anhydrit. Auch Konkretionen im Ton
Halit (Steinsalz) NaCl	2	Kubisch; Würfel, körnig	Vollk.würfelige Spaltbark. Glasglanz. Salzig schmeckend. Farblos, auch gelb u. rot	Marine Ablagerung mit Ton, Gips, Anhydrit u. Kalisalzen. Wüstenausblühung und Vulkansublimation

Name Formel	Härte	Kristallsystem; Ausbildung	Weitere Kennzeichen	Vorkommen und Begleiter
Muskovit $KAl_2[(OH)_2\|AlSi_3O_{10}]$	2–3	Monoklin; blättrig, schuppig	Silberweiß, gelblich, grünlich. Elastisch biegsam. Feinschuppige Ausbildg.: **Serizit**	In Graniten, Pegmatiten, Gneisen u. Glimmerschiefern. In klastischen Sedimentiten
Calcit (Kalkspat) $Ca[CO_3]$	3	Trigonal; spätig, körnig, stengelig, dicht	Vollk. Spaltbark. nach Rhomboeder.	In Mamor, Kalkstein und Kreide. In Drusen u. Klüften. Auf Mineral- u. Erzgängen
Anhydrit $Ca[SO_4]$	3–4	Rhombisch; spätig, körnig	Farblos, bläulich oder bläulichgrau	Neben Gips u. Steinsalz. H_2O-Aufnahme zu Gips
Dolomit $MgCa[CO_3]_2$	3–4	Trigonal; zuckerkörnig, dicht	Farblos, meist gelbbraun. Rhomboedr. Spaltbarkeit	Sedimentäre oder metasomat. Lagerstätten. In Chlorit- u. Kalkschiefern
Magnesit $Mg[CO_3]$	4	Trigonal; dicht, erdig knollig	Weiß, gelb, grau, schwärzlich. Rhomboedrische Spaltbarkeit	Kristalle in Talk- u. Chloritschiefer. Dicht als Verwittg. in Serpentin, Kalkstein
Nephelin $Na[AlSiO_4]$	5–6	Hexagonal; säulig	Weißgelblich; Bruchflächen mit Fettglanz (quarzähnlich)	Einsprengling in Ergußgesteinen. In Tiefengesteinen (Elaeolithsyenit)
Leucit $K[AlSi_2O_6]$	6	Tetragonal, pseudokubisch; Ikositetraeder	Glas-Fettglanz; weißlich, grau, rötlich. 8-eck. Querschnitt	Einsprenglinge in Ergußgesteinen und Tuffen
Kalifeldspat $K[AlSi_3O_8]$ **Orthoklas** **Sanidin** **Mikroklin**	6	Monoklin, triklin; tafelig, leistenförmig	Vollk. Spaltbarkeit nach 2 aufeinander senkrecht stehenden Flächen. Glasglanz, Zwillinge nach Karlsbader Gesetz. Weißrötlich. **Sanidin** glasig bis grau-gelb	In Eruptivgesteinen, Gneisen u. Sedimentiten. Als **Sanidin** in Trachyten u. Phonolithen. Verwittert zu Muskovit und Kaolin. **Mikroklin** fehlt in jungen Ergußgesteinen
Plagioklas Mischreihe aus **Albit** $Na[AlSi_3O_8]$ und **Anorthit** $Ca[Al_2Si_2O_8]$	6	Triklin; leistenförmig	Glasglanz, Perlmuttglanz, z. T. metall. Schiller (Labradorit). Polysynthetische Zwillingsbildung mit Streifung auf den Spaltflächen (Albitgesetz). Weiß, grünlich	In Eruptivgesteinen und metamorphen Gesteinen weit verbreitet; in den Sedimentgesteinen zumeist schon umgewandelt
Quarz SiO_2	7	Trigonal; oberhalb 573° C: hexagonal	Fettglanz auf muscheligen Bruchflächen, sonst Glasglanz. Farblos, rauchschwarz, violett, durch Eisen gelb, rot, braun- = **Eisenkiesel**	Wesentlicher Bestandteil vieler Magmatite und mancher Sedimentite, Gneise u. a. Metamorphite.
Sillimanit $AlAl[O\|SiO_4]$	6–7	Rhombisch; faserig bis stengelig	Weiße bis gelblich graue Nadeln. Manchmal seidiger Glanz	In regionalmetamorphen Gesteinen: Gneis, Glimmerschiefer u. deren Quarzadern, Granulit, Eklogit
Andalusit $AlAl[O\|SiO_4]$	7–8	Rhombisch; quadratische Säulen	Meist undurchsichtig, matt, rötlich, oft oberflächlich in Muskovit umgewandelt	Typisches Kontaktmineral. In kontaktmetamorph. Tonschiefern als **Chiastolith** mit kohligen Pigmenten

Bestimmungshilfen

Einleitung: Es gibt kein Wundermittel, das dem Anfänger eine problemlose und stets fehlerfreie Bestimmung und Benennung von Gesteinen ermöglicht. Auch der Fachmann, der auf seine Erfahrungen bezüglich der geologischen Verbandsverhältnisse und auf sein Wissen über die möglichen Entstehungsprozesse zurückgreifen kann, muß oft mit vorläufigen Geländebezeichnungen vorlieb nehmen, bis Laboruntersuchungen Klarheit bringen. Dennoch sind mit etwas Übung die meisten verbreiteten Gesteine im Handstück erkennbar. Zu diesem Zweck eignen sich nur unverwitterte Handstücke!

Folgende Bestimmungshilfen richten sich nach augenfälligen Gefügemerkmalen und den üblichen einfachen Methoden der makroskopischen Mineralbestimmung (siehe S. 20 bis 30). Es handelt sich aber um kein starres Schema. Grenzfälle sollten in mehreren Richtungen der Flußdiagramme verfolgt werden.

Eine grobe Voreinteilung in Magmatite, Sedimentite und Metamorphite wird vorausgesetzt. Diese kann in den meisten Fällen bereits anhand der Art des geologischen Verbandes vorgenommen werden. Die drei Gesteinsgruppen im Überblick:

1. **Wichtige Merkmale der Magmatite** (S. 278–279)

Plutonite: Großräumige, weitgehend homogene Intrusivgesteine mit häufiger Kontakteinwirkung auf das Nebengestein; überwiegend richtungslos-körniges, massiges Gefüge, gelegentlich mit Fließtextur.

Vulkanite: Feinkörnig bis dicht, oft mit porphyrischer Struktur; die Einsprenglinge sind Feldspäte, Quarz, Nephelin, Leucit, Amphibol, Biotit, Pyroxen; Olivinknollen bei dunklen Varietäten; teils mit blasiger Textur und Glasanteilen.

Ganggesteine: Vermitteln zwischen den Plutoniten und den Vulkaniten; ungleichkörnig, porphyrisch, kleinere Intrusivkörper oder randliche Ausbildungen der Plutonite.

2. **Wichtige Merkmale der Sedimentite** (S. 280–281)

Hauptgefügemerkmal ist die Schichtung. Das Gestein kann locker oder verfestigt sein, wobei die Körner aus verschieden großen, eckigen bis gerundeten Mineral- und Gesteinsfragmenten bestehen können. Fossilien sind charakteristisch. Einige Vertreter sind brennbar, im Wasser löslich, und viele reagieren mit Salzsäure.

3. **Wichtige Merkmale der Metamorphite** (S. 282–283)

Hauptgefügemerkmale sind Schieferung, lagige Inhomogenität (Bänderung) und die Spuren der auf das Gestein einwirkenden Verformungskräfte: komplizierte plastische Verfaltung und Deformation, z.T. sprödes Zerbrechen. Ausnahmen sind die offensichtlich an die Kontakte magmatischer Intrusionen gebundenen fein- bis ungleichkörnigen Kontaktmetamorphite. Bestimmte Minerale sind charakteristisch für Metamorphite: Granat, Andalusit, Disthen, Sillimanit, Staurolith, Chloritoid, blaue Amphibole, Cordierit, usw. Sie treten oft als deutliche Großkristalle (Porphyroblasten) auf.

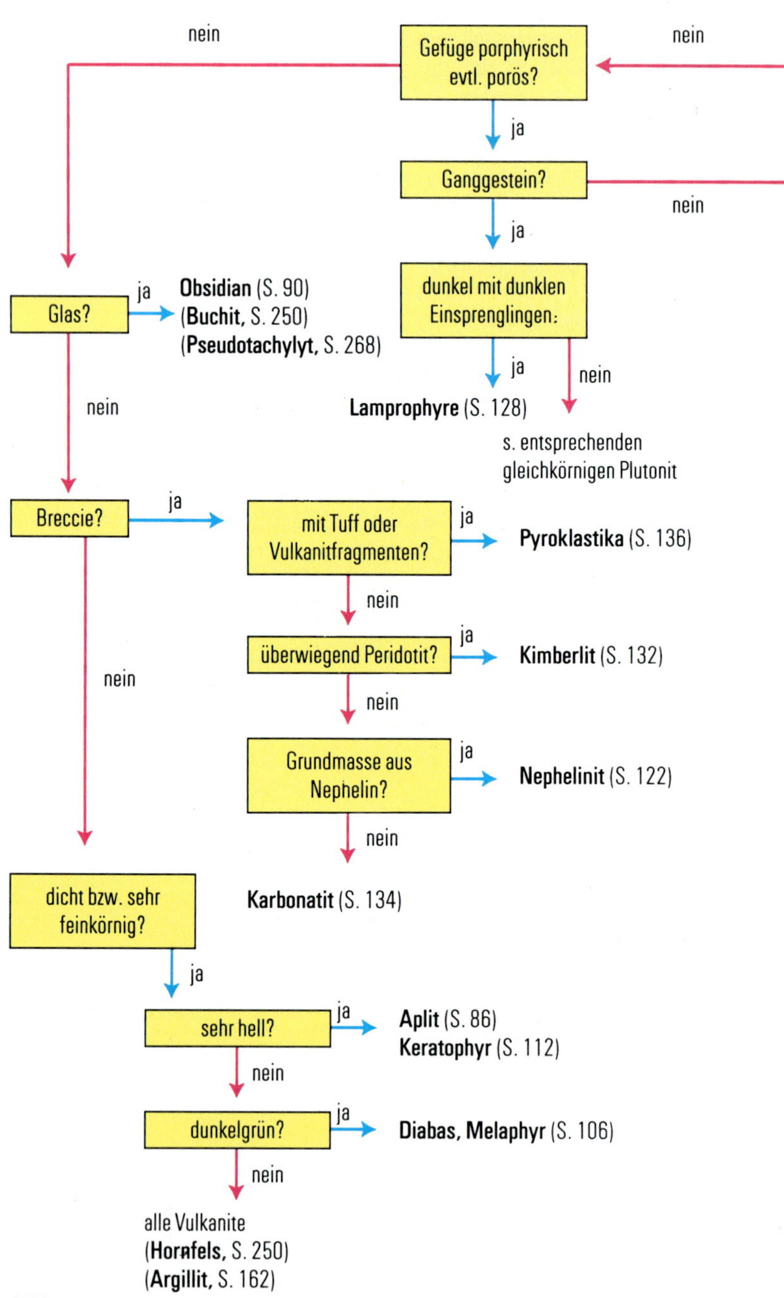
Gefüge porphyrisch evtl. porös?
nein
nein
ja
Ganggestein?
nein
ja
dunkel mit dunklen Einsprenglingen:
ja
nein
Lamprophyre (S. 128)
s. entsprechenden gleichkörnigen Plutonit
Glas?
ja
Obsidian (S. 90)
(Buchit, S. 250)
(Pseudotachylyt, S. 268)
nein
Breccie?
ja
mit Tuff oder Vulkanitfragmenten?
ja
Pyroklastika (S. 136)
nein
überwiegend Peridotit?
ja
Kimberlit (S. 132)
nein
Grundmasse aus Nephelin?
ja
Nephelinit (S. 122)
nein
Karbonatit (S. 134)
nein
dicht bzw. sehr feinkörnig?
ja
sehr hell?
ja
Aplit (S. 86)
Keratophyr (S. 112)
nein
dunkelgrün?
ja
Diabas, Melaphyr (S. 106)
nein
alle Vulkanite
(Hornfels, S. 250)
(Argillit, S. 162)

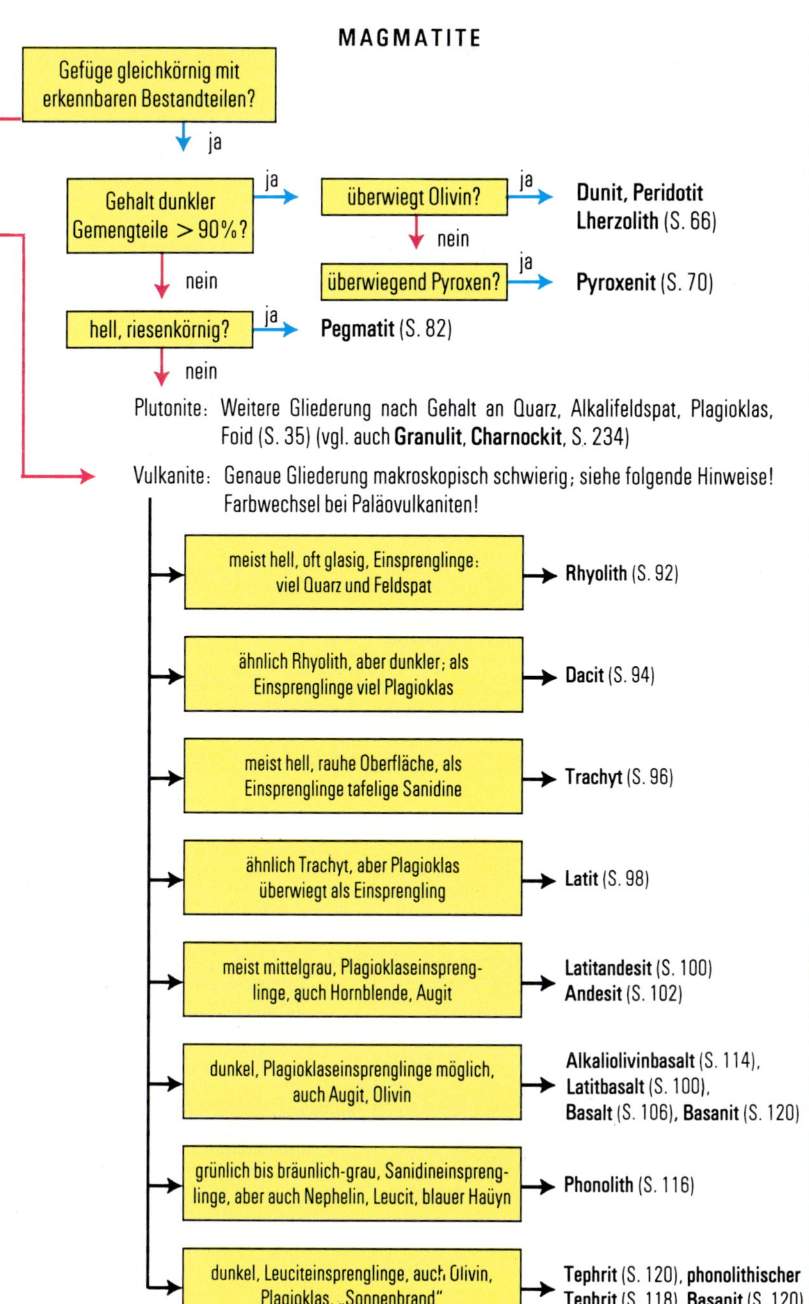
MAGMATITE
Gefüge gleichkörnig mit erkennbaren Bestandteilen?
ja
Gehalt dunkler Gemengteile > 90%?
ja
überwiegt Olivin?
ja
Dunit, Peridotit
Lherzolith (S. 66)
nein
überwiegend Pyroxen?
ja
Pyroxenit (S. 70)
nein
hell, riesenkörnig?
ja
Pegmatit (S. 82)
nein
Plutonite: Weitere Gliederung nach Gehalt an Quarz, Alkalifeldspat, Plagioklas, Foid (S. 35) (vgl. auch Granulit, Charnockit, S. 234)
Vulkanite: Genaue Gliederung makroskopisch schwierig; siehe folgende Hinweise! Farbwechsel bei Paläovulkaniten!
meist hell, oft glasig, Einsprenglinge: viel Quarz und Feldspat
Rhyolith (S. 92)
ähnlich Rhyolith, aber dunkler; als Einsprenglinge viel Plagioklas
Dacit (S. 94)
meist hell, rauhe Oberfläche, als Einsprenglinge tafelige Sanidine
Trachyt (S. 96)
ähnlich Trachyt, aber Plagioklas überwiegt als Einsprengling
Latit (S. 98)
meist mittelgrau, Plagioklaseinsprenglinge, auch Hornblende, Augit
Latitandesit (S. 100)
Andesit (S. 102)
dunkel, Plagioklaseinsprenglinge möglich, auch Augit, Olivin
Alkaliolivinbasalt (S. 114), Latitbasalt (S. 100), Basalt (S. 106), Basanit (S. 120)
grünlich bis bräunlich-grau, Sanidineinsprenglinge, aber auch Nephelin, Leucit, blauer Haüyn
Phonolith (S. 116)
dunkel, Leuciteinsprenglinge, auch Olivin, Plagioklas, „Sonnenbrand“
Tephrit (S. 120), phonolithischer Tephrit (S. 118), Basanit (S. 120)

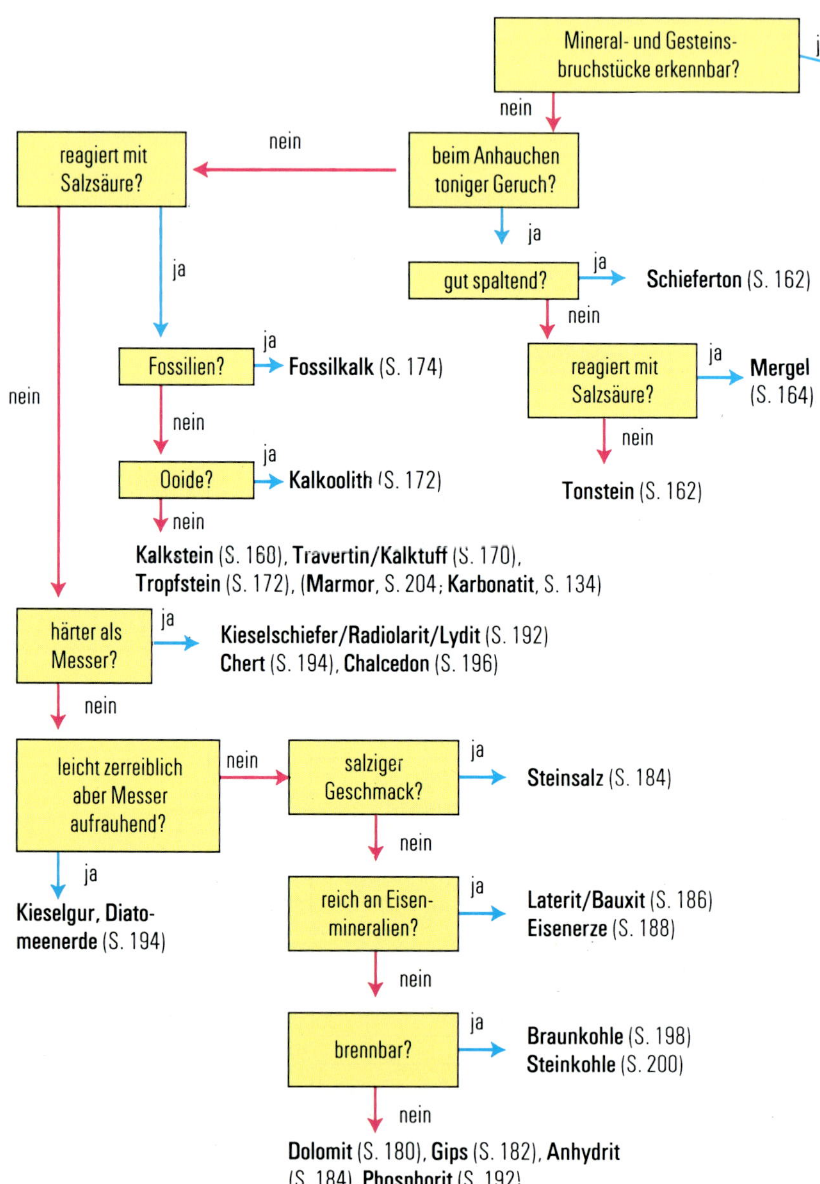
Mineral- und Gesteinsbruchstücke erkennbar?
ja
nein
beim Anhauchen toniger Geruch?
nein
reagiert mit Salzsäure?
ja
gut spaltend?
ja
Schieferton (S. 162)
nein
reagiert mit Salzsäure?
ja
Mergel (S. 164)
nein
Tonstein (S. 162)
ja
Fossilien?
ja
Fossilkalk (S. 174)
nein
Ooide?
ja
Kalkoolith (S. 172)
nein
Kalkstein (S. 160), Travertin/Kalktuff (S. 170), Tropfstein (S. 172), (Marmor, S. 204; Karbonatit, S. 134)
nein
härter als Messer?
ja
Kieselschiefer/Radiolarit/Lydit (S. 192) Chert (S. 194), Chalcedon (S. 196)
nein
leicht zerreiblich aber Messer aufrauhend?
ja
Kieselgur, Diatomeenerde (S. 194)
nein
salziger Geschmack?
ja
Steinsalz (S. 184)
nein
reich an Eisenmineralien?
ja
Laterit/Bauxit (S. 186) Eisenerze (S. 188)
nein
brennbar?
ja
Braunkohle (S. 198) Steinkohle (S. 200)
nein
Dolomit (S. 180), Gips (S. 182), Anhydrit (S. 184), Phosphorit (S. 192)

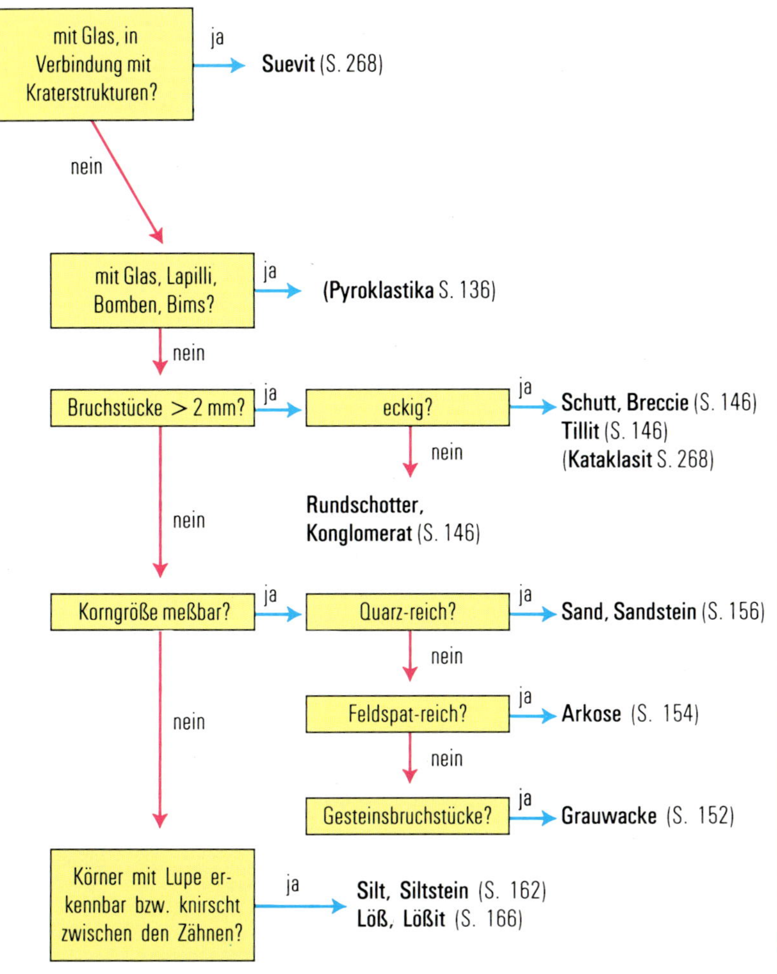
mit Glas, in Verbindung mit Kraterstrukturen?
ja
Suevit (S. 268)
nein
mit Glas, Lapilli, Bomben, Bims?
ja
(Pyroklastika S. 136)
nein
Bruchstücke > 2 mm?
ja
eckig?
ja
Schutt, Breccie (S. 146)
Tillit (S. 146)
(Kataklasit S. 268)
nein
Rundschotter, Konglomerat (S. 146)
nein
Korngröße meßbar?
ja
Quarz-reich?
ja
Sand, Sandstein (S. 156)
nein
Feldspat-reich?
ja
Arkose (S. 154)
nein
Gesteinsbruchstücke?
ja
Grauwacke (S. 152)
nein
Körner mit Lupe erkennbar bzw. knirscht zwischen den Zähnen?
ja
Silt, Siltstein (S. 162)
Löß, Lößit (S. 166)

METAMORPHITE

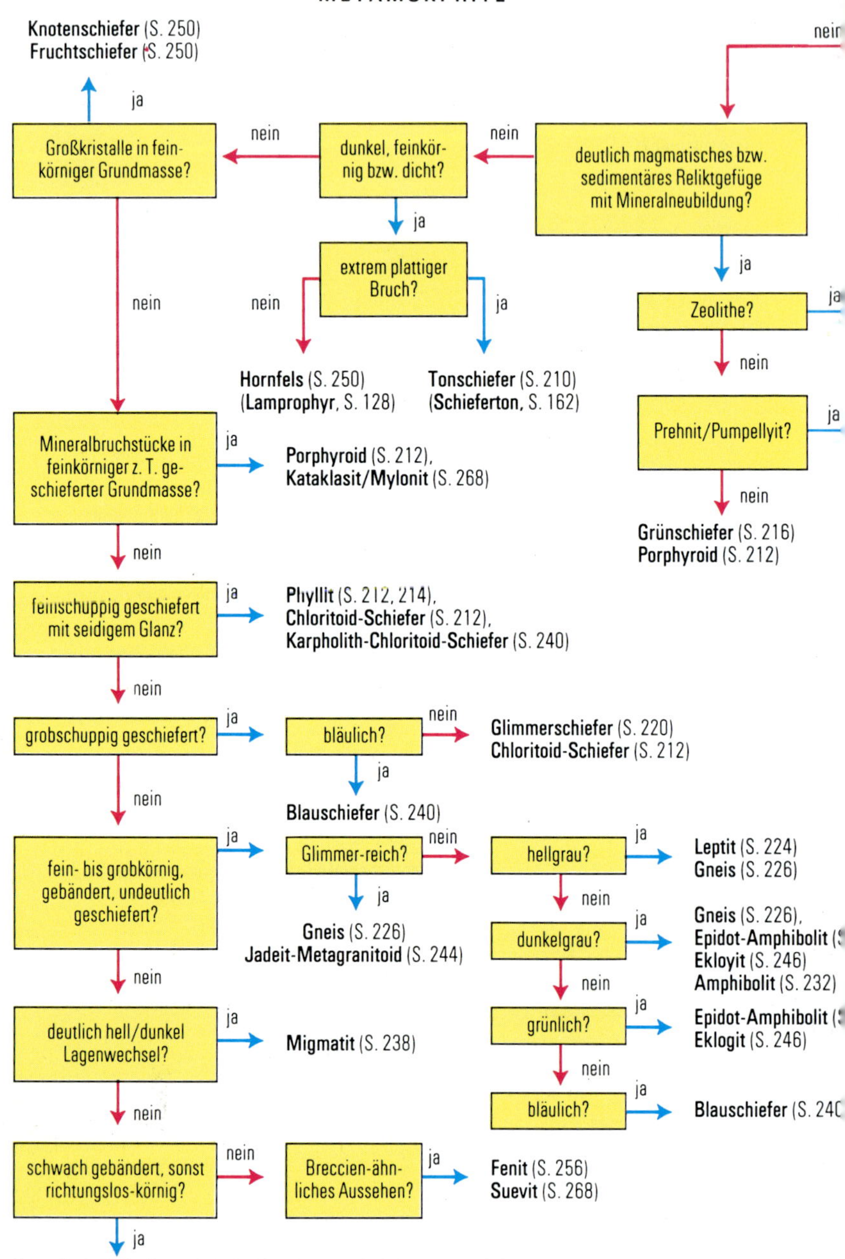

METAMORPHITE

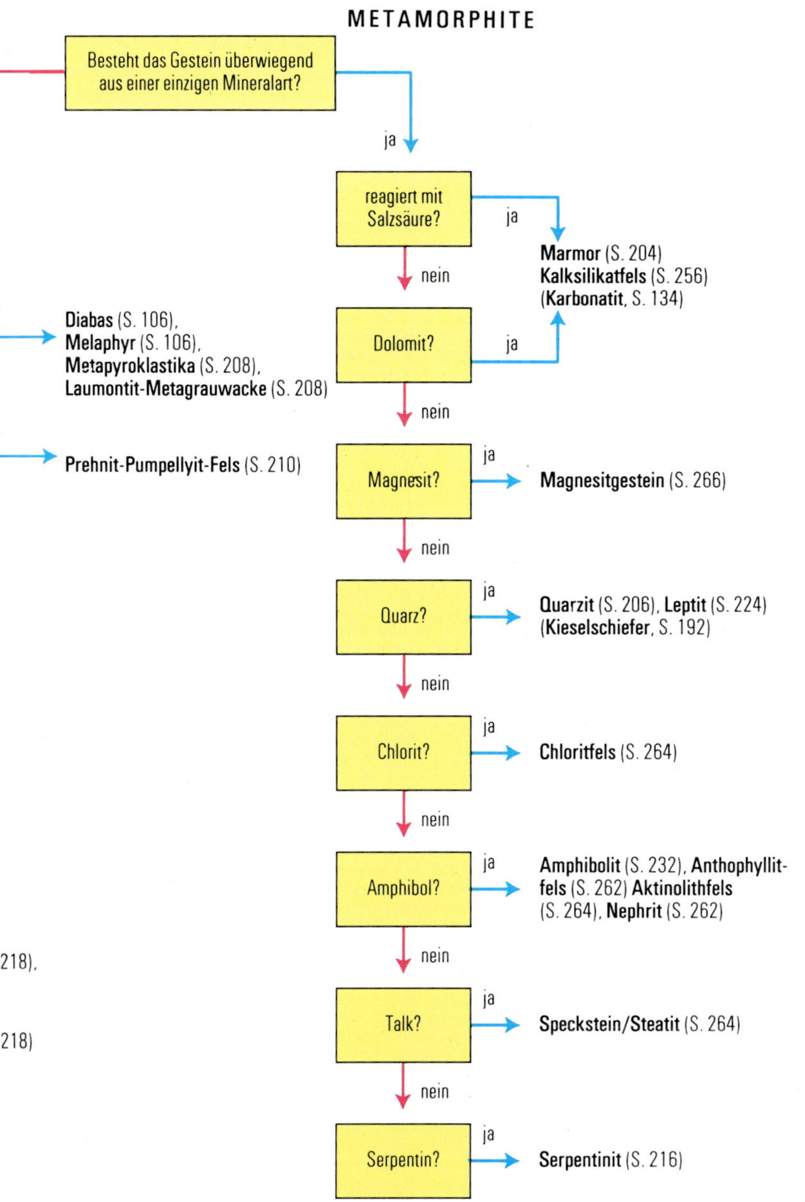

Register der Gesteine und Fachbegriffe

Die Hauptnennung eines Gesteins steht einschließlich der Seitenzahl seiner Artbeschreibung in halbfett. Geographische Begriffe, zum Beispiel die im Text erwähnten Fundorte mit ihren jeweiligen Ländern, wurden nicht ins Register aufgenommen.

Steinbachs Naturführer

Bände des Gesamtwerks

Säugetiere · Landvögel · Wasservögel · Lurche und Kriechtiere Süßwasserfische · Meeresfische · Insekten (außer Schmetterlingen) · Schmetterlinge · Weichtiere · Bäume Strauchgehölze · Wildblumen · Orchideen · Pilze · Beeren, Wildgemüse, Heilkräuter · Mineralien · Gesteine · Die Sterne Versteinerungen

Urlaubsführer

Pflanzen des Mittelmeerraumes · Alpenblumen · Lebensraum Küste · Lebensraum Teich

Dr. Walter Maresch, geboren 1944, ist Privatdozent für Mineralogie und Petrologie am Institut für Mineralogie der Ruhr-Universität Bochum. Studium und Promotion an den Universitäten Toronto/Kanada und Princeton/USA verleihen seinen Gelände- und experimentellen Laborarbeiten internationalen Ausblick. Er ist Mitarbeiter des Journal of Petrology, einer der bedeutendsten Fachzeitschriften. Maresch wohnt in Dortmund.

Dr. Olaf Medenbach, Jahrgang 1949, ist nach dem Studium der Mineralogie in Gießen und Heidelberg seit 1976 als wissenschaftlicher Angestellter am Institut für Mineralogie an der Ruhr-Universität in Bochum tätig. Er gilt international als einer der brillantesten Fotografen von Mineralien und ist Mitarbeiter beim Mineralogical Record, der bedeutendsten Mineralien-Zeitschrift der Welt. Er ist Autor mehrerer Farbbildbände, darunter Zauberwelt der Mineralien und des Bandes »Mineralien« dieser Buchreihe. Medenbach wohnt in Witten an der Ruhr.

Dr. Hans Dieter Trochim ist Studienprofessor am Institut für Mineralogie der Ruhr-Universität Bochum, wo er in den letzten 20 Jahren eine der besten systematischen Gesteinssammlungen Deutschlands aufbaute. Weiterhin ist er Mitarbeiter bei einem bekannten Tabellenwerk über die optische Bestimmung gesteinsbildender Mineralien.

Der Herausgeber **Gunter Steinbach,** geboren 1938, hat sich in zahlreichen Publikationen über die heimische Tier- und Pflanzenwelt einen Namen gemacht. Nach zwei Jahrzehnten Verlagstätigkeit lebt er heute auf seinem Einödhof im Westallgäu. Dort widmet er sich artgerechter Tierhaltung, dem biologischen Gartenbau in Höhenlagen und seinen Veröffentlichungen im Themenkreis Natur.